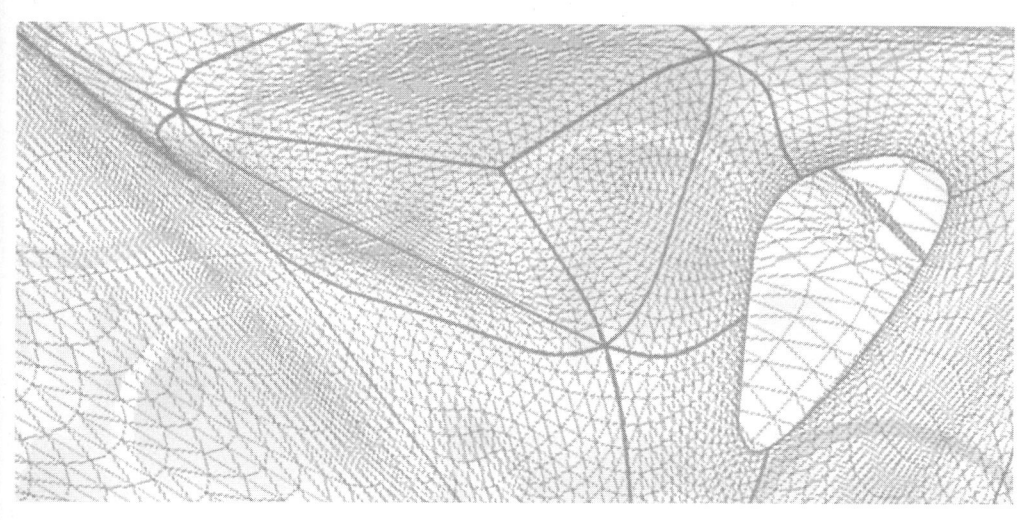

화이트헤드의 유기체철학

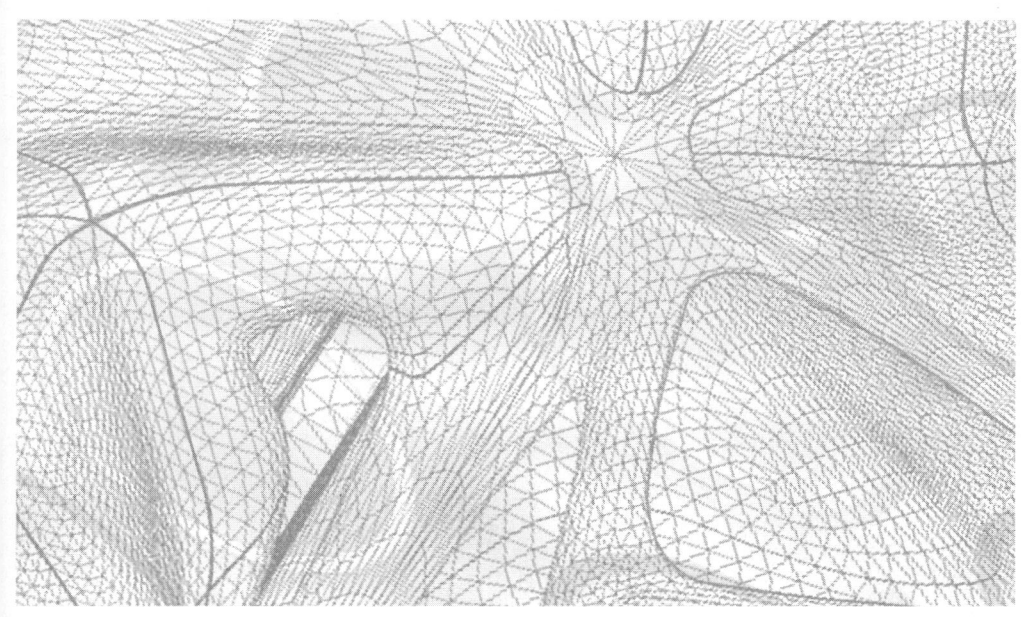

화이트헤드의 유기체철학: 위상적 세계에서 펼쳐지는 미적 모험

초판 1쇄 인쇄 _ 2012년 5월 15일
초판 1쇄 발행 _ 2012년 5월 20일

지은이 · 김영진

펴낸이 · 유재건 | 주간 · 김현경
편집팀 · 박순기, 주승일, 태하, 임유진, 김혜미, 김재훈, 강혜진, 고태경, 김미선, 고아영, 김현정
웹마케팅팀 · 정승연, 이민정, 한진용, 신지은, 김효진 | 디자인팀 · 서주성, 이민영, 지은미
영업관리팀 · 노수준, 이상원, 양수연

펴낸곳 · (주)그린비출판사 | 등록번호 · 제313-1990-32호
주소 · 서울시 마포구 동교동 201-18 달리빌딩 2층 | 전화 · 702-2717 | 팩스 · 703-0272

ISBN 978-89-7682-379-3 93100
이 도서의 국립중앙도서관 출판시도서목록(CIP)은 e-CIP 홈페이지(http://www.nl.go.kr/ecip)와
국가자료공동목록시스템(http://www.nl.go.kr/kolisnet)에서 이용하실 수 있습니다.(CIP제어번
호:CIP2012002132)

그린비 출판사 나를 바꾸는 책, 세상을 바꾸는 책
홈페이지 · igreenbee.net | 전자우편 · editor@greenbee.co.kr

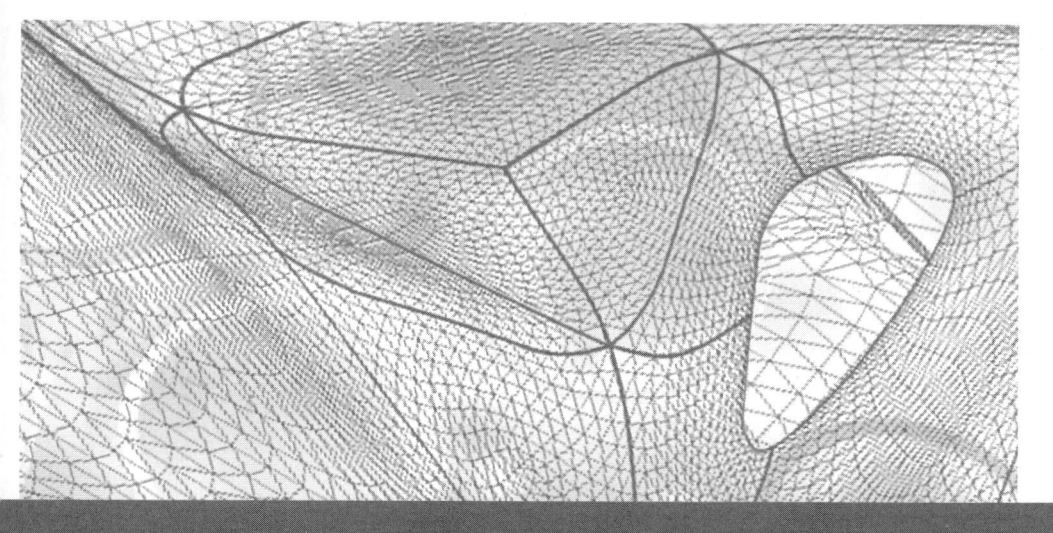

화이트헤드의 유기체철학

위상적 세계에서 펼쳐지는 미적 모험

김영진 지음

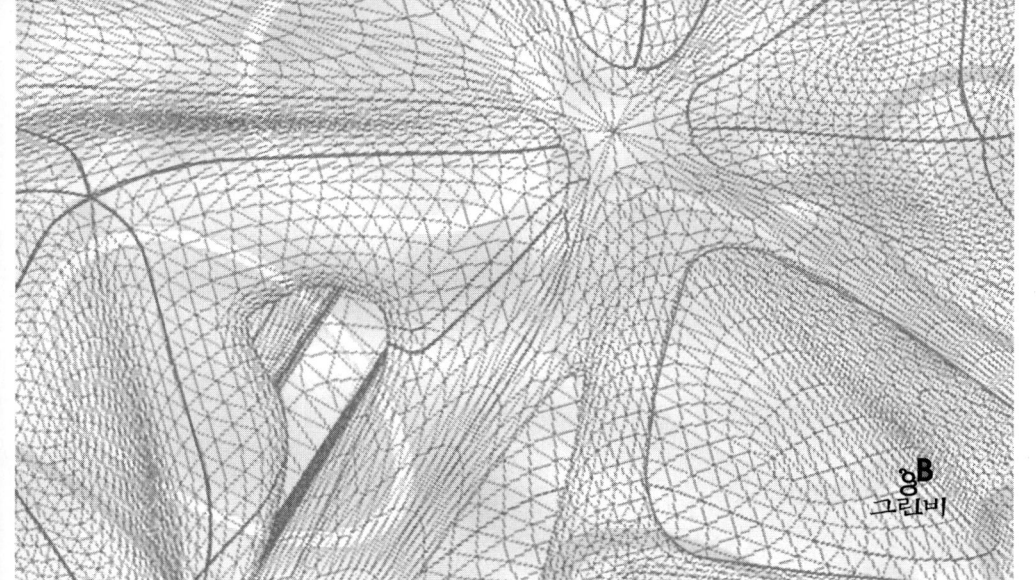

gB
그린비

머리글 우연과 필연: 화이트헤드와 나

나는 대학교 3학년 영미철학 수업에서 화이트헤드의 사유와 처음 만났다.
그 당시 화이트헤드를 전공했던 안형관 교수님께서 영미철학을 강의했다.
강의에서 인상 깊었던 것은 화이트헤드가 잘못 사용된 아홉 가지 사유의
습관을 지적했다는 점이다. 그 중에서도 '사변철학의 불신'이 가장 눈에 띄
었다. 분석철학에서는 '검증되지 않는 명제는 무의미한 명제'로 여겼는데,
검증이 불가능한 사변철학을 옹호하다니! 분석철학이 지배했던 시기에 사
변철학이 가능하다는 주장은 엄청난 용기 혹은 어리석은 행동처럼 보였다.

　　실제로 내가 연구하고 싶었던 것은 베르그손이었다. 베르그손의 사유
는 내가 철학 공부를 지속하게 한 동기였다. 당시 교실 안과 밖은 주로 독일
철학이 지배했다. 강의실에서는 하이데거, 후설, 칸트 등을, 강의실 밖에서
는 맑스를 읽었다. 나는 어느 쪽에도 큰 관심이 없었다. 나의 기질 탓도 있
겠지만, 나는 과학과 철학이 접목되고 사실과 가치가 결합된 철학을 원했
다. 하지만 그 어떤 철학도 나에게 만족감을 주지 못했다. 철학에 대한 관심
이 줄어드는 시점에, 나는 강원도 철원에서 군 생활을 했다. 군 생활에서 가
장 하고 싶었던 것이 글을 보는 것이었다. 중대 군종軍宗을 뽑는다는 소식을

듣고, 군종이 되면 불경이라도 볼 기회가 있을 것 같아, 그날 밤에 『반야심경』을 다 외워 군종이 되는 행운을 얻었다. 나는 군종이 된 덕에 원하던 글(불경?)을 볼 수 있었고, 매주 일요일마다 민통선을 넘나들며 절간보다는 서점에 더 자주 가게 되었다. 그때 만난 책이 베르그손Henri Bergson의 『창조적 진화』L'evolution Creatrice였다. 강력한 충격. 이유는 모르겠지만 섬광처럼 그 글이 가슴에 안겼다. 내가 원했던 철학이 거기에 있었다. 그때부터 나의 군복 윗주머니에는 『창조적 진화』가 항상 들어 있었다. 그 내용을 잘 이해하지는 못했지만, 제대하는 날까지 틈만 생기면 읽고 또 읽었다. 과학과 철학이 접목된 베르그손. 정말 흥미로웠다. 그 덕에 철학에 대한 관심과 흥미는 제대 후에도 지속되었다.

제대 후 나는 프랑스에 가서 베르그손을 본격적으로 공부하고 싶었다. 우선 화이트헤드로 석사 과정을 하는 중에 프랑스에 갔다. 과연 내가 프랑스에 가서 '베르그손'을 공부하는 것이 적절한지를 탐색하기 위함이었다. 그러나 나에게 베르그손은 인연이 되지 못했다. 나는 한국에 와서 화이트헤드 공부를 지속하기로 마음먹었다. 공부를 하면서 느낀 점은 화이트헤드가 베르그손보다 훨씬 과학과 철학의 접목에 관심이 깊었다는 것이다. 결국 내가 원했던 형이상학meta-physics은 화이트헤드 철학 안에 있었다.

화이트헤드는 시류에 편승한 철학자가 아니었다. 그는 아웃사이더 철학자였다. 이 또한 나와 비슷해서 친근했다. 하나의 에피소드가 있다. 나의 아내가 연애 시절에 홀로 영국으로 여행을 간 적이 있다. 그녀는 내가 화이트헤드에 대해 너무 자랑을 하니, 케임브리지Cambridge에게 가서 화이트헤드의 책을 한 권 사 주려 했다. 그런데 어떤 서점에서도 화이트헤드의 책이 없었다. 그녀에게는 충격이었다. 나는 화이트헤드의 석사 논문을 준비하면서 그가 영국 태생의 유명한 철학자임을 누누이 강조했었다. 근데 아무도

읽지 않는 철학자라니! 결국 그녀는 하이델베르크에서 독일어로 된 화이트 헤드의 저서 『자연의 개념』*The Concept of Nature*을 사다 주었다.

화이트헤드를 처음 만난 그해 겨울 안형관 교수님과 『과정과 실재』 *Process and Reality*를 읽기 시작해서 지금 23년째 읽는 중이다. 그 세월 동안 많은 사람들이 바뀌었지만 『과정과 실재』는 묵묵히 그 자리를 지키고 있다. 나 또한 '미련한 곰'처럼 그 옆에 있다. 그러다 보면 나도 언젠가 『과정과 실재』가 되지 않을까?

1. 탈근대과학과 새로운 유기체 개념

이 책의 목적은 20세기의 대표적인 형이상학자로 알려진 화이트헤드Alfred North Whitehead, 1861~1947의 유기체철학에서 전개된 '가능태'Potentiality와 '현실태'Actuality의 이론을 고찰하는 데 있다. 실재實在를 이해하는 방식인 가능태와 현실태에 관한 이론은 서양철학의 역사와 궤를 같이하는 핵심적인 문제로 지속적으로 논의되어 왔다. 하지만 화이트헤드가 제시하는 현실태와 가능태이론은 기존의 것들과는 전혀 다른 방식으로 진술된다. 화이트헤드에게 실재는 '과정'이다. 영속하거나 불변하는 '실체'를 실재로 간주하는 철학적 체계와는 다르다고 할 수 있다. 따라서 화이트헤드의 실재에 대한 이해는 서구 철학사에서 매우 특수한 위치를 차지하므로, 세심한 검토가 요구된다고 본다.

서양은 17세기 이후 전개된 과학이론을 바탕으로 과학 기술 문명의 선구자의 역할을 하였다. 수학과 물리학에 기반을 둔 갈릴레이와 데카르트의 사상과 뉴턴물리학에 의해서 최종적으로 완성된 기계론적 세계관은 근대 문명 및 현대 서구 문명의 나침반으로서 전 세계에 막강한 영향력을 미치고 있다. 당시의 철학 역시 뉴턴의 물리학을 중심으로 자연 세계를 탐구하였다. 17세기 이후 철학에서는 여러 사상가와 사조가 등장하나, 뉴턴물리학에 기반을 둔 자연관은 흔들림 없이 지속적으로 받아들여졌다. 화이트헤드는 이러한 과학적 사유의 토대가 지배적인 시기를 '17세기 우주론'이라고 명명한다. 하지만 과학에서도 뉴턴의 세계관과는 다른 입장에서 물질세계를 전망할 수 있는 논의가 19세기부터 출현하였다. 예를 들자면 제임스 맥스웰James Maxwell의 전자기장 법칙, 아인슈타인의 상대성원리, 양자역학, 일리야 프리고진Ilya Prigogine의 산일구조散逸構造이론, 생물학에서의 자크 모노Jacques Monod나 바바라 매클린톡Barbara McClintock의 이론, 수학에서의 비유클리드기하학,[1] 위상학이론 등을 들 수 있다. 이러한 이론들은 자연과학 이론에 혁신적인 변화를 초래하였다.

이러한 상황에도 불구하고, 철학은 여전히 뉴턴물리학 및 유클리드기하학, 플라톤 철학의 영향 속에 있었다. 실증과학에 기반을 둔 실증주의는 논리와 사실에 대한 가치 중립적인 분석만이 지식으로서 성립될 수 있다고 주장하였다. 또한 그들은 자연과학의 경험적 방법에 기초한 것으로 검증 가능한 관념만을 의미 있는 것으로 간주하였다. 그러나 전체주의적이고 파시스트적인 정치 체제의 등장과 1, 2차 세계대전 이후 서구 사상가들의 계몽주의적 사관에 대한 회의가 생겨나기 시작하였다. 역사가 지속적으로

---

1) 비유클리드기하학은 이천 년만에 유클리드기하학의 지배에서 벗어나게 했다. 유클리드기하학의 『원론』에 있는 제5공준인 평행선 공준, "직선 a 위에 없는 한 점 P를 지나 a와 만나지 않는 직선은 오직 한 개만 그을 수 있다"는 것은 금과옥조의 진리로 받아들여졌다. 그런데 "P를 지나 a와 만나지 않는 직선을 무수히 그을 수 있다"는 가정이 성립해도 모순이 일어나지 않는 기하학이 탄생했다. 그것은 로바체프스키-보야이(Lobachevskii-Bolyai)의 쌍곡선 기하학과 리만(Riemann)의 타원 기하학이다. 리만의 기하학은 이후에 아인슈타인의 상대성원리에 수학적 원리로 제시된다. 유클리드기하학과 비유클리드기하학은 모두 '사영공간'으로 설명이 되기에, 사영기하학이 '모든 기하학'이라고 해도 과언이 아니다.

진보하고, 정해진 방향으로 나아간다는 생각이 하나의 신화에 지나지 않으며, 그들이 믿었던 사회적·정치적·철학적·종교적 가치 체계가 절대적인 것이 아니라는 사실을 인정하게 된 것이다.

이러한 일련의 사건들을 거치면서 서구 문화의 기본적인 토대가 무엇인지에 대한 철학적 성찰이 제기되었다. 서구 철학의 기본 명제는 '실체철학'이다. 이것은 존재 자체가 다른 존재와의 관계에 우선하여 존재한다고, 다시 말해서 한 존재는 자신의 존재를 위해서 타자의 존재를 필요로 하지 않는다고 생각하는 방식이다. 이러한 이론에 대한 반발로 서구 유럽을 중심으로 현상학·비판이론·구조주의 등의 사상들이 전개된다. 이러한 사상들의 핵심적인 주장은 실체철학이 아니라 관계의 철학이라고 할 수 있다. 현상학은 세계와 의식의 '지향적 관계'를 강조하며, 비판이론은 역사적 생산이나 소외에 대한 인간의 '사회적 관계'를 중시하며, 구조주의는 파롤parole과 랑그langue라는 개인의 언어와 언어의 부호체계와의 '구조적 관계'를 중점적으로 다룬다.[2]

하지만 영미철학에서는 여전히 흄의 철학적 명제에 기반을 둔 경험주의의 전통이 강하게 남아 있어서[3] 실증주의적 진리에 대한 적극적 비판에 가담하지 않은 것처럼 보인다.[4] 하지만 영미철학에서도 예외적인 인물들이 몇몇 있다. 그 중에서도 가장 대표적인 인물로서 화이트헤드를 들 수 있

---

2) 리처드 커니, 「서문」, 『현대 유럽 철학의 흐름』, 임헌규 외 옮김, 1992.
3) 에이브러험 캐플런에 따르면, 흄의 철학적 명제에 기반을 둔 실증주의와 분석철학은 감각 경험을 통해 관찰 가능한 인상과 관념만을 지식의 근본적인 전제로 삼는 학파이며, 특히 분석철학은 논리 실증주의, 논리적 경험론, 과학적 경험론, 옥스퍼드 분석학파, 케임브리지 분석학파, 및 일상언어 학파를 총칭한다. 이들의 철학의 특징은 "인간과 자연에 대한 초과학적인 진리의 집합도 아니고, 인간에게 자신의 삶을 어떠한 방식으로 살라고 훈계하지도 않으며, 기본적으로 논리-언어적 분석만을 말한다".(Abraham Kaplan, *The New World of Philosophy*, New York: Vintage Books, 1961, p.55.)

다. 실증주의를 비판한다는 관점에서 현상학·구조주의·비판이론과 동일한 선상에 있지만, 이들 사상과는 달리 화이트헤드는 직접적으로 당대의 수학과 물리학을 섭렵하고, 그것의 무의식적인 전제를 파고들어서 비판한다.

화이트헤드는 서구 2,500년을 지배해 온 것은 유클리드기하학에 기반을 둔 점의 사유라고 한다. 점은 어떤 부분도 갖지 않는 것으로, 이것은 "존재existence와 유일성uniqueness을 함축하는 것"(PR 302)으로 알려진다. 이를 통해서 실재를 실체로 간주하는 철학적 경향이 이어졌다. 예컨대 플라톤이 선의 형상을 현실태로 간주할 때, 그에게 가장 확실한 전제로 작용한 것은 수학적 공리들, 즉 유클리드기하학이었다. 또한 데카르트 역시 수학적 진리를 명석 판명한 관념으로 간주하였다. 칸트 역시 초월적 종합 판단의 사례로서 수학적 지식을 들고 있었다. 뉴턴물리학 역시 기존의 유클리드기하학의 공리를 차용해서 물질·시간·공간 개념을 정의하였다.[5] 이와 같이 수학의 사유는 서양사상사에서 절대적인 영향을 끼쳤다. 그래서 화이트헤드는 서구사상사에서 이러한 '점의 사유'[6]를 제대로 파악하지 못한다면, 근대의 과학뿐만 아니라, 서양철학의 전제를 이해할 수 없다고 본다.

---

4) 존 월드에 따르면, 과학·수학·형식논리학이 보이는 명백한 사실에 대한 배타적인 존경은 이제는 일반적인 근거가 없는 것이라고 한다. 다시 말해서 언어는 윤리학·미학·문학의 용법을 가지며, 무엇보다도 형이상학적 용법을 가진다는 것이다.(John Wild, *The Challenge of Existentialism*, Bloomington: Indian University Press, 1955, p.10.) 마찬가지로 화이트헤드도 『과정과 실재』에서 "아무리 언어의 이러한 요소들이 전문 용어로서 고정된다고 하더라도 그것은 여전히 암암리에 상상적 비약에 호소하는 은유"(PR 4)라고 한다.

5) 이 점은 화이트헤드의 논문 「물질세계에 관한 수학적 개념들에 대하여」(On Mathematical Concepts of the Material World, SMW)에서 자세하게 기술되었다.

6) 화이트헤드는 플라톤과 아리스토텔레스 이래로 서양철학은 '정태적 범주'(static categories)의 관점에서 세계를 분석하려고 시도하였다고 한다. 다만 그 철학사에 예외적인 인물로 베르그손을 꼽는다.(PR 209) 『과정과 실재』의 번역에 있어 다소의 수정을 제외하고는 오영환의 번역(엘프리드 화이트헤드, 『과정과 실재』, 오영환 옮김, 민음사, 1991.)을 따랐지만, 괄호 안의 숫자는 영역본의 쪽수을 기준으로 하였다.

한편 화이트헤드는 구체적인 경험은 정태적이고 자존적인 것이 아니라 동태적이며 상호 관계를 맺고 있는 것으로 정태적인 '점의 사유'를 통해서는 설명할 수 없다고 보며, 수학과 물리학에 대한 연구를 통해서 그것을 설명할 새로운 개념들을 구성할 수 있다고 본다. 이 책에서는 이 점에 관해서 보다 자세하게 고찰할 예정이다. 그 결과 사변철학의 시기에 점의 사유에 근거한 실체철학과는 다른 관점에서 실재를 기술할 새로운 '현실태' 및 '가능태'이론을 전개한다. 화이트헤드는 자신의 이러한 사유의 전환을 '사실'fact 중심이 아니라, '과정'process 중심의 세계관에 근거한 것이라고 본다.[7](PR 7) 따라서 이 책에서 실체이론의 비판적 대안으로 제시된 화이트헤드의 현실태이론의 특성을 살펴볼 것이다.[8]

이렇게 언급하는 것이 가능한 이유는 화이트헤드는 수학자 및 논리학자로 시작해서, 과학자, 철학자로 이어지는 긴 학문적 여정을 거쳤기 때문이다. 그래서 우리는 그를 20세기의 데카르트, 혹은 라이프니츠라고 부르기도 한다. 그는 1898년에 출판한 『보편대수론』*A Treatise on Univesal Algebra*을 통해서 당대의 대수학에 대한 종합적인 체계를 수립했고,[9] 러셀과 함께 저

---

7) 화이트헤드는 자신의 이러한 철학적 성향을 아시아나 인도의 사상에 가까운 것으로 본다. 그는 동아시아와 인도의 사상의 주류를 '과정철학'으로 본다.
8) 조해나 자입트는 『과정-존재론을 향해서: 실체-존재론적 전제에 대한 비판적 연구』(Johanna Seibt, *Towards Process Ontology: A Critical Study in Substance-Ontological Premises*, Michigan: UMI Dissertation Publishing, 1990.)에서 현대 미국 철학자들 사이에서 논의되는 개별자, 영속의 문제 등을 매우 비판적으로 기술하고 있다. 조해나 자입트는 현대 미국 철학자들이 여전히 실체-존재론에 근거해서 자신들의 논의를 전개하고 있음을 매우 정밀하게 분석하고 있다. 이러한 논의의 최종적인 결론에서, 조해나 자입트는 현대철학에서 실체-존재론의 대안에 가장 적합한 철학자로 화이트헤드를 들고 있다
9) Victor Lowe, "Whitehead's Philosophical Development", *The Philosophy of A. N. Whitehead*, ed., Paul A. Schilpp, La Salle: The Open Court Publishing Co.,1951, p.24. [2nd edition]

술한 『수학 원리』*Principia Mathematica*는 윌러드 콰인Willard V. O. Quine에 의해 금세기에 이룩한 '가장 위대한 지적 기념비 중의 하나'로 평가받으며, 새로운 논리학의 길을 제시했다. 그리고 아인슈타인의 물리학과 양자역학의 영향을 받아서 과학적 개념들과 경험 세계의 관련성을 고찰했다. 화이트헤드는 이러한 작업을 바탕으로 관계의 철학 혹은 생성의 철학을 구성하고, 자신의 철학에 '유기체철학'The Philosophy of Organism이란 이름을 붙인다. 이러한 연구 시기를 거치면서, 그는 기존의 학문적 영역에서 토대 역할을 하는 개념들에 대한 근본적인 의문을 던진다. 수학의 시기에는 '점'을 궁극적인 존재로 간주해야 하는가라는 질문을 던지고, 자연과학의 시기에는 근대 물리학에서 근본으로 삼은 물질·시간·공간을 자연의 궁극적인 여건으로 보아야 하는가라는 질문을, 사변철학의 시기에는 철학적으로 불변하는 실체를 현실태 혹은 실재로 보아야 하는가라는 질문을 제기한다. 즉, 화이트헤드는 자신의 시대에 무의식적으로 당연하게 받아들여진 지식의 기반들에 대하여 회의하며, 그것이 '잘못 놓여진 구체성의 오류'를 저질렀다는 사실을 보여 주고자 한다.

우리는 이와 같은 물음들과 상황 속에서, 이 연구가 착수할 수 있게 된 몇 가지 동기를 밝혀 볼 것이다.

첫째 동기는 과학과 철학의 연관에 대한 관심에서 비롯된다. 1687년 뉴턴의 『자연철학의 수학적 원리』*Philosophiae Naturalis Principia Mathematica*(이하 『프린키피아』*Principia*)가 나온 지 거의 100년 뒤에 칸트는 『순수이성비판』*Kritik der reinen Vernunft*에서 '선험적 종합 판단이 어떻게 가능한가'라는 질문을 던진 바 있다. 철학사에서 칸트의 이 질문은 뉴턴물리학의 정당성과 모종의 관련을 가지고 있다. 1738년에 출간된 흄의 『인간 본성론』*A Treatise of Human Nature*에서 제기된 명석 판명한 과학적 지식에 대한 '회의론'은 칸트를 '독단의 선잠'에서 깨웠고, 그 결과『순수이성비판』이 나오게 되었다. 이와 마찬가지로 현대 과학이 근대 과학과는 다른 자연관을 제공하고 있는 때에, 거기에서 파생되는 철학적 문제점을 바르게 성찰하는 것이 우리에게 던져진 과제라고 할 수 있다. 이 점에 대해서 가장 철저하고도 비판적으로 현대 과학을 검토한 철학자 중의 하나가 화이트헤드일 것이다. 그는 현대 과학의 여러 가지 측면을 검토한 후에, 새로운 실재론을 우리에게 제공하고 있다. 특히 양자역학에 대한 해석에 있어서 17세기 우주론과 플라톤의 우주론을 비교하고, 그 논의에 맞추어서 화이트헤드의 유기체철학에서 이를 어떻게 설명하는가를 검토하는 것은 매우 흥미로운 일이 될 것이다. 따라서 이 연구를 통해서 화이트헤드의 현대 과학에 대한 이해와 근대 과학의 전제에 대한 비판적 고찰을 검토해 보고자 한다.

두번째 동기는 철학사적 관심과 관련된 것이다. 그것은 형이상학의 탐구와 밀접한 관련이 있으며, 두 가지 질문으로 나눌 수 있다. 하나는 형이상학에서 실재란 무엇인가라는 물음이며, 다른 하나는 사실과 가치를 이분화하고, 철학은 사실에 대한 탐구만을 지향하며, 가치와 같은 문제들은 철학에서 대답할 수 없는 사이비 질문으로 전락시킨, 20세기 분석철학의 입장에 관한 비판적 성찰과 관련이 있다. 화이트헤드에 따르면 서양 사상을 지배해 온 두 가지 우주론이 있다. 하나는 플라톤의『티마이오스』이고, 다른 하나는 뉴턴의『프린키피아』로 대표되는 17세기 우주론이다. 데카르트, 로크, 칸트, 흄 등의 사상가들과 관련이 있는 후자의 우주론은 지난 3세기 동안 서양 문명을 지배해 왔다. 화이트헤드는 자신의 주저인『과정과 실재』에서 서양 문명을 이끌어 온 이 두 가지 우주론을 현대에 발전한 다양한 지식과 삶의 영역에 어울리게 재조정할 것을 밝히고 있다.

화이트헤드는『과학과 근대 세계』*Science and the Modern World*,『과정과 실

재』, 『관념의 모험』*Adventures of Ideas*과 같은 그의 주저에서 17세기 우주론의 전제를 비판적으로 고찰하고 있다. 이런 측면에서 본다면 화이트헤드의 철학은 근대철학의 전제가 무엇인지를 드러내는 작업이라고 할 수 있다. 화이트헤드는 '이러한 근대철학의 관념들을 가장 근본적으로 여겨야 할 이유는 무엇인가'라고 묻는다. 그의 주저인 『과정과 실재』는 바로 이 문제를 과정-존재론에 근거해서 기술한 책이다. 따라서 이 논문을 통해서 『과정과 실재』에서 구성하는 과정-존재론이 서양을 지배해 온 두 가지 실체 존재론에 대한 대안이 될 수 있는지를 고찰해 보고자 한다.

화이트헤드는 가능태와 현실태이론을 통해 인과론을 기존과는 다른 방식으로 설명하고 있다. 철학의 오랜 주제인 인과 개념을 해명하기 위한 시도가 철학사 내에 다양하게 있어 왔다. 윤리와 지식을 위해서 인과 개념을 정확하게 드러내는 것이 필요하다고 생각한 아리스토텔레스는 '4원인론'을 제시하였다. 그의 스승인 플라톤은 『티마이오스』에서 '4원인론'을 적절하게 사용하여 당대의 우주론을 설명한다. 이 우주론은 중세에도 각별한 영향력을 미쳤다. 화이트헤드에 따르면 뉴턴의 우주론이 나오기까지 서양을 지배해 온 우주론은 플라톤의 『티마이오스』였다. 서양인들은 『티마이오스』를 통해서 자신들의 삶과 지식의 모형을 추구해 왔다. 그러나 뉴턴의 우주론이 나온 이후, 궁극적 원인, 목적인이 우주에서 사라지고 다만 종교나 인간의 심성에만 주어진 것으로 보게 되었다. 특히 지식이 우리의 구체적인 삶과 분리되어져, 어떻게 살아야 하는가 혹은 우리의 삶의 목적은 무엇이고 우주의 목적은 무엇인가라는 질문은 매우 어리석은 것으로 여겨지게 되었다.

이 연구에서 인과론의 문제를 고려하는 것은, 화이트헤드가 이 근본적인 질문을 다시금 제기하고 있기 때문이다. 근대철학자들의 인과론에 대한 논의를 통해서 볼 때, 뉴턴의 『프린키피아』, 흄의 『인간 본성론』, 칸트의 『순수이성비판』에서 인과론은 오직 운동인(작용인)의 측면에서만 검토하고 있음을 알 수 있다.[10] 이는 17세기 우주론의 물질과 시공간이론을 인정한다는 것이다. 그러나 칸트는 우리 인간의 본성에 주어진 목적, 자유라는 측면을 간과할 수 없다고 생각하며, 『판단력비판』에서 그러한 문제에 대하여 탐구한다. 화이트헤드는 이러한 이분화를 '잘못 놓여진 구체성의 오류'라고 한다. 왜냐하면 자연은 뉴턴이 바라본 것처럼 기계인만을 갖고 있지 않기 때문이다. 화이트헤드에 따르면 자연 역시 목적인을 함축하고 있다. 그러므로 화이트헤드의 형이상학은 근대적 의미의 '사실'과 '가치'를 결합하려는 시도이다. 이런 점에서 화이트헤드의 사변철학은 플라톤이 『티마이오스』에서 시도한 작업과 동일하다고 볼 수 있다.[11]

그러나 어떤 가치를 가장 중요하게 볼 것인지는 플라톤의 철학적 입장과는 전혀 다르다. 플라톤의 우주론을 계승한 고대와 중세는 '선의 가치'에 기반을 둔 종교적 사유가 지배적이었다면, 반면에 사실과 가치를 이분화한 17세기 우주론은 자연과학적 탐구를 가능하게 만든 '진리의 가치'에 토대를 둔 이론적 사유가 지배적이었다. 이와는 달리 화이트헤드의 유기체 우주론은 진리의 가치나 선의 가치보다는 '미의 가치'에 근거를 둔 예술적 사유가 가능한지를 탐구한다. 화이트헤드는 "철학을 위한 출발점으로서 가장 무시

---

10) 기계론적으로 이해된 자연과 도덕의 존재 근거인 자유가 대립된 쌍으로 이루어져 있는 것이 칸트의 비판서들이다. 즉 작용인(作用因) 혹은 운동인(運動因)을 염두에 두고 있는 자연의 원인과 자유로부터 원인을 묻는 목적론적 세계관이 대립하는 것이다. 칸트는 작용인과 목적인에 관한 물음을 자신의 비판서들에서 분리하여 제기한다. 특히 흄과 칸트의 인과성 문제에 대한 논의는 오직 운동인에 해당하는 작용인에 한정되어 있다.(박정하, 「칸트의 인과 이론에 대한 연구: 『순수이성비판』의 '제2유추의 원칙'을 중심으로」, 서울대학교, 1998, 1~3쪽.)
11) 여기에 관한 논의는 필자의 석사논문에서 집중적으로 탐구하였다.(김영진, 「화이트헤드의 유기체철학에 있어서 『티마이오스』의 지위」, 영남대학교, 1996.)

되었기 때문에 가장 생산적인 출발점은 현재 우리가 미학이라고 부르는 가치론이라는 것이 나의 신념"(ESP 129)이라고 한다. 이를 위해 그는 자신의 형이상학에서 현실태와 가능태의 개념들을 통해서 미적 존재론이 가능한지를 탐구한다. 따라서 이 연구를 통해서 유기체철학에서 드러난 이와 같은 문제들이 오늘날의 과학 기술의 시대에 얼마나 정합성과 설득력을 가질 수 있는지를 탐구해 보고자 한다.

세번째 동기는 화이트헤드가 주조한 형이상학적 개념들을 이해하기 위해서는 그 자신의 전기 및 중기에서 연구된 주제들에 관해서 관심을 가져야 한다는 것이다. 왜냐하면 화이트헤드의 철학적 개념들은 자연과학적 지식을 배경으로 삼기 때문이다. 게다가 국내에서 화이트헤드 철학에 대한 연구는 대체적으로 그의 후기 작업에 집중되어 있다. 따라서 이 책에서는 화이트헤드의 철학적 지도를 보기 위해서, 그의 전기·중기·후기의 작업의 연관성 및 변용이 어떻게 이루어졌는가에 대한 고찰을 해보고자 한다.[12]

2. 유기체철학에 접근하는 길

이 책의 구성은 다음과 같다. 먼저 이 책의 I부에서 그의 사상적 전개에 대한 검토, 특히 유기체철학과 과학의 관련성, 그리고 화이트헤드의 방법론에 관해서 검토할 것이다. 화이트헤드의 유기체철학과 과학의 연관성은 우

---

12) 90년대에 국내에서 나온 박사논문들은 화이트헤드의 철학적 개념들에 대한 이해에 치중하였다. 문창옥은 '명제 이론'을 중심(「화이트헤드의 과정철학과 명제이론」, 연세대학교, 1994.)으로, 이태호는 '상대성원리'를 중심(「A. N. Whitehead의 상대성원리와 범주 도식」, 대구가톨릭대학교, 2001.)으로, 최상균은 '창조성'을 중심(「화이트헤드의 형이상학에 있어서 창조성」, 충남대학교, 1999.)으로, 박상태는 '신 없는 유기체철학의 가능성'을 중심(「화이트헤드 형이상학의 자연주의적 해석」, 연세대학교, 2003.)으로 연구되었다.

선 '유기체'와 '양자역학'에서 물질의 존재방식과의 연관성에서 찾을 수 있다. 그의 유기체 개념은 자연과 인간의 공통된 기반으로 작용할 수 있는 방식에서 응용된 개념이다. 우리는 이러한 검토를 통해서 그의 유기체철학이 '단순한' 사변이 아니라는 점을 살펴볼 것이다. 다음으로 화이트헤드의 방법론에 대한 고찰이 있을 것이다. 그는 17세기의 대표적인 과학과 철학의 방법론이라고 할 수 있는 연역법과 귀납법의 적용에 있어서 한계를 지적한다. 이 지점에서 화이트헤드 자신이 주장하는 방법론은 무엇이며, 그것이 과학과 철학에서 어떻게 적용될 수 있는가를 고찰해 볼 것이다.

II부에서는 뉴턴으로 대표되는 17세기 우주론의 문제점을 집중적으로 고찰해 볼 것이다. 특히 근대과학과 철학에서 주장된 시공간 및 작용인의 문제를 중심으로 살펴볼 것이다. 우리는 뉴턴의 시공간이 흄의 인과론에 어떤 영향을 미쳤는지를 알아볼 것이다.

III부에서는 화이트헤드의 '가능태'이론을 검토해 볼 것이다. 화이트헤드는 자연과학의 탐구에서 뉴턴의 자연철학과는 다르게 사유를 전개하였다. 그 이유는 생성이나 과정을 실재의 근본 원리로 간주하기 때문이다. 20세기에 영속이나 불변에 근거한 철학을 비판한 대표적인 사상가는 프랑스의 베르그손이다. 그는 생성이나 과정을 중심으로 새롭게 자신의 철학적 사유를 전개하였다. 하지만 그는 발산하는 과정을 너무 강조한 나머지, 수렴 혹은 규정하는 역할을 하는 법칙이나 한정 대상을 소홀히 취급하였다. 화이트헤드는 베르그손과는 달리 생성과 함께 영속을 실재의 한 측면으로 긍정하고 있다. 그러한 규정의 원리로 각각 창조성·영원한 대상·신·시공간 개념을 들 수 있다. 이 개념들은 화이트헤드 철학에서 가치와 질서에 대한 이해에 단초를 제공해 준다.

따라서 III부에서는 가능태의 역할을 하는 창조성·영원한 대상·신 개넘에 대한 탐구와 각 개념들의 연관성을 알아볼 것이다. 또한 화이트헤드가 초기부터 후기까지 줄곧 관심을 갖는 문제 중의 하나는 시공간 문제임을 알아볼 것이다.

IV부에서는 화이트헤드의 '현실태'이론에 관해서 검토해 보고자 한다. 그의 현실태이론은 과정을 중심으로 한 실재론으로 구성되어 있기 때문에, 화이트헤드 자신이 새롭게 주조한 개념들을 실재론을 설명하기 위해 사용한다. 이것은 그의 철학을 난해하게 만드는 이유 중의 하나이다. 따라서 IV부에서는 그의 현실태이론에 사용된 여러 개념들을 이해 가능한 방식으로 다시 한번 검토해 볼 것이며, 그리고 그 현실태이론에서 과정·가치·결단과 같은 문제들이 어떻게 융화되고 있는지를 살펴볼 것이다.

간략하게 이 책의 구성 전개의 특성은 다음과 같이 요약해 볼 수 있을 것이다.

첫째, 화이트헤드 철학의 여러 개념들을 과학이론과의 연관성 속에서 해석할 수 있는 실마리를 이끌어 내고자 한다. 이는 그의 철학적 개념들이 난해하기 때문에 취하는 방식이다. 다시 말해 화이트헤드의 유기체철학의 내용을 과학이론과의 대비를 통해 탐색해 보는 접근 방식이라고 하겠다.

둘째, 화이트헤드 철학에 대한 2차자료보다는 1차자료에 충실하려 했다. 여기서 충실하다는 것은 그의 초기 작업과 후기 작업과의 연관성의 파악하는 데 유의했음을 말한다. 이 방식은 우선 화이트헤드 철학의 난해함을 일관된 방향에서 풀어 보고자 하는 이유에서 감안된 것이다.

| 차례 |

| 일러두기 |

1 본문에 인용된 글의 출처는 모두 각주로 달아 주었다. 다만 화이트헤드의 서지정보는 모두 본문 안에 넣어 책명은 생략하고, 괄호 안에 약어와 페이지수로만 명기하였다.(예시: SMW 49) 화이트헤드의 저서에 대한 약어는 아래와 같다. 'Rep'는 재판(reprint)의 약자이다. 화이트헤드 저서의 국역본에 관한 정보는 참고문헌에서 따로 정리하였다.

UA: *A Treatise on Universal Algebra*, Cambridge: Cambridge University Press, 1898.(Rep 1960.)

MC: "On Mathematical Concepts of the Material World", London: Dulau, 1906.

PM: *Principia Mathematica*, Cambridge: Cambridge University Press, 1910~1913.

RTS: "The Relational Theory of Space", *Philosophy Research Archives* 5, 1914.

OT: "The Organization of Thought", *The Aims of Education and the Other Essays*, 1916.

ASI: "The Anatomy of Some Scientific Ideas", *The Aims of Education and the Other Essays*, 1917.

PNK: *An Enquiry Concerning the Principles of Natural Knowledge*, Cambridge: Cambridge University Press, 1919.

CN: *The Concept of Nature*, Cambridge: Cambridge University Press, 1920.(Rep 1971)

R: *The Principle of Relativity with Applications to Physical Science*, Cambridge: Cambridge University Press, 1922.

SMW: *Science and the Modern World*, Cambridge: Cambridge University Press,1925.

RM: *Religion in the Making*, New York: Macmillan, 1926.(Rep 1954)

S: *Symbolism: Its Meaning and Effect*, New York: Macmillan, 1927.

AE: *The Aims of Education and Other Essays*, New York: Macmillan, 1929.

FR: *The Function of Reason*, Princeton: Princeton University Press, 1929.(Rep 1958)

PR: *Process and Reality*, New York: Macmillan, 1929.(Rep 1978)

AI: *Adventures of Ideas*, New York: New American, 1933.(Rep 1961)

MT: *Modes of Thought*, New York: Macmillan, 1938.

ESP: *Essays in Science and Philosophy*, New York: Philosophical Library, 1947.

IS: *Interpretation of Science*, ed., Allison H. Johnson, 1961.

2 그 외 인용출처는 맨 처음 등장할 때만 자세하게 서지정보를 명기했으며, 이후부터는 지은이, 책제목, 페이지 형식으로 간단히 적었다. 인용된 책들의 자세한 서지사항은 권말에 참고문헌으로 정리하였다.

3 인용문의 대괄호([ ])는 저자가 독자들의 이해를 위해 추가한 것이다.

4 단행본은 겹낫표(『 』)로, 논문은 낫표(「 」)로 표시했다.

5 외국 인명이나 지명, 작품명은 2002년에 국립국어원에서 펴낸 외래어 표기법을 따랐다.

I부

유기체철학의 형성

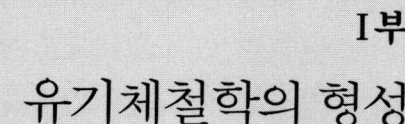

1장 유기체철학의 형성 배경

19세기와 20세기는 고대의 우주론을 대표하는 플라톤과 아리스토텔레스, 그리고 근대의 우주론을 대표하는 뉴턴 이후에 서양의 문명에서 가장 급격한 관념의 모험——예를 들면 사영기하학Projective geometry,[1] 위상수학Topology, 집합론Set theory, 상대성이론, 양자역학 등——이 전개된 시기였다. 화이트헤드 역시 수학과 물리학에 대한 직접적인 연구를 통해서 새로운 영

---

[1] 기하학은 하나의 도형을 이동해서 다른 도형과 대응되는지를 통해 같은지(합동인지) 혹은 다른지를 다룬다. 유클리드기하의 합동은 점 대응, 선분 대응, 길이 대응을 통해 합동을 다룬다. 아핀기하학은(affine geometry) 점 대응, 선분 대응을 통해서만 합동을 다루며, 길이라든지 각의 크기를 통해서는 합동을 다루지 않는다. 즉 정삼각형이나 직각삼각형이라는 개념은 없고 오직 삼각형만이 존재한다. 사영기하학은 점(무한원점) 안에 직선이 모두 들어 있다. 직선은 모두 폐곡선으로, 어디에서 직선을 그려도 점 안에 수렴된다. 사영기하학은 어떤 변환이 가지는 합동을 모두 다룰 수 있는 기하학이다. 또한 사영기하학은 유클리드기하학과 비유클리드 기하학(쌍곡선 기하학과 타원 기하학)을 모두 포함하는 합동변환이다. 위상기하학은 '위치'와 '형상'에 관한 기하학이다. 오일러의 정리가 형상에 관한 연구라면, 가우스의 연구는 '위치'에 관한 연구이다. 앞에서 다룬 다양한 기하학은 도형의 길이, 각도, 넓이 등과 같은 양적인 측면을 다룬다면, 위상기하학은 점, 선, 면 등의 개수 혹은 연결을 연구한다는 점에서 도형의 질적인 측면을 다룬다. 다시 말해서 유클리드 기하학에서 사영기하학까지 삼각형이나 사각형이 원과 합동할 수는 없지만, 위상기하학에서는 합동이 된다는 것이다. 그 이유는 모두 하나의 점만 갖고 있다는 것으로 합동되기 때문이다.

역들을 탐구하였다. 20세기의 철학적 저서들 가운데서 가장 난해하고 뛰어난 저서로 알려져 있는 『과정과 실재』는 이와 같은 여정을 겪은 후에 나온 것이다. 이 저서는 화이트헤드가 평생 탐구한 모든 학문적 성과가 집대성된 것이다. 이 책에서 주로 다루게 될 화이트헤드의 저서 또한 『과정과 실재』이다. 그의 사유가 집대성된 이 저서를 제대로 파악하기 위해서는 그의 초기 작품에 대한 이해가 필수적이다. 그의 초기의 저서들은 '수리논리학'적 성격을 갖는다. 이 책에서 화이트헤드의 초기 저서들을 다루는 구체적인 이유는 두 가지가 있다. 하나는 그의 수학 및 물리학의 연구를 통해서 철학에 이르게 되는 개념적 전개를 이해하기 위함이다. 다른 하나는 17세기 우주론을 대표하는 관념들의 기반이 되는 수학과 물리학의 전제들에 관해서 이미 그가 수학을 다루는 시기에서부터 연구를 시작하였기 때문이다.

I부의 순서는 다음과 같다. 먼저 화이트헤드의 학문적 시기를 연대기적으로 살펴볼 것이다. 다음으로 그의 사변철학이 현대 과학, 특히 양자역학과 어떤 관련을 있는지를 알아볼 것이다. 이것은 그의 유기체 개념이 자연과학의 성과와 밀접한 관련성이 있음을 드러낼 것이다. 마지막으로 그의 방법론에 관해서 고찰할 것이다. 이를 통해 화이트헤드가 탐구한 전 주제에 동일한 방법론이 사용되었음을 알 수 있다.

1. 수학의 시기(1891~1913)

보통 화이트헤드가 탐구한 주제는 세 시기로 나눌 수 있다. 이처럼 세 시기로 분류하는 것에 대해서 대부분의 화이트헤드 연구가들이 동의를 한다. 하지만 연구가들에 따라서 화이트헤드의 학문의 시기에 대한 견해는 다시 세 가지로 나누어진다. 즉, 이들은 모두 연대기적·지리적 분류를 받아들이지만, 그 기간들 사이의 관계에 대해서는 이견을 드러낸다. 헨리 키튼Henry Keeton에 따르면, 울프 메이스Wolfe Mays와 너대니얼 로런스Nathaniel Lawrence 에 의해 대표되는 첫번째의 주요 집단은 수학 시기의 주된 관심과 형이상 학 시기의 관심 사이에 본질적으로 어떤 변화도 일어나지 않았다고 보며, 화이트헤드가 수학의 시기에 탐구한 주제의식을 철학의 시기에 이르기 까지 일관되게 지속한 것으로 본다. 두번째 연구 집단은 로버트 팰터Robert Palter와 빅터 로Victor Lowe로 대표되며, 이들은 화이트헤드가 자신의 방향을 약간 바꾸었으나, 연속성과 관련성에 있어서는 중요한 손실이 없는 것으로 본다. 세번째 연구 집단은 화이트헤드가 자신의 연구 방향을 상당히 전환 한 것으로 주장한다.[2]

첫번째 시기에 화이트헤드는 산술의 기초, 기호논리학, 집합과 관계 논 리학, 논리 유형 등에 관심을 갖고 있었다.[3] 수학에 대한 그의 최초의 저서 는 1891년에 착수해서 1898년에 나온 『보편대수론』이다. 『보편대수론』은 피터 해밀턴Peter Hamilton, 조지 불George Boole의 영향을 받아서, 새로운 대수 학을 전개한 역작이다. 이 책은 나중에 러셀과 함께 작업을 한 '수리논리학' 의 원천이라고 할 수 있다.[4] 이 책은 단순히 수학적인 저서는 아니다. 폴 실 릅Paul Schilpp에 의하면, 이 저서는 "어느 정도는 이성적이고 수학적인 형이 상학과 가장 관련성이 깊은 저서"[5]이며, 메이스 역시 "이 책의 목적은 모든

---

2) Henry C. S. Keeton Jr., "The topology of feeling extensive connection in the thought of Whitehead North Whitehead: its development and implication", Graduate Theological Union, 1984, pp.6~7.[Ph.D. Dissertation.]

3) Victor Lowe, "Whitehead's Philosophical Development", *The philosophy of Alfred North Whitehead*, New York: Tudor Publishing Co., 1951, p.46.[2nd edition]

4) Paul A. Schilpp ed., *The Philosophy of A. N. Whitehead*, La Salle: The Open Court Publishing Co., 1941, p.9.

5) Ibid., p.18.

사고의 영역에서 추론을 이용해서 계산을 전개하는 라이프니츠의 계산법을 거의 전적으로 따르고 있다"[6]는 것이다. 따라서 수학은 모든 경험의 영역을 정확히 이해하고 표현하는 수단으로 간주된다.

수학의 이상은 모든 사고의 영역 혹은 외적 경험의 영역과의 관련에서 추론을 용이하게 하는 계산법을 세우는 것이다. 이 계산법에 의해서 사고 혹은 사건의 연속이 명확하게 확인될 수 있고 정확하게 진술될 수 있는 것이다. 따라서 철학, 혹은 귀납적 추론, 상상적인 문학을 제외하고서 모든 진지한 사고는 이 계산법에 의해 전개된 수학일 것이다.(UA viii)

수학에 대한 화이트헤드의 이러한 생각에서 특별히 주의해야 할 대목이 있다. 수학에 대한 그의 열정과 지식에도 불구하고, 그는 경험의 영역에서 수학으로는 탐구될 수 없는 지점이 있음을 인정한다. 그가 수학과는 다른 방식으로 탐구될 수 있는 영역으로서 '철학·귀납적 추론·문학'을 들고 있다.(UA 「서문」) 초창기에 드러난 이러한 사유는 후기 사유와의 관련성을 보여 주는 중요한 대목이라고 할 수 있다.[7] 로를 통해서 『보편대수론』이 갖는 의의를 세 가지 정도로 살펴볼 수 있다.

① 수와 양의 과학으로 정의되는 고전 수학 개념에 대한 비판이다. 이 책에서 화이트헤드는 전통적인 수학 개념의 불충분성을 드러내고 있다. 특히 수학의 양적 개념에 대한 비판이다.

---

6) Wolfe Mays, *Whitehead's Philosophy of Science and Metaphysics: An Introduction to his Thought*, The Hague: Martinus Nijhoff, 1977, p.4.
7) Lowe, "Whitehead's Philosophical Development", p.24.

② 이 책은 화이트헤드의 근본적인 탐구 방법을 보여 준다. 이것은 화이트헤드의 전 저서에서 보인다. 그는 현재 사용되는 관념보다 드높은 일반성을 갖출 수 있는 관념을 모색한다. 그는 이러한 목적을 위해서, 다양한 분야의 특징적인 관념들을 함께 모으며, 상상적 구성으로 이 개념들과는 다른 단계로 그것들을 하나로 조직한다. 그때 사실과의 적용성이 시도된다.[8]

③ 이 책은 계층적 패턴에서 추상적 관념을 다루고 있기 때문에, 철학자들이 그의 형이상학을 플라톤과 연관시키는 계기가 된다.[9]

첫번째는 화이트헤드가 지속적으로 비판하는 '17세기 우주론'의 전제들이다. 이 우주론을 대표하는 갈릴레이, 데카르트, 뉴턴 등은 자연을 수와 양을 통해서 정확하게 측정 가능한 것으로 본다. 그러나 양적 측정은 '미분 가능한 함수' 혹은 연속적인 운동을 전제하는 것이다. 그러나 불연속적 운동이나 가속도 등은 그와 같은 방식으로 충분히 설명될 수 없다는 것이 화이트헤드의 입장이다. 두번째는 화이트헤드의 사유방법이다. 그는 이 방법을 '오컴의 면도날'[10]로 부르면서, 수학·물리학·형이상학의 시기에 줄곧 사용한다. 세번째 계층적 패턴은 러셀과 함께 저술한 『수학 원리』나 '대상' 혹은 '영원한 대상'이라는 개념들 속에서 거듭해서 드러난다.

화이트헤드는 1905년에 발표된 「물질세계에 관한 수학적 개념들에 관

---

8) 우리는 이 점을 화이트헤드의 방법론(I부 3장)에서 충분히 밝힐 것이다.

9) Lowe, "Whitehead's Philosophical Development", pp.24~32.

10) 오컴의 면도날(Occam's razor). 경제법칙·절약법칙이라고도 한다. 스콜라 철학자인 윌리엄 오브 오컴(William of Ockham: 1285?~1349?)이 주장한 "실체가 필요 이상으로 늘어나서는 안 된다"(non sunt multiplicanda entia praeter necessitatem)는 원리를 말한다. 오컴의 면도날은 많은 가설들을 연역을 통해 그 결과가 실존하는지를 검증하며, 검증에 실패한 가설들을 하나씩 제거하여 가설들을 단순화하는 방법이다.

하여 On Mathematical Concepts of the Material World를 자신의 최고 논문이라고 부른다. 이 논문에서 뉴턴에 의해서 구성된 물질세계에 대한 개념이 매우 부적절하다는 사실을 밝힌다. 그는 '오컴의 면도날'에 따라 물질세계의 개념을 보다 단순하게 통일시킨다. 로는 이 논문의 의의를 다음과 같이 적는다.

> 이 해는 아인슈타인의 상대성이론에 대한 최초의 논문이 나온 해이다. 아인슈타인의 논문은 오직 '특수 상대성이론'에 대해서만 나왔으며, 공간과 물질이론의 통일까지는 접근하지 않았다. 그러나 화이트헤드의 이 논문은 물질세계를 단 하나의 이론으로 통합하고자 하는 몇 가지의 시도를 제안하였다.[11]

그는 엄격하게 정의된 공리적 방식으로 물질세계의 개념들을 구성한 다양한 사상가들의 논의와 자신의 공리를 보여 준다. 이것은 그가 처음으로 기호논리학을 구체적인 주제에 적용한 최초의 시도이다. 이 논문에서 화이트헤드는 뉴턴의 고전 물리학 개념을 수학적 언어로 번역하고, 그것을 두 가지 점에서 비판한다. 먼저 뉴턴의 세계-그림world-picture은 그 세 가지 원초적인 항들, 즉 공간적 점들·시간의 순간들·물질적 입자들로 구성되는데, 이것은 오컴의 면도날을 위반한다. 오컴의 면도날이란 더 적은 항과 더 적은 관계를 통해서 문제를 푸는 방법이다.

두번째로 고전 물리학 개념은 물질적 입자들의 변화와 운동을 설명하지 못한다. 우리가 운동을 설명하기 위해서 수많은 외적 관계가 요구된다. 즉 그것에 외적인 수학적 관계들의 무한수——각각의 움직이는 입자들을

---

11) Lowe, "Whitehead's Philosophical Development", p.34.

위한 위치 속에서 각각의 변화를 설명하는 것들——를 더한다. 이렇게 많은 외적 관계로는 연역적 공리 체계를 수립할 수 없다. 명백하게 이러한 절차로 요구되는 관계의 수는 오컴의 면도날을 위반한다. 그러므로 화이트헤드는 보다 더 적은 원초적인 항들과 원초적인 외적 관계를 요구하는 여러 가지 수학적인 개념들을 전개한다.[12]

　　만약 우리가 오직 공간이 불변하는 세계의 고려에 한정한다면, 고전 개념
　　보다 더 아름다운 것은 없다. 불행하게도 그 완전한 개념이 적용되는 곳은
　　변하는 세계이다.(MC 26)

　　그는 뉴턴의 자연관을 지적한 라이프니츠와 러셀의 논의를 수리논리학적 언어로 살펴본 후, 각각에도 어떤 문제점이 있음을 밝힌다. 그는 그 대안으로 두 가지 '선형 개념'을 제시한다. 이를 통해 화이트헤드는 점들을 더 이상 원초적이지 않으며, 파생된 존재로 간주한다. 즉 점은 선형 존재들의 집합에 속한다. 이러한 관념은 수학에서 새로운 관념은 아니다. 왜냐하면 사영기하학에서 사영점projective point은 무한점에 수렴하는 직선들의 집합으로 정의되기 때문이다. 그러나 이 선형 개념의 난점은 그 정의 속에 점과 선의 순환성이 내재해 있다는 것이다. 화이트헤드는 이 장애를 극복하기 위해서 '교점'interpoint이론과 '차원'dimension이론을 제시한다. 다만 모든 점

---

12) 로와 메이스는 「물질세계에 관한 수학적 개념들에 관하여」를 정밀하게 분석한다. 로는 화이트헤드의 후기 형이상학과의 관계에서 이 논문의 영향을 살피고(Lowe, *Understanding Whitehead*, Baltimore: The Johns Hopkins Press, 1966.), 메이스는 자신의 저서(Mays, *Whitehead's Philosophy of Science and Metaphysics: An Introduction to his Thought*, 1977.)에서 이 논문을 설명한다.

을 복합적인 것으로 보고, 기하학의 점을 선형적 실재에서 파생된 것으로 보면서, 점을 원초적인 것으로 정의하는 유클리드 정의를 폐기한다는 사실이다. 화이트헤드는 자신의 선형적 실재 개념이 뉴턴의 고전 개념보다 실재에 더 적합하다고 주장한다. 그는 이 논문의 마지막에서 당대의 물질세계의 수학적 모델에 대해서 불만을 표출한다.

> 완전한 개념(V)[13]은 우주를 형성하는 오직 하나의 존재자들의 집합class을 가정한다. 공간의 성질들과 공간에서 물리적 현상은 존재자들의 단 하나의 집합의 속성이 된다. 앞으로 지향해야 할 이상은 모든 공리들을 물리 법칙을 받아들이는 것으로 연역하는 것이다. 따라서 이러한 법칙들은 기하학을 전제하는 것이 아니라, 창출하는 것이다.(MC 61)

결론적으로 화이트헤드의 선형적 세계 개념에서 근본 요소들은 점들을 구성하는 가설적인 선형적 실재linear reals이다.[14] 사영기하학에서 평행선은 무한히 이상적인 점에 수렴하는 것으로 인식된다. 그런 가정된 이상

---

13) 「물질세계에 관한 수학적 개념들에 대하여」는 뉴턴의 시간·공간·물질이라는 기본 개념이 자연을 설명하는 데 적합하지 않다는 사실을 드러내기 위해서 수리적으로 분석한 것이다. 그는 이 논문에서 뉴턴뿐 아니라 라이프니츠, 러셀 등의 개념도 비판적으로 분석한다. 그는 단순한 비판에 머물지 않고 새로운 대안을 제시한다. 그것인 완전한 개념(V)이다. 즉 이것은 시간·공간·물질이 하나로 통합되는 새로운 개념을 제시했다. 이 논문은 독창성에도 불구하고 화이트헤드의 연구자뿐만 아니라 사람들의 시선을 충분히 끌지는 못했다. 「물질세계에 관한 수학적 개념들에 대하여」는 아인슈타인의 상대성이론과 같은 해에 나왔다. 화이트헤드의 입장에서는 다소 아쉬운 점도 있겠지만, 화이트헤드 본인은 뉴턴의 우주론을 넘어서는 새로운 대안을 제시한 논문으로서 자신의 인생에서 최고의 논문 중의 하나로 보았다.
14) 화이트헤드는 선형적 대상적 실재가 현대물리학의 '힘의 선'(lines of force)과 밀접한 관련이 있다고 한다. '힘의 선' 개념도 물질적 우주에서 분석할 수 없는 궁극적 존재들로 간주한다.(MC 19)

적인 점은 '사영점'이라고 불린다. '사영점'은 수렴하는 직선들의 무한 집합으로 구성된다. 그가 구성하는 점들은 무한한 이상적인 점들이 아니라 일상적인 점들이다.[15] 이것은 화이트헤드의 중기 시대에 사건event의 정의로 변환된다. 1898년에 『보편대수론』을 출판한 후에, 화이트헤드와 그의 제자인 러셀은 공동의 문제의식을 갖고서 집필에 착수해서, 그 결과물을 1910년에 『수학 원리』 1권으로 발표하였다. 이어서 1912년에 2권이, 1913년에 3권이 출판되었다. 이 책은 저자들과 쿠르트 괴델Kurt Gödel만이 읽었다고 할 정도로 당시에는 난해하면서도 획기적인 저서라고 할 수 있다. 이 세 권에 관해서 콰인은 다음과 같이 말한다.

모든 시대를 통틀어 가장 위대한 지적 기념비 중의 하나이다.[16]

화이트헤드는 자신의 저서에서 『수학 원리』의 목적을 "특별하게 정의할 수 없는 수학적 개념들과 수, 양 및 공간에 관한 특별히 아프리오리a priori 한 수학적 전제들의 전 장치를 버려야 한다는 것"(OT 49)이라고 밝히고 있다. 다시 말해서 기초적인 수의 이론은 집합과 관계의 일반 이론의 세분화에 지나지 않으므로, 새로운 수 개념이 필요하다는 것이다.

그러나 『수학 원리』 4권을 준비하고 있을 때, 러셀과 화이트헤드는 자신들이 더 이상 같은 사유를 하고 있지 않다는 사실을 알고 공동 작업을 중단하였다. 매우 안타깝지만 이 저서는 화이트헤드의 사후에 유언에 의해

---

15) 이는 화이트헤드의 「물질세계에 관한 수학적 개념들에 관하여」에서 '교점' 이론과 '차원' 이론으로 나타난다.

16) Willard V. O. Quine, *Two Dogmas of Empiricism*, New York: Longmans, Green & Co., 1951, p.139.

화이트헤드의 부인이 폐기 처분하였다고 한다. 하지만 이 저서는 화이트헤드의 후기 사상에서 관계 이론에 절대적인 영향력을 행사한다고 볼 수 있다. 『과정과 실재』에서 그는 궁극자의 범주인 '창조성'을 "이접적인disjunctive 방식의 우주인 다자를, 연접적인conjunctive 방식의 우주인 하나의 현실적 계기actual occasion로 만드는 궁극적 원리"(PR 21)로 설명한다.

여기서 연접과 이접을 궁극자의 범주를 설명하는 원리로 본다는 것은 『수학 원리』에서 그 기원을 찾을 수 있다. 즉 유기체철학에서 다수성이나 이접의 상태로 있는 사물들 혹은 존재들이 연접될 때 새로운 되기 혹은 현실적 계기가 이루어진다는 언급은 『수학 원리』에서 사용된 ∧, ∨ 개념의 확장인 것으로 여겨진다.[17] 이미 그는 수학의 시기에 실체를 전제하는 양적인 개념보다 관계를 전제하는 '사이성'betweenness[18] 개념을 중심으로 그 모험을 시도했다.

2. 자연과학의 시기(1914~1922)

1915년과 1917년에 나온 논문들의 지속적인 관심은 화이트헤드의 자연의 3부작이라고 일컬어지는 저서들에서도 계속된다. 이 책들은 『자연 인식의 원리에 관한 연구』*An Inquiry concerning the Principles of Natural Knowledge*, 『자연의 개념』 및 『상대성의 원리』*The Principles of Relativity: with Applications to Physical Science*이다. 이 3부작 가운데 앞의 두 저작은 수리물리학의 여러 가지 기본

---

17) 그는 새로운 논리학을 통해서 이천여 년 이상 철학적·학문적 사유의 근원지인 아리스토텔레스의 주술 논리학에 근거한 실체철학을 비판할 수 있는 획기적인 수단을 확보한다.
18) 화이트헤드는 철학에서도 '사이'(between)개념의 중요성을 언급한다.(PR 301) 그는 모든 존재자는 개별적으로 독립해 있는 것이 아니라, 상호 관계를 맺고 있다는 사실을 밝힌다.

개념에 대한 논리적 기초를 세우려는 책이다.

첫째 저작은 그때까지의 자연과학에서 암암리에 가정되고 있던 기본적인 개념들인 물질·시간·공간 등의 개념이 자연을 설명하기에 충분한 것인지를 비판적으로 검토하고 있다.

> [이 저서는] 물리과학에 근본적인 여건과 경험적 법칙들을 조사함으로써 자연 인식의 원리에 관한 연구를 예시하려고 한다.(PNK 195)

둘째 저작은 화이트헤드가 『자연의 개념』의 서문에서 밝히고 있듯이, "현재의 책의 목적과 그 앞의 책의 목적은 재조직화된 물리학의 필연적인 전제인 자연철학의 기초를 놓는 것"(CN vii~viii)이라고 볼 수 있다. 앞에서 말한 분석의 결과로 획득한 기본 개념을 토대로 하나의 이론 체계를 구축한 다음, 다시 그 체계를 통해 경험적 사실들을 해석하는 방법을 취하고 있다. 이러한 이론을 구성함에 있어서 그는 추상적인 것을 구체적인 것으로 오인하지 않아야 한다는 비판의 준칙을 언제나 따르고 있다.

다시 말하면 그의 기본 입장은 어디까지나 추상에 의한 이해를 삼가고, 모든 문제를 가장 구체적인 경험의 견지에서 파악해야 한다는 철학 정신의 관철에 있다고 볼 수 있다. 따라서 이 두 저작, 즉 『자연 인식의 원리에 관한 연구』와 『자연의 개념』은 객관적인 과학적 대상과 사적이고 정신에 의존하는 감각-성질들 사이의 이원론을 극복하고, 새로 정립된 물리학의 수학적 개념들이 우리의 현실적인 감각 경험에 그 뿌리가 있음을 밝히려는 데 관심을 두고 있는 저서이다.[19]

세번째 저작인 『상대성의 원리』에서는 아인슈타인의 일반 상대성이론과는 다른 기본 전제에 입각해서 화이트헤드의 과학철학적 분석의 결과에서 필연적으로 귀결되는 일반 상대성이론을 전개하고 있다. 이것은 뒤에 아인슈타인 자신도 소개하고 있는 흥미로운 이론이다. 물론 과학의 문제에 대한 그들의 견해 차이는 단순히 공간이나 동시성의 문제 그 자체보다는, 과학에만 머물러 있는 아인슈타인과 과학에서철학의 영역으로 발전해 가는 화이트헤드 사이의 사상적 기반의 차이이며, 동시에 그들 사이에는 세계관의 대립이 더 중요한 의미를 내포하고 있다.[20] 따라서 그가 수학의 시기에 양적인 수학 개념이 아니라 관계의 수학을 전개하고 그리고 '술어논리학'을 통해서 논리학을 새롭게 구성하였듯이, 자연철학에서는 사물의 관계성을 설명하기 위해서 '의미관련'significance이라는 용어를 사용한다. 이는 술어논리학의 사유가 직접적인 경험 속에서 연관을 맺는 방식이다.

> 의미관련은 사물들의 관계성이다. 의미관련이 경험이라고 말하는 것은 지각적 인식이 사물들의 관계성의 이해에 지나지 않는다는 것을 확증한다. 즉 그것은 관계 속의 사물들과 관계된 것으로서의 사물들이다. 만약 우리가 사물들의 인식을 갖고 시작한다면, 우리가 사물들에서 발견하지 못하는 사물들의 관계를 찾아보아야 한다. 그러나 우리가 사물들의 가능한 인식이 사물들과 관계없는 것으로 사고하는 것은 아주 잘못된 일이다. 사물들의 관계의 인식에 앞서서 사물들의 인식을 갖고 시작하는 것은 문제의 출발점을 잘못 잡고 있는 것이다. 소위 사물의 성질들은 언제나 특수화되지 않는 다른 사물들에 대한 관계로서 표현된다. 그리고 자연적 지식은 오로지 관계성과 관련된다.(PNK 12)

---

19) Mays, *Whitehead's Philosophy of Science and Metaphysics: An Introduction to his Thought*, p.6.
20) Lowe, "Whitehead's Philosophical Development", pp.55~56.

여기서 무엇보다 주목해야 할 점은, 화이트헤드의 과학과 자연철학에 대한 모든 저서와 논문들이 탐색한 것은 다름 아닌 자연을 관계로 본다는 것이다. 이와는 달리 뉴턴의 자연관은 세계를 시간의 순간, 유클리드 공간, 연장된 물질적 입자로 구성된 것으로 본다. 물질적 입자는 미분 방정식을 통해서 그 운동이 설명된다. 화이트헤드는 뉴턴의 우주론적 개념으로는 변화, 속도 등을 설명하기가 불충분하다고 본다. 그것은 물질 입자들 간의 관계를 설정하지 않음에도 불구하고, 마치 변화나 속도를 설명할 수 있는 것으로 간주한다. 화이트헤드에게 변화는 "지속 없는 현재의 순간에 직접적 사실로서 과거와 미래의 유입"(PNK 2)이다. 다시 말해서 지속 없는 순간을 통해서는 생물학에서 말하는 유기체의 성장이나 물리학에서 속도에 대한 충분한 설명을 제공할 수 없다는 것이 화이트헤드의 입장이다.

> 자연의 추이 혹은 자연의 창조적 전진은 근본적 특성이다. 전통적인 뉴턴 개념은 추이 없이 자연을 이해하려는 시도이다.(PNK 14)

그러므로 화이트헤드는 자연을 시공간적 사건으로 본다. 이것은 우리가 지각을 통해서 직접적으로 관찰하는 것이다. 오늘 하루라는 사건은 아침의 사건, 점심의 사건, 저녁의 사건을 포함하고 중첩된다. 이러한 시공간적 관계들은 사건들의 속성들이다. 이러한 의미에서 화이트헤드는 과학철학이 해야 할 일을 "자연에, 즉 우리가 지각 속에서 인식하는 것에 적용되는 일반 개념들을 추구하는 것"(CN 28)으로 간주한다. 그는 이러한 관찰을 통해서 보여진 요소들은 서로 관계한다고 주장한다. 동일한 양태의 요소들이 관계할 때 그것을 '동질적인 관계'라 하고, 다른 양태의 요소들이 관계할 때 그것을 '이질적인 관계'라 한다.

자연에는 두 가지 양상이 존재한다. 상호 간에 적대적이면서도 각각 본질적인 두 양상이 있다. 한 양상은 사물들의 창조적 전진이며, 다른 한 양상은 사물들의 영속성이다. 이 사실이 자연을 인식될 수 있도록 한다. 따라서 자연에는 어떤 새로움도 낡음도 없는 대상들에 언제나 관계하는 생생함이 있다.(PNK 98)

화이트헤드는 자연의 이러한 두 측면을 '사건'과 '대상'object이라고 한다. 두 가지 개념은 근본적으로 관계를 설명하기 위한 것이다. '사건들은 근본적으로 동질적인 연장 관계의 관계항이다.' 시공간은 이러한 관계에서 파생된 것이다.

사건들은 자신들의 부분들인 다른 사건들로 연장된다. 그리고 모든 사건은 자신의 부분인 다른 사건들에 의해 연장된다. 따라서 최소의 사건도, 최대의 사건도 없다. 다만 부분과 전체의 관계로서 사건 개념은 설명된다. 사건은 자연에서 지속적으로 발생하는 것이다.

현실적 사건은 자연에서 발생하는 것이다. 그것은 다시 발생할 수 없다. 왜냐하면 본질적으로 그것은 그 장소에, 그 시간에 있는 것이다. 사건은 그것인 바의 것이고, 그것이 관계하는 방식이며, 그 외에 어떤 것도 아니다.
(PNK 61)

즉 사건들은 자연이 전개할 때 결코 영속하지 않는다. 그것들은 자신들이 부분이 되는 보다 큰 사건으로 진행해 들어간다. 따라서 사건들의 추이는 생성 중인 시공간적 연장이다. 그것은 추이를 겪는 구체적이고 개체적인 것이다. 그것은 영속하는 것도, 변하지 않는 것도 아니다. 그리고 다른 사건의 부분이 된다. 이와 같은 화이트헤드의 사건 개념은 후기 철학에서 가장 구체적인 실재로서 '현실적 존재자'actual entity, '결합체'nexus, '파악' prehension과 같은 개념들로 나누어진다.

다음으로 영속적인 성격을 갖는 대상들을 세 가지의 주된 종류로 나누어 보자. 첫째는 감각 대상, 둘째는 지각 대상, 셋째는 과학적 대상이다. 첫 번째로 특수한 소리, 특수한 느낌, 특수한 색깔은 감각 대상이다. 특수한 사건에서 발견되는 감각 대상의 관계는 '진입'이라고 부른다.[21]

사건들에 대한 감각 대상의 진입은 복잡한 과정이다. 네 가지 주된 요소들이 여기에 관련된다. 즉 지각적 사건들percipient, 상황situation, 활동을 조건 짓는 사건들, 수동을 조건 짓는 사건들이다. 지각적 사건은 관찰자와 관련되는 신체적 사건이다. 상황은 감각 대상이 위치 지어지는 사건이다. 활동을 조건 짓는 사건들은 그 상황의 사건의 결정성과 관련된 사건들이다. 수동을 조건 짓는 사건들은 활동적 사건의 배경이 되는 사건들이며, 일반적으로 시공간 관계이다.

예를 들자면 푸른 코트를 직접 보고 있는 사람의 경우에 있어서, 일상적인 조건에서 그 코트는 푸름이라는 감각 대상이 진입하는 상황 사건일 것이다. 정확한 지각의 경우에 있어서, 그 상황 사건은 주된 활동을 조건 짓는 사건이다. 다만 적절한 빛과 다른 요소들이 필요하다. 그리고 수동적인 조건은 간접적으로 관계를 맺는 것인데, 그것은 태평양 바다에서 활동하는 생선 꼬리와 같은 조건을 의미한다. 따라서 화이트헤드에 의하면, 감각 대

---

21) 진입(ingression) 개념은 플라톤 철학에서 이데아가 생성세계와 관계되는 방식을 뒤집기 위해서 사용된 것이다. 화이트헤드에게는 생성세계가 존재론적으로 우선하고, 그것을 규정하기 위해서 관념이 생겨나는 것이다. 그는 사건보다 선행하여 관념이 있는 것으로 보지 않는다.

상이 경험되는 상황은 지각적 사건, 상황, 활동적 사건, 수동적 사건들을 조건 짓는 사건들에 달려 있다는 것을 경험한다.(CN 149~156)

두번째로 푸른 코트가 지각될 때, 지각된 것은 단순한 감각 대상과는 다른 대상이다. 그것은 지각적 대상인데, "그것은 경험의 습관의 소산이다. 그것은 동일한 상황에서 감각 대상들의 결합의 소산이다".(CN 155) 예를 들자면 우리가 유사한 코트를 볼 때, 무의식적으로 우리 자신이 그것을 입고 있다고 느낄 수 있을 것이다. 푸른색, 형태, 게다가 여러 가지의 결합에 의해서 제공된 이 복잡한 감각 여건들이 지각적 대상들을 구성한다. 화이트헤드에 따르면 판단의 어떤 행위도 이 단계에서는 관계되지 않는다.

세번째로 과학적 대상들 ——예를 들면 전자electron——은 가장 영속적인 물리적 대상들의 특성이다.(CN 158) 이 시기에 화이트헤드 사유의 중요한 국면은 다음과 같이 표현된다.

우리는 순간 속에 살고 있는 것이 아니라, 지속 속에 살고 있으며, 현재는 본질적으로 시간의 연장을 가지며, 기억과 직접적인 현시顯示 간의 구별은 근본적일 수 없다. 우리는 언제나 사라지는 현재가 직접적인 과거가 될 때 그것을 함께 갖고 있다.(AE 127)

화이트헤드가 현재의 경험의 순간에 반하여 연장적 본성에 대해 강조하는 것은 전자들이 본질적으로 에너지의 장이며, 지역화되거나 상호 배제된 것이 아니라는 물리과학에서의 내용과 일치한다. 수학의 여러 개념들——점·선·평면——에 관한 새로운 정의는 연장적 관계성이 근본적인 설명의 원리라는 그의 관심에서 기본적으로 배태된 것이다.

예를 들자면 「일부 과학적 관념들의 해부」The Anatomy of Some Scientific

Ideas에서 그는 "점은 체적을 줄이는 과정을 무한히 계속함으로 기술될 수 있는 것이라고 주장한다".(AE 137) 1915년과 1917년에 나온 세 편의 논문이 그의 『교육의 목적』*The Aims of Education* 8장~10장에서 실려 있다. 이것들은 「사고의 조직」The Organization of Thought, 「일부 과학적 관념들의 해부」, 「공간, 시간, 그리고 상대성」Space, Time, and Relativity이다.

이 논문들에서 그는 매우 중요한 몇 가지 관념들을 제시한다. 이 논문들에서 형이상학의 전개에 관한 관심을 표명하고 있지는 않지만, 그는 그런 연구의 기본적인 중요성을 인식하고 있다. 예를 들자면 화이트헤드는 "과학은 형이상학의 필요성을 줄여 주지는 못한다"(AE 152)고 주장한다.

내 생각으로는, 과학이 착수하는 현실적 경험의 분야들에는 근본적으로 난잡하고 잘 조정되지 않는 특성이 있다. …… 이 사실은 언어의 영향에 의해서 감추어지며, 과학에 의해서 변형되었다. 이것은 우리에게 정확한 개념들을 슬그머니 삽입한다. 마치 그것들이 경험의 직접적인 전달을 나타내는 것처럼 말이다. 우리는 이 결과로 인해 감각들의 직접적인 전달이 다음을 알려 주는 것으로 상상했다. 정확한 점들의 직접적인 전달에 의해 형성된 공간에서 일어나는 감각 전달은 부분들도 없고, 크기도 없이 정확한 시간의 순간들에서 일어난다는 것이다. 다시 말해서 세계에 대한 우리의 직접적인 경험은 완벽하게 한정된 사건들에 완벽하게 한정된 대상들이 결합된 방식이라는 것이다. 즉 과학적 사유의 목적인 깔끔하고, 매끄럽고, 정돈되고, 정확한 세계가 존재한다는 것이다.(AE 106)

화이트헤드는 "자연은 마음mind에 닫혀 있다"(CN 4)고 주장한다. 이것은 자연에 관한 탐구는 정신과 별개의 것으로 연구될 수 있다는 것이다.

그렇다고 해서 이러한 관점이 자연과 정신의 이분화에 대한 형이상학적 학설을 함축하지는 않는다고 한다. 이것은 과학철학의 분야에서 가능할 뿐이며, 형이상학의 분야에서는 이보다 포괄적인 사유가 요구된다. 다시 말해서 가치를 자연철학의 분야에서 탐구하지는 않는다.

그러나 화이트헤드는 『자연의 개념』이라는 저서에서 말하기를, 자연의 가치에 관한 논의는 아마도 형이상학적 종합의 열쇠이며, 그런 종합을 이 저서에서 시도하지는 않을 것이라고 한다.(CN 5) 이 시기에 화이트헤드가 관심을 갖고 있었던 것은 다만 "물리학과 감각 지각에 다리를 놓는 것"[22]이었다.

화이트헤드의 자연철학 3부작은 일관된 하나의 주제를 갖고 있다. 즉 물리학에 대한 특별한 적용성을 갖는 자연과학의 새로운 철학을 구성하는 것이다.[23] 우리가 화이트헤드의 자연철학에서 가장 관심을 갖고 지켜보아야 할 것은, '사건'과 '대상' 개념으로 자연을 파악하고 있다는 점이다. 처음으로 이러한 '이원성'[24]을 화이트헤드가 주장할 때, 그는 실재의 궁극적인 본성으로 그것을 주장할 의도는 아닌 것 같다. 단지 '지각'과 '자연과학 철학'에 필요하다는 실증적 이유 때문이다.

다시 말해서 화이트헤드는 자연의 과정 속에 통일성과 조화가 있음을 발견하고, 그것을 사건과 대상 개념을 이용해서 해명해 보고자 한다. 이 두

---

22) Mays, *Whitehead's Philosophy of Science and Metaphysics: An Introduction to his Thought*, p.5.
23) Lowe, "Whitehead's Philosophical Development", p.65.
24) 화이트헤드에 따르면 이 이원적인 장치는 연장적 추상화(extensive abstraction)의 방법의 도움을 받아서 "사건들 사이의 본질적인 관계와 사건들의 성격에 대한 인지로부터 나오는 시간·공간·물질의 본질적인 과학적 개념들을 표현하고자"(PNK 74~75) 하는 것이다. 따라서 로에 따르면 이 목적을 위해서는 대상과 사건을 구분하는 것은 충분히 자연스럽다고 한다.(Lowe, "Whitehead's Philosophical Development", p.75.)

개념은 화이트헤드의 형이상학에서 각각 '현실적 존재자'와 '영원한 대상'으로 바뀐다. 우리는 여기서 이미 화이트헤드가 자기 스스로도 의식하지 못한 채 플라톤적 경향을 따르고 있음을 알 수 있다. 로에 따르면 화이트헤드의 자연철학에 있어서 가장 위대한 성과는 대상과 사건을 혼동하지 않고 분류한 것이다.[25]

3. 사변철학의 시기(1923~1947)

화이트헤드는 수학의 시기에 양의 수학이 아니라, 관계의 수학을 탐구하였다. 그는 사영기하학과 이후에 나오는 위상학의 중요성을 알고 있었다. 이것은 유클리드기하학에 근거한 수학과는 차이가 있다. 그리고 과학의 시기에는 자연의 구성 요소는 사건과 대상으로 구성되었다고 보며, 이것은 개별적으로 존재하지 않으며, 상호 관계를 통해서만 그 의미를 이해할 수 있다고 본다. 그는 수학과 과학 시기에 탐구한 지식의 영역을 확장해서 형이상학적 탐구에 이르게 된다.

　이 시기에 화이트헤드가 탐구한 형이상학은 고대와 근대를 지배했던 주류의 서양철학과는 근본적으로 다른 지점에 서 있다. 이것은 과정을 배제한 궁극자를 선택하는 방식이 아니라, 과정 속에서 각 개체의 상호 관계 자체에서 발생하는 것을 궁극자로 보는 방식이다. 화이트헤드는 초월적이고, 비시간적이고, 영속하는 독립적인 존재자가 아니라, 과정을 통해서 상호 관계를 맺는 존재자들을 탐구한다. 로는 화이트헤드가 형이상학을 연구하게 된 동기는 내외적으로 두 가지로 구분해서 볼 수 있다고 말한다.

---

25) Lowe, "Whitehead's Philosophical Development", p.74.

첫째는, 그의 내적 사건으로서 자연철학을 보다 완전한 형이상학적 연구로 전환해 보고자 하는 것이다. 둘째는, 그의 외적 사건으로서 하버드 대학 철학부에서 그를 교수로 초빙한 것과 미국에로의 이주가 강력한 동기를 부여하였다 할 수 있으며, 1914~1918년 사이에 일어난 국가적인 비극과 개인적인 비극 또한 그의 사고의 경계를 확장하였다고 볼 수 있다.[26]

내적인 동기는 자연철학에서 생략한 '가치' 개념을 포함한 사유를 전개하는 것이다. 그는 자신의 자연철학 저서에서 가치에 관해서 다루지 않는다. 따라서 화이트헤드의 철학적 시기가 단순히 자연철학의 확장이라고 말하기는 힘들다. 왜냐하면 화이트헤드는 정신과 자연 그리고 가치와 사실을 통합하는 것을 철학의 임무라고 여겼기 때문이다. 따라서 우리는 화이트헤드의 사변철학의 목적이 모든 실재 속에 가치가 내재한다는 사실을 진술하는 것에 있음을 알 수 있다. 하지만 그는 가치를 이해하는 데 있어 진·선·미 가운데서, 미의 가치를 가장 보편적인 것으로 본다. 이런 점에서 화이트헤드는 서양철학사에서 가장 무시당한 가치가 미학이라고 말한다.

철학을 위한 출발점으로서, 가장 무시되었기 때문에 가장 생산적인 출발점은 현재 우리가 미학이라고 부르는 가치론이라는 것이 나의 신념이다. 인간 예술의 가치들에 대한 우리의 향수, 혹은 자연미에 대한 향수, 어떤 명백한 야만과 파괴에 직면하여 느끼는 우리의 공포. 이것들이 우리에게 밀려오는데, 경험의 모든 양식들은 분명 충분히 추상화된 것들이다. 그러나 여전히 그것들은 분명 사물의 바로 그 의미를 드러내고 있다.(ESP 129)

---

26) Ibid., pp.89~90.

듀언 보스킬에 따르면, "화이트헤드의 형이상학 혹은 우주론의 체계는 스피노자가 자신의 체계를 윤리적이라고 간주하였던 것처럼, 기본적으로 미적인 것이다"라고 보았고,[27] 모리스 버트램은 화이트헤드의 철학을 '유미주의'aestheticism[28]라고 하며, 유진 피터스는 "화이트헤드에게 근본적인 가치 형식은 미적인 것이며, 가치를 성취하는 데 실패하는 계기란 없다"[29]고 한다. 이와 같이 화이트헤드는 가장 근본적인 가치를 미적이라고 보며, 구체적 사실들 가운데 미적 가치를 추구하지 않는 것은 없으며, 어떠한 실재도 미적인 종합으로 이루어지지 않는 것은 없다고 본다. 이 점은 노스럽이 『화이트헤드의 미학』의 서문에서 밝히고 있듯이,[30] 그가 자신의 자연철학의 저서들을 함께 읽으면서, 구체적인 사실이 미적이라는 것을 주장하였다고 한다. 그러나 이것은 전통적인 의미의 예술철학과는 다르다.

화이트헤드는 현실 세계의 가장 작은 단위에서 인간에 이르기까지 모든 존재는 미적인 가치를 실현한다고 본다. 그는 모든 경험의 시작은 '정서적'(AI 226~227)이라고 한다. 그는 이것을 모든 문화 현상에까지 확대한다. 그런 점에서 화이트헤드는 인간의 모든 문화를 미학적으로 본다. 즉 "종교는 예술이다".(RM 16) "제의의 도래와 함께 인류는 예술가가 되었다."(RM

---

27) Duane M. Voskuil, "Whitehead's metaphysical aesthetic", Columbia: University of Missouri, 1969, p.1.[Ph.D. Dissertation.]

28) Morris Bertram, "The art-process and the aesthetic fact in Whitehead's philosophy", The philosophy of Alfred North Whitehead, ed., Paul A. Schilpp, New York: Tudor Pub Co., 1951, p.463.

29) Eugene H. Peters, The Creative Advance, St. Louis: Bethany Press, 1966, p.129.

30) 1920년대에 필머 스튜어트 노스럽은 화이트헤드와 그의 저서 『자연 인식의 원리에 관한 연구』(PNK)와 『자연의 개념』(CN)을 함께 읽으면서, 모든 지식과 사유의 토대가 되는 구체적인 사실은 미적인 특성을 갖고 있다는 점을 자주 지적하였다고 한다.(Filmer S. Northrop, "foreword", A Whiteheadian Aesthetic: Some Implications of Whitehead's Metaphysical Speculation, Hamden: Archon, 1970.)

21) "진보는 예술이다."(PR 515) "삶은 예술이다."(FR 8) "문학은 예술이다."(AE 47) "과학적 관찰은 예술이다."(AE 49) "대학을 조직하는 일은 예술이다."(AE 97) "문명은 예술이다."(AI 271) 따라서 화이트헤드가 말하는 일반적 의미의 예술이란, 여러 구체적 사실에 의해 실현되는 하나하나의 가치에 주목하도록 하기 위해 그 사실들을 배열하고 조정하는 어떤 선택 활동이다.(SMW 223)[31]

따라서 화이트헤드가 미적 경험을 실재로 간주하는 것은 의식 혹은 감각 지각을 우선시하는 근대철학과는 근본적으로 다른 구도에 서 있다. 왜냐하면 주관주의적 감각주의는 경험이 명료한 감각 인상들로 시작되고, 정신적 종합으로 종결된다. 이때의 가치는 주관적이고 사적인 것이 된다. 하지만 화이트헤드에게 가치는 "사건의 내적 현실을 가리키는 용어"(SMW 161)이다. 따라서 가치는 사실에 중립적인 요소가 아니다.

화이트헤드 '유기체철학'의 3대 저서라고 불리는 것은 『과학과 근대 세계』, 『과정과 실재』, 『관념의 모험』이다. 미국으로 건너간 후의 첫 저작은 『과학과 근대 세계』였다. 화이트헤드의 저서 중에서 가장 널리 알려진 이 책은 비교적 덜 전문적인 저작이지만, 독창적이고 심오하며 난해하다는 점에서는 예외는 아니다. 영국의 유명한 문예 비평가인 허버트 리드Herbert Read는 이 책을 가리켜 "데카르트의 『방법서설』*Discours de la méthode* 이래 과학과 철학을 결합시킨 부분에서 아마도 가장 중요한 책이다"(SMW 311)라고 평가한다. 이것은 어떤 면에서는 지나친 찬사로 표현될지 모르나, 그 저

---

31) 이 언급은 화이트헤드의 사변철학에서 가장 중요한 용어 중의 하나인 느낌(feeling)의 정의와 대동소이하다고 볼 수 있다. 느낌은 긍정적 파악(positive prehension)이라고 하며, 파악은 주체가 여건을 자신이 원하는 주체적 형식을 갖고 바라보고 향유하는 과정이다.

서가 가진 가치에 관한 단적인 표현으로서 간주될 수 있다.

그리고 『과정과 실재』는 화이트헤드의 전 사상이 압축된 저서라고 말할 수 있다. 『과정과 실재』에 대해서는 다소 과장이 섞이기는 하였으나, 메이스는 "이것은 존재하는 가장 어려운 철학적 저서들 중의 하나이며, 이러한 점에서 헤겔과 플로티누스Plotinus의 작품과 겨룰 수 있다"[32]고 말한다. 『과정과 실재』가 화이트헤드의 철학 체계에서 차지하는 비중은 엄청나다.

『과정과 실재』 이후에 화이트헤드의 철학 체계 속에서는 어떤 새로운 전개도 일어나지 않는다. 『과정과 실재』는 언제나 필요 불가결한 저서로서 남을 것이다. 『과정과 실재』의 해명은 각각의 경우에 있어서 거기에서 형성된 새로운 관념의 압력으로부터 고통을 받는다. 『과정과 실재』만이 그것들의 이론적 완전성 속에서 그 관념을 진술한다.[33]

『관념의 모험』과 『과정과 실재』의 관계는 화이트헤드의 자연철학 저서인 『자연의 개념』과 『자연 인식의 원리에 관한 연구』와 유사한 관계에 있다. 화이트헤드에게 있어 두번째 책을 저술한 이유 중 하나는 첫번째 책에서 밝혀진 개념들을 보다 용이하게 요약하는 것이었다. 따라서 『관념의 모험』은 『과정과 실재』의 내용을 보다 평이한 방식으로 밝혀 낸 것이다.

개략적으로 화이트헤드의 사상적 시기를 구분해 보았다. 화이트헤드는 자신이 탐구한 모든 영역에서 모험적인 시도를 했다. 그는 수학과 논리

---

32) Mays, *Whitehead's Philosophy of Science and Metaphysics: An Introduction to his Thought*, p.7.
33) Lowe, "Whitehead's Philosophical Development", p.118.

학을 탐구했던 시기에도 그 누구도 시도하지 않았던 새로운 대수학과 논리학을 전개했으며, 자연철학 시기에도 사건 개념을 중심으로 상대성원리를 포괄하는 자연철학을 시도했다. 그는 아인슈타인의 상대성원리를 인정하지만, 그 철학적 지위에 대해서는 다른 입장을 취한다.

마지막으로 형이상학의 시기에도 자신이 직접 탐구한 수학과 논리학 및 물리학의 개념들을 통해 메타-사유를 행함으로써 새로운 사변철학을 제시했다. 따라서 화이트헤드의 사변철학인 유기체철학은 진정한 형이상학의 계보를 잇고 있다. 분석철학이나 포스토모더니즘에서 의미하듯이 화이트헤드의 사변철학을 취급할 수는 없다. 또한 화이트헤드의 유기체 개념은 상식적으로 알고 있는 생명체 개념을 넘어서고 있다. 그러나 화이트헤드는 현재의 범주체계나 사유방식에 대해서 급진적으로 도전할 생각을 하지 않는다. 즉 그는 자신의 유기체철학이 당장에 확실성이나 명증성으로 드러나기를 바라지는 않는다. 로에 따르면 "화이트헤드는 자신의 철학 체계의 정당성에 관해서 걱정하지 않았다. 그는 자신의 철학의 유용성은 아주 먼 미래에 기대해야 할 일이라고 생각하였다."[34] 이러한 태도가 진정으로 철학자의 자세일 것이다. 이는 우리가 눈앞에 있는 이익에만 자신의 삶의 태도를 맞추는 것과는 매우 대조적인 삶의 양태이다.

---

34) Ibid., p.117.

2장 자연과학과 유기체 개념

화이트헤드는 자신의 철학을 구성하는 데 네 가지의 강력한 영향을 받았다. 이 네 가지가 『과정과 실재』를 구성하게 된 동기와 방법 및 철학과 제과학의 관계, 그리고 철학의 한계를 명시적으로 드러낸다.

첫째는 지난 2세기 동안을 전반적으로 지배해 왔던 고립된 문제들에 대한 역사적·철학적 비판 운동은 이제 그 역할이 끝났으며, 따라서 그것은 건설적인 사상의 보다 부단한 노력으로 보완될 필요가 있다는 점이다.

둘째로 철학적 구성의 참된 방법은, 가능한 한 최선을 다해 관념들의 도식을 축조하고, 그 도식에 의거하여 과감하게 경험을 해석해 나가는 것이라는 점이다.

셋째는 과학적 관심의 대상이 되는 여러 특수한 논제에 관여하는 모든 건설적 사고는, 승인되지는 않았지만 상상력을 이끌어 가는 데 있어 적잖은 영향력을 행사하는 이와 같은 어떤 도식에 의해 좌우된다는 점이다. 그리고 철학의 중요성은 그러한 도식을 명확히 하고, 또 그렇게 함으로써 그것을 비판하고 개선할 수 있도록 하려는 끊임없는 노력에 있다.

넷째는 사물의 본성의 깊이를 타진하려는 노력은 참으로 천박하고 미약하며 불완전한 것일 수밖에 없다는 점이다. 철학적 논의에서는 어떤 진술을 궁극적인 것으로 보려는 독단적인 확실성을 암시하는 것만으로도 어리석음의 징표가 된다.(PR xiv, 44~45)

이 장에서는 세번째에 해당하는 내용을 보다 구체적으로 살펴보려고 하는 이유는 화이트헤드의 유기체철학이 현대 과학과 밀접한 관련성에서 확장된 형이상학임을 보여 주기 위함이다. 그러한 작업이 생략된다면, 화이트헤드의 사변철학이 현대의 자연과학이나 여타의 학문과는 별개의 것으로 이해될 가능성이 크다.

따라서 화이트헤드가 어떻게 현대 과학의 개념을 자신의 사변철학인 유기체철학과 조화시키는지를 볼 필요가 있다. 여기서는 화이트헤드가 『과학과 근대 세계』에서 언급한 양자론을 중심으로 살펴볼 것이다. 화이트헤드는 양자역학은 근대 물리학의 관점으로 설명할 수 없는 측면이 있다고 본다. 특히 시공간과 물질에 대한 관점에 대한 근본적인 혁신이 요구된다. 그는 양자론은 '유기체' 개념을 통해서 설명이 되며, 그 이론에 대한 사변적 구성을 통해서 유기체철학이 구성된다는 사실을 밝히고 있다. 이 점을 여기서 논증해 보고자 한다.

1. 기계적 유물론의 극복으로서의 유기체철학

주지하는 바와 같이 뉴턴의 물리학은 근대 물리학의 중심을 이룬다. 그것은 물질과 운동을 기하학적으로 분석하는 데 성공한다. 수학은 일찍이 자연의 실재를 이해하는 데 핵심적인 역할을 해왔다. 그러나 화이트헤드에 의하면 수학은 실재를 추상적으로 기술하는 역할을 하는 것이다. 즉 시간이 갖는 역할을 사상한 것이 수학적 이해의 특징이라고 할 수 있다. 화이트헤드는 뉴턴물리학이 물질 입자를 기술하는 특성을 다음과 같이 간결하게 설명한다.

> 뉴턴물리학은 독립된 물질 입자의 개체성에 기초를 두고 있다. 각각의 돌은 다른 물질 부분과의 연관을 도외시해도 충분히 기술될 수 있는 것으로 생각한다. 그것은 '우주' 속에 고독하게 존재하는 단일 공간의 점유자이다. 그것은 여전히 있는 그대로의 돌일 것이다. 그 돌은 과거나 미래와는 아무런 관련 없이도 충분히 기술될 수 있을 것이다. 또한 그것은 전적으로 현재의 순간 속에 구성되어 있는 것으로서 충분하고도 완전하게 파악될 수 있다.(AI 156)

근대 물리학에서 '현재의 한 시점'에서 입자를 충분히 기술할 수 있다고 생각하는 것은 매우 추상화된 형식이다. 화이트헤드는 실재에 대한 이러한 해석을 '단순정위'simple location라고 한다.

> 현대 물리학은 단순정위의 학설을 폐기하였다. 별·행성·물질의 덩어리·분자·전자·양자·에너지의 양자 따위로 불리고 있는 물리적 사물이라는 것은 각각 그 전 영역에 걸쳐 있는 시공간 속의 변용으로 이해되어야 한다. 초점적 영역focal region이라는 것이 있는데, 일상적인 표현 방식으로 하자면 사물이 있는 곳에 해당된다. 그러나 그 영향은 그로부터 시간과 공간의 가장 먼 깊숙한 속을 거쳐 유한한 속도로 흘러나온다. 물론 이처럼 변용된 초점적 영역을 가리켜 거기에 위치하고 있는 사물 그 자체라고 말한다

면 이는 당연한 말이 되겠고, 또 어떤 목적을 위해서는 전적으로 타당하다. …… 물리학에 있어 사물 자체는 그 사물이 행하는 것에 지나지 않으며, 그 사물이 행하는 것은 이처럼 발산하는 영향의 흐름인 것이다. 또한 그 초점적 영역은 외적 흐름과 분리될 수 없다. 이는 순간적 사실로 간주되기를 한사코 거부한다. 초점적 영역이란, 그 속에서는 그러한 흐름이 단지 현저하게 지배적이라는 점에서, 이른바 외적 흐름과 다를 뿐인 그런 진동 상태를 말한다. 또 우리는 이러한 물리적 사물의 어떤 일정한 순간의 존재를 어떻게 정확하게 '표현할 것'인가를 놓고 당황하게 된다. 왜냐하면 초점적 영역 내에서이건, 외부에서이건 간에 모든 순간적 점-사건에 있어 이 사물에 귀속되어야 할 변용은, 그 사물에 의해서 별개의 점-사건에 도입된, 대응하는 변용에 선행하고 있거나 후속하고 있기 때문이다. 그렇기 때문에 만일 문제가 되는 물리적 사물의 완전한 존재의 사례를 생각해 보고자 할 때, 우리는 공간의 일부분이나 시간의 한순간만으로 한정시킬 수 없는 것이다. 물리적 사물이란 공간들과 시간들의, 또 그러한 시간들 속의 공간들에 있어서 조건들의 어떤 조정이며, 그러한 조정은 수학적 관계로 표현될 수 있는 어떤 일반적 규칙의 한 예증 사례라는 것이다.(AI 157~158)

아주 길게 인용한 이 단락에서 화이트헤드가 말하고자 하는 바는, 근대 물리학의 입장과는 달리 '초점적 영역'으로 한정된 '순간의 존재'는 '완전한 존재'라고 할 수 없다는 것이다. 근대 물리학은 '표현할 수 있다'는 사실을 너무 강조하는 경향이 있다. 화이트헤드에 있어서 사실 혹은 사건은 '형식' 이상인 것으로 간주된다.(AI 158) 그는 사건이 양적일 뿐만 아니라 질적이라고 주장한다. 우리가 실재를 충분히 기술할 수 있다고 생각하는 수학적 형식은 '진동의 상태'에서 실현된 관계와 패턴을 보여 줄 뿐이다.

그러나 그러한 형식이 사건의 활동 자체는 아니다. 우리는 상징과 상징화된 사물을 동일화하는 경향이 있다. 화이트헤드는 이를 '잘못 놓여진 구체성의 오류'fallacy of misplaced concreteness라고 부른다. 이는 추상적 개념과 구체적 사실의 차이를 간과함에서 빚어지는 오류이다.

이러한 설명으로는 입자가 '발산하는 영향'이라는 점을 설명하기는 부적합하다. 근대의 과학적 유물론이 제시하는 개념은 비활성화inert된 실체의 개념이라고 할 수 있다. 근대 과학적 유물론scientific materialism의 세계관을 따르자면, 생명도 무질서한 운동과 물질의 영속적이고, 딱딱한 단위들로 구성된 우연한 충돌로 환원될 수 있다.[1]

그러나 이러한 개념은 시공간적으로 연장되는 순수 활동으로서 사건과는 배치되는 개념이다. 이러한 사건은 규칙화된 구조를 갖는다. 화이트헤드에 따르면 현대 "물리과학은 자연을 활동으로 환원시키고, 이와 같은 활동 속에 예시되는 추상적인 수학적 정식들을 발견"(MT 166)하였다. 화이트헤드는 이런 구조를 갖는 존재를 '유기체적인 체계'organized system라고 하며, 실재로 발생하는 가장 구체적인 사실로 간주하였다.(SMW 55) 그는 간단히 줄여서 '유기체'organism라고 하였다.[2] 원초적이고 물리적인 유기체들은 다른 유기체들과 상호 작용한다. 한 유기체가 다른 유기체와 상호 작용하는 것을 '경험' 혹은 '기능'이라고 한다. 이러한 유기체의 경험을 철학적

---

1) Milič Čapek, *Philosophical Impact of Contemporary Physics*, Princeton: Van Nostrand, 1961, 3장 7절.
2) 유기체(有機體)는 동식물처럼 유기물로 이루어져 그 자체로 생활 기능을 가진 조직체나, 여러 조직이나 요소들이 유기적으로 긴밀히 연관되어 이루어진 하나의 통일된 전체를 의미한다. 화이트헤드는 현대 과학을 통해서 자연에 '활동'과 '조직' 관념이 근본적인 것으로 보고 있다. 하지만 유기체철학이란, 자연을 '생명'으로 보는 것과도 밀접한 관련이 있다. 여기에 관해서는 IV부에서 보다 자세하게 다룰 것이다.(MT 166)

으로 일반화시킨 것이 화이트헤드의 '느낌'feeling이라는 개념이다.

'느낌' 개념은 구조화된 활동의 패턴 사이에서 선별적 상호 작용의 일반적 개념에 있어 본질적이다. 느낌은 유기체들이 서로 기능하는 것을 의미한다. 시공간 속에서 개별적으로 존재하는 것이 아니라면, 입자들은 서로 환경을 통해서 영향을 주고받는다. 이 관계는 한정된 물리적 특성의 계승과 상호 작용을 말한다. 그러나 뉴턴의 우주론에서 물질의 경험들은 외적인 힘에 대해서 단순히 순종한다. 이러한 경우에 선택과 목적이라는 개념은 물리적 우주에서 추방되고, 작위적으로 인간에게만 한정된다. 화이트헤드에게서 경험 혹은 느낌은 주어진 여건이 동일하다고 하더라도 각 유기체의 결과가 동일하지 않음을 보여 주는 것이다.(SMW 107)

따라서 화이트헤드의 유기체이론은 과학적 유물론에서 전제하는 비활성적인 물질과 순간적인 배치를 의미하는 시공간 개념과는 전혀 다른 자연관을 제시한다. 다음으로 양자역학에 대한 그의 입장을 통해 이러한 의미를 살펴볼 것이다.

2. 유기체철학의 물질관

'단순정위'로서 고찰된 고전적 입자 개념과, 외부와 내부가 연관을 갖는 것으로 보는 유기체적 입자의 개념에는 큰 차이가 있다. 하지만 두 입자 사이에도 '개별성'과 '존속'endurance이라는 개념에서 그 유사성을 찾아볼 수 있다. 왜냐하면 개별자라고 함은 결국 다른 개별자들과 구별 가능성이 있으며, 일정한 존속을 통해 그 규칙성을 드러낸다는 점을 함축하고 있기 때문이다. 딱딱하게 영속하는 기계적 유물론과는 달리 화이트헤드의 유기체철학에서는 이 존속이라는 사물의 특성을 어떻게 기술하고 있는가? 화이트헤드는 시간을 사건에 선행하는 것으로 보지 않는다. 그렇다면 세계의 우연적 사건과는 독립된 절대적 시공간을 거부하는 경우에 '존속'이라는 개념을 어떻게 설명할 것인가?

물리적 존재의 기저에서, 화이트헤드는 원초적인 유기체들의 상호 관계된 다수성이 있다고 한다. 이 유기체는 '에포크'epoch적으로 발생한다. 에포크란 유동 정지를 의미하는데, 발현하는 대상들이 존속하는 경우에 어떤 "실현된 패턴의 현시"(SMW 183)를 포함한다. 이 패턴은 "사건의 본질 속에 들어가며, 그럼으로써 지속 기간 전체를 통해서 공간화된다".(SMW 183) 또한 패턴은 "단순히 순간적인 시간이 아니라 어떤 일정한 시간의 경과를 포함하는 지속을 필요로 한다는 사실"(SMW 183)이다. 이때 "지속이라는 것을, 패턴에 포함된 여러 사건들 중의 하나가 현실화되는 가운데 실현되는 그 패턴의 장이라고 할 때, 이 지속은 에포크, 즉 유동 정지이다".(SMW 183) 따라서 화이트헤드에 의하면 "시간화라는 것은 에포크를 이루는 여러 지속의 계기적 실현"(SMW 198)이라는 것이다.

결과적으로 존속이라는 용어는 전적으로 새로운 의미를 갖는다. 시간을 통해서 무한히 지속하는 것으로 받아들여진 존속에 대한 정의는 화이트헤드의 유기체이론에서는 무의미하다. 우리가 실재를 바라보는 입장에서, 완전한 전체를 인식하는 전체론자가 되거나, 현실적 존재자들의 다수성을 인정하는 원자론자 외에는 대안이 없는가?

만약 우리가 시간을 적용하지 않는다면, 언제든지 논리적 오류인 '귀류법적 오류'에 빠지게 된다. 완전이란 무엇인가? 화이트헤드는 시간과 완전의 결합을 거부한다. 세계를 일자로서 인지한다면 다수성이 없을 것이며, 세계를 다수성으로 인정한다면 시간 속에서 통일된 일자의 의미를 무시하게 될 것이다.

시간은 불완전성을 요구한다. 상호 파악된 계기들의 단순 체계는 정태적인 시간 없는 세계의 개념과 양립 가능하다. 각각의 계기는 시간적이다. 왜냐하면 그것은 불완전하기 때문이다. 완전한 계기의 체계는 없다. 현실적 세계라는 하나의 한정된 존재는 없다.(ESP 242)

그러나 단순히 상호 관계성의 체계만을 주장한다면, 세계의 역동적인 양상들을 잃을 수도 있다. 과정은 단순한 체계만은 아니다. 그것은 역동적 체계이다. 예컨대 세계를 생성이 완성된 행위로서 인식한다면, 과정의 진행은 거듭해서 불변하는 조건의 정태적인 집합에서 멈추어진다. 하지만 생성의 개념은 순수한 원자성이나 순수한 연속성에서 발견될 수 없다. 생성의 충분한 취급은 원자성의 입장에서 연속성의 보완적인 요소에 달려 있다. 화이트헤드의 생성 이론은 여기에 균형을 맞춘다. 연속성의 생성은 있으나, 생성의 연속성은 없다.(PR 35)

이 점에 관해서는 보다 구체적인 논증이 필요할 것이다. 이것은 고대철학자 제논의 논증과 밀접한 관련이 있다. 제논은 운동을 부정하는 이론으로 유명하다. 이미 수학적 논증을 통해서 생성의 세계를 부정하는 데 탁월한 능력을 보여 준 제논은 이미 17세기 우주론에 대한 선구적인 역할을 수행하였다고 볼 수 있다. 제논은 '날아가는 화살'이나 '아킬레우스와 거북이의 경주'에 대한 논증을 통해서 생성은 없고, 오직 존재만이 있다는 사실을 보여 준다. 그의 논증의 전제는 다음과 같다.

i) 생성에 있어서는 어떤 것이 생성되며, ii) 모든 생성 활동은 그 자체가 생성 활동들인 전반부와 후반부로 분할 가능하다는 두 전제로부터 하나의 모순을 유도해 낸다.(PR 86)

두번째 전제에서 1초 동안의 생성 활동을 고려해 보자. 이 활동을 반으로 나누고, 다시 반으로 나누고, 다시 반으로 나누어서, 무한히 계속해서 그 활동을 나누어 보자. 계속해서 나눈 후에, 처음 생성 활동이 시작된 부분에서 무엇이 생성되었느냐고 묻는다면, 우리는 여기에 대해서 어떤 답변을 할 수 없다. 화이트헤드에 의하면, "왜냐하면 우리가 어떤 피조물을 지적하든 간에 피조물은 그 1초가 시작된 후에 생성되었으면서도 이 지적된 피조물보다도 앞서 생성된 이전의 피조물을 전제하고 있기 때문이다. 그러므로 문제되고 있는 1초 동안의 변천을 낳은, 생성하는 것은 어디에도 없는 것이다".(PR 86) '아킬레우스와 거북이'의 논증에서도 거북이가 앞서 있을 때, 결코 아킬레우스는 거북이를 이길 수 없다고 하는 것은 구체적인 경험과는 위배되는 것임에도 불구하고, 오랫동안 이 논증을 격파할 수 없었다. 그 이유는 수학을 통한 무한 분열을 구체적인 삶의 세계에 적용하였기 때문이다. 이것 역시 생성 활동의 무한 계열에 끝이 없다는 사실에 근거해 있다.

그러나 화이트헤드에 의하면, "간단한 산술은 지금 지적한 계열이 1초 동안에 완전히 끝맺음된다는 것을 분명하게 보여 준다. 여기서 그 계열 전체의 바깥에 있는 새로운 생성 활동이 개입해 올 수 있는 통로가 열린다. 따라서 이 제논의 역설은 수학적 오류에 기인하는 것이다".(PR 69) 즉 화이트헤드에 따르면 "모든 생성 활동에는 시간적 연장을 갖는 어떤 것의 생성이 있지만, 그 활동 자체는 생성한 것의 연장적 가분성에 대응하는 생성의 전반과 후반으로 분할될 수 있다는 의미에서라면 연장적인 것이 아니라는 것"(PR 69)이다.

화이트헤드는 이것은 뉴턴의 시간론에 근거한 철학적 사상과 밀접한 관련이 있는 것으로 주장한다. 전체는 부분으로 완전히 분할 가능하다는 제논의 논증은 시간의 모든 부분이 보다 작은 자신의 부분을 포함하게 되며, 이것은 무한히 계속 쪼개질 수 있을 것이다. 이것은 결국 전혀 지속을 갖지 않는 시간과 시간의 "접촉 관계"(SMW 185)만을 보여 줄 뿐이다. 이 경우에 무엇인가를 실현하는 '생성의 시간'은 불가능하게 된다.

그러나 화이트헤드에게 "시간화란 실현"이며, "지속은 시간적인 것이 될 때 비로소 어떤 존속적 사물의 실현"(SMW 185)이다. 이때 시간화는 하나의 연속적 과정이 아니라, "원자상을 이루는 것의 계기"(SMW 185)이다. 화이트헤드는 시간이 원자화되는 것을 에포크를 이루는 것이라고 주장하며, 이는 현대과학의 양자론과 어떤 관련이 있는 시간의 학설로 간주한다.(SMW 185) 따라서 그는 시간화에 관한 에포크의 학설, 즉 "시간화를 하나의 완전한 유기체"(SMW 186)로 보면서, 제논의 난점을 해결하고자 한다.

그러므로 화이트헤드는 생성을 점의 형태로 취급하는 것과 마찬가지로, 생성을 전적으로 연속적으로 취급하는 것은 문제가 있음을 지적하며, 시간의 에포크 이론을 통해서 그 문제를 해결하고자 한다. 변화는 한 집합에서 다른 집합으로 외적 관계에 의해서 연속적으로 대체되는 것은 아니다.[3] 세계의 질서 속에서 존속적이라는 것은 불완전한 조직의 과정 혹은 구체적인 과정 내에서 한정된 특성의 재현의 관점에서 설명되어야 한다. 그렇다면 활동의 유동 가운데서 존속을 어떻게 설명할 것인가?

화이트헤드에 따르면 양자역학의 이론에서 존속에 대한 새로운 의미를 발견할 수 있다고 본다. 근대 유물론을 통해서 분자의 운동을 설명해 보

---

3) 화이트헤드는 외적 관계와 내적 관계를 통해서 근대철학과 자신의 유기체철학의 차이점을 극명하게 보여 준다. 그는 데카르트의 주관주의도 뉴턴의 공리인 개별적으로 존재하는 물체들이 외적 관계를 갖는 것으로 간주하는 것의 한 형태로 보고 있다. 화이트헤드는 "물체들 사이의 제1속성은 실제로 현실적 계기들 사이에, 현실적 계기들 안에서 내적 관계의 형식"(PR 309)으로 본다. 이러한 사유의 변화가 "물리과학의 기초로서 유물론에서 유기체로의 전환"(PR 309)이라고 주장한다.

자. 중성의 수소 원자는 최소한 두 개의 물질 조각으로 구성되어 있다. 그 한 조각은 양전기라 불리는 물질로 된 핵이며, 다른 한 조각은 음전기라는 하나의 전자이다. 핵은 보다 미소한 조각들로 분석될 수 있는 복합체의 특성을 지니고 있다. 그래서 원자 안에서 일어나는 진동은 모두 다른 조각에서 떨어져 있는 어떤 물질 조각의 진동적 위치에 귀속시킬 수 있는 것으로 가정하고 있다. 이 경우에 현대의 양자론에 어려움을 불러일으킨다. 왜냐하면 양자론은 물질의 운동방식이 연속보다는 불연속의 개념에 기초해 있기 때문이다.

여기서 문제가 되는 것은 전자가 공간에 있어 불연속적으로 존재한다고 할 때 그것의 존재방식은 일상적으로 설명하는 물리적 사물의 연속적인 존재방식과는 다르다는 사실이다. 전자와 양자는 물질을 구성하는 기본적인 존재이다. 이들의 존재방식이 연속이 아니라 불연속적이라면, 근대 우주론의 물질에 대한 관념은 수정되어야 한다. 그러한 이론이 주어진다면 "우리는 전자의 궤도를 연속적인 선으로서가 아니라 떨어져 있는 위치들의 계열로 간주할 수 있게 될 것이다".(SMW 196) 양자역학이 이끌어 낸 불연속의 개념은 이에 대처하기 위한 물리학적 개념들의 수정을 요구한다. 현대 과학과 근대 과학에서 운동의 설명은 다음과 같은 비유로 그 차이를 설명할 수 있다.

위의 가설에 입각할 때, 우리는 원자를 진동이 일어날 수 있는 유일한 길임에도 고전 과학이 제공해 주지 못하고 있는 그러한 한정된 수의 일정한 궤도들을 구비하고 있는 것으로 묘사해야만 한다는 것이다. 양자론은 한정된 수의 노선을 지닌 전차를 필요로 하는데, 고전 과학에서 제공하는 것은 초원을 자유롭게 질주하는 말인 것이다.(SMW 190)

양자론에서 전자는 공간에서의 경로를 연속적으로 통과하지 않는다고 가정되거나, 전자가 공간상에서 계열을 이루고 있는 하나의 위치에서 시간적 순서를 따라 일정 시간 동안 나타났다가 사라진다고 가정된다. 양자론에서 물질은 에너지로 환원할 수 있다고 본다. 우리가 에너지를 물질의 기초 관념으로 삼는다면, 화이트헤드에 따르면 "근원적 요소 하나하나는 진동하는 에너지 흐름의 유기체적인 체계organized system가 될 것이다".(SMW 53) 또한 이 요소들 하나하나는 "일정한 주기를 가질 것이며, 이 주기 속에서 그 에너지 흐름의 결집계는 한 정점의 극대치로부터 다른 정점의 극대치로 움직일 것이다".(SMW 53)

근원적인 요소를 구성하는 이 결집계는 결코 어떤 순간에 존재하는 것이 아니라 그 자신을 표출하기 위해서는 온전한 주기가 필요하다. 진동수를 가진 빛이 실어 보내는 에너지가 임의의 강도나 임의의 양을 갖고 있는 것으로 생각하기 쉬우나, 사실은 "더 이상 분할될 수 없는 어떤 최소량의 에너지가 있는 것처럼 보인다".(SMW 188) 화이트헤드는 이를 음악에 비유해서 다음과 같이 설명했다.

그것은 마치 음악에 하나의 음색이 어떤 순간에 존재하지 않는 것과 같다. 음색이라는 것도 자신을 표출하기 위해서는 자신의 온전한 주기를 필요로 하는 것이다. ……만약 근원적 요소의 소재가 어디냐를 밝히려고 한다면, 우리는 각 주기의 중심에 있는 그 평균 위치를 결정해야만 한다.(SMW 54)

이는 "시간을 세분해서 그 소재를 파악하고자 한다면, 전기적 존재로서의 에너지는 사라지며, 아무것도 파악할 수 없게 된다"(SMW 54)는 것이다. 그러므로 존재란 사실상 진동vibration으로 이루어진 것이다. 화이트헤드에 의하면 진동을 본질로 하는 존재를 가정하는 것이 불연속적인 궤도라는 역리逆理를 가장 잘 설명하는 방식(SMW 54)이다. 우리가 물질의 본질이 진동하는 것이라는 가설을 받아들인다면, 물질의 궁극적 요소라는 것이 주기를 갖는 계系를 떠나서는 존재하지 않는다는 것을 알 수 있다. 그리하여 물질의 본성에 대한 양자역학적 설명은 외관상 분해될 수 없는 것처럼 보이는 '존속'에 대한 새로운 관념을 제시한다. 그리고 물질에서 존속이라는 의미를 이해하는 단초가 주기에 있다는 것이 화이트헤드의 입장이다. 화이트헤드는 모든 생명은 '주기적인 사건'이라고 한다.[4]

> 자연의 전 생명이란, 언어에 의한 왜곡이 없다면, 사건들은 동일한 사건들의 재현이라고 부를 수 있는 서로 간에 아주 유사한 계승적인 사건들의 존재들 혹은 주기적 사건들의 존재에 의해서 지배받는다.(IM 121)

주기의 개념은 고대철학자인 피타고라스를 통해서 제기되며, 청각·음악·수학적 구조를 이해하는 데 매우 중요한 개념이다. 여기서 주기는 물질의 견고함에서 과정의 구조를 이해하는 핵심이다. 이것은 변화 속에서 여전히 동일한 것으로 이해할 수 있는 본질적 개념으로 자리 잡는다.

우리는 정태적인 비시간적인 존재를 허용하지 않는다면, 물질의 존속은 주기적으로 되풀이되어야 한다. 인식이란 어떤 별개의 특징들의 규칙적인 반복을 전제로 한다. 화이트헤드에 따르면 세계의 과정은 무작위한 변

---

4) 주기적인 사건은 '생명'(life)개념과 관련이 있다. 화이트헤드는 자연철학의 시기에는 주기 혹은 리듬(rhythms)과의 연관성을 통해서 생명을 설명한다. 후기 철학에서는 현실적 존재자의 성질들을 통해서 유기체 혹은 생명이론을 설명한다.(PNK 195)

주일 수는 없다고 한다. 변주가 무작위라면 질서는 없다. 그 과정에서 일상적 대상의 지각이 가능한 어떤 질서의 통제는 없을 것이다.

한 사물에 대한 인식이 가능하기 위해서는 그 자체의 패턴의 일정하고 존속하는 형식들이 요구된다.[5] 이러한 요소는 활동의 형식에 관한 이론을 요구한다. 이것이 플라톤의 형상이론을 상기시킨다. 만약 물리적 기체基體 혹은 실체를 거부한다면, 활동의 형식을 통해서 존속을 말해야 한다. 이때 활동의 형식들은 플라톤적 의미에서 초월성이 아니라, 내적이라는 것에 주의해야 한다. 물리적 유기체의 구조적 활동에서 패턴은 궁극적으로 근본적인 활동의 형식의 주기적인 반복에서 가능하다.

그러므로 주기 개념은 유동적 활동 속에서 개별적인 특성의 영속성이 어떻게 가능한가를 보여 주며, 그것은 이 유동에서 수학적 체계와의 관계를 보여 준다. 수학은 비시간적이고 보편적인 진리의 구조로 구성되어 있다. 이 규칙성에 대해서는 IV부의 영원한 대상을 설명하는 절에서 자세히 설명할 것이다.

3. 화이트헤드의 소원체(primate)이론

양자역학에 대한 화이트헤드의 설명에서 가장 중요한 점은 주기에 대한 개념이다. 화이트헤드가 유기체철학에서 생명이나 무생물의 공통점으로 간주하는 것은, 그것이 움직이거나 생성해 나갈 때 언제나 진동 혹은 주기를 갖는다는 점이다. 우리는 그가 진동과 주기를 자연에 있는 모든 만물의 생성 원리로 삼는다는 것을 설명하였다.

---

5) 패턴(pattern)은 화이트헤드의 자연철학의 시기에 '대상'이라는 용어로 규정된다.(PNK 195)

이 절에서 화이트헤드가 가장 미시적인 존재로 간주하는 '소원체'를 통해서 양자역학과 자신의 사건이론을 어떻게 조화시키는가를 살펴보자. 화이트헤드의 유기체이론의 전개에서 양자역학은 매우 중요한 역할을 수행한다. 그의 유기체이론은 자연에서 미시적인 존재를 설명하는 양자역학에서 그 구체적인 증거를 확보한다.[6] 화이트헤드는 자연의 가장 미시적인 유기체로 '소원체'를 들고 있다.

소원체의 특징은 보다 종속적인 유기체로 분할되지 않는다는 것이다. 화이트헤드는 소원체가 서로 정지된 상태에 계속 놓여 있거나 또는 일정한 상대적 운동을 계속하고 있는 경우가 아니라면, 그것이 지니고 있는 시공계를 변경시킬 것이라고 한다. 여기서 시공계가 변경되는 것은 "진동적 위치 이동의 법칙"(SMW 191)을 따르는 것이라고 본다. 여기서 화이트헤드는 두 종류의 진동을 구별한다.

유기체설에서는 두 종류의 진동이 있다. 곧 진동적 위치 이동vibratory locomation과 진동적 유기체 변형vibratory organic deformation이 있다. 이 두 유형의 변화의 조건은 그 성격을 달리한다. 다시 말하면 하나의 전체로서의 어떤 주어진 패턴의 진동적 위치 이동과 패턴의 진동적 변화가 있다는 것이다.(SMW 190~191)

화이트헤드는 소원체의 운동방식을 '불연속적'인 것으로 간주하며, 또한 불연속적 운동을 설명하기 위해서는 '주기' 개념이 요구된다고 한다.

---

6) 화이트헤드의 양자(quantum)에 관한 설명은 보어(Niels H. D. Bohr)의 원자 모델에 근거해 있다는 것이 로버트 팰터의 해석이다.(Robert Palter, *Whitehead's Philsophy of Science*, Chicago: University of Chicago Press, 1960.)

소원체가 하나의 사물로 간주될 경우, 그 궤도는 떨어져 있는 점들의 계열에 대한 그림으로 표시할 수 있다. 이처럼 소원체의 위치 이동은 공간 및 시간에 있어 불연속적이다. 만일 소원체가 진동하는 주기를 가진 시간이라면, 그 각각의 지속되는 시공에 정상적으로 존재하고 있는 진동적 전자장의 계기를 발견하게 될 것이다. 이러한 장은 각기 소원체를 구성하는 전자장의 진동의 한 '주기'를 나타낸다. 이 진동이 실재의 생성으로 간주되어서는 안 된다. 그것은 소원체가 그 불연속적인 실현 과정에서 자신을 실현시켜 놓은 것들 가운데 하나이다.(SMW 197)

이 경우에 화이트헤드에 의하면, 일반적으로 원자핵은 다수의 이종의 소원체와 동종의 소원체로 구성되어 있으며, 그 결합 여부에 따라서 안정적인 존속을 이룩한다.

우리는 원자핵이 많은 이종의 소원체와 아마도 많은 동종의 소원체로 이루어져 있으며, 그 결합 전체가 안정성에 유리하도록 되어 있을 것이라고 상상해 볼 수 있을 것이다.(SMW 192)

이와 같은 결합의 실례로서 화이트헤드는 양전기를 띤 핵이 음전기를 띤 전자와 결합하여 중성적 원자가 되는 경우를 들고 있다. 이 경우에 중성적 원자는 전자장의 영향을 전혀 받지 않지만, 만일 그 원자가 중성이 아니라면 전자장은 그 원자의 시공계에 변화를 가하게 될 것이다. 여기서 어떤 종의 소원체들은 시공계를 변경시켜 나가는 조건들 속에서 쉽게 붕괴될 수 있다. 그러나 어떤 종들은 이종의 소원체 사이에 적절한 결합을 구축함으로써 장기간 존속할 수도 있다. 여기서 동종의 소원체와 이종의 소원체가 결합해서 존속을 이루는 것은 무엇을 의미하는가? 이는 유물론에서 규정하는 물질의 존재방식에서 벗어나기 위해서 중요한 조건이다.

존속한다는 것이 전 생애에 걸친 무차별적인 동일을 의미한다면, 이는 유물론의 물질에 대한 이론과 동일한 논의로 진행될 것이다. 그러나 유기체론에서 존속은 '패턴의 존속'이라는 의미를 통해 절대적인 동일성이라는 의미를 거부하면서도, 존속이라는 일상적 지각의 의미를 훼손하지 않는다.

> 유기체설에서 패턴은 어떤 시간을 통해서 무차별적 동일의 형태로 존속할 필요가 없는 것이다. 본질적으로 패턴은 자신을 전개시키기 위해서 시간의 경과를 필요로 하는 일종의 미적 대조물이라 할 수 있을 것이다. 음조는 그러한 패턴의 한 예이다. 그러므로 패턴의 존속은 이제 잇따르는 대조물의 반복을 의미한다. 이것은 명백히 유기체설에 있어 가장 일반적인 존속 개념이며, '반복'은 아마도 존속을 가장 직접적으로 표현하는 말이 될 것이다. 그러나 이 개념을 물리학의 추상적 개념으로 번역한다면, 그것은 '진동'이라는 술어가 된다. 이 진동은 위치 이동이 아니라, 유기체 변형의 진동이다.(SMW 193)

소원체는 대비되는 기본적인 형식들의 구성에 따른 음조이다. 음조가 그 완전한 전개를 위해서 한정된 시간의 경과를 요구하는 것과 마찬가지로, 진동적 패턴은 그 자신의 실현을 위해서 한정된 지속을 요구한다. 따라서 각각의 소원체는 자신의 실현을 위해서 일정한 지속을 지닌 양자적 시간이 필요하다. 화이트헤드에 있어서 음악의 음조나 주기는 단순한 유기체의 위치 이동이라기보다는 유기체 변형의 진동을 암시하는 것이다. 그것은 진동적 위치 이동과 마찬가지로 자연을 구성하는 기본 원리인 것이다.

사건으로 이루어진 복합체의 연속성은 연장성의 여러 관계로부터 생겨나는 반면, 시간성은 하나의 주체적 사건 속에서 하나의 패턴이 실현되는 데서 생겨나는데, 이 패턴은 그 사건에서의 자신의 여러 양상들에 의해 주어지는 것으로, 그것이 나타나기 위해서는 하나의 지속·전체가 공간화되어야만 하는 그런 것이다. 이렇게 해서 실현은 에포크를 이루는 여러 지속들의 계기를 통해 진행되며, 연속적 추이, 즉 유기체적 변형은 이미 주어져 있는 지속 가운데 있는 것이다. 진동적인 유기체 변형이란 사실상 패턴의 반복이다. 어떤 하나의 주기가 일정한 패턴에 필요한 지속을 결정한다. 그리하여 소원체는 그 각각이 하나의 최대에서 다른 최대까지를 점거하고 있는 여러 지속들의 계기에 있어 원자적인 형태로 실현된다. 따라서 하나의 전체를 이루는 존속적 존재로서의 소원체가 고려되어야만 하는 경우라면, 그것은 이들 여러 지속이 차례차례 잇따라서 귀속되어야만 한다. (SMW 196~197)

화이트헤드는 양성자나 전자들은 그 나름의 진동수와 공간적 차원을 갖고 있으며, 충격을 부여해서 가속시킬 때 복합적 유기체의 안정성이 증진되도록 배열되어 있는 소원체들의 결합으로 간주한다. 여기서 안정을 구축하기 위해서 양성자들이나 전자들에 있어 가능한 여러 주기들의 결합이 생겨날 것이다. 화이트헤드에 따르면 "어떤 소원체의 추방은, 양자로 하여금 또 다른 결합으로 결부되거나 아니면 받아들인 에너지의 도움으로 새로운 소원체를 산출하게 하는 급격한 충격으로부터 발생할 것이다".(SMW 194) 따라서 화이트헤드가 설명하는 소원체는 그 결과 새로운 질서가 생겨나는 근거로서 마련되는 것이다.

그러나 화이트헤드에 의하면 "진동적 존재라는 개념은 전적으로 실험을 통해서 정당화되어야만 한다"(SMW 198)고 주장한다. 다시 말해서 화이트헤드의 논의의 요점은 "우리가 채택한 우주론적 관점이 물리학 쪽에서 제기된 불연속성의 주장과 완전히 합치시키는 데 있는 것이다".(SMW 198) 이것은 3장에서 설명할 화이트헤드의 철학적 방법론의 한 면모를 여실히 보여 주는 것이라고 할 수 있다. 왜냐하면 물리학에서 다루는 양자역학의 이론을 일반화시키고, 다시 현실에 착륙한 후에 사실과의 대비 속에 그의 이론의 일관성을 확보하고자 하는 그의 사변철학의 방법론을 명확히 예시하고 있기 때문이다.

화이트헤드는 두 가지 변형을 자연의 변화를 설명하는 원리로 삼는다. 하나는 양자역학의 시공적 위치 변형이며, 다른 하나는 '진동적 유기체 변형'이다. 후자는 자연의 '창조적 전진'을 설명하기 위한 것이다. 이것은 그의 양자역학에 대한 설명에 철학적 지위를 제공할 뿐만 아니라 유기체철학의 근본 원리인 우주의 창조적 생성을 관련시키기 위한 시도라고 할 수 있을 것이다. 화이트헤드에게 있어서 우주는 창조적 전진의 장인 것이다. 이 전진에서 질서의 과정은 연속적이라기보다는 불연속성 속에서 실현을 위한 공간의 장으로 주어지는 것이다. 즉 실현을 위한 에포크의 시기가 있다는 것이다. 안정성과 불안정성이 번갈아 가면서 나타나며, 각각의 유기체는 자기만의 고유한 진동을 가지고 있다. 따라서 우리는 화이트헤드의 유기체 개념이 과학과 별개가 아니라, 양자역학과 어떤 관련성을 가지고 있음을 알 수 있다.

3장 화이트헤드의 방법론

서구의 철학사는 방법론의 역사이다. 특히 근대에는 다양한 철학적 방법론들이 모색되었다. 근대철학의 창시자인 데카르트는 연역적 방법으로 학문의 기초를 세운다. 이것은 수학과 밀접한 관련을 맺는다. 그리고 경험론 철학을 대표하는 로크와 흄은 실험과 관찰에 근거한 귀납적 방법을 통해서 인식의 근거를 확립한다. 이 방법론 역시 근대를 특징짓는 새로운 사조라고 할 수 있다. 철학뿐만 아니라 자연과학·인문과학·사회과학 등으로 학문이 세분화됨으로써, 그 학의 방법론에도 다양한 유형이 생겨난다. 그 결과 자연과학을 중심으로는 연역법과 귀납법이 주를 이루며, 인문과학에서는 자연과학의 방법론을 대체적으로 따르는 경향이 있으나, 삶과 학을 관련짓고자 하는 사유가들은 독자적인 방법론을 창안해 낸다.

자이퍼트에 의하면 이 방법들을 크게 두 가지로 나누어 볼 수 있는데, 그것은 분석적analytisch 방법과 비분석적nichtanalytisch 방법이다.[1] 분석적 방법의 중심에는 연역법·귀납법이 있고, 비분석적 방법에는 해석학적 방법·

---

1) 헬무트 자이퍼트, 『學의 방법론 입문』 I, 전영삼 옮김, 교보문고, 1992, 7쪽.

현상학적 방법·변증법적 방법·초월적 방법 등이 있다.

분석적 방법은 자연과학에 토대를 두고 지식을 탐구하는 방법론이다. 이것은 관찰·실험·증거 및 검증 가능한 개념적 사유를 통해서 이루어진다. 대체적으로 이 방법을 옹호하는 사상가들은 이것을 인문·사회과학에도 적용해서, 객관성을 확보해야 한다는 입장을 가지고 있다. 예컨대 자연과학자, 언어분석가, 수학자, 형식논리학자 그리고 그 학문이 분석적인 성격을 띠고 있는 사회과학자 등이 분석적으로 작업을 하고 있다. 자이퍼트에 의하면, "분석적이라는 말 역시 여기서는 순수하게 구성 요소로 분해한다라는 기본적인 의미로 사용하기도 한다. …… 여기서 분석적 방법이라는 것은 주어진 대상을 그 개개의 구성 요소로 해체하여 그 구성 요소들 간의 상호 관련성을 고찰하는 방법을 의미한다".[2]

반면에 비분석적 방법론을 주장하는 사상가들은 인문·사회과학에는 자연과학과는 다른 독특한 방법론이 있다고 한다. 대체적으로 이것은 반주지주의反主知主義 성향이 강하며, 자연과학의 연구에서 객관성을 결여하는 것으로 간주하는 역사·해석·상상 등을 중요하게 다룬다. 따라서 비분석적 방법이란, "그 대상을 하나의 전체Ganzheit로서 파악하고 해석하는 방법이라 규정할 수 있다. 대체적으로 현상학·해석학·변증법 학자들이 이와 같은 방식으로 나아가고 있다".[3] 니체, 베르그손, 듀이, 후설, 헤겔 등이 이러한 방법의 사상가들이다. 그들은 대체적으로 추상적인 형식이나 패턴은 실재를 오독하는 것으로 본다.

이와 같이 볼 때 분석적 방법은 객관성과 확실성을 지식의 근거로 삼

---

2) 자이퍼트, 『學의 방법론 입문』 I, 전영삼 옮김, 7쪽.
3) 같은 곳.

고서, 수학과 같은 추상적 언어로 정확히 표현하는 것을 목표로 하는 반면에, 비분석적 방법은 실재의 구체성을 탐구한다는 점에서 추상적인 것을 배제하는 경향이 있다. 대상이나 인간을 학적으로 연구할 때, 그 탐구 경향이나 방법이 이처럼 다르다면, 그 결과는 전혀 다르게 나올 수밖에 없다. 다만 비분석적 방법은 자연과학의 연구에는 좀처럼 용인될 수 없는 방법론이며, 분석적 방법은 점차적으로 자연과학과 인문과학에도 막대한 영향을 끼치고 있다는 사실이다.

여기서 우리는 두 가지 질문을 제기하고, 그것에 관해서 살펴보고자 한다. 우선은 오늘날의 '과학문명의 시대'를 맞이해서 분석적 방법인 연역법과 귀납법은 확실한 지식을 제공하는 유일한 방법론인가? 그것에는 어떤 문제점이 없는가 하는 것이다. 자연과학·인문과학·사회과학은 '학문'이라는 용어의 사용을 위해서, 필연성·보편성·확실성이 보장되는 연역법과 귀납법을 주된 방법론으로 사용한다. 필자는 이 책에서 그 방법론들이 갖는 단점을 지적하고, 어느 정도의 한계 내에서만 그 방법론을 인정해야 함을 드러내고자 한다. 그리고 비분석적 방법의 사용이 앞에서 언급한 속성을 갖지 않기 때문에, '학문'으로 인정되지 않는 일반적인 학문적 사조에 대한 문제점을 밝히고자 한다. 즉 비분석적 방법이 갖는 '상상'이라는 측면이 학문의 진전에 매우 중요한 것임을 밝혀 볼 것이다.

다시 말해서 비분석적 방법의 '상상'과 분석적 방법이 갖는 '분석'이 함께 사용될 수 없는가 하는 것이다. 양자의 방법론이 별개의 것이 아니라, 각자가 혼재되어 있다는 사실을 통해서, 자연과학과 인문과학이 소통할 수 있는 기반을 구축할 수도 있을 것이다. 이것은 매우 어려운 문제일 뿐만 아니라, 이 글에서 그것을 다루기는 매우 벅찬 문제이다. 우리는 다만 그러한 실마리를 자연과학과 인문과학을 두루 섭렵한 화이트헤드의 방법론에서 찾아보고자 한다. 이 경우에 우리는 자연과학과 인문과학을 두루 연구한 화이트헤드의 방법론에 어떤 일관성 혹은 연속성이 있는가라는 질문을 할 수 있으며, 만약 그것이 있다면, 분석과 비분석이라는 틀에서 벗어나서 다르게 이해할 수 있는 방법론이 가능할 것이다.

다음으로 화이트헤드는 『과정과 실재』에서 형이상학이 '생산적인 학문'이 될 수 있다고 한다. 이러한 상황은 칸트가 제기한 당대의 형이상학의 문제점과 매우 상응하는 측면이 있다. 칸트는 자연과학의 진보에 비해서, 형이상학은 전쟁터와 같으며, 어떤 진전도 이룩하지 못했음을 지적한다. 그리하여 형이상학이 물을 수 있는 주제를 한정짓고자 했다. 필자는 금세기에도 동일한 물음을 제기할 수 있다고 본다.

20세기에 영미 분석철학은 형이상학의 용어들의 무의미성을 제기하고, 형이상학의 물음을 폐기하며, 언어 분석에만 몰두하였다. 그런데 과연 철학이 자연과학처럼 생산적이고 진전하는 학문이 될 수 있는가? 혹은 형이상학은 가능한가? 그리고 가능하다면, 어떤 형태로 가능한가? 화이트헤드는 자연과학을 탐구한 학자로서는 드물게 형이상학을 연구하며, 또한 그것이 자연과학과 마찬가지로 '생산적 학'이라고 부를 수 있다고 본다. 화이트헤드는 수학과 과학에서 그 자신만의 독창적인 이론을 제시하였을 뿐만 아니라, 철학에서도 그만의 독창적인 '유기체이론'을 드러낸다.[4] 그렇다면 독창적인 이론을 구성할 때, 화이트헤드가 사용한 방법은 무엇인가? 우리는 이러한 점들을 앞으로 다루어 볼 것이다.

---

4) 화이트헤드가 탐구한 '보편대수학', '논리학', '연장적 추상화 이론', '상대성이론' 등은 자연과학에서 그만의 독창적인 이론 구성이라고 볼 수 있다. 필자는 여기에서 사용된 화이트헤드의 방법론적 사유가 형이상학에서도 동일하게 적용되고 있음을 본문에서 밝히고자 한다. 사유된 내용은 다를 수도 있으나, 탐구하는 혹은 사유하는 방법은 동일할 수 있다고 본다.

1. 연역주의(deductivism)와 귀납주의(inductivism)의 한계

대개 아리스토텔레스의 사상에 근거한 스콜라 철학이 17세기에 대두된 자연과학의 발전을 소화할 수 없게 되자 사람들은 새로운 탐구 방법을 모색하기 시작한다. 갈릴레이, 케플러, 데카르트, 하위헌스Christiaan Huygens, 뉴턴에 의해 전개된 자연과학에 대한 엄청난 신뢰는 명석성과 확실한 탐구 방법에 있다. 즉 자연과학에 대한 신뢰는 그 방법론적 우월성에 있다. 과학만이 진리의 발견에 확실한 토대라고 주장할 수 있는 것은 과학적 방법의 '합리성'에 있기 때문이라고 볼 수 있다.

파울 파이어아벤트는 과학적 실재론Scientific realism에서 과학만이 모든 주관적인 왜곡에서 벗어난 객관적인 진리를 발견하는 올바른 '방법'을 가지고 있으며, 그 방법이 올바르다는 것을 증명하는 실제적 '결과'들이 있다고 주장한다.[5] 과학, 합리성, 과학적 방법의 결합은 확고한 진리의 근거로서 묶인다. 자연과학의 성공이 합리적인 방법론 때문이라면, 합리성이란 과학적 방법의 사용 의미와 관련을 맺고 있을 것이다.

이러한 방법론을 연구하는 것이 논리 실증주의[6] 이래로 과학철학의 주된 과제라고 할 수 있다. 이 방법론은 수학과 그 수학적 추론의 확실성에 근거해서 구성된다. 우리는 이 절에서 수학의 한계와 수학이 철학에 미친

---

5) Paul K. Feyerabend, *Realism, Rationalism and Scientific Method* Vol I, Cambridge: Cambridge University Press, 1981, Ip.3.

6) 논리 실증주의는 경험론의 극단적인 형태이며, 여기서 이론이란 관찰을 통해 얻어진 사실에 의해 검증되어야만 정당화될 수 있고, 그러한 방식으로 추론된 이론만이 유의미하다. 그러나 실증주의를 대표하는 앨프리드 에이어의 『언어, 진리 그리고 논리』(Alfred J. Ayer, *Language, Truth and Logic*, London: Gollancz, 1946)는 이미 포퍼와 바슐라르의 저작을 통해서 결정적인 반론이 제기되었다.(앨런 차머스, 『현대의 과학철학』, 신일철·신중섭 옮김, 서광사, 1989, 22쪽.)

잘못된 영향을 탐구해 보고, 이를 통해 합리주의에 관한 일반적 사유를 재고해 보고자 한다.[7] 근대의 철학자나 수학자 및 물리학자들은 수학을 확실하다고 가정한다. 수학은 확실하고 필연적인 전제들에서 출발하며, 보편 타당한 추론의 법칙들에 의해서 절대적으로 참된 결론들을 도출한다는 것이다. 이 점에서 과학이 수학적 용어들로 표현될 때 참된 진리, 정확하고 필연적인 지식을 제공한다고 주장된다. 그리하여 수학은 17세기 사상가들에게 자연과 지식을 탐구하는 데 필수적인 요소로 자리 잡는다. 갈릴레이는 자연의 해독은 '수학적 언어'를 통해서만 가능하다고 본다.

> 참된 철학은 우리 눈앞에 열려져 있는 저 위대한 자연의 책으로 쓰였으나, 쓰인 언어의 특성을 먼저 배우기 전에는 그것을 결코 읽을 수 없다. 그것은 수학적 언어로 쓰였으며, 그 특성은 삼각형, 원, 여러 가지 기하학적 도형들이다.[8]

그러므로 갈릴레이는 수학만이 자연을 이해하는 유일한 열쇠로 본다. 특히 에티엔 질송이 정확히 지적한 바와 같이 데카르트 철학에 가장 깊은 뿌리가 있다면, 그것은 '수학주의'이다.[9] 데카르트는 모든 참된 지식은 필연성을 가져야 한다고 주장한다. 그런데 수학적 지식은 필연성을 갖춘다.

---

7) 차머스에 의하면, 현대의 과학철학은 관찰과 실험을 통해서 확실한 토대에 있는 과학은 없으며, 그러한 토대에서 확실한 추리의 절차가 있다고 보지 않는다. 또한 그는 물리학의 발전은 정확한 측정이나 관찰을 통해서 구성된 것이 아님을 보여 준다. (차머스, 『현대의 과학철학』, 신일철·신중섭 옮김, 18~25쪽.)

8) Galileo Galile, "Saggiatore", *Opere* VI, 1623, p.232.

9) Etienne Gilson, *The Unity of Philosophical Experience*, New York: Charles Scribner Sons, 1952, p.133.

따라서 모든 참된 지식은 수학적 지식이다. 그러므로 그에게 있어 모든 문제가 바르게 이해되기 위해서는 단 하나의 보편적 방법인 수학적 방법에 의해 다루어져야 한다. 그는 자신의 이러한 수학주의적 방법을 여러 주제들에 적용해 감으로써 완전한 학문의 체계를 확립한다.

수학주의는 과학의 방법론과 밀접한 관련을 맺는다. 과학의 정당성의 확보가 방법론에 있다면, 그것은 연역주의와 귀납주의라는 두 가지 형태로 나타난다. 이 두 방법론에서 과학적 지식에 합리성을 부여하는 두 요소는 관찰된 경험적 사실과 형식 논리 ——연역과 귀납——이다.

따라서 이들 방법론에서 주장하는 논리는 유클리드에서 플라톤으로 이어지는 '형식'form적인 것이며, "본질적으로 무시간적이다".[10] 과학에 정당성을 부여하기 위한 방법론이 형식적 합리성이라면, 그것의 밑바닥에는 '수학주의'가 깔려 있다고 할 수 있다. 17세기 물리학자와 철학자들 다수는 수학자들이었다. 예를 들어서 데카르트, 스피노자, 라이프니츠, 칸트를 들 수 있다. 그리하여 수학은 이 시기에 "철학적 관념을 형성하는 데 있어 가장 중요한 영향력"(SMW 66)을 행사한다. 그리고 귀납주의에서는 '추론의 확실성'보다는 '관찰'을 기본적인 조건으로 내세우고 있으나, 그 관찰은 '형식적 관찰'이라고 할 수 있다. 즉 구체적인 시간이나 관계를 사상한 것이라고 할 수 있다. 이 점에서 뉴턴의 방법에 영향을 받은 근대 경험론의 지각도 역시 무시간적인 관찰에 근거함으로써 인과론에 관한 회의에 이르게 된다. 화이트헤드는 이를 '단순정위'라고 부른다. 분석적 방법이라고 할 수 있는 연역법과 귀납법은 수학주의에 근거해 있으며, 무시간적인 수학적 합리성

---

10) Ian Hacking, *The Emergence of Probability*, Cambridge: Cambridge University Press, 1984, p.6.

을 주된 합리성으로 본다. 따라서 과학적 지식에 정당성을 부여하기 위한 이러한 시도에는 '수학주의'가 확고하게 구축되어 있다고 볼 수 있다.

이와 같은 전통은 화이트헤드의 제자이자 미국을 대표하는 철학자인 콰인에게도 이어진다. 콰인은 철학을 과학적인 길로 인도하려고 노력한다. 그 이유는 과학의 길이 진리에 이르는 최고의 방식으로 간주되기 때문이다. 특히 콰인은 과학이 진리에 가까이 이르려면 수학적 형식을 갖추어야 한다고 생각한다.

과학의 발전의 정도에 비례해서, 과학적 논의가 이러한 이상으로 향한다는 것은 의미심장하다. 모호성, 국소성, 시대적 편견이 줄어든다. 특히 시간은 사차원적 시공간으로 제시된다.[11]

콰인이 언급하는 시간은 수학적 연속체mathematical continuum와 물리적 시간 사이의 일 대 일 대응을 가정하는 것이다. 머리 코드에 따르면, 이것은 진리와 비시간성 사이의 밀접한 관련을 언급하는 방식이다.[12] 물론 이러한 방식은 과학에서 수학적 방법의 성공을 분명하게 밝히는 일이다. 그러나 사차원 연속체의 비시간적 추상성이 변화와 과정을 충분히 설명할 수 있는 가? 과연 수학적 추상으로 설명하는 것이 진리를 구축하는 방식인가? 만약 과학에서의 진리가 수학적 추상성의 비시간성과 관련이 된다면, 이는 화이트헤드가 말한 것처럼 과학에서 진리에 대한 의미는 실재하는 어떤 부분을

---

11) Willard V. Quine, *The Ways of Paradox*, Cambridge: Harvard University Press, 1976, p.232.
12) Murray Code, *Order and Organism: Steps to A Whiteheadian Philosophy of Mathematics and the Natural Science*, Albany: SUNY Press, 1985, p.81.

사상하는 것이 된다. 즉 '잘못 놓여진 구체성의 오류'를 범하게 된다.[13] 따라서 콰인의 진리에 대한 이해 방식은 갈릴레이와 뉴턴의 우주론에서 시간을 '단순정위'의 방식으로 수용한 것과 동일하다.

앞에서도 보았듯이, 이와 같은 수학의 확실성에 대한 가정은 유클리드기하학의 정신에서 시작된다고 할 수 있다. 절대적 출발점인 점에서 시작되는 유클리드기하학의 공리는 수학뿐만 아니라 철학에서도 엄청난 영향력을 끼쳤다. 불변하는 전제를 설정하는 것이나, 연역적 방법을 통해서 진리를 탐구하는 방식은 서양의 지식사에서 절대적인 자리를 차지한다.

임레 라카토스에 따르면, 인식론적 탐구를 구성하는 세 가지 유형이 있다. 첫째 유클리드적 프로그램, 둘째 경험적 프로그램, 셋째 귀납적 프로그램[14]이다. 그러나 라카토스는 각각이 차이점을 기술하고 있음에도 불구하고, 이 모든 프로그램의 특성에서 인식을 구성할 때, 논리 연역적인 방법이 필수 불가결하다는 것이다. 결국 인식론적 탐구는 유클리드의 정신에 근거한 것이라고 볼 수 있다. 즉 형식적 합리성을 진리의 척도로 삼은 것이다.

화이트헤드에 따르면 수학에는 "선천적 확실성"a priori certainty(SMW 33)는 없다고 한다. 그는 수학을 '순수 수학'과 '응용 수학'으로 구별한다. 순수 수학에서 1+1=2라는 사실은 확실하다. 이것은 "완전한 추상적 보편성"complete abstract generality(SMW 33)에 의존한다. 하지만 화이트헤드에 따르면 응용 수학에서 구체적인 물리적 대상을 적용할 때 어떤 한계가 드러난다.(SMW 34) 즉 어떤 계산을 하기 위해서는 우선 관찰을 해야 한다.

---

13) 화이트헤드는 순간적인 물질적 배치의 단순정위를 '잘못 놓여진 구체성의 오류'로 지적하며, 이것이 철학에 결정적인 혼란을 초래한 것으로 보았다.(SMW 74~75)

14) Imre Lakatos, *Mathematics, Science and Epistemology*, eds., John Worrall and Gregory Currie, Cambridge: Cambridge University Press, 1978, pp.155~158.

예를 들어 양자론에서는 더 이상 대상을 관찰자에 고립해서 폐쇄된 체계로 보지 못한다. 이때 응용 수학의 입장에서는 수학은 어떤 제한을 받게 된다. 이런 점에서 화이트헤드의 수학은 근본적으로 비유클리드적이다. 그의 수학적 탐구가 비유클리드적이라고 함은 여러 가지를 함의한다. 특히 그가 수학적 합리주의라고 할 때, 그것은 유클리드적 합리주의를 의미하지 않는다는 것이다.

유클리드적 합리주의가 논리 연역적인 방법을 통해서 지식을 탐구한다면, 화이트헤드의 합리주의는 비연역적인 방식으로 지식을 탐구한다고 할 수 있다. 여기서 가장 중요한 것은 전제의 '확실성'을 통해서 결론을 도출하지 않는다는 것이다.

사람들은 수학의 확실성이 물리적 우주 공간에 대해서 우리가 가지고 있는 기하학적 지식의 확실한 근거라고 보통 생각한다. 이것은 과거의 철학적 사색을 크게 손상시켰을 뿐만 아니라 오늘날에도 상당한 손상을 입히고 있는 하나의 잘못된 생각이다.(SMW 32)

따라서 '수학'에 대한 확실성을 통해서 물리 대상의 탐구에 정당성을 부여하는 것은 한계를 갖는다. '무시간적인' 수학적 특성이 '시간적인' 구체적 대상에 무조건적인 합리성을 부여할 수는 없다. 화이트헤드는 확실한 전제들로부터 필연적으로 추론되는 연역주의는 '기하학적 조건'에 근거해서만 합리성을 부여할 수 있다고 한다.[15] 또한 화이트헤드에 의하면 수학의 확실성과 연역적 논증의 필연성에 근거한 플라톤 철학이나 17세기 철학들이 이러한 사유방식의 절대적인 영향력 아래 놓이게 됨으로써 엄청난 오해를 받아 왔다고 한다.

과잉 주장의 또 다른 형태는 확실성과 전제들의 관점에서 논리적 절차의 잘못된 평가에 있다. 철학은 그 방법이 독단적으로 각각 명확하고, 분명하고, 확실한 전제들을 지시하고, 그 전제들로부터 연역적인 사유의 체계를 세워야 된다는 불행한 개념으로 고통을 당한다.(PR 8)

이것은 수학을 철학에 잘못 적용한 사례라고 할 수 있다. 그 대표적인 경우가 '귀류법의 남용'reduction to absurdity이다. 귀류법은 간접 논증의 추론 방식이다. 화이트헤드는 철학적 추론은 연역적 추론에 확실성을 제공하는 귀류법의 남용으로 손상되어 왔음을 명확히 지적하고 있다.(PR 8) 다시 말해서 대다수의 철학 저서들이 이러한 '귀류법적 논증'에 빠져 있다.

가버와 이승종에 따르면, 철학사는 정초주의자와 전체주의자의 견해로 크게 나누어지며, 이 양 견해는 귀류법적 논증에 걸려 있다고 한다. 정초주의자란 지식에 기본적인 원소가 있으며, 이 원소 외에 다른 어떤 것을 통해 알려지지 않는 지식이 있다는 것이다. 대표적인 인물로 데카르트, 스피노자, 고틀로프 프레게Gottlob Frege, 괴델, 로크, 러셀, 후설 등을 들 수 있다. 전체주의자란 모든 것은 상호 관련되어 있으며, 그 어떠한 부분도 특권이나 우선성을 갖지 않는다는 것이다. 양자는 연역적 논증, 즉 귀류법적 논증으로 구성되어 있으며, 결국 이율배반에 빠지게 된다. 대표적인 인물로 헤겔, 프랜시스 브래들리Francis Bradley, 콰인, 도널드 데이비드슨Donald Davidson,

---

15) 기하학적 조건이란 우리가 자연에 대한 직접적인 지각을 통해 관찰하는 사물들의 조건이 특정한 기하학적 관계와 잘 들어맞는 것처럼 보이는 경우이다. 관찰은 어떤 조건 속에서만 보이는데, 그 조건은 우리 눈에 정밀하게 보이지는 않는다. 우리는 관찰된 조건을 앞서 존재하는 '기하학적 조건'과 대응을 시켜서 동일시할 수 있다. 이 경우에 케플러의 행성의 타원이론, 뉴턴의 만유인력 등과 같은 추상과학이 구체적 대상을 설명하는 하나의 조건이 된다.(SMW 32)

리처드 로티Richard Rorty, 하이데거, 가다머 등을 들 수 있다.[16]

이와 같이 철학사에서 뛰어난 철학적 인물들은 자신들의 체계들에 정당함과 합리성을 제공하기 위해서 암암리에 귀류법적 논증을 사용하였다. 따라서 수학의 확실성 및 연역적 추론 과정이 물리적 대상에 적용될 때 명확한 한계가 있음을 인식하지 못한다면, 추상성에 대한 접근을 구체적인 실재에 대한 이해로 오해하게 된다. 그렇다면 물리적 세계의 인식과 철학을 구성하는 데 있어서 연역적인 추론 방식을 제외한다면, 어떤 방법이 있는가? 우리는 연역법 이외의 과학적 방법론으로 귀납법을 떠올린다.

근대 과학은 실험과 귀납적 추리와 연역적 추리를 통해서 구성된 것으로 보통 알려져 있다. 이 실험적 방법은 "원리에로 환원시킬 수 없고 굽힐 수 없는 엄연한 사실에 대한 주의와 일반 법칙을 이끌어 내는 귀납법"(SMW 72)에 근거해 있다. 즉 귀납법은 어떤 초월적인 가정도 없이 오직 순수한 사실들만을 모아서, 수집된 사실들로부터 결과를 이끌어 내는 작업이다. 화이트헤드 역시 이 추론법은 "사례들을 수집할 때 충분한 주의만 기울인다면 일반 법칙은 저절로 나타나게 된다는 신념"(SMW 73)을 갖고 있다고 한다. 그리하여 프랜시스 베이컨Francis Bacon 이래 과학자들은 귀납법이 과학을 정당화하는 유일한 합리적 방법이라고 생각하였다.

근대 과학의 완성자로 알려진 뉴턴 자신도 '가설을 만들지 않는다'는 유명한 공리로 귀납법의 정당성을 설명한다. 뉴턴은 자신의 『프린키피아』에서 데카르트의 연역적 방법을 비판한다. 뉴턴은 이 책에서 주장하기를, "이 철학에서는 개별적인 명제가 현상으로부터 추론되며, 다시 귀납에 의

---

16) 뉴턴 가버·이승종, 『데리다와 비트겐슈타인』, 이승종·조성우 옮김, 민음사, 1988, 274쪽. 이승종은 비트겐슈타인이 이러한 귀류법적 논증에 빠지지 않았다는 사실을 지적한다.

해서 일반화된다. 이것이 중력의 법칙을 발견하게 된 방식이다".[17] 이것은 개별적인 관찰에서 일반적인 법칙의 추론을 정당화하는 문장이다. 과학에 대한 정당성을 귀납법에서 추구하는 과학자들의 욕망은 당시의 철학에도 큰 영향을 미친다.

흄은 『인간 오성에 관한 논고』*An Enquiry Concerning Human Understanding* 서문에서 뉴턴의 사유 방법과 동일하게 자신의 저서를 구성하고자 한다. 하지만 역설적이게도 관찰만을 통해서는 '과학 법칙'은 결코 저절로 주어지지 않는다. 관찰과 실험만을 유일한 정당성으로 간주하는 귀납법에 문제가 있다는 지적은 이미 흄이 행한 비판을 통해서 잘 알려져 있다.[18]

다시 말해서 순수한 귀납적 입장에서 볼 때, 물리학의 근간이 되는 인과성에 심각한 손상을 야기하게 된다는 것이다. 보통 귀납법에서는 관찰이라는 사실을 통해서 확실함을 입증하고자 한다. 철학자나 과학자들은 관찰이란 인간이 눈을 열고 보는 것이며, 사실이란 단순히 발생하는 어떤 것이며, 견고하고 완벽하며, 명백하고 꾸며지지 않은 것이다.

흄이나 다른 여타의 과학자나 철학자들이 말하는 '관찰'이 시간을 배제한 무시간적인 '단순정위'의 방식으로 서술된다는 점을 지적하고자 한다. '관찰'한다는 것은 이미 어떤 조직화의 과정이다. 즉 이론과 해석은 처음부터 보는 행위 속에 존재한다. 우리는 어떤 그림을 젊은 여자로 보기도 하고, 노파로 보기도 한다. 여기서 본다는 것은 하나의 경험 상태라고 할 수 있다.

---

17) Issac Newton, *Philosophiae*, Cambridge: Harvard University Press, 1972, p.400.
18) 흄은 인상을 통해서 관찰되는 것만을 유일한 경험의 기초로 보았다. 이때 인상을 통해서 들어오는 여건은 다른 여건과 전혀 무관한 것으로 주어진다. 흄도 뉴턴의 외적 관계(시공간이론)을 통해서만 사물을 인식할 수 있는 것으로 보았다.

이때 노파로 보기도 하고, 처녀로 보기도 하는 것들은 왜 일어나는가? 광학적인 것 또는 감각적인 것은 바뀌지 않았다고 볼 수 있다. 이러한 조직화가 없다면, 우리에게 남는 것은 이해할 수 없는 선들의 배열뿐이다. 우리는 물리학자나 음악가처럼 대상이나 음악을 볼 수 없다. 왜냐하면 시각 영역의 요소들이 물리학자의 시각 영역 요소들과 동일하더라도, 그 요소들의 조직화가 다르기 때문이다.[19]

따라서 본다는 것은 '이론 의존적'인 작업이다. 즉 X에 대한 관찰은 X에 대한 선지식을 통해 형성된다. 케플러의 시각적 영역은 티코 브라헤Tycho Brahe와는 다른 개념적 조직화를 가진다. 케플러가 본 해돋이를 그린다면 티코가 본 것을 그린 것과 일치할 수 있으며, 동일한 것으로 해석될 수도 있을 것이다. 그러나 케플러는 수평선이 깊어지면서, 하늘에 고정된 태양으로부터 멀어진다고 볼 것이다. 태양이 뜬다는 것에서 수평선이 이동한다는 것으로의 전이는 이미 논의하였던 그림이 바뀌어 보이는 현상과 유사하다. 그는 본다는 것, 즉 사실을 관찰한다는 것이 이론 의존적인 사실임을 지적한다.[20] 이런 점에서 화이트헤드도 역시 관찰은 어떤 도식[21]에 근거한 점임을 명백하게 밝히고 있다.

> 관찰한다는 것은 사실의 어떤 측면을 선택한다는 것을 의미한다. 따라서 아주 넓은 범위에서 성과를 거두고 있는 추상화의 도식을 초월한다는 것은 어려운 일이다.(SMW 38)

---

19) 노우드 핸슨, 『과학적 발견의 패턴: 과학의 개념적 기초에 대한 탐구』, 송진웅·조숙경 옮김, 사이언스북스, 1995, 110쪽.
20) 같은 책, 113쪽.
21) 화이트헤드가 말하는 도식이 핸슨이 설명한 이론과 동일한 것으로 볼 수 있다.

그러므로 과학에서 물리에 대한 새로운 개념적 도식이 드러나는 것은 이론에 대한 새로운 가설적 작업을 통해서만 가능하다. 관찰은 이미 과거에 파악된 여건에 대한 개념적 이해에 근거한 것이다. 화이트헤드는 "명확한 이론 없이 생산적 사고의 모험을 감행한다는 것은 할아버지 세대에서 유래한 학설에 안주하는 것"(AI 348)임을 밝히고 있다. 그러므로 티코 브라헤에서 케플러에 이르는 과학적 이론의 전개는 관찰에 대한 새로운 이론적 작업에 근거한 것이라고 볼 수 있다.

지금까지 우리는 연역주의와 귀납주의로는 과학적 합리성을 주장하는 데 어떤 문제점이 있음을 지적하였다. 연역주의에서 논리 연역적 방법을 통해서 확실성을 물리 세계에 적용하는 것은 어떤 한계가 있으며, 또한 귀납주의에서 관찰을 통한 지식의 확실성에 대한 탐구도 이미 선지식적인 배경이 없이는 관찰이 불가능하다는 것이다. 이런 점에서 순수한 연역이나 순수한 귀납으로 지식을 탐구하는 것이나, 합리성을 추구하는 것은 제한적이라는 사실을 밝혔다. 그렇다면 논리 연역적 방법이나, 귀납법을 제외하고, 과학을 탐구할 다른 방법론은 없는가? 일상적인 분석적 방법을 보완하면서, 지식을 산출하는 합리적 방법은 없는가? 이것은 어떤 점에서 과학의 정당성, 지식이론의 정당성, 즉 합리성에 대한 새로운 주장이라고 할 수 있다. 우리는 그 대안의 하나로 귀추법 혹은 가추법[22]에서 찾고자 한다. 귀추법 혹은 가추법은 합리성에 대한 새로운 기준을 제공할 뿐만 아니라, 모든 새로운 과학적 발견의 기초가 될 수 있을 것이다.

---

22) 'abduction', 'retroduction'은 귀추법이나 가추법으로 번역된다. 귀추는 '가설 유도의 추리'라고도 번역이 된다. 귀추는 어떤 구체적 사실이 하나의 예증이 되게 하는 가설을 유도해 내는 방법이라고 할 수 있다.(소흥렬, 「귀추법의 논리」, 『과학과 철학』, 과학사상연구회, 1991, 139쪽.)

2. 과학적 방법으로서 귀추법

물리 이론이 귀납이나 연역적인 추리 과정으로는 '합리성'에 한계가 있음을 앞에서 지적하였다. 핸슨에 의하면 자연과학에서 이론의 진전은 귀추법을 통해서 전개되나, 다수의 과학자 및 철학자는 그것을 간과하거나, 정확히 이해하지 못하고 있다고 본다.[23] 우선적으로 이 절에서 과학에서 사용되는 가추법의 개념이 무엇인지를 핸슨, 찰스 퍼스Charles Peirce, 움베르토 에코Umberto Eco 등을 통해서 살펴볼 것이다.

우리가 과학사를 돌이켜 볼 때 유전자나 세균의 존재, 해왕성과 명왕성의 존재, 다윈의 자연선택 이론, 고생물학에서 공룡멸종 가설이나 지질학에서 대륙이동설은 모두 귀추법에 근거한 것이다. 다시 말해서 물리의 법칙이라고 하는 운동의 법칙·중력의 법칙·열역학 법칙·전자기학 법칙·고전물리학과 양자역학의 법칙 등은 단순 나열에 의한 귀납으로 얻어진 것이 아니라고 한다.[24] 핸슨에 의하면 뉴턴의 공리(가설을 만들지 않는다)와는 대조적으로 과학적 전제들은 '사변적·창조적'인 구성의 결과물이다.

핸슨은 그러한 추론의 방식을 '귀추법'이라고 한다. 그는 이 추론법이 과학에서 새로운 개념적 도약이 일어날 때마다 사용된 추론방식이라고 한다. 미국의 실용주의 철학자 퍼스 역시 귀추법 혹은 가추법이라는 형태로 연역법과 귀납법 외에도 또 하나의 추론 과정이 있음을 지적하고 있다.[25]

---

23) 핸슨은 대다수의 새로운 과학적 이론의 도출은 기존의 이론이 더 이상 적용되지 않을 때, 새로운 이론을 통해서 그 현상을 설명한다. 이런 점에서 과학의 발전은 '귀추법'을 통해서 이루어진다고 한다.

24) 핸슨, 『과학적 발견의 패턴: 과학의 개념적 기초에 대한 탐구』, 송진웅·조숙경 옮김, 117쪽.

25) 퍼스의 가추법에 대한 연구는 국내에서도 논의 중이다. 대표적인 인물로 김성도, 이두원, 김주환, 한은경, 소흥렬, 임병갑 등이 있다.

혹자는 귀추법의 비논증적 성격으로 인해서, '후건 긍정의 오류'를 범한 연역추리의 일종이거나, 넓은 의미의 귀납추리로 분류하기도 한다. 하지만 귀추법은 연역법이나 귀납법으로 환원할 수 없는 문제 해결로서의 탐구논리로 간주할 수 있다.[26] 핸슨이나 퍼스에 의하면, 귀추법은 기존의 이론으로는 설명할 수 없는 현상을 발견했을 때, 새로운 가설을 사용하는 것이다. 먼저 기존의 설명 패턴으로는 설명되지 않는 놀랄 만한 여건이 고찰되고, 그 여건을 설명할 새로운 이론을 상상적 추론을 통해서 구성하는 것이다. 그 가설의 추론 형태를 보다 간략하게 구성해 보면, 다음과 같다.

① 어떤 놀랄 만한 현상 P가 관찰된다.
② 만약 H가 참이면 P는 당연하다.
③ 따라서 가설 H가 참이라고 믿어 볼 만하다.[27]

따라서 귀추법에서는 관찰들이 먼저 주어지고 그것들로부터 가설[28]을 설정하는 것이다. 핸슨과 퍼스는 케플러의 화성의 궤도에 대한 설명이 가장 훌륭한 귀추의 사례라고 한다. 케플러는 화성의 궤도가 타원이라는 가설로부터 시작하여 티코의 관찰들을 통해 확인하였다. 그는 오히려 관찰들이 먼저 주어지고 그것들이 설명될 전제를 추정한 것이다.

케플러는 관찰로부터 여러 가설들을 추정하고 그리고 다른 가설들을

26) 임병갑, 「과학탐구와 윤리탐구의 통합을 위한 기초」, 고려대학교, 2000, 479쪽.
27) 핸슨, 『과학적 발견의 패턴: 과학의 개념적 기초에 대한 탐구』, 송진웅·조숙경 옮김, 140쪽.
28) 여기서 '가설'이라고 하는 것은 가설 연역적 체계서 말하는 가설은 아니다. 이 추론 과정은 고도의 가설로부터 관찰언명으로 행해지는 것이다. 즉 관찰을 우선시하는 것이 아니라, 가설을 설정한 후에 관찰을 하는 것이다. 그러나 가설을 설정하는 것 역시 합리성, 혹은 '논리'를 가져야 한다. 그것은 단순히 심리학적 관점에서 주어진 예감이 아니다.(같은 책, 119쪽.)

반증한 후 궁극적으로 타원 궤도의 가설에 도달했다. 이것이 귀추적인 과정이다.[29] 하지만 존 스튜어트 밀John S. Mill과 같은 실증주의자들은 케플러의 이러한 귀추적 과정을 직접적 관찰된 사실에서 나온 귀납적 과정으로 간주한다고 하면서, 핸슨은 이것을 과학에 대한 철학자의 오독의 전형적인 예라고 말한다.[30]

따라서 H의 내용이 ②에 포함되지 않으면 H는 결코 가추적으로 추론될 수 없다. 귀납적 설명은 P의 반복으로부터 H가 출현하기를 기대한다. 그리고 가설 연역 체계는 어떤 설명되지 않은 고도의 가설 H로부터 P가 출현하도록 만든다. 이때 H는 P의 증가나 통계학적 과정에서 나온 결과는 아니며, H는 단순히 생각되어지는 것도 아니며 그것들로부터 P가 연역될 수 있는 것도 아니다. 현상에서 패턴을 인식하는 것은 현상들이 자연스럽게 설명될 수 있는 존재가 될 수 있는 핵심이다. 왜 화성은 90도에서와 270도에서 가속되는 것처럼 나타나는가? 왜냐하면 화성의 궤도가 타원이기 때문이다. H를 가정함으로써 여러 가지 현상들 P는 하나의 이해 가능한 패턴 혹은 조직화[31]로 설명될 수 있다. 그러나 P는 H를 통제하지만 그 역은 가능하지 않다. 추론은 데이터로부터 가설과 이론으로 행해지지만 그 반대는 가능하지 않다.[32]

여기서 지적해야 할 사실은 귀추법은 확실성에서는 연역법이나 귀납

---

29) 핸슨, 『과학적 발견의 패턴: 과학의 개념적 기초에 대한 탐구』, 송진웅·조숙경 옮김, 117~137쪽.

30) 같은 책, 137쪽.

31) 조직화(organization)란 게슈탈트 심리학(Gestalt psychology)과 밀접한 관련이 있다. 우리는 어떤 그림을 처녀로 보기도 하고, 노파로 보기도 한다. 이때 조직화란 시각 영역 안의 어떤 한 요소가 아니라 그 요소들이 인식되는 방식이다. 즉 선과 형태에 하나의 패턴을 부여하는 것이다. 동일한 은하수를 놓고, 물리학자와 시인과 아이는 다르게 조직화한다. 이것은 비트겐슈타인이 말하는 것처럼 심리학의 문제에 앞서서 논리적인 문제이다.

법에 비해서 부족하나, 생산성은 증가한다는 것이다. 과학적 사유의 출발점은 연역이나 귀납이 아니라, 바로 귀추법이다. 그러나 귀추법은 논리학자나 과학자의 전유물이 아니다. 이 점이 귀추법과 귀납법이 다른 점이다. 우리의 일상적 삶은 귀납법과 연역법으로 추론하기보다는 대다수가 귀추적으로 추론을 한다. 김성도는 이러한 귀추법이 과학적 발견의 과정 및 예술에서 창조적 행위, 일상 생활에서 거의 매순간 실천적인 추론 형식이라고 주장한다.[33] 또한 김성도는 논리학자 중에서 퍼스와 아리스토텔레만이 귀추법의 중요성을 발견하였다고 주장했다. 하지만 퍼스와 거의 동시대 인물로서, 뛰어난 논리학자인 화이트헤드도 귀추법의 중요성을 누구보다 중요한 것으로 알고 있었다. 다음 절에서 이 점에 대해서 논해 볼 것이다.

화이트헤드가 수학과 물리학, 철학에서 귀추법을 사용한다는 사실을 지적하기에 앞서서, 귀추법에도 그 사용 방법에 있어서 단계가 있다는 사실을 밝혀 두고자 한다. 이 점을 염두에 두지 않는다면, 화이트헤드가 사용한 '철학적 일반화' 혹은 '상상적 일반화'가 귀추법과는 무관한 것으로 오해할 수 있다. 그러나 메타 귀추법은 화이트헤드의 일반화 작업과 유사한 양식이라고 할 수 있다. 귀추법은 어떤 추론을 설명하기 위한 잠정적 수용 provisional entertainment이라 할 수 있는데, 어떤 특정한 사례뿐만 아니라 또한 규칙을 골라 내는 것을 그 목적으로 하며, 계속 더 검증해 봐야 하는 것이

---

32) 하나의 이론은 관찰된 현상들로부터 짜 맞춰진 것이 아니라, 현상들을 특정한 종류의 것으로, 다른 현상들과 연관된 것으로 보이게 만드는 것이다. 이론은 현상들을 체계적으로 만든다. 이론은 역으로 형성된다. 즉 귀추적으로 형성되는 것이다. 하나의 이론은 하나의 전제를 찾기 위한 결론들의 집합이다. 물리학자는 자신의 방식으로 현상의 관찰된 특성들로부터 자연스럽게 그것들이 설명될 수 있는 주요 아이디어를 향해 추론한다. 이러한 귀추적 과정을 이해할 수 없었기 때문에 오직 연역과 귀납을 통해서 과학적 추론 과정이 기술된 것으로 추정한다.
33) 김성도, 「기호와 추론」, 『삶과 기호』, 기호학연구 3집, 1997, 371쪽.

다. 이때 에코는 가추법을 네 가지로 나눈다.

첫째 가정 또는 지나치게 규범화된 가추법. 이 경우에는 법칙이 자동, 또는 반자동적으로 주어진다. 이러한 법칙을 규범화된 법칙이라고 하자. 규범들을 통해 해석하는 경우에조차도 아무리 최소한이긴 해도 가추법적 노력이 전제되어 있다는 것을 인정하는 것은 상당히 중요하다. 영어로 'man'의 의미가 '인간·남자·어른'임을 알고, 또한 'man'이 발화되는 것을 듣는다고 내가 믿었다고 가정하다. 그렇다면 그 의미를 이해하기 위하여 내가 가장 우선적으로 해야 할 일은 그것을 영어 단어의 한 형태가 발화된 것이라고 받아들이는 것이다.

둘째 규범화가 덜 된 가추법. 이 경우에는 현재 통용되고 있는 세속적 지식에 근거해서, 우리 마음대로 할 수 있는 동일한 수준의 개연성을 지닌 일련의 규칙들 중에서 어떤 한 규칙이 선택되어야 한다. 이러한 의미에서 우리는 의심할 여지없이 하나의 규칙을 위해 추리를 하게 된다. 여러 가지 중에서 가장 그럴듯해 보이는 것이 한 규칙으로 선택되기는 하나, 그렇다고 해서 그것이 올바른 규칙인지 아닌지는 아직 확실하지가 않으며, 이때의 설명은 후의 검증을 기다리며 '받아들여지고' 있을 뿐이다. 케플러가 화성 궤도의 타원율을 발견했을 때, 그는 놀라운 사실에 직면하게 되었고, 그 수치가 무한하지는 않은 여러 기하학적 곡선 중에서 하나를 선택해야만 했다. 우주의 규칙성에 대한 과거의 몇몇 가정들 때문에 그는 폐쇄적이고 비초월적인 곡선들만을 찾아야 했다.

셋째 창조적 가추법. 이 경우에 법칙은 새로이 창조된다. 우리 정신이 충분히 '창조적'이기만 하다면 새로운 법칙을 만드는 것이 그렇게 어렵지만은 않다. 이때 창조성은 미학적인 측면도 포함된다. 어쨌든 이런 식의 창조 활동을 위해서 우리는 메타 가추법을 하게 마련이다. 이미 정립된 과학

의 패러다임을 변화시켜 놓은 '혁명적' 발견들이 바로 이러한 창조적 가추법의 예가 된다.[34]

넷째 메타 가추법. 메타 가추법은 우리가 첫 단계의 가추법으로 그려 놓은 가설적인 우주가 우리 경험에 의한 우주와 동일한지 아닌지를 결정하는 것에 관련된다. 지나치게 규범화되었거나 또는 덜 규범화된 가추법의 경우 이러한 메타 단계적 추리가 꼭 필요한 것은 아니다. 왜냐하면 그러한 경우 우리는 이미 검증된 실제 세상 경험이라는 창고 안에서 법칙을 얻어 내고 있기 때문이다. 다시 말해서, 보편적이고도 세속적인 상식에 의해 우리는 어떤 하나의 법칙이 적당하기만 하다면 그것은 이미 우리의 경험 세계 안에서 유효하다고 믿게끔 되어 있다. 창조적 가추법의 경우에는 이런 종류의 확실성이 없다.[35]

따라서 우리는 화이트헤드의 방법론은 순수한 연역이나 귀납이 아니라 귀추법을 사용했음을 그가 탐구한 학문적 경로를 추적하면서 살펴보고자 한다.

3. 수학과 물리학에서 귀추법의 사용

앞에서 우리는 모든 새로운 과학적 발견은 귀추법을 사용함을 보았다. 귀추법은 먼저, 기존의 이론으로는 설명할 수 없는 현상을 발견한다. 다음으로 새로운 이론적 가설을 통해서 그 현상을 설명한다. 마지막으로 현상이 설명된다면, 그 가설적 이론은 법칙으로 정식화된다. 현대 물리학에서 뉴턴

---

34) 토머스 쿤(Thomas Kuhn)의 패러다임 이론이 창조적 귀추법에 대한 사례라고 할 수 있다.
35) 움베르토 에코, 『논리와 추리의 기호학』, 김주환·한은경 옮김, 인간사랑, 1994, 143쪽.

역학으로는 설명할 수 없는 현상을 놓고, 새로운 이론적 가설을 통해서 그 현상을 설명하는 방식은 전형적인 귀추법의 형식이라고 할 수 있다. 필자는 화이트헤드가 경험 과학뿐만 아니라 수학에서도 귀추법을 적용한 것으로 본다. 그는 응용 수학은 물리 대상에 적용되는 것으로, 기존의 이론으로 설명되지 않는 새로운 물리 대상이 나타날 때는 다른 이론이 요구된다는 점을 명확하게 드러낸다. 그의 이러한 시도는 명백하게 귀추적 과정을 따르는 것으로 보인다. 화이트헤드는 『수학 원리』를 완성한 직후에 『브리태니커 백과사전』의 「수학」에 대한 글에서 응용 수학의 특징을 다음과 같이 드러낸다.

> '응용 수학'에서 '연역들'은 자연과학의 경험적 증거의 형태에서 주어지며, 그 '연역들'이 도출될 수 있는 가설들을 탐구한다. 따라서 소위 응용 수학의 모든 논문들은 그 추론이 착수하는 '법칙들'의 비판으로 나아가거나, 그 실험들이 발견하기를 희망하는 제안으로 나아간다. 따라서 만약 그것이 어떤 실험의 결과를 계산한다면, 그것은 실험자가 실험을 하고 있는 확고한 결과들을 문제 삼는 것이 아니라, 계산의 기초를 문제 삼는 것이다.[36]

어떤 물리적 현상에 대해서 이전의 전제들로는 설명되지 않는다면, 그 전제들에 대해서 의문을 제기하는 것은 당연하다. 일찍이 화이트헤드는 「물질세계에 관한 수학적 개념들에 대하여」라는 논문에서 뉴턴의 물질·시간·공간이라는 세 가지 개념은 물질세계를 설명하기에는 너무 많은 개념

---

36) Alfred N. Whitehead, "Mathematics", *Encyclopaedia Britannica*, London: Williams and Norgate, 1910~11, pp.878~883.[11th edition]

들을 갖고 있다고 비판한다. 화이트헤드는 이때 '오컴의 면도날'에 근거해서 뉴턴 이론의 문제점을 지적한다. 위대한 논리학자 가운데 한 사람인 화이트헤드는 최소한의 전제들로부터 '물질세계'를 구성해 보기 위해서 '선형 대상적 이론'을 통해서 물리세계를 설명하고자 한다.

이때 화이트헤드는 물질·공간·시간이라는 세 가지 개념들로 물질세계를 설명하려는 뉴턴 우주론의 사유를 점적인 개념의 사유로 간주하며, 점적 사유로는 가속도를 충분히 설명할 수 없다고 비판한다. 또한 화이트헤드는 '오컴의 면도날'에 근거해서 뉴턴 및 라이프니츠, 러셀의 이론들을 비판한다.(MC 468~469)

화이트헤드는 새로운 전제들(개념 IV, V, 교점이론)[37]을 통해서 물질세계를 설명하고자 한다. 코드에 의하면 화이트헤드가 「물질세계에 관한 수학적 개념들에 대하여」에서 적용하는 '오컴의 면도날' 역시 귀추적 방법의 다른 표현 방식이라고 한다.[38]

즉 새로운 현상을 설명하기 위해서 합리적 가설을 설정하고, 그 도식을 새로운 현상에 적용하는 귀추적 과정과 오컴의 면도날이 동일하다는 것이다. 뉴턴의 물리이론을 구체적인 대상에 적용했을 때 그 이론으로는 설명할 수 없는 문제점이 발생한다면, 우리는 새로운 이론을 상정하고, 그것을 통해서 가속도를 설명해 보아야 한다. 이것이 바로 귀추법의 전형이라

---

37) 이 개념들은 1905년 「물질세계에 관한 수학적 개념들에 대하여」라는 논문에서 나온다. 화이트헤드는 이 논문에서 아인슈타인과는 별개로 시간·공간·물질이 통합 가능하다는 가정을 세운 새로운 수학적 설명을 전개했다. 따라서 이 개념들은 이후에 전개되는 화이트헤드의 사변철학에서 핵심적인 것들로 파악된다. 일부 연구자들에 따르면 이 개념들은 '위상학'(Topology)의 중요한 개념들과 밀접한 연관이 있다는 사실이 드러난다. 여기에 대해서는 뒷장에서 보다 자세하게 설명할 것이다.

38) Code, *Order and Organism: Steps to A Whiteheadian Philosophy of Mathematics and the Natural Science*, p.32.

고 할 수 있다. 이와 같은 점을 비추어 볼 때 순수 수학과는 다르게, 응용 수학의 방법은 귀추적이라고 할 수 있다.

따라서 응용 수학 분야의 뛰어난 저서나 논문을 비판할 때, 처음의 1장, 심지어 처음 첫 페이지의 내용만으로도 커다란 문젯거리가 될 때가 흔히 있다. 왜냐하면 논의의 출발선상에서 저자가 설정한 가정들 자체에서 과오가 발견되는 수가 있기 때문이다. 게다가 그러한 문젯거리는 저자가 말하고 있는 것에 관련되어 있기보다는 그가 말하고 있지 않은 것에 관련되어 있다. 또한 그것은 저자가 의식적으로 가정한 것보다도 그가 무의식적으로 가정한 것에 관련되어 있는 것이다.(SMW 47)

또한 화이트헤드와 러셀은 『수학 원리』에서도 귀추법을 통해서 논리적 개념들을 탐구하고자 한다. 그들은 수학 원리의 탐구에서 독단적인 탐구 방법을 비판한다.

수학의 원리들에서 어떤 이론을 옹호하는 주된 이유는 언제나 귀납적이어야 한다. 즉 그것은 문제가 되는 이론이 일반 수학을 도출할 수 있다는 사실에 근거해야 한다. 수학에서 가장 훌륭한 자명성은 일반적으로 처음에 발견되는 것이 아니라, 어느 정도 지난 후에 드러난다. 따라서 연역들이 이러한 시기에 이르기까지, 처음의 연역들은 참된 결론들이 전제들로부터 도출되기 때문에 결과들을 믿는 것이 아니라, 오히려 참된 결론들이 전제들로부터 도출되기 때문에 전제들을 믿는 근거를 제공한다.(PM v)

코드에 의하면 화이트헤드와 러셀의 논리학의 프로그램에 적용된 방법 역시 귀추적 방법의 전형이라고 한다.[39] 화이트헤드에게 있어서 논리학도 주된 개념들과 전제들은 자명성에 대한 주장이 아니다. 그의 논리적 프로그램에 대한 해석은 이와 같은 관점에서 이해되어야 한다. 화이트헤드는 기존의 이론을 비판할 때, '오컴의 면도날'을 통해서 그것을 비판한다고 주장한다. 이것은 '실체가 필요 이상으로 늘어나서는 안 된다'는 '사유의 경제 법칙'이라고 할 수 있다.

  예를 들어서 에코에 의하면, 퍼스는 내륙 지방 한가운데 물고기 화석을 발견하게 된다면, 우리는 그 땅을 과거에 바다였다고 가정할 수 있다고 한다. 이전의 화석화적 전통에 근거한 귀추적 가정이라고 할 수 있다. 에코는 그 물고기 화석을 여러 가지 사례들로 추정할 수 있다고 한다. 하지만 "일반적인 화석화적 설명이 가장 경제적일 것"[40]이라고 한다. 그리고 『네 사람의 서명』*The Sign of Four*이라는 코넌 도일Conan Doyle의 추리소설에서 나오는 홈즈는 왓슨이 전보를 보내기 위해서 위그모어 가의 우체국에 다녀왔다는 것을 추론한다. 여기서 홈즈는 '이성적인 경제원칙'에 근거해서 추론을 정당화한다.[41] 따라서 귀추법을 설명하는 논의에서 화이트헤드가 사용하는 오컴의 면도날은 귀추적 추론 과정을 보여 주는 또 다른 표현법이라는 코드의 주장은 설득력이 있다고 할 수 있다. 화이트헤드가 과학철학에서 제기한 '연장적 추상화 방법'의 구성 역시 귀추적 방식으로 이루어졌다고 생각한다. 화이트헤드에 따르면 '연장적 추상화의 방법'은 정확한 사고를 돕기 위한 수단이며, 이 방법은 인간 사유의 '습관적 경험의 본능적 절차'라고 한다.

---

39) Code, *Order and Organism: Steps to A Whiteheadian Philosophy of Mathematics and the Natural Science*, p.31.
40) 에코, 『논리와 추리의 기호학』, 김주환·한은경 옮김, 137쪽.
41) 같은 책, 160쪽.

이 방법은 습관적 경험의 본능적 절차의 체계화에 지나지 않는다. 일상적 삶의 접근 절차는 시공간의 연장에서 충분히 제한된 사건들의 고찰에 의해서 사건들 속의 관계의 단순성을 추구하는 것이다. 즉 이때 사건들은 '충분히 작다'. 연장적 추상화 방법의 절차는 그 접근이 성취되고 무한히 연속될 수 있는 법칙을 정식화하는 것이다. 그 완전한 계열은 이때 정의되고, 우리는 '접근 루트'를 알게 된다.(PNK 76)

여기서 사용된 '습관적·일상적·본능적'이라는 형용사는 화이트헤드가 '오컴의 면도날'에 관한 자신의 표현을 설명하는 용어들이라고 본다. '사유의 경제법칙'이라고 하는 이 이론은 '관계의 단순성'이라는 표현으로 대체되어서 사용된다. 따라서 화이트헤드가 과학철학에서 가장 기여한 점이라고 할 수 있는 '연장적 추상화의 방법' 역시 '오컴의 면도날'로 구성된 것이라고 할 때, 그것 역시 귀추법에 근거한 것이라고 볼 수 있다.[42]

화이트헤드는 양자역학에 대한 설명을 위해서도 귀추법이 사용된 것으로 본다. 새롭게 발견된 물질의 불연속적 존재방식은 기존의 물리이론을 통해서 설명을 할 수 없다. 이를 설명하기 위해서 양자역학의 이론이 대두된다. 화이트헤드는 자신만의 가설을 통해서 물질의 불연속적인 존재방식을 설명하고자 한다. 우선 그는 '주기'이론을 통해서 전자의 불연속적인 존재방식을 설명하고자 한다. 주기이론은 이미 16세기 및 17세기의 과학이론에 절대적인 영향을 미친 개념이다. 화이트헤드에 따르면 "근대 물리학은

---

42) 이 이론은 구체적인 사건을 통해서 수학적 대상들인 점·선·면이 어떻게 도출될 수 있는지를 탐구하는 것이다. 필자는 이 연구 이후에 연장적 추상화의 방법과 귀추법의 연관성을 논의해 보고자 한다. 이 책에서는 화이트헤드의 방법론과 귀추법의 관련성을 탐구하는 것으로 한정짓고자 한다.

주기라고 하는 추상 관념을 다양한 구체적 사례에 적용시킴으로써 탄생하였다"(SMW 59)고 한다. 즉 주기 개념이 바로 근대 과학의 탄생을 가져왔다는 것이다.

> 수학자들이 주기 개념에 얽혀 있는 다양한 추상 관념들을 미리 추상적으로 정돈해 놓지 않았더라면 근대 과학의 탄생은 불가능했을 것이다.
> (SMW 59)

화이트헤드는 또한 과학자들은 각각의 특수한 현상에 이 주기 개념을 적용함으로써 법칙을 구성하였다고 본다.

> 케플러는 각 유성이 그리는 궤도의 장축을, 그 유성이 자신의 궤도를 그리는 주기와 연결시키는 법칙을 발견하였다. 갈릴레이는 진자의 주기적 진동을 관찰하였다. 뉴턴은 소리를, 응축과 희박의 교차에 의한 주기적인 파동이 공기를 통과하면서 만들어 내는 공기의 교란에 기인하는 것으로 설명하였다. 하위헌스는 빛을 엷은 에테르의 횡파로 설명하였다. 마랭 메르센Marin Mersenne은 바이올린 현의 진동 주기를 그 현의 밀도, 장력 및 길이에 연결시켰다.(SMW 58)

그런데 고전 역학으로는 설명할 수 없는 전자의 불연속적인 존재방식이 발생한다. 즉 양자론에서 전자의 궤도는 연속적인 선이 아니라 떨어져 있는 위치들의 계열로 간주된다. 다시 말해서 한정된 수의 일정한 궤도들을 구비하고 있는 것으로 주장된다.[43] 이런 경우에 17세기 물리학의 물질 개념은 폐기된다. 당시의 물질 개념은 외관상 분해되지 않는 안정된 지속과 연속적인 존재방식을 갖는 것이다. 그러나 미시물리에서 드러난 이 현상은 고전역학의 이론으로는 설명해 낼 수 없다. 케플러가 행성의 타원 이론을 구성한 방식과 마찬가지로, 새로운 이론적 가설이 필요하게 된다. 따라서 다른 현대 물리학자들과 마찬가지로 화이트헤드는 새롭게 드러난 현상의 결과를 설명할 새로운 전제들 혹은 원인들을 탐구한다. 그는 다음과 같은 예를 든다.

> 우리는 외관상 분해될 수 없는 것처럼 보이는 물질의 안정된 지속성에다 소리나 빛에 대해서 오늘날 적용하고 있는 원리를 그대로 적용하는 데 반대하지 않는다면, 앞서 말한 역리逆理를 설명하는 데 아무런 어려움이 없을 것이다. 우리의 귀에 한결같은 것으로 들리는 소리는 공기 진동의 산물로 설명되고, 눈에 안정된 것으로 보이는 빛깔은 진동의 산물로 설명된다. 만약 우리가 바로 이와 동일한 원리에 입각해서 확고한 것으로 보이는 물질의 지속성을 설명한다면, 그때 물질의 근원적 요소 하나하나는 기초가 되는 에너지, 곧 활동력의 수축과 팽창으로 이루어지는 진동으로 간주될 수 있을 것이다. …… 그래서 각 요소는 일정한 주기를 가질 것이며, 이 주기 속에서 그 에너지 흐름의 결집계는 한 정점의 극대치로부터 다른 정점의 극대치로 움직일 것이다.(SMW 64)

화이트헤드에 따르면 이와 같은 설명이 가능한 것은 추상적인 주기 개념이 있기 때문에 가능하다고 본다.(SMW 64) 그는 물질의 궁극적인 요소

---

43) 어떤 현상이 충돌에 의해 야기된 분자에서 빛의 복사가 나올 때, 빛은 전자장에서 진동하는 파동으로 구성된다.

는 무엇인가라는 질문을 스스로에게 던지면서, 물질의 궁극적인 요소는 그 본질에 있어서 진동하는 존재라고 한다. 그는 이 가설을 양자역학의 불연속적인 존재방식에 적용한다면, 존재의 불연속성에 대한 의문이 해결될 것이라고 한다. 그는 양자론과 진동을 결합시킬 증거가 있는지에 대해서는 다음과 같이 정당화한다.

> 양자론 전체는 원자의 복사 에너지를 핵으로 하면서, 복사하는 파동계들의 여러 주기와 밀접하게 결합되어 있다. 그러므로 진동을 본질로 하는 존재를 가정하는 것이야말로 불연속적인 궤도라는 역리를 가장 그럴듯하게 설명하는 방식이다.(SMW 65)

따라서 화이트헤드의 양자역학에 대한 설명은 주기이론에 대한 확장을 통해서 구성된다. 우리는 이러한 추론 과정이 귀추법의 전형이라고 본다. 즉 어떤 놀랄 만한 현상을 관찰하고, 어떤 가설이 참이라면 그 현상이 설명될 것이며, 그 가설적 이론은 정립된 법칙이나 이론으로 자리매김될 것이다. 결론적으로 그는 양자론에서 발생한 존재의 불연속적인 궤도의 현상을 설명하기 위해서, '주기'이론에 대한 '상상적 합리화'를 시도한 것으로 보인다. 다음으로 화이트헤드의 철학에서는 귀추법이 어떻게 사용되는가를 알아보기로 하자.

4. 상상적 합리화와 귀추법

화이트헤드는 서양의 우주론을 크게 플라톤의 『티마이오스』 우주론과 17세기 우주론으로 나눈다. 그는 각각의 우주론의 장단점을 상세하게 비교하며, 현대 문명의 전개와 더불어 양 우주론을 통합한 새로운 우주론을 전개하고자 한다. 철학 역시 시대나 시기에 따라서 변화해 왔음이 자명한 사실이다. 이런 점에서 철학이 새로운 문명의 도래에 맞추어 새로운 관념의 모험을 시도하지 않는다면, 그것은 죽은 철학이다. 화이트헤드는 기존의 형이상학적 이론이나 철학으로는 설명할 수 없는 상황에 직면해서, 그것에 관한 대안을 제시할 새로운 이론이 필요하다고 본다. 이 점에서 철학은 생산적 학문의 길, 즉 모험의 길을 탐색해야 한다는 것이다. 화이트헤드는 확실성보다는 생산성을 학문적 탐구의 우선 순위로 본다. 순수한 연역법과 귀납법이 갖는 추론 과정에 비해서 확실성은 떨어지나 생산성은 증가하는 방법론을 통해서 형이상학을 구성해야 한다는 것이 화이트헤드의 생각이다.

따라서 화이트헤드는 "합리적 도식의 검증은 그 일반적인 성공에서 추구해야 하며, 그 최초의 원리들의 특수한 확실성이나 최초의 명료성에서 탐구해서는 안 된다"(PR 9)고 한다. 즉 "철학은 전제들을 위한 탐구이다. 그것은 연역이 아니다. 여기서 추론하는 연역들은 결론의 증거로 출발점을 테스트하는 목적을 위한 것이다".(MT 105) 이와 같은 논의는 앞에서 설명한 귀추적인 방법과 동일하다고 볼 수 있다.

그러나 형이상학은 단순한 귀추법이 아니다. 그것은 새로운 미학·종교·윤리가 결합된 새로운 우주론을 탐구하는 창조적 가추법, 메타 가추법이라고 할 수 있다. 즉 새로운 가설적 우주의 이론이 현실을 제대로 설명해 내는가를 탐구하는 것이라고 볼 수 있다. 이 점에서 화이트헤드는 자신의 철학을 '철학적 일반화' 혹은 '상상적 일반화'의 작업이라고 부르는 것이다.

앞에서 화이트헤드는 형이상학이 '생산적 학'이 되어야 한다고 주장하였다. 그것은 사유의 구성이 순수한 연역법이나 귀납법의 과정만을 통해서 구성될 수 없다는 것이다.

또한 화이트헤드는 순수한 연역법 역시 과학 및 수학의 탐구에 결정적인 역할을 한 것은 분명하나, 철학에 막대한 손상을 끼쳤다고 주장한다.

철학의 방법은 수학의 사례에 의해서 손상되었다. 수학의 참된 방법은 연역이다. 철학의 주된 방법은 기술적 일반화이다. …… 연역의 참된 자리는 일반화의 규모를 실험하기 위한 검증의 본질적인 부가적 양태이다. (PR 10)

화이트헤드는 『과정과 실재』에서 연역법과 귀납법으로는 사변철학을 생산적 학으로서 규정 지을 수 없다고 한다. 사변철학이 창조적이고 풍부한 생산을 갖기 위해서는 앞의 두 가지 논증과는 다른 방법이 요청된다. 그는 『과정과 실재』의 머리말에서 철학적 구성의 참된 방법은 "가능한 한 최선을 다해 관념들의 도식을 축조하고, 그 도식에 의거하여 과감하게 경험을 해석해 나가는 것"(PR xiv)이다. 그는 이러한 방법을 '상상적 합리화 방법'The method of imaginative rationalization 혹은 '가설 연역적 방법'hypothetico-deductive method[44]이라고 부른다. 화이트헤드는 자신의 방법을 비행기의 이륙을 비유로 들고 있다. 이 비유는 과학적 추론 과정과 마찬가지로 귀추적 과정을 통해서 연역적으로 철학적 도식이 구성될 수 있음을 보여 준다.

진정한 발견의 방법은 마치 비행기의 비행과 흡사하다. 그것은 개별적인 관찰이라는 대지에서 출발한다. 그리고 상상력에 의한 일반화라는 희박한

---

44) 가설 연역적 방법은 가설을 먼저 설정하고, 관찰을 하는 방법이 아니다. 화이트헤드의 가설 연역적 방법은 관찰을 하고, 그후에 가설을 설정하는 것이다.

대기권을 비행한다. 그러고 나서 합리적 해석으로 예민해지고 새로워진 관찰을 위해서 착륙한다. 이 상상력에 의한 합리적 방법이 성공하는 근거는, 차이의 방법이 실패했을 때 거기에 변함없이 현존하고 있는 요인들이 상상적 사고의 영향 아래에서 관찰될 수 있다는 사실에 있다. 그러한 사고는 직접적 관찰에서 드러나지 않는 차이를 보완한다. 그것은 심지어 모순까지도 적절히 다룰 수 있다. 그래서 경험에 나타난 일관된 요소들, 영속적인 요소들을, 상상 속에서는 그것들과 모순되는 것들을 비교함으로써 진정한 발견들을 조명할 수가 있는 것이다.(PR 5)

이 유명한 진술은 세 단계를 거쳐 가는 방법적 절차를 보여 준다. '개별적 관찰', '합리적 해석을 통한 상상적 일반화', '날카로워진 새로운 관찰'이 그것이다. 필자가 보기에는 화이트헤드가 '비행기의 비행'을 예로 든 방법은 앞에서 설명한 귀추법과 거의 동일한 과정을 밟고 있다고 본다.

언급한 바와 같이 관찰은 이미 이론 의존적이다. 우선 화이트헤드는 인간이 갖는 직접 경험에 주목하는 한편, 물리학이나 수학과 같은 특수 과학에서 사용되는 관념들과 종교·언어 등에서 사용되는 관념들을 탐구하면서 시작한다. 직접적 경험이나 관념들은 철학의 원초적 여건들이다. 그는 이것들이 본래의 영역의 범위와 배경을 떠나서 적용될 수 있도록 이들을 일반화시킨다.

그리고 화이트헤드는 이처럼 다양한 경험에 보편적으로 내재하는 일반적 범주를 추출해 내는 일, 이것을 '현실태로부터의 추상'이라 부른다. 이러한 추상이 가능하기 위해서는 상상이 가미된 일반화가 요구된다. 화이트헤드는 이를 귀납적 일반화와 대비하여 "기술적 일반화"descriptive generalization(PR 10)라 부른다.

기술적 일반화는 모종의 유적 제한하에서 진행되는 귀납적 일반화와 달리 유적 경계를 넘어 유비적으로 진행된다. 화이트헤드에 있어서 기술적 일반화를 위해서 물리학에서 사용하는 벡터vector라는 개념이 실재에 대한 형이상학적 이해에 도움이 될 수 있다고 판단될 때, 그 개념은 다른 영역에서의 경험과 관련될 수 있도록 일반화된다. 그는 또한 자신의 이러한 방법을 스콜라 철학의 방법이라고 하며, 관찰뿐만 아니라 이성의 사용도 주장한다.

> 우리는 직접적 계기를 관찰하여야 하며, 그 계기의 본질에 관한 일반적 기술을 이끌어 내기 위해 이성을 사용해야만 한다. 귀납법은 형이상학을 전제로 하고 있다. 바꾸어 말하자면 그것은 그에 선행하는 하나의 합리주의를 발판으로 삼고 있는 것이다.(SMW 64~65)

기술적 일반화의 다음 단계는 일반화된 관념들을 상호 제약하에 둠으로써, 실재에 대한 하나의 해석체계를 구축하는 일이다. 이것은 사변철학에 대한 화이트헤드의 정의, 즉 "경험의 모든 요소들이 해석될 수 있는 일반적인 관념들의 정합적이고 논리적이며 필연적인 체계를 구성하려는 노력" (PR 3)을 반영한다. 여기서 정합성은 관념들이 서로 분리될 때 무의미하게 된다는 것, 논리성은 관념들 간의 논리적 충돌이 없다는 것을 의미한다.

> 하나의 방법은 여러 유형의 경험에 확고하게 기초를 두고 있는 다양한 추상화의 도식들을 서로 비교해 보는 것이다. ……그들의 요구는 이성이 사용되지 않으면 안 된다는 것이었다. 이성에 대한 믿음이란, 사물의 궁극적인 본질들은 독단에 지나지 않는다는 사실을 배제하면서 서로 결부되어

조화를 이루고 있다고 하는 믿음을 말한다. ……이러한 믿음을 체험한다는 것은 우리가 우리 자신이면서 우리 이상의 것임을 인식한다는 것을 말한다. 즉 그것은 우리의 경험이 흐릿하고 단편적이긴 하지만 실재의 가장 깊은 곳을 타진한다는 사실, 흩어져 있는 개별적인 것들은 그것들로서 단순히 존재하기 위해서도 한 사물 체계의 부분을 이루어야만 한다는 사실이다.(SMW 27)

마지막으로는 해석 도식의 충분성adequacy을 검토하기 위해 광범하게 다양한 유형의 경험들을 형이상학적 도식과 대결시켜야 한다. 그러나 이 충분성의 기준은 인간이 갖는 한계 때문에 완전히 충족될 수는 없다. 이 점이 화이트헤드가 사변철학이 절대적이고 확실한 지식에 도달할 수 없다고 생각한 이유이다. 이는 이상적인 목표이지, 출발점은 아닌 것이다. 다시 말해서 철학은 "어떤 자명한 것에 대한 진술이 아니라, 어디까지나 궁극적 일반성에 대한 시론적 정식화인 것이다".(PR 9) 이런 점에서 주어진 사실이나 개별적 개념을 보다 일반적이고 보다 구체적인 원인들로 드러내기 위하여 어떠한 범주 도식이 요구된다.

화이트헤드는 네 가지 범주들——궁극자의 범주·현존의 범주·설명의 범주·범주적 제약——을 통해서 상대성원리, 양자역학, 진화론, 전자장이론이 지배적인 이 시대를 보다 종합적인 개념으로 구성하고자 한다. 이러한 과정을 통한 형이상학적 해석은 실재에 대한 우리의 이해를 심화시키는 데 기여한다.

과학의 모든 이론들이 귀추적 과정을 통해서 발전되어 온 것이 사실이라면, 철학 역시 귀추적 과정에 의해서 끊임없이 새로운 도식을 구성할 수 있다는 것이 화이트헤드의 입장이다. 화이트헤드에 의하면 문명을 발전시킨 새로운 생산적 사고는, "예술가들의 시적인 직관에 힙입거나, 또는 논리적 전제로 이용할 수 있는 사고의 도식을 상상력으로 정교하게 만들어 내는 데에 힘입어 생겨나게 되었다".(PR 11) 따라서 화이트헤드의 철학적 방법은 "끊임없이 전진할 뿐 멈추는 법이 없는 하나의 모험"이라 할 수 있다.

지금부터 간단하게 앞에서 설명한 것에 대한 예를 들어볼 것이다. 우리는 여러 가지 사실들 앞에 놓여 있다. 언어·사회제도·정치제도·행동·다양한 과학의 발전 등이 있다.(AI 354) 이것들은 이전의 이론적 도식에서 파생된 뉴턴 및 흄으로 대표되는 17세기 과학적 유물론의 전제들에서 벗어난 다양한 모습을 보여 준다. 즉 오늘날의 상황에서는 기존의 이론적 도식으로는 설명되지 않는 새로운 현상들이 발생한다. 예를 들어 디지털 정보화 시대는 지난 시대에는 전혀 상상할 수 없는 존재론, 인식론적 상황을 전개하고 있다. 우리가 그러한 증거를 거부하는 것은 편협한 이론적 도식에 머무는 것밖에 되지 않는다. 우리는 사이버 시대에 맞게 될 새로운 존재론적 이해를 해야 할 것이다. 화이트헤드는 이 증거물을 다루는 방법을 '기술적 일반화의 방법'이라고 한다.

> 어떠한 경험도 빠뜨릴 수 없다. 취중의 경험과 맑은 정신의 경험, 잠자는 경험과 깨어 있는 경험, 꾸벅꾸벅 조는 경험과 완전히 잠이 깬 경험, 자기의식의 경험과 자기 망각의 경험, ……종교적 경험과 회의적 경험…… 정상적 경험과 비정상적인 경험, 이 가운데 어느 것도 간과해서는 안 된다.(AI 353)

이러한 증거 및 관찰은 단순정위에 근거한 감각 경험에서 벗어나서 상호 결합하는 새로운 도식을 구성하는 것이 요구된다. 이를 통해서 그는 새로운 결과들이 나타나는 경우에, 동일하게 그 도식을 통해서 그 사례를 해석할 수 있게 된다. 화이트헤드가 이와 같이 설명하는 근거는 증거가 되는 사회제도·언어·행위는 "여러 가지 특성들의 복합체를 예증"하며, "어떠한 사실도 단순한 것이 아니다. 그것은 그 시대의 여러 특수성에 뿌리박고 있는 많은 특성들을 동시에 예증"하고 있기 때문이다.

예를 들어서 컴퓨터를 통한 가상 공간 및 이미지 세계의 확산, 정보 전달 속도의 확장, 전자 전쟁, 민주화운동, 분자생물학의 급속한 발전 등을 들 수 있다. 이와 같은 인간 경험을 이전의 전통적인 이론들로 묶어 두려는 것은 매우 어리석은 짓이다. 하지만 이 사례들은 정보화 및 테크놀로지의 유형으로 묶을 수 있다. 따라서 그 유형에 맞는 새로운 도식이 창출될 수 있는 것이다.

우리는 사물들이 상호 결합되어 있다는 사실을 알고 있다. 하지만 뉴턴의 우주론의 시공간이론 및 흄의 경험론에 근거한 관찰은 하나의 인상에 관한 정보만 제공할 뿐, 다른 인상과의 결합성에 대한 인식은 제공하지 않는다. 즉 뉴턴 우주론에 근거한 단순정위의 가설로는 "상호 결합성에 대한 직접적 증거는 소멸한다".(AI 346) 따라서 생산적 사고의 모험을 감행하기 위해서는 '할아버지 세대'에서 유래한 학설에 벗어날 필요가 발생한다.

화이트헤드는 흄의 경험론과는 달리 인간의 경험이 상호 결합되었다는 사실을 발견하게 된다. 이 경우에 그는 철학적으로 모든 최종적인 대상적 현실태가 경험의 계기들이라는 형이상학적 성격을 갖는다는 새로운 학설 혹은 도식을 주장할 수 있다. 이것은 추론이라는 측면에서 본다면, 하나의 규칙이라고 할 수 있다. 즉 어떤 결과를 보고 나서, 상상적 합리화를 통해서 어떤 규칙을 설정한다. 그 다음에 그는 다른 여러 가지 사례들 역시 정당한지를 적용해 본다.

사람의 직접적인 현재적 경험의 계기와 사람의 직접적인 과거 계기와의 결합에 관한 직접적 증거는, 자연에 있어서 모든 계기의 결합에 타당한 범주를 시사하는 것으로서 정당하게 사용될 수 있게 된다.(AI 346)

화이트헤드는 새로운 가설을 설정해서 그러한 현상들을 설명하지 않는다면, 철학에는 어떤 발전도 있을 수 없다고 한다.

많은 혼란된 철학적 사고의 발단은 연관된 증거가 이론에 의해서 지시된다는 사실을 망각하고 있다는 점에 있는 것이다. 왜냐하면 한 이론이 무관계한 것으로서 도외시해 버린 증거에 의거해서 그 이론을 증명할 수는 없기 때문이다. 이는 또한 충분한 적용 범위를 수반한 이론을 창출하는 데 실패한 모든 과학에 있어서 진보가 필연적으로 지지부진할 수밖에 없게 되는 이유이기도 하다.(AI 347)

화이트헤드는 자신의 형이상학의 저서에서 실재의 근본적 특성을 과정으로 간주한다. 과정세계는 끊임없이 이행하는 세계이다. 따라서 이 세계의 실재는 다수의 사건들의 양상이라고 할 수 있다. 그렇다면 사건이 유동하기만 한다면, 우리의 인식에서 드러나는 여러 가지 사물의 유형은 어떻게 설명할 것인가? 화이트헤드가 존 듀이의 물음에 답한 응답으로 쓴 『의미의 분석』*The Analyse of Meaning*에서 밝히고 있듯이, 우연적인 사건과 그 사건을 결합시키는 어떤 패턴들(이다·의·또는·더하기·빼기·보다 많은·보다 적은 등)이 실재 속에 있다. 즉 우리는 이 유동 속에서 사물들의 패턴이나 구조를 식별할 수 있다. 이 패턴이나 구조는 수학의 추상적 구조와 밀접한 관련을 맺고 있다.

화이트헤드에게 사건의 유동 속에서 패턴의 규칙성이 실제로 드러난다면, 이것을 어떻게 설명할 것인지가 문제로 대두된다. 그는 이 비우연적이고 추상적인 질서의 형식과 과정이라는 구체적 사건을 귀추적 방법으로 탐구한다. 화이트헤드는 자신의 형이상학에서 추상적 패턴 및 구조와 사건을 설명할 새로운 개념을 설정한다. 즉 '영원한 대상'과 '현실적 존재자들'[45]을 도입한다.

그러나 화이트헤드는 이러한 도식을 논리학자가 말하는 "참과 거짓이라는 양자택일적 척도를 적용시킬 경우, 그 대답은 그 도식이 거짓이 될 것임이 틀림없다"(PR 10)고 말한다. 이것은 귀류법적 논증의 전형이라고 할 수 있다. 이 경우에 모든 문화에는 새로운 발전은 없을 것이다. 어떤 학문의 새로운 전개도 없을 것이다. 그러므로 우리가 도식이 참이라고 하는 것은 "새로운 해석의 가능성을 인정한다는 조건하에서 참이 된다"(PR 10)는 의미이다.

우리는 이 도식으로 논리적인 참을 구성하고자 하는 것이 아니라, 이 도식이 "특정한 환경에 적용 가능한 참 명제를 이끌어 낼 모체가 된다는 것"(PR 10)을 말하고자 한다. 화이트헤드는 이러한 모체를 경험 혹은 사실을 설명하는 전제로 사용하기 위해서는 "대담하고도 엄밀한 논리를 가지고 그 모체에 의거하여 논의를 밀고 나가야 한다"(PR 10)고 주장한다. 도식의 구성에 대한 화이트헤드의 이러한 사유는 에코가 말한 메타 귀추법에 대한 사유와 유사함을 알 수 있다.

---

45) 현실적 존재자라는 개념은 추상적이다. 하지만 현대 양자역학에서 우리는 정확한 한 입장의 개체성의 지적할 수 없다. 실증주의의 지시이론에 근거해서 현실적 존재자를 비판하는 것은 여전히 뉴턴적 세계관에 근거한 것이다.

지금까지 화이트헤드의 방법론이 연속성이 있음을 입증하고자 시도하였다. 또한 철학 역시 '생산적 학'의 길을 갈 수 있는가를 알아보았다. 우리는 화이트헤드가 수학·과학·철학에서 새로운 이론을 구성할 때, 동일한 방법론을 사용한 것으로 주장하였다. 이 방법론은 확실성에서는 연역법이나 귀납법에 비해 떨어지나, 생산성은 가장 높다고 볼 수 있다. 우리는 확실성과 형식적인 합리성을 위해서 '수학주의'에 천착해 왔다. 그러나 일반적으로 알려진, 수학의 확실성에 근거한 연역주의나 경험적 사실에 근거한 귀납주의는 철학 및 과학의 탐구에서 새로운 도식의 구성에 한계가 있다는 점을 지적하였다.

화이트헤드는 확실성을 지식의 합리성을 보장하는 근거로 삼아서는 안 된다고 본다. 확실성보다는 '생산성'에 더 주목을 할 필요가 있다. 왜냐하면 절대 불변하는 실체나 이론이 없다는 것이 현대 학문의 전개로 밝혀졌기 때문이다. 따라서 이전의 도식에 매여서, 다양한 지적 영역들의 전개를 이해하지 못하기보다는, 새로운 도식의 구성을 통해서 그 전개 과정을 밝혀 보는 것이 더 중요하다고 본다.

이런 점에서 필자는 생산성을 우위에 둔 방법론의 일종을 '귀추법'이라고 보며, 화이트헤드의 방법론 역시 그것과 동일한 것으로 본다. 필자는 메타 귀추법 혹은 창조적 귀추법을 형이상학이나 철학에서 사용된 귀추법의 유형으로 보고, 화이트헤드가 자신의 철학적 구성을 '상상적 합리화'의 방법론이라고 부르는 것과 맥을 같이하는 것으로 이해한다. 이는 기존의 분석적 방법론과 비분석적 방법론을 매개하는 방법론이라고 할 수 있다. 필자는 지금까지의 논의를 통해서, 귀추법을 기존의 합리주의 방법론에 대한 대안으로 제기하며, 화이트헤드의 방법론도 이와 동일한 맥락에서 보고자 한다.

본론에서 이미 진술했듯이, 화이트헤드는 과학이나 철학에서 전제의 확실성에 근거해서 지식을 구성하는 일은 반드시 피해야 할 일이라고 한다. 특히 철학은 인식론을 중심으로 그러한 무의식적인 강박감에 사로잡혀 있었다고 한다.

> 철학적 논의에서 진술의 궁극성에 관한 독단적 확실성을 주장하는 가장 작은 암시조차도 어리석음을 드러내는 것이다.(PR xiv)

이제까지 화이트헤드의 탐구 방법을 살펴보았으며, 이를 통해서 귀추법이 화이트헤드 자신이 탐구한 자연과학과 인문과학에서 동일하게 사용되었음을 보여 주고자 시도하였다. 물론 학문의 영역에 따라서 귀추법의 유형도 다르게 이용되었음은 주지의 사실이다. 오늘날은 소통의 시대이며, 영역 간의 분절이 사라지는 시대이다. 특히 이분법적 사유방식에 대한 여러 가지 반성과 고찰이 이루어지고 있는 시기이다. 오늘날 귀추법, 혹은 가추법은 자연과학과 인문과학에서 탐구 방법으로 함께 사용되고 있다. 이를 통해서 우리는 화이트헤드의 방법론이 귀추법이라면, 학제 간의 연구에 어떤 선구자적인 작업을 수행한 것으로 볼 수 있다.

근대 자연철학과
유기체철학의 이념

1장 근대 자연철학 비판

화이트헤드의 모든 시기의 주된 논의는 17세기 우주론의 전제들에 대한 비판과 그 대안을 제시하려는 시도라고 볼 수 있다. 이 우주론은 '사실'을 궁극자로 보는 데 지대한 영향을 미쳤다.[1] 다시 말해서 이 우주론에서 '실체-속성', '단순정위'simple location 그리고 '단순 인상'을 핵심 개념으로 들고 있으며, 목적인을 상실한 인과론을 실재에 대한 이해의 초석으로 두고 있다. 화이트헤드는 이 이론들의 근거는 구체적이 아니라 매우 추상적인 것이라 진술하고, 이를 '잘못 놓여진 구체성의 오류'로 지적하며, 그는 이를 바로잡기 위해서 우주론적 도식을 새롭게 정립하고자 하였다. 이 네 가지 개념들은 화이트헤드가 전 생애 동안 탐구한 내용이라고 할 수 있다.

　　화이트헤드는 버트런드 러셀과 공저한 『수학 원리』에서는 주어와 술어논리학의 문제점을 지적했고, 『자연 인식의 원리에 관한 연구』, 『자연의

---

1) 화이트헤드의 근대 자연철학에 대한 비판은 20세기 초기 동안에 일어난 자연 세계에 대한 이해의 혁명적인 변화와 자연과학 그 자체에 대한 본성·임무·제한에 대한 비판적 관심에서 비롯되었다.(George R. Lucas, *The Rehabilitation of Whitehead: An Analytic and Historical Assessment of Process Philosophy*, Albany: SUNY Press, 1989, p.5.)

개념』 등에서는 사건과 대상에 의한 연장적 추상화의 방법을 통해서 단순정위의 문제점을 지적했다. 그리고 『과정과 실재』에서는 근대의 감각 여건을 경험의 가장 원초적인 요소로 지적하는 것을 바로잡고 있다.[2]

　이 장에서는 고대와 근대를 대표하는 플라톤의 우주론과 뉴턴의 우주론의 핵심적인 차이점을 살펴보려고 한다. 그러한 비교를 하고 난 후에, 뉴턴 우주론의 핵심적인 전제가 되는 일부 개념들을 자세하게 알아볼 것이다. 그것은 근대 과학과 철학에서 핵심적인 개념들인 실체와 속성 및 시공간 개념이다. 이 개념들은 일반적으로 근대철학을 구분하는 경험론과 합리론에 관계없이 무의식적인 전제로 근대철학자에게 깔려 있는 것이다. 우리는 이 전제가 '잘못 놓여진 구체성의 오류'를 범하고 있다는 사실을 밝혀 볼 것이다.

1. 플라톤의 『티마이오스』와 뉴턴의 자연철학

화이트헤드는 지금까지 두 가지 우주론이 서양을 지배해 왔다고 주장한다. 그 중 하나는 플라톤의 우주론이며, 다른 하나는 17세기 우주론으로 크게 양분할 수 있다고 한다. 화이트헤드는 이와 관련하여 『과정과 실재』 2부 3장에서 뉴턴의 『프린키피아』[3]와 대조하여 플라톤의 『티마이오스』를 집중적으로 다루고 있다.

---

2) 이 점에 대해서는 Paul F. Schmidt, *Perception and Cosmology In Whitehead's Philosophy*, New Brunswick: Rutgers University Press, 1967, p.82.

3) 화이트헤드는 뉴턴의 『자연철학의 수학적 원리』(*Philosophical Naturalis Principia Mathematica*, 1868)를 간단히 『프린키피아』라고 하고, 『프린키피아』의 주해(註解) 부분을 『주해』(*Scholium*)로 간단히 표기한다.(PR 70)

철학의 역사는 각기 다른 시기에 유럽 사상을 지배해 왔던 두 개의 우주론을 보여 준다. 하나는 플라톤의 『티마이오스』이며, 다른 하나는 갈릴레이, 데카르트, 뉴턴, 로크를 주요 창시자로 하는 17세기 우주론이다.(PR xiv)

화이트헤드는 『과정과 실재』에서 종래의 두 가지 우주론의 특성을 밝히고자 하며, 자기 일관성과 지식의 진보에 맞추어서 이 두 가지 우주론을 융화시키고자 한다.(PR xiv) 과학과 철학의 관점에서 두 가지 우주론을 비교해 볼 때, 뉴턴의 우주론은 과학의 측면에서 장점을 지니고 있고, 플라톤의 우주론은 철학의 측면에서 장점을 지니고 있다고 화이트헤드는 본다.

『티마이오스』를 과학적인 세부 사항에 대한 진술로 본다면, 현대의 독자에게 그것은 『주해』에 비해서 실로 어리석은 시도로 여겨질 것이다. 그러나 『티마이오스』는 표면적인 과학적 세부 사항에서 모자라는 부분을 철학적 깊이로 보완하고 있다. 우리가 그것을 하나의 비유로 읽을 때, 그것은 우리에게 심오한 진리를 전해 준다. 한편 『주해』는 철학으로서는 추상적이고 부적당한 것이지만, 과학적 세부 사항에 관해서는 극히 뛰어난 진술이다. 그 진술은 그와 동일한 추상의 수준에 있어서의 진리를 연역함에 있어 어떤 한계 내에서 전적으로 신뢰할 만하다고 볼 수 있다.(PR 93)

뉴턴의 『주해』가 철학적인 면에서 부당하다는 것은, 화이트헤드에 따르면 "추상 관념의 적용 가능성의 한계에 대한 어떤 암시도 드러내지 않는다"(PR 93)는 점에 그 이유가 있다는 것이다. 또한 뉴턴은 『주해』에서 자연에 실재하는 "자기 산출, 퓌시스^{φύσις}, 능산적 자연과 같은 극히 두드러진 국면에 대하여 시사하는 바가 하나도 없기 때문에 단지 추상성만을 드러내고 있다".(PR 93) 뉴턴의 우주론에서 자연이란, "단적으로, 그리고 완전하게 설계되어 순종하면서 저곳에 있는"(PR 93) 것이다. 그러나 화이트헤드가 볼 때, 자연에는 어떤 새로움의 발생 혹은 창조적 과정이 존재한다는 사실을 회피할 수 없다. 따라서 뉴턴의 『주해』가 그것의 추상성의 적용 가능성을 넘어설 때 실재의 어떤 양상이 간과되고 있음이 명확히 드러난다. 화이트헤드는 이를 가리켜 '잘못 놓여진 구체성의 오류'라고 한다. 이 점에서 대해서 다음 절에서 구체적으로 논해 볼 것이다.

이와는 달리 화이트헤드는 뉴턴의 『주해』가 우주에 관해서 설명하지 못하는 철학적 측면을 플라톤의 『티마이오스』에서 설명할 수 있다는 점을 지적하고 있다.

> 『티마이오스』에서는 『주해』와 아무런 유사점도 없는 별개의 측면이 있다. 일반적으로 말하면, 『티마이오스』의 이러한 측면은 그 형이상학적 성격, 즉 사물의 행위를 사물의 형상적 본질과 결합시키려는 노력이라고 할 수 있을지도 모르겠다. 사물을 떠난 행동은 추상적인 것이다. 뉴턴은(이 목적을 위해서는 현명한 처사였지만), 『티마이오스』가 피하려고 했던 이러한 추상화에 빠져들었던 것이다.(PR 94)

이는 구체적 사실과 그것의 추상적인 성격을 연결하려는 플라톤의 입장을 여실히 보여 주는 것이다. 화이트헤드가 그의 학문적 생애 동안에 고민한 것은 바로 이와 같은 문제이다. 어떻게 하면 구체적으로 경험하는 사실과 추상적 이론을 접목시킬 것인가? 화이트헤드의 가장 대표적인 이론이 '연장적 추상화의 방법'the method of extensive abstraction이다. 이는 구체적 경험에서 수학과 물리학을 가능하게 하는 점·선·면과 같은 개념이 어떻게 도출되는가에 대한 화이트헤드의 대답이다. 도대체 점은 어디서 나온 것인가? 화이트헤드는 그 점이 구체적 사건을 통해서 나온 것임을 나름의 방법으로 입증하고 있다.

이와 마찬가지로 플라톤은 『티마이오스』에서 사물의 행위들을 "현실적 존재자들의 궁극적인 입자적 성격과 결합시킨다".(PR 94) 플라톤에게 현실적 존재자들은 불·물·공기·흙이다. 이것들은 그 속에 입체라는 어떤 사회를 구성하는 성격을 지니고 있다. 즉 사물의 구체적인 행위를 추상적인 성격과 결부시키고자 하는 것이 플라톤의 우주론의 특색이라고 할 수 있다. 이와 같은 점에서 화이트헤드는 플라톤과 문제의식을 공유한다.

화이트헤드 자신이 종종 그의 철학이 플라톤적이라고 주장할 때, 그것은 이러한 문제의식에서 논해지는 것이다. 그것은 현실태와 가능태의 상호관계를 통해서 실재에 관한 설명을 추구한다는 것이다. 뉴턴의 우주론에서 신은 이미 우주를 창조하였기 때문에, 더 이상의 새로운 질서의 발생을 설명할 수도 없고 설명해야 할 이유도 없다. 그러나 플라톤의 우주론은 새로운 질서나 진화를 그의 체계 속에 받아들이고 있다.

> 『티마이오스』에서 현재의 우주 시대의 기원은, 우리의 이상에 따르면 혼돈된 태곳적인 무질서에로까지 거슬러 올라간다. 이것은 유기체철학의 진화설이다. 플라톤의 개념은 전적으로 초월적인 신이 무無로부터 우연적인 우주를 창조한다고 보는 셈족의 이론에 사로잡혀 있는 비평가들을 곤혹스럽게 해왔다. 뉴턴은 셈족의 이론을 고수하였다. …… 따라서 새로운 유형의 유력한 사회에 기초를 둔 새로운 유형의 질서의 진화를 말하는 플라톤의 비유는, 모든 측면에서 주석가들을 곤혹스럽게 만드는 백일몽이 되고 말았던 것이다.(PR 95)

질서에 관한 『티마이오스』의 견해는 몇 가지 입체적 성질을 미시적 구성물에 부과하며, 그들의 상호 결합을 통해서 끊임없이 새로운 물질이 구성될 수 있다고 본다. 그러나 뉴턴의 『주해』는 "원자의 92가지 가능성이나, 원자가 결합하여 분자를 형성할 수 있는 제한된 수의 방식에 관해서는 아무런 시사도 하고 있지 않다".(PR 95) 따라서 이미 이 우주의 모든 것이 외부의 신에 의해 결정된 것으로 받아들이는 뉴턴에게는 새로운 사회나 질서는 그의 체계 속에 나타날 수 없는 것이다. 그러나 화이트헤드는 창조적 질서, 새로운 질서 유형을 플라톤의 입장에서 받아들이고 있다.

플라톤에의 호소는 지난 몇 세기에 걸쳐 지배적이던 표현 양식에 반하는 사실들에의 호소였다. 이 근대의 표현 양식들은 부분적으로 신학과 철학의 혼합에서 생겨난 것들이었으며, 또 부분적으로는 이제는 더 이상 근본적인 언명으로 받아들여지지 않게 된 뉴턴물리학에 기인하는 것들이었다.(PR 96)

화이트헤드가 새로운 질서나 진화를 그의 체계 속에 받아들이는 점은 곧 플라톤의 『티마이오스』의 인과론을 한정된 형태로, 즉 작용인과 목적인이 결부된 인과론을 유기체철학의 인과론으로 받아들인다는 것을 의미한다. 하지만 화이트헤드에 의하면 지난 시기 동안에 서구에서는 작용인 혹은 목적인에 대한 일방적인 편향이 있었다고 한다.

아리스토텔레스의 철학은 중세의 교회로 하여금 목적인의 개념을 무모하리만큼 지나치게 강조하는 방향으로 나아가게 하였고, 근대의 과학 시대는 그에 대한 반동으로 작용인의 개념을 지나치게 강조하는 방향으로 나아갔던 것이다.(PR 84)

화이트헤드에 의하면, 작용인 혹은 운동인을 강조한 뉴턴의 우주론은 이 우주가 기계적인 필연적 법칙에 의해 순환하는 것으로 본다. 예를 들면 동쪽에서 떠서 서쪽으로 지는 해는 언제나 반복된 현상을 낳기 때문에, 기계적인 운동을 하고 있다. 뉴턴에게 있어 우주의 참된 모습은 과학적 진리를 구현하는 '우주 기계'world machine[4]이다. 이 이론에서 문제가 되는 것은 신이 제공한 기계적 법칙에 따라 움직이는 세계를 측정하는 것이다. 다시 말해서 뉴턴의 물리학은 신이 최초의 운동을 통해서 마련해 둔 공간·시간·질량·힘을 이용해서 세계를 양적으로 측정하기만 하면 된다는 것이다.(PR 94) 따라서 뉴턴의 우주론에서 이 세계는 확고하게 정해진 시계처럼 연속적으로 움직이는 세계일 뿐이다. 즉 A가 있다면, 그에 뒤따라서 B가 반드시 도출되고, 또한 B를 통해 C가 정확하게 예측 가능한 세계를 가정하게 된다.

각 분자는 맹목적으로 달린다. 인체는 분자의 집합이다. 따라서 인간의 육체는 맹목적으로 달리는 것이며, 그렇기 때문에 육체의 활동에 대해서는 개인에게 어떠한 책임도 없는 것이 된다. 만약 우리가 분자란 유기체적 전체로서의 육체에 의해 어떠한 제한도 받지 않고 그 자체로서 존속하도록 명확하게 규정되어 있는 것임을 인정한다면, 그리고 분자의 맹목적인 주행은 기계적인 일반 법칙에 따라 정해지는 것임을 인정한다면, 위와 같은 결론을 피할 수 없는 것이 된다.(SMW 113)

---

4) 고전 과학은 이 세계는 신이 만든 완전한 '시계'라는 생각에서 시작한다. 그러므로 신에 의해서 시계로 만들어진 이 우주는 필요할 때 그 메커니즘을 수리하기 위해 끊임없이 그것을 감독하고 보살핌을 받아야 한다. 그러나 고전 과학이 차츰 안정을 찾아갈 때 뉴턴에 의해서 제기된 신의 감독설은 사라진다. 우주라는 시계는 태엽을 감는 일도 수리도 필요로 하지 않았다.(김영식 편저, 『근대사회와 과학』, 창작과비평사, 1989, 33쪽.)

이렇게 17세기 우주론의 자연의 질서에 관한 설명은 가치·조화·감각·목적에 근거한 모든 고찰을 과학적 사고들로부터 배제하였다. 달리 말해서 우주론의 설명에서 목적인을 빼 버린 것이다. 다만 동적 원인이나 기계인만으로 자연에 대한 설명을 추구한 것이다.[5]

이 우주론을 받아들인 근대철학의 대표적인 사상가인 칸트는 『순수이성비판』에서 오직 기계론적 자연관을 다루며, 이후의 저서에서 인간의 자유와 목적을 위해서 목적인을 요청한다. 박정하는 이를 일목요연하게 다음과 같이 표현한다.

> 인과성, 자유, 목적인이라는 세 개념이 칸트 철학 전체를 통과하는 핵심적인 문제이며, 이는 각각 원인성이라는 차원에서 운동인(작용인), 자유에 의한 원인성, 목적인의 문제로 환원될 수 있다. 흄과의 관계에서 문제가 되는 인과성은 물론 운동인으로서의 인과성이다.[6]

이와 같이 칸트는 도덕철학에서 당위의 문제, 즉 목적인의 문제를 운동인과는 별개의 관점에서 다루고 있다. 이는 역사를 갖는 인간에게만 자유와 목적인을 한정하는 방식이라고 할 수 있다. 그러나 화이트헤드는 자연 그 자체도 이미 어떤 목적인을 수반하고 있다고 말한다. 원자나 분자는 무작위로 움직이는 것이 아니다. 이것들은 그 유기체 전체의 환경의 영향하에서 움직이고 활동하고 있는 것이다. 화이트헤드에 의하면 다음과 같다.

---

5) 같은 책, 18쪽.
6) 박정하, 「칸트의 인과 이론에 대한 연구: 『순수이성비판』의 '제2유추의 원칙'을 중심으로」, 3쪽.

분자는 일반 법칙에 따라 맹목적으로 달릴 수 있으나, 각 분자들은 그것들을 둘러싸고 있는 환경이라는 유기체 전체의 계획에 따라 그 내재적 성격을 달리한다.(SMW 116)

자연은 그 안에 목적이나 가치를 가지고 있다. 즉 전자나 분자가 외부에 어떤 환경을 갖느냐에 따라서 완전히 달라질 수 있다.

동물의 경우에 그 정신 상태는 그 유기체 전체의 계획 속에 들어가며, 그리하여 종속적 유기체들의 계획을 변경시켜 가는데, 이러한 변경은 순차적으로 하위의 유기체로 계속 이어지면서 궁극적으로는 전자와 같은 극미한 유기체에까지 변경한다. 그러므로 생명체 내부에 있는 전자는 신체가 갖는 계획 때문에 생명체 외부에 있는 전자와 다르다. 전자는 신체의 내외를 가리지 않고 맹목적으로 달린다. 그러나 신체 속에서는 그것이 갖게 되는 특성에 따라 달라진다. 즉 신체의 계획에 따라 달리는 것이다.
(SMW 116)

이미 언급한 바와 같이 화이트헤드는 과학적 유물론을 극복하기 위해서 '사건'의 개념을 자연철학의 기본 개념으로 도입하였다. 사건은 사물들이 서로 관계하는 가운데 공동체를 실현해 가는 과정 혹은 전진으로서 유기체적 의미를 함축하고 있다. 유기체로서 사건은 과정을 통해서 가치의 실현을 가능하게 한다는 것이다. 즉 사건이 과정에서 자신을 실현해 가는 것이 바로 가치 실현의 과정인 것이다. 그는 이 가치의 실현이 바로 목적인에 의한 것으로 본다. 그러나 화이트헤드 역시 목적인을 묵과한 과학적 방법론의 가치를 한정된 설명의 방법으로서 인정한다. "방법론적 조작으로서 그것은, 우리가 어떤 제한된 분야들에 관심을 한정할 때, 의심할 바 없는 성공이라는 것"(FT 26)이다. 그리고 목적인에 대한 과도한 강조나 설명은 증명 불가능한 어떤 전제를 암묵적으로 가정하기 때문에 상호 소통을 불가능하게 한다.

목적인의 추방에 대한 또 다른 근거는 그것이 손쉬운 설명이 될 수 있기 때문에 위험하다는 점이다. 물리적 전례들에 대한 연속을 추적하는 고된 작업은 목적인의 손쉬운 제시에 의해서 방해되기 때문이다.(FT 16)

하지만 화이트헤드에 따르면 "목적인 개념의 단순한 도입이 위험하다는 바로 그 사실이 진정한 문제를 무시하는 어떤 근거도 되지 않는"(FT 16)다는 것이다. 어떤 행위에는 작용인뿐만 아니라 목적인도 수반되어야 한다는 것이다. 그러나 과학자들은 그들의 방법론으로 설명되는 실재의 양상만 한정하고 받아들인다. 그러나 역설적으로 과학자들은 어떤 목적인의 부정을 위해서 실험할 때조차도, 목적인의 부정이라는 목적을 갖는 어떤 행위를 하고 있다는 것이다.

목적이 없다는 것을 증명하고자 하는 목적에 의해서 동기를 부여받은 과학자들은 연구를 위한 흥미로운 주체를 구성한다.(FT 16)

그러나 화이트헤드에 따르면 목적인의 부정은 인간으로서 그들 자신의 경험의 중요한 측면을 제외한 것이다. 우리의 모든 경험은 목적을 전제로 하고 있다. 목적이 없다면 인간 문화에서 발생하는 정치나 경제는 아무런 의미도 없게 된다. 화이트헤드는 순수한 물리적 관계를 넘어서는 '반-작인'counter-agency이 우주 안에 작동한다고 한다. 그는 『이성의 기능』*The Funtion of Reason*에서 그러한 목적인을 "새로움을 강조하는 기관"(FR 20) 혹은 "사실에서가 아니라 상상력에서 실현된 목적의 성취로 향하는 충동을 지향하고 비판하는 경험 속에 있는 요소"(FR 8)라고 한다. 화이트헤드는 이를 '이성'이라고 한다.

> 이성은 물질적 우주가 생성함에 있어서 방대하게 확신된 반–작인을 구성한다. 이 결론을 통해서 우리는 우주론적 이론에서 근본적인 목적인의 추방을 거부한다.(FR 26)

따라서 화이트헤드에게 있어서 이성은 물리적으로 부패하는 우주의 맥락에서 복잡성과 새로움으로 나아가는 방향을 제시하는 반–작인이다. 그러므로 그는 현실 세계와의 관계에 있어서 목적을 지향하는 이성과 목적인의 관념을 거부할 경우, 우주는 기계인 혹은 작용인에 의해서 반복과 쇠퇴만 되풀이할 뿐이라고 한다. 이는 우주가 복잡성과 새로움이 나타나는 실재의 한 양상을 도저히 설명할 수 없게 만든다. 화이트헤드는 보다 높이 진화해 간 피조물의 활동뿐만 아니라 행성의 진화 과정과 우주의 진행에도 목적인의 인식을 포함해야만 참된 우주론의 설명이 가능하다고 주장한다. 이러한 근거를 통해 그는 "종래의 철학적 사고로부터 다소 벗어나는 특성을 내포하고 있는"(PR 72) 새로운 우주론을 제시하고자 한다. 이러한 우주론에서 실재는 작용인과 목적인을 함께 실현할 수 있는 것이어야 한다.

> 만족스러운 우주론은 작용인과 목적인의 상호 연관성을 설명해야 한다.
> (FR 28)

그러나 그는 이러한 두 가지 실재의 양상을 자의적으로 결합하고자 하는 것은 아니다. 그것은 논리적으로 일관성이 있어야 하고, 경험적으로 적용 가능한 것이어야 한다.

우리가 여기서 고려하는 점은, 작용인이 결정할 수 있는 모든 것은 작용인이 결정할 수 있다는 것이다. 목적인에 의해 결정될 수 있는 모든 것은 목적인에 의해 결정되는 것이다. 두 가지 작용의 영역은 상호 짜여지고 서로 요구해야만 한다.(FR 28)

우리는 플라톤의 우주론과 뉴턴의 우주론의 비교를 통해서, 두 가지 우주론의 장점과 단점을 살펴보았다. 플라톤의 우주론이 작용인과 목적인이 결합된 우주론이라는 장점을 갖고 있지만, 과학적 기술로 받아들이기는 어렵다. 반면에 뉴턴의 우주론은 과학적 설명에서 탁월한 장점을 갖고 있지만, 목적인을 배제하였다는 측면에서 심각한 어려움에 봉착하게 된다. 과연 과학의 성과를 받아들이면서, 목적인을 측면을 결합한 우주론은 가능한가? 이 점에서 관해서 IV부에서 보다 자세하게 검토해 볼 것이다.

2. 17세기 자연철학의 논리: 실체-속성의 형이상학

화이트헤드는 『과정과 실재』에서 아홉 개의 신화myth를 들고 있다. 그는 이 신화에 대한 비판이 그 저서의 주된 내용이 될 것이라고 한다.

①사변철학에 대한 불신, ②명제의 충분한 표현으로서 언어에 대한 신뢰, ③능력심리학faculty psychology에 함축된 철학적 사유의 양태, ④표현의 주

어-술어 형식, ⑤지각의 감각주의적 학설, ⑥공허한 현실태이론, ⑦순수한 주관적 경험에 대한 이론적 구성으로서 객관 세계를 구성하는 칸트의 학설, ⑧귀류법적 논증에 의한 자의적인 연역들, ⑨논리적 비일관성이 선행하는 오류를 제외하고도 무언가를 지시할 수 있다는 믿음이다.(PR xiii)

화이트헤드가 신화라고 부르는 이 아홉 개의 신화는 17세기 우주론에서 '지배적인 사유의 습관'으로 무의식적으로, 혹은 의식적으로 작동하였던 것이다. 특히 다섯번째 신화로서 지적하는 지각 문제는 흄의 인과론에 대한 회의와 밀접한 관련이 있다.[7] 우리는 귀류법적 논증에 의한 연역이 철학에 미친 오류에 대해서는 '방법론'의 절에서 이미 지적을 하였다. 여기서는 네번째 신화인 표현의 주어-술어 형식을 살펴볼 것이다.

세계 기술의 논리적 오류와 다항 관계의 체계로서의 결합체(nexus)

위의 신화 중에서 생각해 볼 점은 네번째에 해당하는 표현의 주어-술어 형식에 관한 것이다. 아리스토텔레스의 논리학은 주어-술어의 일항 논리에 근거한다.[8] 화이트헤드는 주어-술어라는 일항 논리를 현대 논리학의 발전과 함께 비판한다. 그것이 추상적 분석의 도구로서 유용하나, '직접 경험'을 기술하는 가장 적절한 도구는 될 수 없다는 것이 화이트헤드의 입장이다. 그럼에도 불구하고 근대철학은 주어와 술어라는 일항술어적 분석을 통해서 경험을 표현하고자 하는 경향이 있다.[9]

---

7) Schmidt, *Perception and Cosmology In Whitehead's Philosophy*, p.86.
8) 일항술어는 "x는 p이다"라고 할 때, p는 일항 술어이며, x는 주어이다. 이항 술어는 x는 y보다 크다고 할 때 크다는 이항 술어이며, 삼항술어는 x는 y에게 z를 준다고 할 때, '준다'는 삼항 술어이다. 이때 관계는 이항 이상의 술어를 말한다.

근대철학은 모두 주어와 술어, 실체와 성질에 비추어…… 세계를 기술하려는 난점을 둘러싸고 움직이고 있다. 그 결과는 그것은 언제나…… 우리의 직접 경험을 왜곡시킨다.(PR 49~50)

길거리에 있는 돌멩이를 지각할 때, 우리는 이 사실을 어떻게 제시하는가? 감각한 돌이 검은색이라는 속성을 갖고, 분화하지 않고 존속하는 어떤 성질을 가진 것이라고 규정할 것이다. 이러한 일항 술어의 방식은 자연과학의 탐구에도 동일한 방식으로 적용되었다. 예컨대 원자나 전자, 양자에 자기 동일성과 본질적으로 유지하면서 우연적 모험을 겪는 것으로 보았다. 이와 같이 규정하는 우주론에서는 다음과 같이 말한다.

분화되지 않고 존속하며, 임의의 시간 동안에도 자기 동일성을 유지하며, 영구적인 속성을 갖는 연속적 물질의 관념이 근본을 이루어 왔다. 이 물질은 우연적인 성질이나 관계에 있어서는 변화를 겪지만, 우연적인 모험을 감내하는 하나의 현실적 존재자라는 그 성격에 있어서는 수적으로 자기 동일적인 것이다. 이와 같은 근본적인 형이상학적 개념의 수용은 다원론적 실재론의 다양한 체계들을 파멸로 이끌어 갔다.(PR 78)

화이트헤드는 이러한 관점을 가진 우주론을 '과학적 유물론'이라고 한다. 그러나 이와 같은 우주론은 새롭게 발전한 분자이론을 통해서 여지없이 깨지고 말았다. 화이트헤드에 의하면 현대의 "분자이론은 돌에서 그것

---

9) 17세기의 논리학은 아리스토텔레스의 논리학을 사용하였고, 그 외의 논리학이 전개되지 않았다. 이것은 화이트헤드와 러셀이 공저한 『수학 원리』에서 비로소 극복이 되었다.

의 연속성·통일성·수동성을 빼앗아 버렸다. 이제 돌은 격동하는 분산된 분자들의 사회로 간주된다".(PR 78) 왜냐하면 에너지의 양자도 주기적인 리듬과 단순 법칙에 관련되어 있음이 밝혀졌기 때문이다. 양자의 진동이나 리듬의 주기는 양성자적·전자적 존재와 분리해서 생각할 수 없다는 것이 현대 과학의 일반적인 통념이다. 일항 술어 방식에 영향을 받은 과학적 유물론은 "현실적 존재자란 결코 변화하지 않으며, 그것은 성질 내지 관계로서 그것에 귀속시킬 수 있는 모든 것의 산물이라고 보는 학설이다".(PR 79) 이는 변화가 하나의 환상에 지나지 않는다는 일원론적 우주론에 근거하게 된다. 우리는 근대철학을 통해서, '인간은 이성적이다', '소크라테스는 죽는다', '나는 생각한다. 그러므로 나는 존재한다'고 할 때, 동일한 자아나 영속 불변하는 실체를 생각한다.

하지만 이러한 진술들을 언어나 논리학에서 사용하는 것은 문제가 되지 않으나, 형이상학적인 전제로 받아들여서는 안 된다. 화이트헤드에 따르면 우리는 간헐적으로만 이성적이며, 생각하는 나와 존재하는 나는 다른 '나'로서 동일한 자아가 아니라고 본다. 따라서 그의 우주론은 "변화가 일정한 유형의 어떤 한 사회에 속하는 현실적 존재자들 간의 차이를 의미하게 되는 다원론적 우주"(PR 79)이다. 또한 화이트헤드는 주어-술어 형식으로는 자연에 대한 충분한 기술이 될 수 없고, 주어보다 술어를 기본적인 관계로 기술하는 것이 보다 더 적절하다고 한다. 그러나 아리스토텔레스의 영향을 받은 근대의 철학자들은 주어-술어의 형식 외에 다른 형식으로 사물을 파악하려 하지 않는다고 비판한다.

아리스토텔레스 논리학과 철학의 영향을 받는 일부 철학 학파들은 실체와 속성의 관계를 제외하고는 어떤 관계들도 전혀 수용하지 않는다.(CN 192)

그러나 일상적 언어의 주어-술어 문법 때문에 잘못 추론된 사고의 실체를 제거하기는 쉬운 것이 아니다. 왜냐하면 우리의 일상적인 언어는 잘못 추론된 사고의 실체가 구체적인 경험인 것처럼 보이게 하여, 나와 자연에 대해서 오해를 불러일으키기 때문이다. 화이트헤드에 의하면 이것을 막는 방법은 두 가지가 있다고 한다. 하나는 일상적 언어를 버리고 기호논리학과 순수 수학 속에서 경험 사실을 왜곡시키지 않는 기호를 찾는 방법이고 다른 하나는 일상적 언어를 계속 사용하되, 기술적 용어들을 새로이 도입하고 관습에 얽매이지 않은 어법을 개발하여 왜곡의 위험성을 최소화하는 것이다. 화이트헤드는 『수학 원리』에서 이항 관계가 아니라, 다항 술어 논리학을 새롭게 기술한다.[10] 또한 『자연의 개념』에서 다음과 같이 그 내용을 기술한다.

> 다수의 관계로 이루어진 궁극적 사실을 진지하게 받아들이기를 완강하게 거부하는 철학자들을 비판하면서 …… 다수의 관계라고 하는 것은 구체적인 사례에서 사건의 관계가 반드시 두 가지 이상의 관계항을 포함한다는 것을 의미한다.(CN 150)

우리는 구체적인 일상적인 삶 속에서 여러 가지 경험을 한다. 그러한 경험을 문장으로 표현할 때는 문법적인 기준에 맞춘다. 예를 들어서 6월의

---

10) 리먼 맥헨리에 따르면, 러셀은 흄과 마찬가지로 외적 관계의 학설을 주장하며, 이것은 그의 논리적 원자론에서 핵심적인 공리라고 한다. 이 이론은 독립적인 대상들과 고립된 성질들을 통해서 대상들의 상호 관계를 간과한다는 것이다. 러셀 역시 언어의 주어-술어 구조의 형식에서 완전히 벗어난 것은 아니라고 한다. 화이트헤드는 사물들의 상호관계를 설명하기 위해서 현실적 계기·합생·파악이라는 조어를 생산한다.(Leeman B. McHenry, *Whitehead and Bradley: A Comparative Analysis*, Albany: SUNY Press, 1992, p.40.)

날씨가 좋은 날 감포의 바다를 구경하면서, '바다가 파랗다'고 말한다. 누군가가 '파란'이 의미하는 바를 묻는다면, 나는 그것은 사람도 사물도 아니라고 대답할 수 있다. 혹은 나의 이 경험을 '감포의 바닷물은 파랗다'라고 말할 수 있다. 나는 '파람'이 감포의 바닷물을 가리킨다고 추론함으로써 모든 것을 포함하는 구체적인 미학적 사건들 가운데서 '파람' 부분을 떼어 내어 사고의 실체인 감포의 바닷물에다가 결부시키고 만다. 그러나 이때 파람은 사과에, 지붕에, 하늘에 관련될 수도 있다.

그러나 근대철학자들은 더욱 심각한 오류에 빠진다. '파람'이 정말로 감포의 바닷물을 의미하는지 결정하기 위해서 직접적으로 물속에 들어가서 물을 떠 볼 수도 있다. 우리는 물은 파란색이 아니라 투명한 무색이라는 사실을 알게 된다. 주어와 술어라는 문법 구조를 실체–속성 구조로 확장한다면, 파람은 어떤 주체의 속성이어야 한다. 그러므로 내가 감포의 바닷물은 멀리서 보았을 때는 파랗게 보였으나 사실을 알고 보니 투명한 무색이다. 이렇게 되면 내가 본 구체적이고 미학적인 것은 허상이란 말인가?

더 큰 문제는 우리는 외부 대상을 직접적으로 지각하지 못하고, 사고에 근거한 것만을 알 수 있다는 것이다. 이처럼 자연을 제2성질의 내적 주관적 세계와 제1성질의 외부 객관적 세계로 분리시킨 결과, 자연은 현실태에 그 고유한 가치를 부여하는 심미적 성질의 파노라마를 상실해 버리는 가치론적 문제가 발생하고, 마찬가지로 경험은 물자체Ding An Sich에 맞서는 현상이 됨으로써 인식론의 문제가 발생한다.[11]

화이트헤드는 직접적 경험은 일항 술어가 아니라 다항으로 기술되어야 한다고 주장한다. 왜냐하면 우리의 경험은 외적 대상들의 물리적 실체

---

11) 스티브 오딘, 『과정형이상학과 화엄불교』, 안형관 옮김, 이문출판사, 1999, 240쪽.

라고만 단언할 수도 없고 내적 주체들의 정신적 실체라고만 단언할 수 없기 때문이다. 우리가 경험하는 파란 바닷물은 파란색이 바닷물에 진입할 때, 물리적 실체나 정신적 실체인 의식에 단순히 정위되는 것이 아니라, 오히려 복합적인 다항 관계로 경험의 전 연속체로 심미적으로 진입한다.

화이트헤드는 초기에 기호논리학을 통해서 구체적 경험을 묘사하며, 후기에는 새로운 철학적 개념을 통해서 주어-술어 문법에 의한 실재의 오인을 극복하고자 한다. 기호논리학이나 수학은 감성이 들어가지 않는 관계적 구조를 다룬다. 관계를 탐구하는 데 기호논리학은 파람이나 뜨거움처럼 감지된 구체적 속성들을 여러 변수의 기능이지 단독 변수의 기능이 아니라고 한다.

우리는 일상적인 언어에서 모든 속성을 주격에 연결한다. 일항 관계에서는 '감포의 바닷물은 파랗다'라고 기술할 때, '바닷물'은 실체 혹은 주어이고, 파랗다는 술어 혹은 속성이라고 오인할 수 있다. 일반적으로 소리·색상·맛·향기 등과 같은 성질들을 기술할 때, 일항 관계에서는 앞에서 예로 든 것과 같이 속성으로 기술할 뿐이다. 그러나 구체적인 사건으로서 '파란 감포의 바닷물'은 새롭게 진술되어야 한다. 즉 우리가 파란 바닷물을 볼 때, "파란색이 자연의 사건들과의 관계 속으로 진입하는 것"(CN 152)이다.

이때 주어-술어라는 일항 양식은 파랑이란 술어를 물리적 실체인 바닷물 속에 내재하는 속성으로만 표현하나, 이는 우리의 공간적·시간적 경험을 표현하기에는 부족하다.

> 내가 장소라 부르는 어떤 사건 속에 위치하고 있는 파랑에 대한 감각 의식은 파랑과 관찰자의 지각하는 사건, 장소 및 개재된 사건들 사이에 존재하는 관계에 대한 감각 의식으로 표현된다.(CN 152)

우리가 구체적으로 경험하는 파람이라는 것은 물의 상태, 대기의 기온, 빛의 정도, 관찰자의 감각 기관 및 그 사건을 제약하는 다수의 다른 요인들을 포함하는 여러 가지 변항들의 함수로서 복합적 다항 관계에 진입되는 순간적이고 의존적인 상태를 수반하는 질적 사건이다. 그러므로 화이트헤드에 따르면 "자연을 실재의 두 체계로 이분하는"(CN 152) 것은 근대철학에 지식의 확실성을 안겨 주기는 하나, "일상적 삶의 완고한 사실"(PR xiii)을 황폐화시키는 일이다.

예컨대 데카르트, 갈릴레이, 로크는 물질의 제1성질은 연장·운동·형태로 보고, 제2성질은 맛·향기·색·소리·촉각으로 나눈다. 이로 인해 그들은 따뜻함·향기·색상·맛 등의 감각적 성질들은 인간의 정신적 실체에만 내재하고, 연장·운동·형태는 물질적 실체에만 내재하는 것으로 주장한다.

물체는 실재에 있어 물체에 속하지 않는 성질들을 갖고 있는 것으로 지각되는데, 이 성질들은 사실상 순전히 정신의 산물인 것이다. 따라서 실제로 우리 자신에게 마땅히 돌려져야 할 명예를 자연이 대신 얻고 있는 것이다. 그렇다면 장미꽃은 그 향기를, 꾀꼬리는 그 노래를, 태양은 그 광휘를 우리에게서 차용한 것이 될 것이니 …… 자연은 소리도 없고 냄새도 없고 빛깔도 없는 무미건조한 것, 목적도 의미도 없는 물질의 어수선한 요동에 불과한 것이 되고 만다.(SMW 80)

따라서 직접적으로 감각된 '파람' 등과 같은 구체적 사실이 여러 개의 변수들, 즉 해가 있는가? 구름이 있는가? 내가 서 있는 장소는 어디인가를 묻지 않고서는 추상적인 주어에 매이게 할 뿐이다. 화이트헤드는 영어 문장의 주어를 실체가 아닌 파람을 일개 항으로 지니고 있는 다항적 관계로 설정한다. 이렇게 되면 파람이 실체의 속성이 되는 것을 막을 수 있다. 다시 말해서 파람이 단독 변수의 기능이 아니라, 몇 가지 다른 구체적인 경험적 사실들과 그 사실들이 의미하는 바를 가리키는 여러 변수들의 기능이 되는 것이다. 화이트헤드는 그의 주저인 『자연의 개념』 7장에서 이 문제를 집중적으로 논의한다. 즉 파람과 같은 감각 대상들은 다항적 관계를 띠고 주체 속으로 진입한다. 이러한 진입의 예를 그는 다음과 같이 말한다. "어떤 여건(상황) 속에 위치한 '파람'을 감각하는 행위는 관찰자의 감각 여건과 그때의 상황 및 여러 다른 개입 여건들과 파람 사이의 관계를 감각하는 것이다."

따라서 실재 세계는 미학적으로 생생하고 다양한 세계가 된다. 우리는 물질적 실체나 정신적 실체를 추론할 필요가 없다. 물질적 실체나 정신적 실체는 우리의 미학적 자아뿐만 아니라 자연에서 직접 경험한 것을 허상으로 간주한다. 화이트헤드는 사실의 어떤 구체적 요소가 다항적 관계성을 띠고 구체적 사실과 그것이 의미하는 총체 속으로 진입하는 것을 지칭하기 위하여 『과정과 실재』에서 새로운 개념을 사용한다. 즉 다항의 관계를 갖춘 구체적 성질들을 결합체 nexus[12]라고 부른다.

3. 단순정위에 근거한 시공간

화이트헤드에 따르면 17세기 우주론은 대체적으로 작용인에 중점을 둔 우주론이다. 알렉상드르 코이레Alexandre Koyré는 17세기 우주론의 특징을 두

---

12) 결합체라는 개념은 이 책의 II부 1장에서 충분한 설명을 제시할 것이다. 일상적인 경험에서 사용되는 책상, 연필, 개 등이 화이트헤드의 결합체 개념에 해당된다. 이것은 미시적 과정을 거쳐서, 거시적 과정과 영속적인 패턴이 결합된 존재 유형이라고 할 수 있다.

가지로 설명한다.[13] 첫째는 '조화로운 우주'의 파괴이다. 둘째는 '공간의 기하학화'이다. 이것이 갈릴레이 이전의 물리학과 천문학에서 구체적이자 분화된 '장소의 연속' 대신 유클리드기하학에서의 균질적이고 추상적인 '차원의 공간'으로의 대체된 것을 의미한다.

이러한 우주론은 지난 17세기 이후 3세기 동안 지배적인 우주론으로 자리를 잡았다. 즉 그것은 '생성'과 '존재'의 세계 혹은 천상과 지상의 분리를 거부하고 그 모든 구성 성분이 하나로서 통합되어 설명되는 우주론이다. 이를 위해서 17세기 우주론을 대표하는 갈릴레이, 데카르트, 뉴턴은 수학을 통해서 세계를 기술하고자 하였다.

칸트를 '독단의 선잠'에서 깨우고, 그에게 1781년에 『순수이성비판』이라는 저서를 출판하게 자극을 준 인물은 흄이다.[14] 흄은 이미 1738년 자신의 『인성론』에서 과학적 지식의 정당성에 의문을 던지며, 그 정당성을 부여하는 인과론에 문제가 있음을 지적했다. 이것은 뉴턴의 『프린키피아』에 대한 인식론적 타당성을 제공하려는 흄의 노력이 수포로 돌아갔음을 말한다. 어쨌든 흄과 칸트의 철학적 저서들은 뉴턴의 과학에 대한 정당성을 제공하려는 시도라고 할 수 있다.[15]

그런데 왜 흄은 자연과학의 정당성의 초석이 되는 인과론에 문제가 있다고 생각하는가? 그것은 역설적으로 시공간에 관한 뉴턴의 이론을 지각

---

13) 김영식 편저, 『근대사회와 과학』, 1989, 창작과비평사, 17쪽.
14) 루이스 벡에 따르면, 흄에 대한 칸트의 대답은 200년간 지속된 철학적 문제라고 한다. 여기서 문제란 뉴턴 과학에 대한 정당화 문제에 흄이 제기한 것에 대한 칸트의 지식의 정당성 확보에 관한 것이다.(Lewis W. Beck, *Essays on Kant and Hume*, New Haven: Yale University Press, 1978, p.118.)
15) 박정하, 「칸트의 인과 이론에 대한 연구: 『순수이성비판』의 제2유추의 원칙'을 중심으로」, 1~3쪽.

이론에 그대로 응용한 점에 있다고 보인다. 다시 말해서 흄은 뉴턴의 시공간이론을 절대적으로 확실한 지식으로 간주하였기 때문에 그것에 대한 어떤 의문도 제기하지 않는다. 칸트 역시 마찬가지라고 할 수 있다. 따라서 뉴턴의 시공간이론은 흄과 칸트의 문제에 선행하는 전제로 주어진다고 볼 수 있다.

화이트헤드에 따르면 17세기 우주론에서 운동인 혹은 작용인[16]은 시공간이론과 밀접한 관련이 있으며, 인과론을 설명하는 유일한 방식이었다. 그것은 17세기 우주론에서 물질적 실체의 기본 속성이다. 이 시공간이론의 특성을 화이트헤드는 '단순정위'라고 한다. 화이트헤드는 17세기 우주론의 전제들 중에서 "제일 먼저 비판해야 할 것은 단순정위의 개념이다"(SMW 58)라고 한다. 그 이론은 아리스토텔레스의 실체 개념, "실체는 다른 주체 속에 현존할 수 없다"고 한 언명과 밀접한 관련성을 가지며, 앞에서 비판한 주어-술어 형식의 문법 구조와 데카르트를 중심으로 제기된 실체-속성의 사유와 흡사한 방식으로 자연을 탐구한 것으로 볼 수 있다.[17]

이러한 난점은 사실상, 단순정위의 개념을 공간과 시간에 있어 근본적인 것으로 무조건 받아들이는 데서, 그리고 독립된 개별적 실체의 개념을 실재하는 존재자의 근본적인 것으로 받아들이는 데서 야기되고 있다.(SMW 224)

---

16) 박정하에 따르면, 칸트와 흄이 만나는 접점은 인과 문제라고 한다. 이 문제의 극복이 바로 흄의 회의론을 벗어나는 것이라고 주장한다. 이러한 인과론을 '계기인과 이론'이라고 하며, 여기서 다루는 인과관계는 아리스토텔레스식의 4원인을 통해서 보는 것이 아니라, 오직 목적인을 배제한 운동인(causa efficiens)만으로 자연의 원인을 설명하는 방식이라고 한다.(같은 글, 3쪽.)

17) 크레이그 에이젠드라트에 의하면, 물리학에서 단순정위의 거부는 철학에서 데카르트의 실체의 거부를 의미한다.(Craig Eisendrath, *The Unifying Moment: The Psychological Philosophy of William James and Alfred North Whitehead*, San Jose: toExcel, 1999, p.22.)

화이트헤드의 단순정위에 대한 비판은 물리학 내의 발전에 근거한다. 그 비판은 물질과 운동을 기하학적으로 분석하는 데 성공한다. 현실 세계의 관계를 표현하는 시공간이라는 용어는 뉴턴의 우주론을 통해서 가장 명확하게 드러난다. 뉴턴의 우주론은 "과학의 목적을 위해서…… 명석하게 표명된 진술"(PR 71)이다. 화이트헤드는 뉴턴물리학이 물질 입자를 기술하는 특성을 다음과 같이 간결하게 설명한다.

> 뉴턴물리학은 독립된 물질 입자의 개체성에 기초를 두고 있다. 각각의 돌은 다른 물질 부분과의 연관을 도외시해도 충분히 기술될 수 있는 것으로 생각되고 있다. 그것은 '우주' 속에 고독하게 존재하는 단일 공간의 점유자이다. 그것은 여전히 있는 그대로의 돌일 것이다. 또한 그 돌은 과거나 미래와는 아무런 관련 없이도 충분히 기술될 수 있을 것이다. 그것은 전적으로 현재의 순간 속에 구성되어 있는 것으로서 충분하고도 완전하게 파악될 수 있다.(AI 156)

근대 물리학에서 '현재의 순간'을 통해서 입자를 충분히 기술할 수 있다고 생각하는 것은 여러 가지 장점을 갖고는 있으나, 매우 추상화된 형식이다. 화이트헤드는 실재에 대한 이러한 해석을 '단순정위'라고 한다.

> 하나의 물질 조각이 단순정위한다는 말은 다음과 같다. 그 물질이 지니고 있는 여러 시공적 관계를 표현하려 할 때, 다른 공간의 영역과 다른 시간의 지속에 대해서 그 물질이 가지고 있는 어떠한 본질적 관련도 떠나서, 그 물질은 공간의 어떤 한정된 영역 안에, 그리고 어떤 한정되고 유한한 시간의 지속 전체에 걸쳐 존재한다고 말하는 것으로 충분하다는 것이다.(SMW 72)

이러한 물질세계의 이론으로는 생성을 설명할 수 없다. 맥헨리에 따르면 이것은 순간적이고 동질적인 시간 개념이며, 이는 뉴턴의 고전적인 입장으로 오직 측정의 측면에서만 시간을 다룬 것이라고 한다.[18] 우리는 근대철학에서 흄과 칸트에게 인과론의 문제를 던져 준 뉴턴물리학의 개념들이 오직 측정으로만 시간을 다룬 것이, 유클리드기하학에서 '점'의 정의와 밀접한 관련이 있다는 사실을 지금부터 살펴볼 것이다.

18) Mechenry, *Whitehead and Bradley: A Comparative Analysis*, p.53.

2장 화이트헤드 자연철학의 기본 이념

1. 물질세계와 수학적 개념: 점과 선

화이트헤드에 따르면 근대 과학의 합리성의 기초는 수학에 있다고 한다.(SMW 29) 이때 수학은 유클리드기하학의 공리들로서 절대적인 진리로 간주되었다. 특히 17세기 우주론에서 세계의 질서에 대한 이해에는 유클리드기하학의 원리가 무의식적으로 상존하고 있었다. 유클리드기하학에서는 가장 원초적인 존재를 '점'으로 본다. 이 '점'은 모든 공리가 도출되어 나오는 근본적인 것이다. 여기서 유클리드의 공준公準은 '존재성'existence과 '유일성'uniqueness을 함의하는 것이다. 그러나 이 기하학의 존재들은 구체적인 물리적 사물들과 '형상'form에 대한 혼란을 불러일으킨다.(PR 302) 화이트헤드에 따르면 플라톤의 우주론도 유클리드기하학의 영향을 통해서 이데아라는 불변하는 실재를 상정한다.

기하학은 물질적 사물의 어떤 형상을 연구할 목적으로 출발한다. 그러나 점과 선에 대한 최초의 정의 단계에서 기하학은 곧바로 매우 특이한 성격을 지닌 특정의 궁극적인 물질적 사물을 요청하고 있는 것같이 보인다. 플라톤이 점을 사물들과 전적으로 분리된 집합class으로 보는 데에 반대했을 때, 그 자신은 이러한 혼란에 어떤 의혹을 가졌던 것으로 보인다. 그는 한 걸음 더 나아가서 모든 기하학적 존재, 즉 점·선·면에 대해서도 똑같은 반론을 폈어야 했다. 그는 형상을 바랐던 것인데, 그가 얻은 것은 새로운 물질적 존재였다.(PR 302)

마찬가지로 그러한 영향을 받은 17세기 자연철학을 대표하는 뉴턴의 우주론도 미분기하학에 의해서 설명한 시간과 운동을 마치 구체적인 실재인 것으로 받아들인다. 화이트헤드에 따르면 이것은 '내포량'intensive quantity 과 '외연량'extensive quantity을 구분하지 않음으로써 발생한 오해라고 한다.

화이트헤드는 오늘날 수학에서 미분과 적분을 통해서 운동과 시간을 측정하는 외연량은 하나의 구성물이라는 사실을 명확히 제시하고 있다. 여기서 외연량은 측정과 관련된 것이다. 그러므로 어떠한 체계에서 '합동' congruence 이론을 사용하는가에 따라서 그 외연량은 달라질 수 있다. 그런데 고대철학와 근대철학에서는 외연량을 필연적인 양적 개념으로 오해하여 왔다는 것이다.

오류가 생기게 된 까닭은 물리학자들의 마음이 부지불식 간에 아리스토텔레스로부터 칸트를 거쳐 내려온 어떤 전제에 의해서 오염되어 있기 때문이다. 아리스토텔레스는 그의 범주에 양을 포함시키고, 외연량과 내포량을 구별하지 않았다. 칸트는 이를 구별하고, 이 양자를 범주적 개념으로 간주했다. 외연량이 구성물이라는 것은 아서 케일리Arthur Cayley와 카를 폰 슈타우트Karl von Staudt의 연구의 결과로 분명해졌다.(PR 332)[1]

이는 앞에서 말한 '잘못 놓여진 구체성의 오류'라고 할 수 있다. 플라톤과 17세기 우주론은 유클리드기하학에서 점에 관한 정의를 각각의 이론에 응용하였다. 플라톤은 기하학의 존재를 '실재'로 간주하는 오류를 범하였고, 17세기 우주론은 외연량에 의해 측정된 시공간 관계를 '구체적인 경험의 세계'를 측정하는 유일한 방식으로 간주하는 오류를 저질렀다. 이것은 철학사에서 세계를 정태적인 실재로 이해하는 존재론이나 인식론을 가져왔다. 특히 점의 정의에 있어서, 그것은 다른 점들과 분리된 것으로 가정된다. 이와 같이 고립되고 분리된 점을 통해서는 운동이나 '관계'를 제대로 설명할 수 없다.

그러나 모든 실재는 고립되어서 존재하지 않는다는 것이 화이트헤드의 근본적인 직관이다. 3장에서도 언급했듯이, 그는 점과 점을 결합하는 '사이성', 즉 직선을 가장 근본적인 출발점으로 삼고자 하였다. 화이트헤드는 점이 다른 점들에 관계될 때만 그 중요성을 갖는 것으로 본다. 이 연결성은 한 점이 다른 점을 연결하는 직선들에 의해 나타난다. 그리하여 우주의 존재들이 점으로 나타난다면, 존재들 사이의 관계들은 직선들에 의해 그려진다. 임의의 한 점과 다른 점들을 연결시키는 직선들은 그 시작하는 점을 교차하는 것이다. 그 시작점과 다른 점들의 관계는 집합 혹은 직선들의 다발로 기술될 수 있다. 다시 말해서 점들 사이를 연결하는 직선이 점보다 더 근본적이라는 사고는 우리에게 새로운 개념적 전환을 요구한다. 즉 우주론에서 '점' 개념이 아니라, '선형' 개념이 근본적인 것으로 대두된다.

---

1) 화이트헤드는 칸트의 『순수이성비판』에서 "직관의 공리"의 항에서 다루어진 '외연량'과 '내포량'에 관한 고찰에서 외연량에 관한 칸트의 고찰은 뉴턴의 시공간이론을 추종한 것이며, 내포량은 그것에서 벗어난 화이트헤드 자신의 시공간이론과 밀접한 관련이 있는 것으로 본다.(SMW 191~192)

지금 선형적 신장linear stretch에서 점들의 순서에 대한 개념은 '사이'between 개념의 정의를 통해서 정교화될 수 있다.(PR 301)

우리는 화이트헤드가 17세기 자연과학의 시공간을 비판하는 기저에는 기하학에 대한 고찰이 있음을 주목해야 한다. 화이트헤드는 기하학과 물질세계의 개념에 관련성이 있다는 사실을 그의 논문 「물질세계에 관한 수학적 개념들에 대하여」[2]에서 명확히 밝히고 있다.[3] 우리는 이 저서를 중심으로 점과 선에 관한 그의 고찰을 좀더 검토해 볼 것이다.

물질세계와 점 개념

화이트헤드에 따르면 근대의 자연철학에서 전개하는 물질세계의 개념은 시간·공간·물질이며, 이것은 시간의 순간instants, 공간의 점들points, 물질의 입자들particles로 구성된 것이라고 한다. 그는 이를 '고전 개념'이라고 한다. 이 개념에서 사용되는 기하학은 "그리스에서 도출된 기하학이며, 공간의 단순 요소들은 점들이며, 과학은 점들 사이의 관계의 연구"(MC 3)이다.

따라서 이 고전 개념에서 궁극적인 존재자들의 집합은 상호 배제된 세 가지의 존재들의 집합들, 즉 공간의 점들·물질의 입자들·시간의 순간들로 구성된 것이다. 화이트헤드에 의하면 이렇게 구성된 물질세계의 개념들은 "점적 개념들"punctual concepts(MC 11)이다. 이것은 뉴턴의 물리적 세계 개념이다. 화이트헤드는 이를 다음과 같이 말한다.

---

2) 이 논문의 목적은 물질세계의 본성을 인식하는 다양한 방식을 수학적으로 탐구하는 데 착수하는 것이다.(MC 1)
3) Lowe, "Whitehead's Philosophical Development", p.32.

점들은 이 관계들의 장의 구성원으로 나타난다. 이때 물질——공간을 점유한 궁극적인 질료——은 그 최종적인 분석에서, 비록 그것이 연속적이라고 하더라도 입자라고 불리는 존재들로 구성되며, 이것은 한 입자가 점을 점유한다고 표현된 관계들에 의해 점들과 결합한다. 따라서 물질은 단지 이 점유 관계의 체의 일부로서 나타나며, 다른 부분은 공간의 점과 시간의 순간들로 구성된다. 따라서 '점유'는 물질의 입자·공간의 점·시간의 순간 사이에서 각각의 특수한 사례를 유지하는 삼중적 관계이다. 이 물질세계의 개념에 따르면, 우리는 이것을 고전 개념이라고 부르며, 궁극적인 존재자들의 집합은 상호 배제적인 세 개의 집합으로 구성된다. 즉 공간의 점들·물질의 입자들·시간의 순간들이다.(MC 3)

화이트헤드는 이러한 고전 개념을 두 가지 점에서 비판한다. 먼저 뉴턴의 우주론은 세 개념을 원초적인 항들로 보는데, 그것은 각각 공간의 점들·시간의 순간들·물질의 입자들이다. 물질세계를 설명하는 궁극적 존재자들은 '상호 배제된 존재자들의 집합'이다. 하지만 화이트헤드는 보다 더 적은 원초적인 항들과 원초적인 외적 관계를 요구하는 수학적인 세계의 개념들이 필요하다고 본다. 이는 오컴의 면도날에 기반을 둔 비판이다.

우리의 유일한 목적은, 현재 우리의 감각 지각에서 참인 것으로 받아들여지는 제한된 명제의 수의 일부와 일관되지 않은 개념들을 드러내는 것이다.(MC 4)

다음으로 뉴턴의 우주론이 아무리 아름다운 연역적 체계로 구성되어 있다고 하더라도, 그것은 우리가 경험하는 변화의 세계를 제대로 설명하지 못한다. 시간의 순간들은 본질적인 관계의 장에 포함되지 않기 때문에, 시간 관계와 본질적인 관계 사이에 어떤 접촉도 없다. 화이트헤드는 이를 다음과 같이 설명한다.

> 만약 우리가 오직 불변하는 공간의 세계만 고려한다고 한정한다면, 고전 개념보다 더 아름다운 것은 없다. 불행하게도 그것은 그 완전한 개념이 적용되어야 할 곳은 변하는 세계이며, 이 단계에서 변화를 제공할 필수적인 요소를 고전 개념에 도입하면, 조화롭고 완전한 전체는 손상당할 것이다. 시간의 순간이 본질적인 관계의 체의 구성원들이 아니기 때문에, 시간 관계와 본질적인 관계는 어떤 접촉점도 없다.(MC 15)

화이트헤드에게 시간은 모든 물질 개념의 도식 속에 포함되어야 한다. 고전 개념도 시간은 언급하나, 이 시간은 '순간'의 시간이고 '연장이 없는' 시간이다. 즉 변화를 설명할 수 없는 시간인 것이다. 간단히 살펴보면, 시간의 요소는 임의의 개념적 도식 속에 부가된다. 그런데 시간은 '점이 단순하다'라는 개념과 양립할 수 있는 형태에서만 부가된다. 이때 시간은 연장되지 않는 통일성, 즉 순간 속에 위치한다. 시간을 수학적으로 표현한 점은 다른 점들과 분리되고 고립되어서 존재하는 것으로 가정되며, 순간으로 정의된다. 즉 연장되지 않는 순간이 다른 순간들로부터 고립된다는 것이다. 화이트헤드에게 그런 고립은 실재하지 않는다.[4] 키튼은 화이트헤드가 「물질세계에 관한 수학적 개념들에 대하여」에서 의도한 바는 다음과 같다고 한다.

> 기존에 부여되었던 점의 궁극적 본성에 관한 화이트헤드의 불만은 「물질세계에 관한 수학적 개념들에 대하여」에서 명백히 드러나며, 점의 복잡

한 본성을 진술하려는 그의 일관된 노력은 평생 계속된다. 그는 점의 존재를 가정하지 않고도 선을 정의하는 방식을 찾고자 한다. 후기 저서에서는 보다 철학적인 양태로서 점-대상들point-objects, 혹은 사물들things의 존재를 가정하지 않고도 실재를 정의하고자 한다. 세계에서 변하고 있는 존재는 점이나 사물로는 충분히 설명될 수가 없다. 왜냐하면 점이나 사물은 정태적이고, 또한 그것들에 대한 정의에서 볼 때 그것들은 상호 간에 무관하기 때문이다. 즉 화이트헤드가 세계는 변화라고 특징지어 설명할 때, 그 기초를 제공하기에 점이나 사물은 명백하게 적합하지 않다. 정태적인 점에서 운동을 설명하려는 시도는 모순을 초래하며, 이것은 수천 년 동안 실재에 대한 인간의 개념화를 괴롭혀 왔던 것이다. 예를 들자면 서양에서의 그 주된 본보기가 바로 제논의 역설이다.[5]

---

4) 「물질세계에 관한 수학적 개념들에 대해서」라는 논문에는 I, II, IIIa, IIIb, IVa, IVb, V 모두 일곱 가지 개념들이 나온다. I-IIIb는 기본적 관계항이 점으로 이루어진 개념이다. 개념 I에서 다루어지는 것은 뉴턴우주론을 재현하는 공간의 점들과 물질의 입자들이다. 개념 II는 개념 I의 주제에 대한 일원론적 변형이다. 이것은 러셀의 시공간 및 물질이론을 재현한 것이다. 여기서 정태적인 공간의 점들 사이의 본질적 관계는 여전히 동일하다. 개념 III은 점 개념들 중의 마지막 것이며, 이 개념과 이전의 두 가지 개념 사이의 주된 차이점은 라이프니츠의 학설을 따라 시간 개념과 공간의 점들을 결부시킨다는 사실에 있다. 이 점에서 개념 III은 일원론적이지만, 여전히 점(punctual)이다. IVa-IVb는 실제로 IIIa-IIIb에 대응하는 선형에 관한 것이며, 이것은 점의 관계항 대신에 선형 관계항과 결부되어 있다. 다시 말해서 '점'보다는 '선'을 출발점으로 삼아서 '시간', '공간', '물질'을 통합한 개념을 구성하는 것이다. 개념 V는 이 논문에서 가장 중요한 개념으로, IVa-IVb과 더불어 공식화된 선형 개념이다. 이 개념은 차후에 화이트헤드의 자연철학과 형이상학에서 각각 '사건' 개념과 '현실적 계기'의 개념으로 변형된다. 여기서 I-IIIb는 기본적 관계항이 본래적인 점인 개념들이다. IVa-V까지는 선형에 관한 것이며, 점의 관계항 대신에 선형 관계항과 결부된다. 그리고 교점이론과 차원이론을 다루는데, 교점이론과 차원이론은 점과 선이 순환되는 사영기하학의 기본 공리의 문제에 대한 대안적인 해결책이다. 즉 점과 선을 순환시키지 않고, 오직 선의 관점에서만 점을 정의하는 것이 가능한가를 탐구하는 것이다.
5) Keeton, "The Topology of Feeling: Extensive Connection in the Thought of A. N. Whitehead, Its Development and Implications", pp.66~67.

그렇다면 화이트헤드가 '점'의 개념에 기반을 둔 시공간이론을 비판할 수 있는 근거는 무엇인지를 좀더 알아보자. 화이트헤드에 따르면 유클리드 기하학의 공리에서 점에 관한 정의는 "길이·거리·영역·체적"(MC 477)에 관해서 어떤 언급도 할 수 없다고 한다. 그는 점을 다르게 정의할 수 있는 길을 찾고자 한다. 그는 수학자로서 수학과 기하학의 요소들 사이의 관계를 연구한다. 그에게 근본적인 것은 **관계**relationship 혹은 연결connection이다.(UA viii) 바로 여기서 우리는 화이트헤드가 언제나 요소들elements이 관계되어 있음을 근본으로 삼는다는 것을 도출할 수 있다. 만약 요소들을 오직 근본적인 것으로 본다면, 우리는 그것들 사이의 연결을 도출할 수 없다. 이 연결의 전망에서 바라볼 때, 이전의 고립된 요소들은 사실은 훨씬 더 근본적인 연결의 복합적인 의미이다. 일반적으로 요소들은 연결의 크기와 방향에 대한 생략이거나 혹은 상징들symbols이다. 유클리드기하학과는 다르게 점을 정의하는 것은 사영기하학에 대한 연구에서 비롯된다.[6] 따라서 그는 사영기하학에 대한 연구를 통해서 점에 대한 새로운 사유를 시도한다.(MC 13)

어떻게 점은 선들의 관점에서 정의될 수 있는가? 잘 알려진 바대로 선의 다발로서 사영점의 정의는 도형점을 가정한다. 문제는 그런 가정 없이도 그것을 정의하는 것이다.(MC 2)

사영기하학에서 핵심적인 내용은, "점들은 선들의 관점에서 정의될 수 있는가" 하는 것이다. 키튼에 따르면 사영기하학에서 점은 선들의 다발로 볼 수 있으며, 선에서 사용되는 의미와 언어를 동일하게 점에 관한 공리들

---

6) Ibid., p.66.

을 진술하는 데 그대로 사용할 수 있다[7]고 한다. 여기서 점들은 보다 복합적인 표상으로 보인다. 또한 키튼에 따르면 한 점과 다른 한 점 사이의 결합은 역학에서 벡터 이론으로도 설명된다고 한다.[8] 여기서 점은 크기와 방향을 가진다. 이것은 최초의 한 점이 실제로는 고립된 어떤 것이 아니라 오직 다른 점들과의 관계 속에서만 존재함을 의미한다.

따라서 한 점은 그 자신과 다른 점 사이의 간격을 함축하며, 또한 상호 간의 방향성을 함축한다. 점을 이렇게 이해할 때, 점은 결코 단순한 것이 아니다. 키튼에 의하면 "역학의 벡터와 사영기하학의 변환은 동일한 기본적 사실의 두 가지 표현이라고 한다. 즉 그것은 변화이다".[9] 점은 복합적이며, 변화는 근본적이라는 기본적인 직관은 그의 수학적인 배경에서 연유한다. 따라서 화이트헤드의 점에 관한 새로운 이해는 이 시기의 사영기하학과 밀접한 연관을 맺고 있다.

물질세계와 선형 개념

화이트헤드에 따르면 1905년에 나온 「물질세계에 관한 수학적 개념들에 대하여」에서 가장 혁신적인 내용은 두 가지 선형 개념들에 있다고 한다. 이것은 개념 IV와 V이다. 이 개념들의 공통적인 특성은 "선형적이며, 점들은 단순한 선형적 존재들의 집합"[10]이라는 것이다. 이는 뉴턴의 고전 개념과는 판이하게 다르다. '객관적 실재'는 단 하나의 분할 불가능한 존재자들로

---

7) Keeton, "The Topology of Feeling: Extensive Connection in the Thought of A. N. Whitehead, Its Development and Implications", p.67.

8) Ibid., p.33.

9) Ibid., p.34.

10) Mays, *Whitehead's Philosophy of Science and Metaphysics: An Introduction to his Thought*, p.40.

서, 그 전 범위를 통해서 고찰된 '직선'[11]과 결부된다. 여기서 점들은 더 이상 원초적인 존재들이 아니며, 단지 선형 존재들의 집합의 구성원에 지나지 않는다. 또한 화이트헤드는 이 선형적 객관적 실재를 물질적 우주를 구성하는 궁극적으로 분석 불가능한 '힘의 선'line of force으로 특수화한다.

따라서 상호 결정된 운동들이 고려될 때, 이 선형적 대상적 실재들은 힘의 선들의 양상을 가정한다.(MC 19)

'힘의 선'으로 이해된 선의 통일성은 화이트헤드의 사유 과정을 이해하는 데 핵심적인 요소이다. 그래서 이 논문에서 개념 V는 고전 이론들보다 현대 이론에 더 접근한 것으로 본다.[12]

어떤 전자가 발생된 '한 점에서의' 힘의 장은 그 전자에서 '전자 점'과 공유하는 대상적 실재의 수에 비례하는 것으로 인식될 수 있으며, 또한 이 전자 점들의 수에 비례하는 것으로 볼 수 있다.(MC 60)

또한 화이트헤드는 선형 대상적 실재 속에 있는 선의 통일성을 '방향'에 관한 관념과 관련짓는다. 즉 선의 통일성을 이끄는 방향성이 있다는 것

---

11) 화이트헤드가 선형 개념을 대해서 논의할 때, 점들의 집합의 결합성을 설명하기 위해서 '직선'이라는 용어를 사용한다. 그러나 이것은 우리가 일상적으로 사용하는 의미의 직선은 아니다. 앞으로 밝혀지겠지만, 그것은 '결합의 방향성'을 갖는 직선을 함축한다. 즉 '선의 통일성'을 가진 직선을 의미한다. 따라서 점과 점을 연결하는 직선으로 이해하여서는 안 된다.

12) 로에 따르면, 1905년은 아인슈타인의 상대성이론에 대한 최초의 논문이 나왔으나, 아직까지 공간과 물질 이론의 통일이 이루어지지는 않았다고 한다. 하지만 화이트헤드의 논문「물질세계에 관한 수학적 개념들에 대하여」는 물질세계를 단 하나의 이론으로 통합하고자 하는 시도를 제시하였다.(Lowe, "Whitehead's Philosophical Development", p.34.)

이다. 직선을 구성하는 각각의 점들 사이를 결합하는 질서가 있다는 것이다. 이때 방향성은 전체적으로 그 직선을 특징짓는 결합성으로 모든 곳에 내재하는 조건이다.

이 방향에 대한 관념은 '운동의 유일성을 결정'하기 위한 기초와 밀접한 연관이 있다. 예를 들어서 어떤 관계가 '가'에서 '나'로 전개된다면, 그 운동을 유일하게 동일시되는 방향은 '가'에서 '나'로 가는 것이다. 이와는 반대로 그 관계가 '나'에서 '가'로 이행한다면, 그 관계를 특징짓는 유일한 방향은 '나'에서 '가'로 가는 것이다. 운동에 대한 이러한 전개는 '연장'에 대한 관념을 낳는다. 이때 연장은 방향만큼이나 근본적인 것으로 간주될 수 있다.

우리는 직선으로 표현된 선형적 대상적 실재를 통해서, '방향'과 '연장'이라는 기본적인 특징으로 추론할 수 있다. 화이트헤드는 선형 개념들에 대한 수학적 표기를 R: (abcdt)라고 한다. 이때 a의 방향은 시간 t에서 b → c → d로 이어진다. 이들은 유일한 방향으로 교차한다. 키튼에 따르면 이 교차 순서의 중요한 이유를 다음과 같이 적는다.

이 양식을 통해서 화이트헤드가 순서의 설정으로부터 사영기하학 (그리고 보다 특별하게 유클리드기하학)의 공리들을 도출하기 때문이다. 조화 공액 harmonic conjugate이 정의되며, 유일성이 정의되며, 근본적인 정의가 연역될 수 있으며, 그리고 근본적인 기하학에 대한 많은 공리적인 특징이 연역될 수 있다.[13]

---

13) Keeton, "The Topology of Feeling: Extensive Connection in the Thought of A. N. Whitehead, Its Development and Implications", p.34.

이와 같이 하나의 직선에 방향이 있다는 사유는 그의 전 사유의 영역에서 결정적인 역할을 한다. 예컨대 그것은 그의 중기의 과학철학과 형이상학에 절대적인 영향을 끼친다. 또한 결합에 방향성이 있다는 것은 그의 교점이론에서도 중추적인 역할을 한다.

직선의 기초를 이루는 일자로서 통일이라는 관념은 일상적인 언어와 전적으로 별개의 것은 아니다. 비유클리드기하학에서 각각의 선은 그 자신만의 독특한 방향을 가진다는 의미에서, 방향의 관념은 하나의 단위로서 받아들여진 선의 것으로 인식될 수 있다. 하지만 이러한 고찰들은 논리학의 주체와 아무런 관련이 없기 때문에 정교화할 필요가 없다.(MC 19)

하지만 개념 IV는 여전히 이원론적 개념을 사용한다. 즉 입자와 시간이라는 두 가지 요소를 구분한다. 일원론적으로 그려진 선형 개념 V는 이 논문에서 가장 중요한 부분이다. 이 개념을 통해서 제기되는 문제는 "어떻게 점은 선들의 관점에서 정의될 수 있는가"이다. 그는 점보다는 선을 통해서 궁극적인 물리적 실재를 이해할 수 있는 방법을 찾고자 한다.[14]

만약 우주의 존재들이 점으로 나타난다면, 존재들 사이의 관계들은 직선들에 의해서 나타난다. 그는 「물질세계에 관한 수학적 개념들에 대하여」의 개념 V에서 본질적 관계를 R: (abcdt)이라고 정의하며, 이것은 하나의 선형적 실재로 본다. 이때 "a는 순간 t에서 b, c, d 순서로 b, c, d가 교차하는intersect 것"(MC 41)으로 정의된다. 즉 임의의 한 점 a와 다른 점들을 결합

---

14) Mays, *Whitehead's Philosophy of Science and Metaphysics: An Introduction to his Thought*, p.42.

시키는 직선들은 그 시작점인 a에서 **교차하는** 것으로 말해질 수 있다. 그래서 점 A(집합)와 다른 점들(요소)의 관계들은 집합 혹은 직선들의 다발로서 기술될 수 있으며, 그 관계들은 점 A와 다른 점들 간의 결합성을 표시한다. 따라서 점은 어떤 식으로든 관계되지 않는다면, 그 점은 우주에 대한 어떤 합리적인 설명을 하기에도 적합하지 않다고 본다. 점들이 중요한 것은 그 것들이 다른 점들과 관계되어 있다는 어떤 기초적인 가정 때문이다. 이때 결합은 한 점과 다른 점을 결합하는 직선들에 의해서 나타난다.

하지만 이러한 관념은 새로운 것이 아니다. 이미 그것은 사영기하학의 관념에서 사용되었다. 왜냐하면 사영기하학에 사영점은 무한점에 수렴하는 직선들의 집합으로 정의되고 있기 때문이다. 그렇다면 화이트헤드는 사영기하학에서 정의한 점과 선을 통해서만 '선형 대상적 실재'를 구성한 것인가? 사영점은 도형기하학에서 나온 것으로, 점과 선은 순환적이다.

이 경우 "한 점은 그 점에서 '동시적으로 발생하는'concurrent 대상적 실재들의 집합으로 정의될 수 있다".(MC 19) 사영기하학의 정의에서는 별 문제가 없지만, 그것이 '운동'에 적용될 때는 문제가 발생한다. 즉 운동이 점적인 개념에 근거한 개념 III과 동일한 결과가 나오게 된다. 왜냐하면 점과 선이 동일하여 운동을 설명할 수 없기 때문이다. 이것은 물질세계의 변화를 설명할 수 없게 되며 사영기하학을 통한 점의 본성에 대한 새로운 정의는 추상적인 세계에만 적용될 뿐이다. 사영기하학에서 점과 선이 갖는 순환론에서 벗어나기 위해서 화이트헤드는 '교점이론'과 '차원이론'을 도입한다.

이 개념은 선형적이고 일원론적이다. 그것은 교점이론과 차원이론 양자를 사용한다. 점들은 대상적 실재들의 집합들이며, 순간에서 순간까지 분리되지 않는다. 미립자corpuscle들은 다양하게 복잡한 구조들이 될 수 있으며, 따라서 현대 물리적 관념들을 고려하는 데 적합하다. 그 개념은 라이프 니츠적이며, 오직 개념 III과 동일한 목적에서 하나의 외적 관계만을 요구한다. …… 공액점들이라고 부르는 무한점은 다른 점들과 정확히 동일하다는 의미에서 점이다. 그것들은 지금까지 근본적인 것으로 받아들여지지 않았던 성질에 의해 정의된다. 공액점의 성질들은 임의의 직선의 점들에 순서를 할당하는 관계의 구성에서 본질적인 역할을 한다.(MC 41~42)

그러므로 화이트헤드는 점을 새롭게 정의하기 위해 교점이론과 차원 이론을 사용하고, 무한점을 공액점이라고 부른다. 공액이라는 개념은 그의 자연철학에서 이후에 사건이론과 결부된다. 이 논문에서 공액은 동일한 기하학적 순서를 갖는 선형 대상적 실재 사이의 평행으로 다루어진다.

이 논문에서 점들은 더 이상 원초적인 궁극적 존재자들이 아니다. 그것들은 복합적인 존재자들이며, 선형 대상적 실재들의 어떤 집합이다.

선형 개념들 속의 점들은 오직 대상적 실재들의 집합으로만 존재하는데, 이것은 결코 분리될 수 없다. 사실 운동이 고려될 때, 한순간의 점들은 일반적으로 다른 순간의 점들과 다르다는 것을 발견할 것이다. 이것은 개념 III의 의미와는 다르다. …… 우리는 단순히 통일체로 여겨지는 하나의 선과 같은 것을 인식하는 데 여러 가지 큰 어려움이 있다. 그와는 반대로 그 점들의 집합 ─여기서 점선이라는 부르는─ 은 이 일상적인 기하학적 선이다. 일상적 방식에서 점선들은 부분들이며, 선분들이다.(MC 19)

그러므로 선형 대상적 실재로 통일된 하나의 선은 결코 부분이나 선분으로 나눌 수 없는 것이다. 점들로 구성된 선형 대상적 실재를 하나로 보는 것이 필요하다. 그리고 선형적 실재는 기본적으로 시간이 포함된 것이다. 그리고 이 실재에서 사용되는 직선들은 분리 불가능한 단 하나의 존재로 이해된다.[15] 그는 '여기서 고찰된 '선형적 개념들'이 점들의 사이성으로 구성된다는 사실을 알게 된다. 이것은 정상적인 의미의 기하학을 넘어서는 것이다.

화이트헤드는 물질세계의 변화를 설명하기 위해서는 새로운 공리적 작업이 필요하다고 본다. 그것은 단 하나의 방향을 갖고 있는 선형 대상적 실재를 구성하는 것이다.

> 그 명제 R: (abcdt)는 대상적 실재 a가 그 순간 t에서 대상적 실재 b, c, d를 교차한다는 진술을 읽을 수 있다. …… 또한 그 공리는 R: (abcdt)에서 a, b, c, d 각각은 서로 별개로 보아야 한다는 점을 가정한다. 또한 점들이 정의될 때, 그 공리들은 a가 별개의 점들 b, c, d를 각각 교차하는 것임을 확정한다는 것을 발견할 것이다. 더욱이 일반적으로 b, c, d는 공동의 점co-punctual이 아니다. 그래서 a는 공동의 직선들인 b, c, d를 횡단할 때의 경우에만 R: (abcdt)라는 만족satisfaction의 특수한 경우가 된다.(MC 20)

메이스에 따르면 개념 V에서 고전 개념에서 사용된 점들과 물질적 입자들이라는 두 유형은 가정되지 않으나, 본질적 관계와 외적인 관계라는 가설이 사용된다. 이것은 기하학적 질서를 결정하는 관계들과 세계에서 운

---

15) 화이트헤드는 자신의 선형 대상적 실재를 현대 물리학자의 '힘의 선'의 개념과 연관짓는다. 이것 역시 분석이 불가능한 하나의 존재로 간주된다. 다만 그 차이점은 힘의 선이 끝이 있으나, 이 선형 대상적 실재는 힘의 선에 해당하는 끝이 없다는 것이다.(MC 18)

동의 변화들을 결정하는 관계들이며, 이것은 그의 후기 철학에서 영속성과 변화에 대한 입장과 관련이 있다고 한다.[16]

　지금까지의 논의를 간단하게 정리하면, 「물질세계에 관한 수학적 개념들에 대하여」에서 화이트헤드는 고전 개념에서 점은 우주의 가장 근본적인 단위라는 가정에서 시작하여, 사영기하학에 토대를 두고 점은 실질적으로 직선들의 다발이라는 결론에 이르게 된다. 점들 사이의 결합성을 나타내는 이 직선들은 최초의 점 a보다 더 근본적인 것임에 틀림없다.

　이제까지는 점을 사물의 근본적인 개념으로 여겼으나, 그러한 점-대상들이 실제로는 교차하는 직선들의 다발이라는 생각에 다다랐을 때, 우리는 우주를 어떻게 개념화할 것인가? 이것이 화이트헤드의 중기 및 후기 철학의 근본적인 사유의 방향을 보여 준다. 화이트헤드가 점 개념에서 선형 개념들로 물질세계의 개념을 바꾸는 것은 변화를 설명하려는 시도라고 볼 수 있다.

　따라서 화이트헤드는 이 저서에서 점 그 자체의 본성보다는, 그 점이 다른 점과의 관계에서 어떤 위치에 놓여 있으며, 어떤 점과 관련을 맺는지가 더 중요하다는 사실을 밝히고 있다. 여기서 그의 이러한 작업과 후기 철학적 작업과의 연관성이 있음을 지적하는 것이 필요하다. 점과 다른 점을 연결하는 직선을 일차적으로 선행하는 것으로 본다는 것은, 그의 후기 철학에서 실체와 실체를 연결하는 사건이나 현실적 존재자를 존재론에서 우위에 있다고 보는 것과 일맥상통하는 면이 있다.[17]

---

16) Mays, *Whitehead's Philosophy of Science and Metaphysics: An Introduction to his Thought*, p.43.
17) Ibid., p.45.

2. 자연의 궁극적 요소들: 사건과 대상

우리는 앞 절에서 자연에 대한 수학적 개념의 사용에 있어서 점이 아니라, 선을 통한 설명 방식을 살펴보았다. 화이트헤드에 따르면 고전 물리학이 시간·공간·물질의 관점에서 우주를 설명하는 것은 상호 관련이 없는 여러 가지 물체들의 현상만을 보여 줄 뿐이라고 한다. 이때의 시간은 지속 없는 순간들이 잇따라서 일어나는 것이다. 그러나 우리는 순간 속에 사는 것이 아니라 지속 속에서 살고 있다. 현재는 시간의 연장을 가지며, 과거의 기억과 직접적인 현재의 구별은 근본적일 수 없다. 언제나 우리는 직접적인 과거가 되는 사라지는 현재를 마주하기 때문이다. 현재 경험하는 이 순간이 연장적 본성을 갖는다는 것은 물리학의 발전과 맞물려 있다. 물리학에서 전자들은 본질적으로 상호 배제되거나 명확한 위치를 갖는 것이 아니라 에너지의 장 속에 있다. 화이트헤드는 이에 대해 다음과 같이 기술한다.

> 철 그 자체의 단일한 특징적인 속성은 한순간에 나타날 수 없다. 순간적으로는 우리의 예기豫期를 표현하기 위해서 전기와 맥스웰 방정식의 분배가 단순히 있을 뿐이다. 그러나 철은 예기 혹은 심지어 회상이 아니다. 그것은 사실이다. 그리고 철이라는 이 사실은 시간의 주기 동안에 일어난 것이다. 철과 생물학적 유기체는 기능하기 위해서 시간이 필요하다는 것에 있어서 동일한 수준에 있다. 한순간에 있는 철과 같은 것은 없다. 철이라는 것은 한 사건의 성격이다.(PNK 22~23)

하지만 무한히 작고도 차원이 없는 존재는 없다는 관념은 여전히 이해하기 어려운 점이 있다. 이러한 존재는 학문 영역에서 복잡한 적용과 효율성을 위해 높은 추상의 형태로 사용된다. 그러나 우리가 경험하는 감각세계에서 차원이 없는 존재는 없다. 앞에서도 설명했듯이, 주술 형식은 이런 존재를 실재인 것처럼 오해하게 만든다. 화이트헤드는 이것은 점을 구체적인 사물로 보고, 점을 물질의 존재방식을 설명하는 관점에서 비롯되었으며, 근대철학에서 구체적인 감각 경험에 그대로 적용한 것에서 빚어진 것으로 본다. 화이트헤드는 이를 '잘못 놓여진 구체성의 오류'라고 한다.

고대와 중세와는 달리, 근대에서 이것은 시공간 문제와 깊은 관련을 맺고 있다. 근대 과학을 대표하는 뉴턴의 우주론은 시간을 순간으로 분석한다. 그것은 '공간화된 시간'이다.

화이트헤드는 점이 궁극적 존재가 아닌 것처럼, 시간의 순간이나 공간의 점도 매우 추상화된 형식임을 지적한다. 우리가 타일을 응시할 때도, 일분 혹은 일 초, 혹은 십 분의 일 초가 흘러가 버린다. 그 안에는 본질적으로 지속이 있다.(AE 126~127)

자연은 과정이다. 감각 지각에서 직접적으로 드러나는 모든 경우에서처럼, 자연의 이 특성에 대해서도 달리 설명할 수 없다. 행해질 수 있는 모든 것은 언어를 사용해서 그것을 사변적으로 진술하는 것이며, 또한 자연에서 이 요소와 다른 요소들과의 관계를 표현하는 것이다. ……나는 이 단계에서 '시간'이라는 단어를 사용하는 것을 한정적으로 삼갈 것이다. 왜냐하면 과학과 문명화된 삶의 측정 가능한 시간이 자연의 추이의 보다 근본적인 사실의 어떤 측면들을 일반적으로 단지 드러내기 때문이다.(CN 52~54)

따라서 화이트헤드는 공간의 점들·시간의 순간들·물질의 입자들 대신에 자연의 궁극적 사실을 설명하기 위해서 새로운 개념적 작업이 필요함을 역설한다. 그는 17세기 우주론에서처럼 시간의 순간이나 공간의 점을 본질적인 존재로 보기를 거부한다. 오히려 화이트헤드는 그것을 파생된 존재로 본다. 이 경우에 그는 새로운 자연 개념을 구축하여야 한다.

시간에서의 한 점이 경험에 대한 어떤 직접적인 전달도 아니라는 것을 확신시키기 위해서 고찰할 필요는 거의 없다. 우리는 점에서 사는 것이 아니라, 지속 속에서 살고 있다.(IS 93)

화이트헤드는 감각 경험에 대한 구체적인 분석을 통해서 드러난 여건이 무엇인지를 묻고, 『자연 인식의 원리에 관한 연구』에서 그것을 '사건'과 '대상'이라고 한다. 사건은 자연의 구체적인 관계를 드러내는 것이며, 대상은 사건 내에 존재하는 어떤 패턴이나 한정 요소를 의미한다. 자연에서 사건은 실제적인 일어남이다.

이것은 "별개의 것으로 구별할 수 있는 가장 구체적인 사실이다".(CN 189) 사건이 발생한다면, 그것은 변할 수 없다. 그것은 자신을 포함하는 다른 사건으로 추이해 갈 뿐이다. 사건들이 연장할 때, 사건들은 부분들을 갖는다. 사건의 부분은 사건이다.

궁극적인 사실은 정적인 물질이 아니다. 물질적 존재의 유동이다. 내용과 발생에 있어서 그것의 모든 충만성을 갖고 있는 이 유동의 임의의 부분을 사건이라고 부르자. 연장은 본질적으로 사건의 성질이며, 과정도 마찬가지이다. 그러나 자연의 생성은 시간의 어떤 연속적인 선형적 진행에 제한되는 것은 아니다.(IS 18)

자연의 구체적인 사실은 언제나 시간적 추이를 포함해야만 한다.(R 7)

예컨대 우리가 일 초 동안 어떤 파란 책의 표지를 응시한다고 해보자. 일 초 동안 일어나는 파란 표지라는 상황은 사건이다. 동일한 일 초의 어떤 부분 동안 파란 표지의 구체적인 상황은 또 다른 사건이다. 이 사건은 앞의 사건에 대한 연장이다. 이런 의미에서 사건은 급속한 변화를 의미하지 않는다. 대상들은 사건들과 달리 다시 일어난다. 자연에서 발견된 영속성은 여러 가지 종류들의 대상들의 반복이나 지속으로 구성된다. 자연과학에서 가장 중요한 대상의 종류들은 감각 대상·지각적 대상들·물리적 대상들·과학적 대상들이다.

> 사건의 추이는 추이하지 않는 대상들을 드러낸다.(R 26)
> 모든 사건은 그 자체로 오직 성격을 의미한다……. 그런 성격을 그 사건의 형용사라고 부를 것이다.(R 28)
> 즉각 감각 대상들은 그 자체 사건들의 …… 형용사들임을 선언한다. ……우리가 보는 것은 단순한 빨강은 아니다. 그러나 일정한 시간을 통해서 영속하는 일정한 장소에 있는 빨간 조각이다. 빨강은 빨간 시간과 장소의 형용사이다.(R 54)

대리석은 자연의 구체적인 사실이 아니다. 이것은 사건이라는 일정한 시공간의 구간을 통한 존속이다. 우리가 물체라고 부르는 것은 존속하는 성격이나 성질이며, 이것은 한 사건에서 또 다른 사건으로 '패턴'이 존속하는 것이다. 즉 희고, 딱딱하고, 부드러운 패턴의 영속이 대리석이다. 마찬가지로 빨간 기와 빨간 차는 일정한 시간의 주기를 통해서 일정한 장소에서 보이는 빨강이다.

그러나 사건과 대상은 명확히 구별되지 않는다. 예컨대 피라미드는 자연의 삶에서 연장된 사건으로 파악되며, 즉 시공간의 어떤 영역을 가진 것으로 이해된다. 또한 그것은 상호 관계된 대상들의 복잡한 집합으로도 인식된다. 사건과 대상들 사이의 혼란의 주된 원천은 임의의 사건으로 파악되자마자, 대상이 된다는 것이다.

> 사건들은 그것들 속에 주요한 대상들이 위치된 후에 일컬어진다. 그리고 언어와 사유를 통해서 사건은 대상의 뒤로 가려지며, 단지 대상들의 관계의 역할에 지나지 않는다.(CN 135)

따라서 화이트헤드의 자연철학의 주제는 상대적으로 무시되어 온 대상의 배후에 숨겨진 사건들을 구출하는 것이다.(CN 77) 그리고 화이트헤드의 시공간이론은 사건들 사이의 관계에서 파생된 것이다. 여기서 "자연은 공간과 시간의 관점에서 사건들의 체계적인 구조를 형성하기 위한 상호 의미 있는 사건들의 생성이며, 따라서 공간과 시간은 이 구조로부터 추상화된 것이다".(R 21)

다시 말해서 화이트헤드는 사건들 사이에 구조가 있다고 보거나, 혹은 사건들 내에 구조가 있다고 한다. 근본적 구조가 자연의 추이 내에서 발견되고 개별적인 사건들의 성격 혹은 성질에 의해서 표현된다. 개별적인 성격들 간의 근본적인 관계들은 구조의 증거를 제시해야만 한다. 이 구조로부터 시공간이 추상화된다.

> 시공간에 관한 두 가지 관점, 즉 그것이 사건들 간의 관계들을 드러내는지 혹은 사건들 속에 있는 대상들 간의 관계들을 드러내는지의 차이점은 실제적으로 물리학의 단계에서 궁극적으로 중요한 것이다. …… 만약 그것

이 사건들 간의 관계성이라면, 그것은 우연적인 형용사적 사건들과는 무관한 사건들 간의 체계적인 일정한 관계성의 성격을 가진다. 이 경우에 있어서 우리는 시공간에 대한 아인슈타인의 이종의 관점을 거부해야만 한다. …… 그러나 만약 시공간이 대상들 간의 관계성이라면, 그것은 대상들의 우연성과 공유해야만 하며, 그리고 대상들의 우연적인 성격으로부터 이종을 획득할 것을 기대할 수 있다.(R 58)

화이트헤드는 사건들 속에 있는 대상들 간의 관계가 아니라, 사건들 사이의 관계성에서 시공간의 구조를 탐구한다. 그의 목표는 경험의 세계에서 가장 근본적인 구조를 드러내는 것이다. 그는 그 구조가 사건들 간의 관계들에서 발생하는 것으로 본다. 우리는 여기서 사건과 대상에 대한 이해에 따라서 뉴턴의 우주론으로 나아갈 수도 있으며, 유기체의 우주론으로 갈 수도 있다.

그러나 화이트헤드는 자연철학의 궁극적 여건인 사건과 대상을 드러내는 것만으로는 자연에 관한 연구가 미흡한 것으로 보았다. 대체적으로 물리적 대상은 "그 집합에서 어떤 리듬rhythm도 없는 리듬들의 평균이다".(PNK 197) 이때 물질은 생명이 없는 존재이다. 하지만 화이트헤드는 자연에는 리듬이 있고 또한 "자연은 생명을 포함해야 한다"(PNK 195)고 생각하였다.[18] 그는 생명을 기술하기 위해서, '리듬'이라는 개념을 도입한다.

---

18) 자연에 생명의 관념을 결합하는 것은 근대의 유물론적 자연이론을 비판적으로 극복하는 데 무엇보다 중요한 것이며, 또한 그의 후기 형이상학을 '유기체철학'이라고 부를 때, 그것은 모든 실재가 생명의 본질을 지닌 것으로 볼 수 있다. 그는 형이상학에서 '생명'과 '정신'을 구별하는 것이 무엇보다 중요한 것으로 본다. 그렇게 하지 않고는 자연에 생명의 관념을 설정할 수 없는 것으로 보았다.(MT 149~160)

이 개념은 사건과 대상이 결합된 것을 의미한다. 사건만을 통해서 생명을 설명할 수 없으며, 대상만을 통해서도 생명을 말할 수 없다고 한다.

특수하게 인지 가능한 생생함liveliness은 대상과 그 상황인 사건과의 관계에 대해 인지된 성격이다. 따라서 대상이 살아 있다고 말하는 것은 사건에 대한 필연적인 연관관계를 억압하며, 사건이 살아 있다고 말하는 것은 대상에 대한 필연적인 연관관계를 억압한다.(PNK 196)

그렇다면 사건과 대상은 어떻게 관련되어야만 생명을 드러낼 수 있는가? 보통 리듬은 인지 가능하다는 점에서 대상으로 간주된다. 즉 "리듬은 언제나 자기 동일성을 유지하는 한, 패턴과 관련이 된다".(PNK 198) 그러나 리듬은 단순한 패턴이 아니다. 리듬에는 어떤 차이 나는 성질이 관련된다. 그것은 새로움을 가져오는 사건이다. 브라스토스에 따르면 사건과 대상이 결합된 리듬은 '설명할 수 없는'inexplicable 자연의 실재에 대한 이해라고 한다.[19] 자연에서 드러나는 "리듬의 본질은 동일성sameness과 새로움novelty의 결합이다".(PNK 198) 화이트헤드는 사건과 대상의 결합에서 드러난 리듬의 본질을 보다 구체적으로 다음과 같이 기술한다.

전체는 그 패턴의 본질적인 통일을 결코 잃어 버리지 않는다. 반면에 그 부분들은 그 세부사항의 새로움에서 발생한 대비를 드러낸다. 단순한 되풀이도recurrence 리듬을 죽이며, 마찬가지로 차이의 단순한 뒤섞임도 리듬을

---

19) Gregory Vlastos, "Organic Categories in Whitehead", *A. N. Whitehead: Essays on His Philosophy*, New Jersey: Prentice-Hall, 1963, pp.158~167.

사라지게 한다. 예컨대 수정은 과도한 패턴으로 리듬이 부족한 반면, 안개는 패턴이 없는 혼란으로 리듬이 없다. …… 따라서 모든 위대한 리듬은 사라지지 않는 보다 작은 리듬을 전제한다. 어떤 리듬도 단순한 혼란이나 단순한 동일성에 근거해 있지 않다.(PNK 198)

추이 속에서 통일성과 새로움을 가져오는 사건도 생명의 한 부분이며, 그 사건 내에서 자기 동일한 패턴을 가져오는 대상도 생명의 한 부분이다. 즉 생명을 이해한다는 것은 차이성 혹은 새로움과 동일성 혹은 패턴의 결합을 포착하는 일이다. 그래서 "생명은 그 대상을 드러내는 생명을 가진 사건 속에 리듬적인 부분들의 완성과 관련된다".(PNK 196) 우리에게 알려진 것처럼, 이는 사건과 대상의 결합만이 자연에서 생명을 이해할 수 있는 실마리를 제공한다.

하지만 리듬적인 부분들의 지속을 파괴한다면, 생명은 더 이상 존속할 수 없다. 즉 "한순간에만 있는 생명 같은 것은 없다"(PNK 196)고 한다. 따라서 자연에서 어떤 생명이 있기 위해서는 반드시 리듬이 있어야 한다. 이 말은 "리듬은 생명이고, 이런 의미에서 자연에 생명은 포함되어야 한다는 것이다".(PNK 197)[20] 따라서 사건과 대상을 통해서 자연의 궁극적인 여건을 드러내려는 화이트헤드의 시도는 자연에서 '생명'의 관념을 도입하려는 것과 밀접한 관련성을 맺고 있다고 볼 수 있다. 이것은 형이상학에서 사실과 가치를 결합한 '현실태' 이론의 토대가 된다고 볼 수 있다.

---

20) 브라스토스에 따르면, 리듬의 상속자는 현실적 존재자(actual entity)라고 한다. 현실적 존재자도 생성과 존재, 다자와 일자, 대상과 주체, 주체와 자기초월체(superject), 물리적 극과 개념적 극, 강제와 자유, 영속적 소멸과 대상적 불멸성의 대비라고 한다.(Ibid., p.160.)

3. 의미관련과 감각 경험

화이트헤드는 자연의 실재가 사건과 대상이라는 두 가지 요인으로 구성되어 있다고 본다. 화이트헤드는 사건이 드러내는 관계를 보다 자세하게 설명하기 위해 '의미관련'significance이라는 용어를 사용한다. 로에 따르면 의미관련 학설은 화이트헤드의 전 자연이론의 기초가 되는 학설이라고 한다. 의미관련이란, 한마디로 사물들의 관계성을 드러내는 이론이다.

> 의미관련은 사물들의 관계성이다. 이 의미관련을 경험이라고 말하는 것은, 지각적 인식이 사물들의 관계성의——즉 관계 속에 있는 사물들과 관계되어진 사물들——파악임을 알려 준다. 소위 사물의 성질은 언제나 특수화되지 않은 다른 사물들에 대한 관계성으로서 표현될 수 있으며, 자연적 인식은 오로지 관계성과 관련된다. …… 인식되는 것은 단지 사물이 아니라 사물의 관계성이다. 그리고 추상적인 관계성이 아니라, 특수하게 관련된 사물들이다.(PNK 12~13)
> 자연의 한 요소의 본질적 의미관련은 시공간 속에서 일어난 것과의 관련성이다. 나는 시공간적 일어남에 '사건'이라는 이름을 붙인다. …… 사건은 어떤 방식에서 급속한 변화를 함축하는 것은 아니다. 블록이나 대리석의 지속도 하나의 사건이다.(R 21)

의미관련은 관계성을 총칭하는 용어이며, 이러한 관계는 '연장'과 '공액'으로 나누어진다.[21] 그는 경험 세계는 존재들 사이의 결합의 패턴들의 반복을 허용하며, 이것은 어떤 순서에 따라서 관계된다고 말한다. 의미관련 학설은 존재와 존재의 결합을 위해 인내하는 성질이 우주에 있다는 것이다.

추이는 의미관련과 동일한 것이다. 의미관련에 의해 내가 의미하는 바는 한 사건의 성질이 자신의 시공간적 관계성에서 다른 사건들에로 발생한다는 것이다.(R 68)

다시 말해서 의미관련 학설은 감각 경험들 사이의 연결 방식을 보여준다. 그것은 이러한 연결들을 탐구한 결과이다.

우리는 보고, 듣고, 맛보며, 냄새를 맡고, 뜨겁고, 찬 것을 느끼고, 밀고, 문지르고, 아프고, 욱신거림을 느낀다. 이것들은 우리 자신의 개인적인 감각들이다. 나의 치통은 당신의 치통일 수는 없다. 그리고 내가 보는 것이 당신이 보는 것일 수 없다. 그러나 우리는 이 감각들의 기원들을 외적 세계를 형성하는 사물들의 관계들의 탓으로 돌릴 수 있다. 따라서 치과의사는 치통을 없애는 것이 아니라 치아를 빼는 것이다. …… 나의 감각을 위한 사물들의 어떤 세계와 당신들을 위한 다른 세계의 사물은 없다. 오직 하나의 세계만이 우리에게 존재한다. 이것은 치과의사와 환자에게 동일한 치아이다. 또한 우리는 자신들이 보는 동일한 세계를 듣고 만진다.(IM 4~5)

이와 같이 화이트헤드에게 세계는 사건들의 세계로 나타난다. 즉 듣고,

---

21) 연장과는 달리, 공액관계는 한 사건의 단일 지속에 대한 관계를 말한다. 즉 지각하는 사건과 하나의 지속 사이의 특수한 관계를 말한다. 공액관계를 성립하면, 지각하는 사건은 지속과 동일한 시간적 폭을 가지며, 그 시간 폭 동안에 지속 안에서 동일한 위치를 점유한다. 예컨대 정지해 있는 기차 속의 관찰자는 기차, 역원, 나무나 꽃 등과 동일한 공액적 관계를 가진다. 그러나 기차, 역원, 나무 등은 그 지속에 대한 그들 각자의 상대적 공액관계를, 관찰자의 현존과는 독립적으로 드러나 있다. 기차가 움직이면 기차를 제외한 역원과 나무는 동일한 공액관계를 관찰자와 갖지 않게 된다.(오영환 옮김, 『관념의 모험』, 한길사, 1997, 170~176쪽.)

보고, 만지고, 느끼는 것이다. 이 사건들은 상호 결합되는데, 왜냐하면 질서의 의미가 다소간에 이 사건들의 세계 내에 지배적이기 때문이다. 화이트헤드는 우리가 동일한 세계를 경험한다는 것이다. 이 감각들의 기원이 세계의 밖에 놓여 있는 사물들에 있기보다는, 사물들 사이의 관계들 속에 있다는 것이다.

예를 들어서 치통의 느낌은 다항 관계의 산물이다. 이것은 나의 신체, 치아, 부패 과정과 내가 고통을 느끼는 시공간이다. 썩은 치아는 고통을 주지 않는다. 아픔이 나타나기 위해서는 신체의 일정 부분에서 '느낌의 맥락'을 가져야 한다. 치과의사는 다항적으로 관계된 썩은 치아를 제거함으로써 새로운 다항 관계를 구성한다. 즉 새로운 느낌의 맥락을 이루는 것이다.

또한 화이트헤드는 「사고의 조직」The Organization of Thought에서 의미관련에 관한 간단한 사례를 제시한다. 이것은 다음과 같다.

어떤 일정한 의자를 고려해 보자. 저 의자의 개념은 저 의자와 결합된 상호 결합성이 있는 모든 경험의 개념에 지나지 않는다. 즉 그것을 보고 사용했던 사람의 경험, 지금 의자가 떠받쳐 주는 안락한 기분을 경험하는 것과 이와 더불어 미래에 유사한 경험을 하게 될 사람의 경험, 그리고 최종적으로 그 의자가 붕괴되어서 장작개비가 될 다른 종류의 경험이다. …… 저러한 유형의 개념의 정식화는 엄청난 일이며, 동물학자와 지질학자는 우리에게 그러한 일이 이루어지기 위해서는 수백만 년이 걸린다고 말할 것이다. 나도 역시 그렇게 믿고 있다.(OT 106~107)

의자는 다양한 경험이 상호 관련된 것이다. 그것을 만든 직공의 경험들, 그것을 판 상인의 경험들, 그것을 사용한 경험들, 그것을 보고, 붕괴를 예견했던 경험들 등이 있다. 이 모든 경험들은 적어도 한 가지 공유점을 갖고 있다. 딱딱한 의자를 만지는 것, 갈색의 형태를 본다는 것, 의자의 등과 다리가 떠받쳐 주고 있다고 느끼는 것 사이에서 경험된 결합들의 패턴이다. 여기서 그것들은 '의자'라고 말해진다. 우리는 여기서 의자를 통해서 '다항적 관계성'의 유형을 볼 수 있다. 현재 의자를 사용하는 사람은 그것을 만든 사람을 볼 수는 없으나, 갈색의 형태는 볼 수 있다. 따라서 이 갈색의 형태는 의자라고 부르는 패턴을 의미관련 짓는다.

동시에 갈색 형태는 현재의 패턴과 다른 경험들 속에서의 결합을 의미관련 짓는다. 즉 그것을 만든 직공, 그것을 판 상인, 그것을 본 사람 등이다. 이 의미관련된 경험들은 의자라고 부르는 현재의 패턴의 실질적인 부분이다. 그것들은 지금 사람들의 경험들과 동질적으로 결합된 의미에서의 부분이다. 왜냐하면 의자라 부르는 패턴은 각각의 경험들의 집합에 포함되기 때문이다. 의자라고 부르는 패턴을 포함하는 지금 경험의 의미관련은, 지금의 패턴을 포함하는 모든 경험들과 지금의 패턴을 포함할 것으로 예견되는 경험들 간의 양방향적인 결합이다. 화이트헤드는 이와 같은 사건들의 결합을 '연장'이라고 한다.

우리가 직접 경험하지 못하는 지금의 패턴들, 즉 의자에 앉기는 하나, 다리를 만지지는 않는다. 그러나 다리들은 현재의 패턴의 일부분으로서 의미관련된다. 왜냐하면 우리는 마루를 직접 만지고 있지는 않으나, 만지고 있는 의자 아래에서 떠받치고 있는 어떤 것이 있다는 사실을 알고 있기 때문이다. 따라서 이와 같은 경험들, 즉 직접적으로 경험하지 못하는 동시적인 패턴들이 있다. 이것은 '공액'이라고 부르는 의미관련이다.

화이트헤드는 이를 형용사에 의한 인지와 관계성에 의한 인지라고 한다. 형용사에 의한 인지는 그들 자신의 개별적인 특이성과 구별된 사건에서 어떤 요소들을 인식하는 것이며, 관계성에 의한 인지는 성질의 관점에서 구별되지 않는 존재들을 인식하는 것이다. 따라서 의미관련은 사물들의 관계성이다.(PNK 12) 연장과 공액이라는 이 두 가지 의미관련의 관계는 사건들과 사건들 사이에 있는 감각 패턴들이 어떻게 다른 사건들을 위해서 의미관련이 될 수 있는가를 구성한다. 이러한 의미관련은 식별된 장과 식별 가능한 장으로 나눌 수도 있다.

> 우리에게는 어떤 일반적인 사실이 있다. 즉 무엇인가 진행 중이다. 이 일반적 사실은 즉각 우리의 이해를 위해 두 가지 요인들을 제공한다. 나는 그것을 '식별된' 것과 '식별할 수 있는' 것으로 명명할 것이다. 식별된 것은 일반적 사실의 요인들로 이루어져 있는데, 이들은 그들 자신의 개별적인 특성으로 구별된다. 식별할 수 있는 것은 감각 지각에서 드러난 자연의 전부이며, 감각-지각에서 현실적으로 구별되거나 식별되는 자연의 전부를 넘어서 그것을 연장하는 것이다. 우리가 식별해야 할 것은 시간의 주기를 통한 한 장소의 특수한 성격이다. 이것을 나는 '사건'이라고 할 것이다. 그러나 한 사건을 식별할 때에는 또한 사건들의 구조에 대한 관계항들을 통해 그것의 의미관련을 지각한다. 이 사건들의 구조는 연장과 공액이라는 두 가지 관계들에 의해 관계된 사건들의 복합체이다.(CN 49~52)

식별된 것과 식별할 수 있는 것은 감각 경험의 직접적인 산물이다. 여기서 전자는 감각 여건에 의해 강화되고, 후자는 전자보다 모호하나 식별된 요인들의 근본적 관계성을 명시한다. 의자에 대한 예에서 식별된 요인들은 의자를 보는 것이고 나무와 시트를 느끼는 것이며, 방석의 냄새를 맡는 것이다.

직접적인 감각 여건은 아니지만, 감각 경험 속에 주어지는 식별될 수 있는 요인들은 의자를 만드는 것이고 의자를 파는 것이며, 방으로 의자를 옮기는 것이고 누군가가 창문 옆에서 의자에 앉는 것이다. 의자를 만든 직공을 볼 수 없으나, 의자에 앉는다는 사태에 의해서 그것을 만든 직공을 경험한다.

의자라는 개념은 만들고 보고 팔고 사용한다는 개념들이 상호 관계되어 있으며, 각 양상은 우리가 의자라고 부르는 감각 패턴으로 가지는 경험 속에서 활동하는 것이다. 우리가 '의자'를 생각할 때 이 다수의 상호 관계된 개념들에 관해서 생각하는 것을 멈추지 않는다. 우리가 의자에 앉는다는 이 사건은 경험에 대한 이중의 의미관련을 포함한다. 즉 대상으로 식별된 의자에 대한 감각 패턴이 있고, 현재의 경험을 인과적으로 관계 짓는 의자가 있다.[22]

'심홍색 구름을 본다'는 명제를 생각해 보자. 이 사건은 자신 속에 심홍색 구름이라고 부르는 감각 경험을 진입시킨다. 화이트헤드는 이 명제를 이항관계로 보지 않는다. 그는 그 이상의 관계로 본다. 심홍색 구름이라는 감각의 패턴은 그 자체가 한 사건 속에 있는 대상으로 의미관련되며, 그것은 그 자체가 우주 구조 속에 있는 관계항들로 의미관련된다. 대상으로서의 심홍색 구름은 연장이라는 근본적 관계의 특수한 양태 속에 있는 사건과의 연결성을 명시한다. 즉 그것은 포함·공액·진입이다.

관계항으로서 심홍색 구름은 연장의 보편적인 양태 속에 있는 우주와

---

22) 화이트헤드는 형이상학에서 대상으로 의미관련된 의자의 경험을 제시적 직접성의 양태의 지각으로 보며, 인과적 유효성의 양태의 지각을 관계항으로서 의미관련되는 의자의 경험과 관련시킨다.

의 결합성을 명시한다. 즉 이것은 방향 지어진 연결이다. 이 후자의 양태 속에서 심홍색 구름은 심홍색과 구름에 대해서 '인내'하는 우주의 보편적 조건을 진술한다.

내가 심홍색과 구름이라고 부르는 이 다수의 관계 속에서 관계항의 등급들을 분류할 수 있다. 가장 낮은 등급은 모든 자연을 그 자신 안으로 끌어들인다. 모든 자연은 심홍색과 구름이라는 이 관계성에 대해서 인내를 표현하는 관계항의 등급이다. 시공간과 연루된 자연과 떨어져서 별개로 존재하는 심홍색과 같은 것은 없다. 이것은 구름에게도 마찬가지이다.…… 여러분은 체계로서 자연을 볼 때, 구름이 심홍색 속에 있는 것으로 가정할 수 있다. 그러나 체계는 체계의 항목들 사이의 체계적인 관계를 의미한다. 따라서 만약 여러분이 이 체계적 관계들이 무엇인가를 알지 못한다면 자연이 체계라는 것을 알 수 없다. …… 나는 체계적 자연이 우리에게 알려지는 이 원리를 사건들의 일정한 의미관련이라고 부른다. 이 일정한 의미관련은 경험의 모든 항목에 대해서 자연의 인내를 표현하는 것으로 드러난다. 예를 들자면 그것은 구름의 심홍색이다.(IS 140)

심홍색 구름은 감각 패턴 속에서 어떤 관계성을 갖는 대상으로서 자기 자신을 의미관련 지을 뿐만 아니라, 자기 자신을 만드는 우주와의 보다 넓은 체계적 관계성을 의미관련 짓는다. 심홍색과 구름이 결부되는 이 관계는 우주를 어떤 체계적인 전체로서 성격 짓는 것과 매우 동일한 관계에 놓여 있다. 각 사건 내에서 각각의 대상에 대한 이중의 의미관련은 실제적으로 그 사건의 성격에 대한 의미관련이다. 이 근본적인 경험의 통일체인 사건은 그 자신들 사이에서 관계를 가진다. 관계는 사건들이 일어나는 우주의 구조를 의미관련 짓는다. 이 관계들을 통해 화이트헤드는 사건들 사이에서 경험된 관계들에 근거해서 우주의 근본적인 구조를 드러내고자 한다. 의미관련 학설은 지각이론에 결정적인 영향을 미친다. 『상대성의 원리』에서 관계항-존재로 의미관련된 이론은 수동적-능동적인 것으로 구성된다.

> 이 의미관련 학설이 반드시 받아들여야 할 것은, 감각인식이 존재들에 대한 이중적 인식을 요구한다는 것이다. 의미관련하는 것으로서의 요인들의 지각과 의미관련된 것으로 요인의 지각이 있다. 어떤 의미에서 이것은 존재에 대한 능동적 혹은 수동적인 인식으로 나타난다. 즉, 존재는 자기 자신을 위해서 능동적인 것으로 인식되거나 혹은 다른 존재들을 위해 수동적인 것으로 인식된다.(R 18)

이와 같이 자연에서 모든 것이 발생하고 있다. 사건과 사건은 어떤 '의미관련'을 맺는다. 의미관련은 『과정과 실재』 4부에서 집중적으로 다루어지는 시공간이론에서 핵심적인 역할을 한다. 화이트헤드의 유기체철학에서 시공간이론은 연장적 결합으로 명명되며, '실재적 가능태'로서 현실태의 한정에 결정적인 지위를 갖는다. 따라서 화이트헤드에게서 시공간은 사건들 사이의 관계에서 파생된 것이다.

> 사건들은 상호 간에 의미관련된다. 사건들의 일정한 의미관련은 사건들의 일정한 시공간적 구조가 된다.(R 25)

그는 『상대성의 원리』라는 저서에서 형용사에 의한 인식과 관계성에 의한 인식으로 인식을 나누며, 각각 능동적인 양태와 수동적인 양태라고 이름을 붙인다. 형용사에 의한 인식은 감각 패턴에 대한 동시적·직접적·능동적인 인식이다. 이 감각 패턴은 대상으로 자신을 의미관련 지우는 대상이다. 한편 관계성에 의한 인식은 감각 패턴에 대한 동시적·간접적·수동적 인식이며, 어떤 면에서 비동시적·간접적·수동적인 인식이다. 이러한 감각 패턴은 관계항으로서 자신을 의미관련 지우는 대상이다. 이러한 인식은 관계성에 의한 인식으로, 시공간의 구조를 형성하는 결합이 명시된다.

> 당신 스스로 빨간 헝겊 조각이 있다고 상상해 보라. 당신은 그 사물의 빨간색 자체를 확증하고자 하며, 주로 빨강 그 자체 때문에 그 사물을 인식하게 된다. 달리 말해서 빨강 그 자체는 당신에게 빨강을 드러낸다. 이것은 형용사에 의한 인식이며, 여기서 빨강은 형용사적인 것이다. 그러나 당신의 경험은 형용사에 의한 단순한 인식보다 멀리 간다. 당신의 지식은 단지 빨강만은 아니다. 거기에는 헝겊 조각이 있으며, 그것은 그 조각이 관찰되는 동안에 영속한다. 따라서 당신은 그 조각을 시공간적 위치를 가지고 있는 것으로 인식하며, 이것을 통해서 우리는 자신들의 특수한 경험에 관련된, 현재의 시공간적 위치를 제외한 자연의 나머지와의 어떤 관계성의 유형을 나타낼 것이다. 시공간적 관계성에 의한 그 조각의 상호 결합성으로부터 발생하는 자연에 대한 이 인식은 관계성에 의한 인지이다.(R 62~63)

빨간 물체들은 일정한 시간의 주기를 통해서 일정한 장소에서 보인다. 이 경험은 시공간의 주기를 통해서 일어나며, 그것은 화이트헤드가 사건이라고 부르는 경험의 보다 근본적인 단위에서 발생하는 자연의 추이이다. 그러므로 우주 속의 사건들이 서로 관계되지 않는다면, 어떤 관계나 결합도 이해할 수 없게 된다. 화이트헤드는 이를 사건들의 의미관련이라는 말로 설명한다. 이런 의미에서 화이트헤드는 물질의 단순정위를 완강하게 거부한다. 화이트헤드는 중기의 자연철학에서 사물들의 상호 관계성을 집중적으로 탐구하였다. 사물들의 상호 관계성이 제대로 밝혀진다면, 근대과학의 실체적인 물질관은 폐기될 것이다. 따라서 화이트헤드의 작업은 수학적 시기에서 과학의 시기에까지 지속적으로 '연결' 혹은 '관계'에 관한 주제를 탐구한 것으로 볼 수 있다.

3장 단순정위이론에 근거한 인과론의 거부

흄의 경험주의는 뉴턴의 물리학에 대한 철학적 응용이라고 볼 수 있다. 우리는 이제 '과학적 유물론'의 전제라고 할 수 있는 시공간이론, 물질이론이 흄에게 어떤 영향을 미쳤는가를 살펴보기로 하자. 왜냐하면 17세기 우주론은 당대의 과학과 철학 등을 포함한 모든 학적 관념을 의미하기 때문에 자연과학에서 사용된 단순정위라는 관념이 철학에는 어떤 영향을 미쳤는가를 살펴보는 것은 모름지기 의미가 있는 작업이기 때문이다.

한편 데카르트는 신 중심이 아니라 인간 중심으로 유럽을 재통합했다. 구교 혹은 신교를 믿든, 회의를 하든 관계없이 모든 인간은 '생각하는 자아'가 있다는 것이다. 사유하는 자아는 자신의 능력으로 보편적 지식을 확립할 수 있으며, 그 핵심적인 지식의 영역이 수학과 물리학이다. 수학은 연역적 지식이므로 보편적 지식으로 구성될 수 있으나, 물리학은 관찰과 실험을 통해 입증되어야 한다. 그래서 물리학에서 지식의 정당성은 인과문제를 통해 제기된다.

문제는 수학과 물리학의 관계이다. 수학에서 사용되는 '점'의 정의가 물리학에서도 그대로 수용된다는 것이다. 이것이 바로 흄이 인과성에 대한 회의를 통해 지식의 정당성을 거부하고, 칸트가 인간의 선험적 능력을 통해 인과성에 대한 회의를 극복하고 지식의 정당성을 확보하게 된 사건이다. 실상 흄의 회의는 시공간을 '단순정위'로 보았기 때문에 발생했다. 그것은 결국 '잘못 놓여진 구체성의 오류'에서 시작된 비극이다. 화이트헤드는 시공간을 '단순정위'로 보는 것은 결코 구체적으로 관찰된 시공간이 아니라 추상적 시공간이라는 사실을 간과함으로써 많은 근대적 비극을 초래했다는 것이다. 우리는 이 점에 대해 앞으로 살펴볼 것이다.

1. 뉴턴의 자연주의적 방법과 흄의 경험주의의 연관성

일반적으로 뉴턴이 과학을 탐구하는 방법은 데카르트의 과학적 방법과 비교된다. 데카르트의 과학적 방법은 '연역적 방법'으로 알려져 있으며, 뉴턴의 방법은 '실험과 관찰의 방법'으로 지칭된다. 뉴턴의 방법이란, 실험과 관찰을 통하여 일반적인 결론을 이끌어 내는 분석의 절차와 발견된 원인으로부터 여러 현상을 설명하는 종합의 절차로 구성된다.

뉴턴은 『프린키피아』에서 자신의 방법을 "이 철학에서는 개별적 명제가 현상으로부터 추론되며, 다시 귀납에 의해서 일반화된다. 이것이 중력의 법칙을 발견하게 된 방식이다"[1]라 한다. 이러한 자신의 방법을 '네 가지 규칙'으로 제시한다.

규칙1 자연계의 사물의 원인은 그러한 현상을 설명하기에 진실하고 동시에 충분한 원인이어야 한다.

---

1) Newton, *Philosophiæ*, 1972, p.547.

규칙2 따라서 동일한 자연적 결과들에 대해, 될 수 있는 한 동일한 원인들을 부여해야 한다.

규칙3 물체의 성질들 중에서…… 우리의 실험 범위 안에 있는 모든 물체들에 속하는 것으로 확인되는 성질들은, 우리의 경험 밖의 모든 물체들도 공유하는 성질들이라고 간주되어야 한다.

규칙4 실험철학에서는 자연 현상들로부터 일반적인 귀납에 의해 추리된 명제들이, 그것과 상반되는 어떤 가설이 제시된다 하더라도 이 반대 가설이 다른 현상에 의해 보다 정확하다는 것이 판명되거나 그 반증사례가 단지 예외적인 것일 뿐이라는 결론이 내려질 때까지는 정확하거나 혹은 진실에 매우 가깝다고 생각해야 한다.

뉴턴에게 있어서 이러한 실험적 방법을 통해서 얻는 자연에 관한 지식은 확실할 수는 없다고 한다. 그러나 "실험과 관찰로부터 귀납에 의해 일반적 결론을 논증하는 것은 그 일반적 결론에 대한 증명이 되지는 못하지만, 사물들의 본성이 허용하는 최선의 논증 방식이다".[2] 그의 이러한 방법은 결국 자연 현상의 인과관계를 해명하기 위한 것이었고, 그때 원인이라는 개념의 의미도 아리스토텔레스나 데카르트의 방법이 기초하는 원인의 개념과는 구별되기 때문에, 인과적 추론의 방법에 대한 분석이 필요하다. 그러므로 뉴턴의 실험적 방법은 "자연과학에서 탐구되는 사물들의 전체가 모든 사물들의 전체라고 보기 때문에 자연적인 것을 초자연적으로 설명할 필요가 없다고 보는" 자연주의 입장의 선구자라고 볼 수 있다. 래리 로던에 따르면, "18세기의 사상사의 대표자들이 주목한 것은 뉴턴의 광학 혹은 역

---

2) Newton, *Philosophiæ*, p.547.

학이 아니라 뉴턴의 귀납주의와 실험주의, 즉 그의 독특한 종류의 경험주의"였다.[3] 화이트헤드에 따르면 한 시대의 철학을 비판할 때는 그 시대 철학이 명백히 옹호하는 지적인 논조에만 주의를 집중해서는 안 된다고 한다. 왜냐하면 그 시대에 속하는 다양한 온갖 학설의 지지자들 모두가 '무의식적'으로 규정하는 근본 전제가 몇 가지가 있으며, 그러한 전제는 지극히 명백한 것처럼 보여서, 그들은 자신들이 무엇을 전제하고 있는지조차 모르고 있기 때문이다. 이러한 전제 위에서 철학 체계의 몇 가지 유형이 성립되며, 이러한 체계들이 그 시대의 철학을 형성하게 된다고 본다.(SMW 71) 그렇다면 우리는 흄의 철학의 무의식적인 전제가 무엇인지를 검토해 볼 필요가 있다.

흄은 뉴턴의 자연주의적 입장을 받아들인다. 그는 자신의 『인성론』[4]의 목표를 인간 마음의 작용들을 이해하는 것이라고 한다. 즉 추론·지각·느낌 등이 마음에 어떻게, 왜 발생하는지를 탐구한다. 이러한 자신의 목표를 『인성론』의 서론에서 "인간 본성의 원리들을 설명하는" 탐구를 성취하는 것이라고 한다. 그는 이 본성의 원리들을 논리학·윤리학·비평·정치학과 밀접히 연관시키고 있다. 그는 전자가 후자들로 이루어진다고 말한다. 그는 "이 네 가지 학문, 논리학·윤리학·비평·정치학 안에서 거의 모든 것, 우리가 어떻게든 알게 되는, 또는 인간 정신의 개량이나 장식이 될 만한 거의 모든 것이 포함된다".

---

3) Larry Laudan, "Thomas Reid and the Newtonian Turn of British Methodological Thought," *The Methodological Heritage of Newton*, ed., Robert E. Butts and John W. Davis, Toronto: University of Toronto Press, 1970, p.104.
4) David Hume, *A Treatise of Human Nature*, Analytic Index by Lewis Amherst Selby -Bigge, with text revised and notes Peter H. Nidditch, Oxford; Clarendon Press, 1978.[2nd edition] 이하 괄호 안에 T로 표기하며 괄호 안의 숫자는 영역본 쪽수이다.

『인성론』 제1권에서 흄이 다루고 있는 것은 이 네 가지 중에 논리학에 관련된 것이다. 흄 시대의 논리학은 '추론의 기술'로 여겨졌으며, 그 목적은 흄이 말하듯이 "우리의 추론 기능의 작용과 그 원리 및 우리 관념들의 본성을 설명하는 것"으로 기술하고 있다.

따라서 『인성론』에서 추론 과정에 대한 그의 설명은 결국 뉴턴의 귀납적 원리의 정당성 부여에 있다고 볼 수 있다. 니콜러스 캐펄디는 뉴턴과 흄의 관련성을 다음과 같이 주장하였다.

> 흄의 철학적 프로그램이 뉴턴에게 지대한 영향을 받았다는 것은 일반적으로 인정되고 있다. …… 흄에 대한 뉴턴의 영향이 무엇인가를 이해하는 일은 흄의 철학을 전체적으로 이해하는 열쇠가 된다. …… 또한 그것은 흄이 왜 『인성론』을 그러한 방식으로 구성하게 되었는가를 설명해 줄 수 있을 것이다. 마지막으로 그것은 흄의 철학에 관한 여러 가지 오해를 바로잡기 위한 기초가 될 것이다.[5]

또한 흄은 『인성론』의 부제에서 "이성의 실험적 방법을 도덕적 주제에 도입하려는 시도"라고 한다. 여기서 실험적 방법이란 오직 경험에 의해 보장되고 지지되는 결론만을 인정하겠다는 것이다. 이런 의미에서 그는 인간에 대하여 다음과 같이 말한다.

> 나는 분명히 외부 물체의 본질과 마찬가지로 정신의 본질도 알 수 없다고 여기기 때문에, 신중하고 정확한 실험, 그리고 상이한 여건과 상황으로부터

---

5) Nicholas Capaldi, *David Hume: the Newtonian philosopher*, Boston: Twayne, 1975, p.49.

유래하는 개별적 실험 결과들에 대한 관찰 등을 제외한 다른 방식으로 정신의 능력과 성질에 관한 어떤 개념도 형성할 수 없다고 생각한다. (T xvii)

그리고 흄은 자신의 방법을 데카르트의 합리주의적 입장과 대조시킨다. 흄의 자연주의적 입장이 경험적·실험적 방법을 통해서 구성되는 것과는 달리, 데카르트의 합리주의적 방법은 순수 연역적 방법을 사용한다. 이런 의미에서 흄의 자연주의는 뉴턴의 과학적 자연주의와 동일한 기반 위에 있다. 흄의 인간학은 인간적 삶의 모든 측면을 자연주의적으로 해명할수 있다고 보는, 그리고 인간의 자리를 과학적으로 이해가능한 자연적 세계 안에 놓는, 자연주의적 전제들을 포함한다. 흄의 또 하나의 입장은 경험주의에 있다. 인간의 지식, 혹은 추론(사고 작용)이 지각에 근거한 것이라고한다. 그는 지각은 인상과 관념으로 나누고, 인상은 감각·정념·정서와 같은 것이며, 관념은 사고와 추리 같은 것으로 본다. 그는 모든 관념이 명석하고 판명한 인상을 통해서 발생하는 것으로 간주한다. 즉 인상이 관념의 원인이다. 따라서 흄은 모든 지식은 경험에 근거를 두고 있다고 본다.

여기서 흄이 설명하는 가장 구체적이고 근본적인 경험의 자료는 인상이다. 이것은 실체-속성이나, 주어-술어의 표현 형식, 시공간의 단순정위의 학설과 마찬가지로 경험주의 철학에서 가장 근본이 되는 출발점이다. 화이트헤드는 흄의 경험주의의 출발점인 인상이 최초의 지각이라는 사실을 통해서, 그것은 뉴턴의 시공간이론에서 파생된 것으로 실체적인 성격을 띠고 있다고 주장한다.[6]

---

6) 화이트헤드는 데카르트와 흄의 지각론이 "현재 순간의 유아론"(solipsism of the present moment)에 근거해 있다고 한다.(PR 81)

사실상 이를 인정한다면, 왜 흄이 뉴턴의 실험적·관찰적 방법을 통해서 정신과학의 정당성을 확보하는 데 실패하는지에 관한 이유가 주어진다. 그것은 바로 지식 성립의 근거인 인상이 시공간의 단순정위이론에 근거해 있기 때문이다.

시간은 공존하지 않는 부분들로 구성되어 있다. 그런데 오직 공존하는 인상만 산출할 수 있는 불변적 대상은 바로 그 공존하는 인상만 산출하기 때문에 시간의 관념을 제공할 수 있는 어떤 것도 산출하지 않는다.(T 36)

흄에게 인간 정신의 원리는 지각에 근거해 있다. 가장 중요한 것은 지각을 인상과 관념으로 나누고, 단순 관념과 복합 관념을 구분하는 것이다. 흄은 인상과 관념의 차이를 힘과 생생함에 근거 지웠다. 그는 이것을 관찰을 통해서 알 수 있다고 한다. 그 다음으로 단순 인상과 단순 관념 사이의 연관성에 대해서, "단순 관념들은 단순 인상들로부터 유래하고, 이 단순 인상들은 단순 관념들에 대응하며, 단순 인상들을 정확하게 재현한다는 명제"(T 4)를 확정한다. 그는 인상과 관념 간의 연관을 '항상적 결부'constant conjunction라고 한다. 이를 통해 인상이 관념의 원인이라는 것을 생생한 직접적 경험을 통해서 알 수 있다고 한다. 흄의 관찰에 의해서 성립된 경험적 일반화라고 간주되는 이 원리는 '인간 본성의 학'에 있어서 제1원리가 된다.

2. 흄의 인과이론

흄은 인과적 추론의 본성을 이해하기 위해서 관계라는 관념이 어디서 유래한 것인가를 추구한다. 관계라는 관념이 원인과 결과의 관계라는 관념에 기초해 있다고 생각한다. 그 관념은 어디서 도출되었는가를 숙고하면서 그는 이를 다음과 같이 말한다.

이와 같이 원인과 결과에 있어서 본질적인 것은, 인접과 계기라는 두 관계를 발견하거나 가정한다면, 나는 내가 원인과 결과라는 단 하나의 사례를 고찰하는 데서 멈추고 더 이상 고찰할 수도 없다는 것을 깨닫는 것이다. 어떤 물체의 운동은 다른 물체의 운동 원인의 충격으로 간주된다. 주의력을 최대한 집중하여 이 대상들을 고찰해 보면 우리가 발견할 수 있는 것은 하나의 물체가 다른 물체에 접근하며, 그 물체의 운동은 다른 물체의 운동에 대해 감지할 수 있는 간격도 없이 선행한다는 것뿐이다.(T 76~77)

따라서 우리는 우리가 불꽃이라고 일컫는 종류의 대상을 보았던 것과 우리가 뜨거움이라고 일컫는 종류의 감각을 느꼈던 것을 기억하고 있다. 마찬가지로 우리는 과거의 모든 사례들 가운데서 그와 같은 대상과 감각의 불변적 연접을 정신에 불러온다. 더 이상의 절차 없이도 우리는 불꽃을 원인, 뜨거움을 결과라고 부르며, 불꽃의 존재에서 뜨거움의 존재를 추정한다. 이 관계가 원인과 결과의 항상적 결부이다. 따라서 관계들은 우리가 어떤 두 대상이 원인과 결과라고 단언하기에 충분해질 수 있다.(T 87) 흄에 의하면 이 실험을 통해서 주어질 수 있는 인상은 공간적인 인접과 시간적인 계기와 불변적 연접 부분뿐이라고 한다.

"인접과 계기 및 불변적 연접만이 우리가 갖는 관계라는 관념의 전부인가?"라고 흄은 거듭해서 묻는다. 과연 "우리는 어떤 이유에서 존재의 발단이 갖는 모든 것들은 각각 하나의 원인을 갖는다는 것이 필연적이라고 단언하는가? 과연 필연적 원인은 있는가?" 하고 흄은 묻는다. 그러나 흄은

"어떤 과거의 인상을 단순히 반복하는 것에서, 또 무한히 반복하는 것에서 조차도 필연적 연관 같은 새로운 근원적 관념은 결코 발생하지 않을 것이다"(T 77)라고 결론을 내린다.

이제 흄은 다음과 같은 물음을 제기한다. "우리가 원인과 결과 중 하나로부터 다른 하나를 끌어내는 추론의 본성과 그 추론에 대해서 갖는 신념의 본성은 무엇인가?"(T 78) 이것은 흄의 본래 의도인 정신 원리의 탐구에 적합한 물음이다. 그가 이러한 물음을 제기하는 것은 인과적 추론이란 두 대상 사이의 결합을 믿는 것을 의미하므로, 그러한 신념의 원리를 해명하게 되면 자연히 인과적 결합의 본성도 해명되리라고 생각하였기 때문이다. 그러면 우리가 두 대상의 항상적 결부를 경험함으로써 두 대상들 사이의 인과적 결합을 믿게 되는 까닭은 무엇인가?

> 정신이 한 대상의 관념이나 인상으로부터 다른 대상의 관념이나 신념으로 이행할 수 있는 것은 이성에 의한 것이 아니라, 그것들을 상상력 속에서 연합시키고 연결시키는 어떤 원리에 의한 것이다.(T 92)

그 원리란 다름 아닌 습관이다. 흄에 의하면 습관은 우리 마음이 갖는 성향으로서 경험에 의해 주입된 것이다. 즉 습관은 우리의 정신이 유사한 인상들을 반복적으로 경험하고 나면 그 중 어느 하나를 지각하는 것과 동시에 다른 것을 떠올리게 되는 하나의 성향이다. 따라서 흄은 "어떤 새로운 추리나 결론 없이 과거의 반복으로부터 진행되는 모든 것"(T 102)을 습관이라 규정하고, 이를 "현재의 인상으로부터 도출되는 신념의 기원"으로 여긴다. 습관에 대한 이러한 해명과 더불어 알려지는 중요한 결론은 첫째, 필연성의 관념은 습관에 의해서 한 대상으로부터 그것이 통상적으로 동반하는 관념으로 이행하려는 성향에 대한 내적 인상으로부터 온다는 것과, 둘째로 신념이란 현전하는 인상으로 도출되는 관념에 대한 생생하고 강렬한 인과 질서의 생생함의 정도를 갖는다는 것과, 셋째로 습관은 신념 산출의 믿을 만한 심리적 장치라는 것이다. 그는 이 결론을 다음과 같이 요약한다.

> 원인과 결과를 결합시키는 필연성 혹은 힘은 한쪽에서 다른 쪽으로 이행하려는 정신의 결정성에 달려 있다. 원인의 작용력 또는 힘은 원인 그 자체나 신 혹은 이 두 가지의 합작 속에 있는 것이 아니다. 그것은 전적으로 과거의 모든 사례들에서 둘 이상의 대상들의 결합을 경험한 영혼에 속해 있다. 인과적 결합과 필연성 그리고 원인의 실질적인 힘이 있는 곳은 바로 여기 영혼이다.(T 166)

그는 『인성론』 제1권 3부 15절에서 '원인과 결과에 대한 판단을 규제할 규칙'으로 여덟 가지 규칙들을 제시한다. 흄에 의하면 이 규칙들은 "추론에서 채용하기에 적절하다고 생각하는 논리"라고 규정한다.(T 175)

규칙① 여덟 가지의 규칙들에서 원인과 결과는 시공간이 인접해야 한다. 규칙② 원인은 결과보다 앞서야 한다. 규칙③ 원인과 결과의 항상적 합일이 있어야 한다. 이 세 가지가 인과적 추론의 중요한 본성이다. 규칙④ 동일한 원인은 동일한 결과를 낳아야 한다. 규칙⑤ 유사한 결과는 유사한 원인을 포함해야 한다. 규칙⑥ 결과의 차이는 원인의 차이에 기인한다. 규칙⑦ 원인과 결과의 항상적 결부가 있다. 규칙⑧ 원인과 결과가 일치하지 않는 경우가 있다. 흄은 이러한 규칙들이 경험으로 도출된 것임을 강조하였다.(T 173~174) 경험으로 이 규칙들을 도출하는 과정을 보여 주지는 않지만, 그는 인과적 추리의 심적 기초가 적절하게 이해되면, 이러한 규칙들이 쉽게 정식화될 수 있다고 생각하였다. 이 규칙들은 앞서서 밝힌 뉴턴의 추리 규칙과 매우 흡사함을 알 수 있다. 흄에 의하면 "어떤 명료한 실험을 통해서 어떤 현상의 원인과 결과를 발견하게 되면, 이 관계의 첫번째 관념이 도출되는 불변적 연접을 기다림 없이 즉각적으로 우리의 관찰을 같은 종류의 모든 현상에 확장한다".(T 173~174) 따라서 이 규칙은 그가 "뉴턴의 철학적 작업의 규칙 가운데 가장 중요한 것"(T 204)이라고 규정하는 뉴턴의 추리 규칙3을 염두에 두고 제시되었다고 볼 수 있다. 또한 흄의 규칙⑤, 규칙⑥, 규칙⑦은 귀납적 추론의 방법으로서 제안된 것이라고 할 수 있다.

흄은 그의 『인성론』에서 인과적 추론에 대해서 매우 뛰어난 논증을 진술하였다. 그에 의하면 대상들 간의 이 관계는 우리의 기억과 감각의 직접적 인상을 넘어 우리를 인도하는 유일한 것이다. 우리는 즐거움과 고통을 느끼고 향유한다. 그러나 만약 우리가 직접 경험을 넘어서 한 사물로부터 다른 사물로 추론을 하고자 한다면, 원인과 결과의 관념은 우리에게 유용한 관념이 될 것이다. 어떻게 이 관념이 발생하는가?

흄은 경험에서 본다면, 모든 경우에 있어서 개별적 사물은 다른 개별적 사물과 결부된다고 한다. 예를 들어서 내가 어떤 생각을 하고 있는데, 갑자기 문이 열리는 소리가 들리면서 배달부가 편지를 들고 왔다. 지금까지의 경험에서 그 소리는 문이 열리는 것을 보는 관찰과 항상적으로 연접되어 있었다. 그러나 이 경우 소리는 지각되었지만, 문이 열리는 것은 보지 못했다. 그런데 나의 경험으로는 문의 움직임만이 그 소리를 낼 수 있다. 만약 소리와 문의 움직임이 결합되지 않는 경우가 발생한다면, 두 경험의 특정한 결부는 약해질 것이다.(T 196~197) 결과적으로 원인과 결과의 관념도 추측의 종류라고 할 수 있으며, 우리는 습관적으로 그런 추측에서 확률의 개념으로 나아간다.

모든 추론이 오직 습관에서 발생하며, 습관은 거듭된 지각들의 결과일 뿐이므로, 습관과 추론을 지각을 넘어서 확장하는 것은 불변적 결합과 연관의 직접적이고 자연스러운 결과일 수 없다.(T 198)

결론적으로 뉴턴과 흄의 자연주의의 특징은 귀납의 정당성을 부여하기 위해서, 자연의 제일성uniformity에 대한 가정을 하였다. 흄은 자연의 보편적 제일성(관찰되지 않는 경우의 원리가 관찰된 경우와 유사하다. 특히 미래는 과거와 같을 것이다)과 특수화된 제일성(눈과 차가움, 불과 뜨거움과 같은 항상적 결부)을 구별한다. 특수화된 제일성은 적절한 습관이 구축될 때까지 미래로 상상적으로 연장된다. 하지만 흄은 개별적인 제일성뿐만 아니라 보편적 제일성에 대한 확신은 습관에 지나지 않는다고 한다. 따라서 우리는 단지 과거 경험을 통해서 미래가 과거와 닮았을 것이라는 원리를 제시한다.

이를 통해서 우리는 흄의 철학이 뉴턴의 추론 방법을 자신의 정신철학에 적용하였다는 사실을 알 수 있다. 여기서 무엇보다 중요한 것은 뉴턴의 원리를 인과론에 적용하였을 때, 그것이 하나의 '습관'에 지나지 않는다는 결론이 도출된다는 것이다. 이것은 근대 과학 및 철학의 정당성을 인정하지 않는 것이다. 이것을 극복하기 위해서는 과거와 현재, 미래를 결부시키는 시공간의 공존이 반드시 필요하다. 다음 절에서 이 점에 관한 화이트헤드의 입장을 고찰할 것이다.

3. 흄의 인과이론에 대한 화이트헤드의 비판

흄과 실증주의자들이 직접 경험을 통해서 인과적 문제에 접근하듯이, 화이트헤드 역시 직접 경험에서 그 문제에 접근한다. 그러나 화이트헤드는 우리의 사건 혹은 직접적 대상이 흄이 말하듯 사건들의 인접과 계기에 지나지 않는다면, 경험의 일반적 성격을 충분히 도출할 수 없다고 한다. 이러한 경험으로는 인과적 추론은 해결할 수 없는 난제가 된다는 것이 화이트헤드의 입장이다.(PR 253)

화이트헤드에 따르면 흄의 감각 인상 역시 데카르트의 명석 판명한 관념만이 진리가 될 수 있다는 점을 그대로 적용한 것이라고 본다. 다시 말해서 관념이 명석 판명해야 하듯이, 감각 인상 역시 명석 판명해야 한다는 가정을 그대로 답습한 것이다. 이것은 데카르트의 유령에서 결코 벗어날 수 없는 흄의 입장에서는 필연적인 결과인지도 모른다. 관념과 경험에서 확실성을 탐구했다는 사실에서 차이가 날 뿐, 데카르트와 흄은 '명석 판명함'이라는 가정에서 벗어나지는 않았다. 그러므로 우리는 근대의 금과옥조와 같은 구절인 '명석 판명함'이 '잘못된 구체성의 오류'라는 사실을 이해하는 것이 무엇보다 중요하다.

그러나 화이트헤드에 따르면 우리의 구체적 경험은 활동적 사건이다. 이 사건은 우리의 환경과의 고유한 관련성을 가진다. 경험 속에는 자기 충족적인 것이 없다. 모든 것은 유기적 상호 관계성을 가진다. 인과적 추론을 정당화하기 위해서는 우리의 경험의 이러한 성격을 우선 밝혀야 한다.

화이트헤드는 자신의 지각이론을 다루기 위해서, 근대철학자의 지각이론과는 달리, 세 가지 중요한 개념을 제시한다. 인과적 유효성causal efficacy, 제시적 직접성presentational immediacy, 상징적 관련symbolic reference이 그것이다. 그런데 화이트헤드의 지각이론 역시 시공간이론에 근거해 있다. 그의 시공간이론은 단순정위가 아니라, 연장된 시공간이다. 따라서 지각 역시 연장된 형태가 근본적인 것이다. 이 개념들을 간단히 기술해 보자.

첫째, 인과적 유효성은 지각의 두 가지 순수 양태 가운데 보다 근원적이고 근본적인 것이다. 지각의 순수 양태로서의 인과적 유효성은 의식을 내포하고 있지 않으며, 의식이 없는 물질적 대상들을 포함하여 모든 존재자들에 일어나고 있다. 이 지각은 과거의 여건으로부터 느낌을 계승하는 기본적 양태이다. 화이트헤드는 이를 '생경한' 지각이라는 말로 지칭한다.

둘째, 제시적 직접성은 지각의 두 가지 순수 양태 가운데 보다 복잡 미묘한 것이다. 제시적 직접성은 '세계의 연장적 관계에 대한 명석 판명한 의식을 포함하고 있는' 지각의 양태이다. 인과적 효과성은 모호하고 불분명하면서도 정서적인 힘에서는 견실한 여건들을 현재 속으로 전달하는 반면, 제시적 직접성은 선명하고 정확하며 공간적으로 정초되어 있으나 고립되어 분리되어 있고, 시간적으로 독립해 있는 여건들을 전달해 준다.

셋째, 상징적 관련은 인간의 극히 민첩한 지각을 특징짓는 혼합된 양태의 지각이다. 그것은 인과적 효과성의 양태에 있어서의 지각과 제시적 직접성의 양태에 있어서의 지각과의 통합 내지 그들 간의 상호 작용이다. '이 돌은 회색'이라는 명제는 화이트헤드에 따르면 상징적 관련에 해당된다.(S 2장; PR 2부 5장 8절; AI 11장; MT 98~101, 152~154)

화이트헤드는 신체와 관련된 원초적 지각 양태인 '인과적 유효성'을 흄이 무시함으로써 사물들의 본질적인 관계성을 놓쳤다고 한다. 즉 흄은 사물의 본질적 관계성을 버림으로써, 회의론에 귀착하고 만다. 흄은 인상과 관념 외에는 세계에 대한 어떤 인식도 인정하지 않는다. 흄이 다루는 인상과 관념의 단순 계기로서 보는 시간의 순서는 구체적 과정에서 추상된 것이다. 거듭해서 화이트헤드는 데카르트의 주관주의의 변형인 존재하기 위해서 그 자신 외에 다른 것을 필요로 하지 않는다는, 그러한 독립적인 인상은 결코 원초적인 지각이 아니라고 한다.

따라서 화이트헤드는 흄이나 로크가 주장하는 인상이 얼마나 복잡한 지각인가를 보여 준다. 그 인상은 가장 원초적인 지각 유형이 아니라는 것이다. 상징적 관련성에 해당하는 회색 돌을 지각하기 위해서, 우리는 인간 신체의 여러 계승 경로를 거쳐야 한다. 그것은 가장 원초적인 지각 양태인 인과적 유효성을 거쳐서, "이들 각각의 색조는 최종적 지각자에 의해 색조의 동시적 결합에 대한 일정한 파악으로 변형"(PR 119)된다. 이것은 제시적 직접성의 양태이다.

> 예컨대 촉각의 경우 손과의 접촉에 있어서 돌과의 연관 및 손과의 연관이 있다. 그렇지만 정상적이고 건강한 신체적 활동에 있어 팔을 따라 이어지는 계기들의 연쇄는 배경 속으로 가라앉아 버리며, 그래서 거의 완전히 잊혀지고 만다. …… 이러한 설명에 따른다면 근원적 형태의 지각은 외계의 인과적 유효성에 대한 의식이다.(PR 120)

인과적 유효성에 대한 하나의 예를 더 들어 보자면, 아침에 일어나서 형광등을 켤 때, 그 빛 때문에 우리는 눈을 감게 되는 구체적인 경험을 한다. 화이트헤드에 따르면 이 경우에 우리는 그 빛의 섬광, 눈을 감는 느낌, 순간적인 어둠을 경험한다고 한다.(PR 175) 이것을 두 가지 항으로 줄이면, 눈을 감는다는 지각과 섬광의 지각이 있다. 그런데 흄의 경우에 제시적 직접성의 양태에 근거해서 "섬광이 있은 다음에 눈을 감게 되는 습관"(PR 175)만이 있다고 주장한다. 그것은 단지 '연합'에 지나지 않는다고 본다. 다시 말해서 그것은 '항상적 결부'라는 습관에 의한 것이다.

그러나 유기체철학에 의하면 "섬광에 부딪쳐 눈이 경험한 것들이 눈을 감게 한 원인이라고 느낀다. …… 사실 그로 하여금 섬광의 우선성을 식별할 수 있게 하는 것은 이 인과성에 대한 느낌인 것"(PR 175)이다. 따라서 화이트헤드에 따르면 "흄은 교묘하게도 섬광이 있고 나면 눈을 감게 되는 것을 느끼는 습관을, 섬광이 있고 나면 눈을 감게 되는 것을 느끼는 습관에 대한 느낌과 혼동하고 있다는 것"(PR 175)이다. 흄은 이를 불변적인 연접이라고 한다. 그는 이것이 이성이 아니라 상상력에 의해서 부가되는 것이며, 거듭된 반복에 의해서 형성된 습관이라고 한다.

한편 화이트헤드는 『과정과 실재』에서 흄의 자연의 제일성의 개념과 그 자신의 환경의 제일성에 대한 원리의 차이점을 밝히고 있다. 이 두 개념은 우리의 경험에서 드러난 우주를 구성하는 현실적 사물의 본성에 관해서 매우 다른 이론에 근거해 있다. 흄은 데카르트의 실체 개념 및 뉴턴의 물질의 단순정위이론에 근거해 있다. 이 개념은 모두 존재하기 위해서 그 자신 외에 다른 것을 요구하지 않는다. 흄은 명백히 이 정의를 그의 감각 인상에 적용한다. 따라서 이러한 관점에서는 임의의 사건에 어떤 일이 일어나더라도 다른 사물과는 무관한 것이며, 결국 자연의 제일성은 우연적인 것에 지나지 않는다.

다른 한편 화이트헤드의 지각이론은 로크의 '힘'power의 학설과 밀접한 연관이 있다. 힘은 단순 인상들을 복합 인상으로 만들고, 단순 관념들을 복합 관념으로 만드는 데 필수적인 역할을 하는 개념이다. 마찬가지로 인과적 유효성이 제시적 직접성에 영향을 주고 있다는 사실은, 그것이 제시적 직접성의 지각의 전제로 주어져 있다는 것이다.[7] 예컨대 우리는 말 발자국이 지나간 자국을 보면, 그곳에 말이 지나갔을 것이라고 추정한다. 이것은 잃어버린 말을 찾는 데 매우 실제적인 증거가 된다. 이것은 인과적 유

---

7) Eisendrath, *The Unifying Moment; the Psychological Philosophy of William James and Alfred North Whitehead*, p.72.

효성이 제시적 직접성에 영향을 미치는 일상적 경험의 방식이다. 따라서 화이트헤드에 따르면 "인류가 인과적 효성성의 양태의 경험 가운데 살고 있다는 것"(PR 175)은 틀림없는 사실이다. 그런데 우리는 일상인들과 과학자의 인과적 추론에 정당성을 어떻게 부여하는가? 즉 어떻게 우리는 관찰된 것으로부터 관찰되지 않은 것으로 추론을 정당화할 수 있는가? 여기서 추론의 결론은 두 가지로 분류된다. 그것이 일반 법칙인가 혹은 과거와 현재, 그리고 미래에 있어서 특수한 상황에 관계하는 것인가? 화이트헤드에 따르면 인과적 추론 혹은 귀납은 다음과 같다.

> 귀납법의 본질이 일반 법칙을 이끌어 내는 데에 있는 것이라고 생각하지 않는다. 그것은 이미 알고 있는 특정한 과거의 특성들로부터 특정한 미래의 몇몇 특성들을 예측해 내는 방법이다. 인지할 수 있는 모든 계기에 들어맞는 일반 법칙들에 대한 폭넓은 가정은, 이 제한된 지식이 떠맡기엔 너무 무거운 짐인 것처럼 보인다. 우리가 현재의 계기로부터 끌어낼 수 있는 것은 다만, 동일한 집합체에 들어 있다는 사실에 의해 어떤 점에서 서로 한정하고 있는 여러 계기들의 집합체를, 이 현재의 계기가 규정할 것이라고 하는 점뿐이다.(PR 204)

위의 인용에서 밝혀졌듯이 그에게 있어 인과적 추론은 특정한 미래에 관해서만 그 정당성을 부여받는다. 따라서 화이트헤드의 인과적 추론은 이러한 의미로 제한된다. 또한 특수한 미래에 대한 추론은 확실할 수 없기 때문에, 다만 어떤 주어질 수 있는 확률probability에 대한 합리적 근거를 찾는다. 화이트헤드는 그의 저서 곳곳에서 특수한 미래는 어떤 특수화된 성격을 띠고 있으므로, 우리의 신념이 합리적rational으로 정당화될 수 있다고 논증한다. 이 점에 대한 화이트헤드의 논증은 네 가지로 요약할 수 있다.

첫째, 우리는 환경의 일반적 패턴에서 발생하는 어떤 사물을 알고 있다. 둘째, 발생한 사물은 그 환경의 성격에 의존하며, 그 환경이 변하면 발생한 사물도 바뀌고, 그 역도 마찬가지이다. 개별적 사건이 발생하려면, 그 환경에 적응해야 하며, 환경의 일반적 성격은 관련된 사건들의 지배적 종류에 의해 결정된다. 셋째, 환경의 일반적 패턴은 미래에도 유사할 것이라고 기대된다. 과거의 일반적 패턴이 현재의 직접 경험 속에서 드러나며, 현재의 일반적 패턴은 미래에도 유사한 환경을 그릴 것이다. 넷째, 환경의 이러한 연속적인 유형의 전제가 제한된 경험의 범위 내에서 현재의 사건들과 유사한 미래 사건들을 판단할 기초를 제공한다. 모든 귀납적 논증은 어떤 특수한 상황에서 일어나고, 유사한 사건들의 복합체와의 관계에서 일어날 것이다.

그러므로 사건들은 환경을 요구하고, 그 환경도 특수한 종류의 사건들의 발생에 적응한다. 따라서 모든 귀납적 논증에는 환경의 일반적인 성격에 관한 전제가 있다. 이 경험의 상황을 지속시키는sustain 환경의 성격은 연속적이라고 할 수 있으며, 귀납 추론에는 언제나 관찰된 사건들과 예견된 사건들 간의 유추가 있다. "유기체철학에 의하면, 귀납적 추론은 어떤 감추어진 전제suppressed premise를 통해서 그 타당성을 획득하게 된다".(PR 204) 자연과학의 정당성은 환경의 일정한 질서 유지와 필연적인 관련을 갖고 있다고 할 수 있다.(PR 2부 9장 5~8장)

우선적으로 화이트헤드는 실체 개념과 단순정위의 개념을 현실적 계기들 혹은 사건의 개념을 통해서 대체하고자 한다. 그는 "각각의 현실적 존재자는 본질적으로 사회적이라고"(PR 203) 한다. 다시 말해서 각각의 현실적 존재자는 우주에서의 다른 현실적 존재자와 매우 한정된 관계를 갖는다. 이러한 관계에 의해서 현실적 존재자는 한정 특성을 가질 수 있는 것이다. 이들은 그 자신의 존재를 위해서 환경 의존적이다. 만약 어떤 유형의 사회가 생존하고자 한다면, 그 환경은 그 생존이 가능하게 하는 질서의 유형을 제공하기 위해서 지속해야만 한다. 따라서 질서의 유지에 대한 화이트헤드의 원리와 흄의 자연의 제일성의 원리는 형이상학적으로 매우 다른 것이다. 하나는 내적 관계의 학설이고, 다른 하나는 뉴턴의 단순정위하는 시공간이론에 기반을 둔 외적 관계의 학설이다.

화이트헤드에게 있어서 환경이 변한다면, 그 환경 내의 존재도 역시 변할 것이다. 그러나 언급한 바와 같이 흄에게 있어서 이 연결은 필연적으로 도출될 수 없다. 예를 들어 수도꼭지를 틀면, 물이 나온다는 일정한 사건에서, 수도꼭지는 명석 판명한 인상으로 다른 것과 하등의 관계가 없는 무관한 것이다. 그러나 화이트헤드에게 있어서 우리가 수도꼭지와 물이 나오는 관계를 고려할 때, 이 상황은 두 요소 간의 단순 병렬 이상이다. 왜냐하면 환경이 없다면 우리는 수도꼭지를 가질 수 없으며, 그 환경은 배관, 저장소, 손과 뇌를 포함하는 경우에만 수도꼭지를 틀면 물이 나오는 것과 관련되기 때문이다. 우리는 여기서 환경의 제일성이 강조됨을 고려해야 한다.

이러한 환경의 제일성에 대한 화이트헤드의 고려는 명제에 대한 그의 분석에 근거한다. 그에게서 명제는 논리학적 명제 개념을 넘어서는 매우 형이상학적 개념이다. 명제는 현실적 존재자들과 영원한 대상들의 결합이라고 화이트헤드는 말한다.[8] 현실적 존재자들은 논리적 주어라고 하며, 영

---

8) 화이트헤드에 따르면 명제적 느낌은 물리적 느낌과 개념적 느낌의 통합이라고 주장한다. 물리적 느낌의 여건은 현실적 존재자, 결합체이며, 개념적 느낌의 여건은 영원한 대상이다. 이 두 여건의 결합을 통해서 명제적 느낌이 발생한다.(PR 10장에서 명제이론)

원한 대상들은 거기에 대응하는 술어들이다.(PR 185~200)

다시 말하면 현실적 존재자들은 한정된 특성을 갖는 결합체들이고, 영원한 대상들은 가능태로서 진입한 것이다. 이를 일상 용어로 바꾸면, 수도꼭지는 명제의 논리적 주어로서 그 특수한 환경에 순응하고 있다. 수도꼭지가 갖는 일정한 환경이 바뀐다면, 우리는 어떤 예측도 가능하지 않다. 만약 수도꼭지를 틀어서 물이 나오지 않는다면, 그것은 배관이 터졌거나, 저장소의 물이 바닥난 것으로 추정한다. 따라서 우리의 추정은 언제나 일정한 환경에 근거해서 나오는 것이다. 이것이 화이트헤드가 말하는 자연의 제일성이다. 화이트헤드는 자신의 개념을 통해서 귀납적 추론의 정당성은 환경의 제일성과 내적 관계에 있다고 한다.

모든 귀납적 판단에는, 그 귀납의 범위 안에 들어오는 현실적 존재자들에 관한 한, 직접적 환경의 일반적 질서가 유지되고 있다는 전제가 포함되어 있다. …… 예측은 그것이 전제하고 있는 일정한 우주적 질서를 떠날 때 무의미해진다. 생존은 질서를 필요로 한다. 그리고 생존을 전제한다는 것은, 그러한 유형의 생존이 필요로 하는 질서의 유형을 도외시할 때 모순이 된다. 이 점에서 유기체의 철학은 어떠한 형태의 데카르트적인 실체철학과는 다르다. 왜냐하면 실체가 존재하기 위해서 자기 이외의 아무것도 필요로 하지 않는다면, 그 생존은 환경에 있어서 질서의 생존과 아무런 관계도 없게 될 것이기 때문이다. 따라서 생존하는 실체와 그 미래의 환경과의 외적인 관계성에 관해서는 아무런 결론도 끌어낼 수 없게 된다.(PR 204~205)

따라서 화이트헤드와 흄이 인과적 추론의 문제에 제시하는 다른 대답은 그들의 경험의 일반적 분석에서 달라진다. 흄의 외적 관계 이론은 한 사물과 다른 사물과의 관계에 대한 어떤 지식도 제공할 수 없다. 그러므로 인과적 추론은 비합리적인 것으로 남는다. 반면에 화이트헤드의 내적 관계 이론을 통해서 우리는 자동적으로 인과적 추론의 인식을 가정하고, 그 예측에 대한 합리적 기초를 제공할 수 있다고 한다. 따라서 "단순한 미지의 것에 대한 호소는 배제된다. 불특정한 환경에 있어서 불특정한 존재에 무엇이 일어날 것인가라는 물음에는 답이 있을 수 없다는 것"(PR 204)이 화이트헤드의 생각이다.

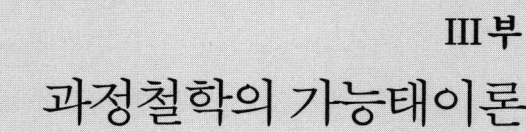

III부

과정철학의 가능태이론

1장 형성적 요소들: 창조성, 신, 영원한 대상, 연장적 연속체

가능태potentia는 현실태를 규정하는 원리이다. 이미 아리스토텔레스는 생성의 원리를 설명하기 위해서 가능태라는 개념을 사용하였다. 아리스토텔레스에 있어서 현실태는 '형상'이며, '가능태'는 질료이다. 그는 『형이상학』 9권에서 이 문제에 관해서 상세하게 다루고 있다. 현실태란 규정을 하는 능동적인 원리이지, "사물이 존재한다는 사실 안에 있으며, 사람들이 가능적으로 있다고 할 때와 같은 뜻으로 있는 것은 아니다".[1] "일체의 영향을 받지 않고, 따라서 절대적인 가능성을 뜻하는 순수한 가능태가 있는데 이것은 제1질료에 해당되는 것"[2]이다. 그는 순수 현실태를 순수 형상, 즉 이데아로 간주하며 가능태는 순수한 질료로 간주하였다. 다만 그의 이론에서 현실태가 형상인 반면에, 화이트헤드에게는 그와 반대로 질료에 해당하는 가능태가 현실태이다. 다시 말해서 화이트헤드에게 현실태는 '질료'에 해당하며, 반면에 가능태는 형상에 해당하는 '영원한 대상'이다. 이런 점에서

---

1) 아리스토텔레스, 『형이상학』 9권 6장, 1048a 30.
2) 요하네스 힐쉬베르거, 『서양철학사』, 강성위 옮김, 이문출판사, 1988, 255쪽.

볼 때, 두 철학자가 생성을 설명하려는 입장에서는 유사성을 찾을 수 있으나, 존재론적으로 무엇을 실재로 볼 것인가에 있어서 전혀 다르다. 따라서 화이트헤드의 철학에서 가능태이론이 아리스토텔레스의 생성철학에서 현실태에 해당하는 것으로 볼 때, 화이트헤드의 철학은 아리스토텔레스 철학의 전복이라고 할 수 있다.

화이트헤드는 크게 두 가지 방식으로 현실 세계를 분석한다. 첫째는 "시간 속에서 지나쳐 가는 현실 세계의 분석", 둘째는 "현실 세계를 형성하는 여러 가지 요소들의 분석"(RM 87)으로 나뉜다. 화이트헤드에 따르면 현실적 존재자 혹은 현실 세계를 형성하는 여러 요소들은 "그 자체가 현실적이며 추이적passing이지 않다".(RM 87) 즉 그것들은 "비현실적이거나 비시간적"(RM 87)이다. 그러나 화이트헤드는 이 요소들에 의해서 현실 세계의 구성이 가능하다고 본다. 그는 현실 세계와 현실 세계를 구성하는 요소들이 없이는 이 우주에는 그 어떤 것도 남아 있을 수 없다고 본다.

> 우리는 이 시간적 세계와 그것의 성격을 함께 구성하는 형성적 요소들을 넘어서서는 어떤 것도 알지 못한다고 한다. 시간적 세계와 그것의 형성적 요소들은 우리에게 모든 것을 포괄하는 우주를 구성한다.(RM 87)

그리고 화이트헤드는 『생성 중인 종교』*Religion in the Making*에서 형성적 요소들을 세 가지로 분석한다. 이 세 요소는 비시간적인 규정의 원리라고 할 수 있다.

①현실적 세계가 새로움을 향한 시간적 추이에 대한 성격을 갖도록 하는 창조성.

②이상적 존재들 혹은 형상들의 영역. 이것은 그 자체적으로 현실적이지 않으나, 그것들은 관련성의 어떤 비례에 따라서 현실적인 모든 것에 예시되는 그런 것이다.

③단순한 창조성의 비결정성이 결정된 자유에로 변환되는 현실적이나 비시간적 존재. 이 비시간적 현실적 존재자는 사람들이 신──합리화된 종교의 최고의 신──이라고 부르는 것이다.(RM 88)

이와 같이 화이트헤드는 '창조성', '형상' 그리고 '신'을 현실적 존재자를 구성하기 위해서 필요한 형성적 요소formative element로 간주한다. 그러나 그가 『종교의 생성』에서는 형성적 요소들로 간주하지 않으나, 『과정과 실재』 및 『관념의 모험』에서는 형성적 요소로서 간주할 수 있는 요소로서 연장적 연속체extensive continuum가 있다. 화이트헤드는 이것을 비시간적이고 비현실적인 것으로 간주하지는 않는다. 그러나 그는 연장적 연속체를 가장 포괄적인 방식으로 파악할 때, "연장을 다른 모든 유기적 관계들에다 배경을 제공하는 실재적 가능태의 가장 일반적인 도식"(PR 67)으로 규정한다. 『관념의 모험』에서 화이트헤드는 플라톤의 수용자receptacle를 결합체와 동일시하고 있다. 결합체라는 것은 현실적 존재자들의 상호 내재의 요소이다. 그래서 화이트헤드는 연장적 연속체를 플라톤의 수용자와 아주 유사한 형이상학적 기능을 갖는 것으로 간주한다. 비록 결합체로서 간주되는 연장적 연속체가 "우리가 당면하고 있는 우주 시대를 구성하는 피조물들의 사회로부터 생겨나고 있는 특수한 조건"(PR 36)이라고 하더라도, 연장적 연속체는 현실적 존재자의 환경으로서 또한 존재하는 것이다. 그러므로 연장적 연속체를 현실 세계를 형성하는 형성적 요소와 같은 맥락에서 취급해도 큰 무리가 따르지는 않을 것으로 여겨진다.[3]

따라서 현실태라는 미규정의 원리를 규정하는 가능태로서의 영원한 대상·신·창조성이 비시간적인 규정의 원리라면, 시공간이라고 부르는 연장적 결합은 보다 실재적인 규정의 원리로서 실재적 가능태라고 불린다. 이 네 가지의 규정의 원리가 어떤 내용으로 되어 있으며, 상호 간에 어떤 작용을 하는가를 살펴보기로 하자.

---

3) 화이트헤드 연구자인 노보는 그의 저서 『연장과 연대성에 대한 화이트헤드의 형이상학』에서 연장적 연속체를 형성적 요소로 간주해야 한다고 주장한다. "형이상학적 연장적 연속체는 생성·존재·현실적 계기들의 연대성을 위한 우주의 영원적 가능태의 한 측면 내지 요소로 이해되어야 한다. 화이트헤드의 용어로 하자면 그것은 시간적 세계의 형성적 요소이다."(Jorge L. Nobo, *Whitehead's Metaphysics of Extension and Solidarity*, Albany: SUNY Press, 1986, p.53.)

2장 궁극자의 범주가 갖는 창조성

1. 초월성과 내재성

이 절에서 화이트헤드의 '궁극자의 범주'의 의미를 탐색해 보고자 한다. 궁극자의 범주는 '창조성'이라는 형성적 요소와 관련이 있다. 이것은 화이트헤드의 철학이 서양철학사에서 어떤 의미를 가지는지를 명시적으로 드러내는 것이다. 즉 그의 철학이 불변이 아니라, 변화나 유동을 근본적인 지위로 삼는다는 것이다. 이 범주에 대한 설명은 화이트헤드의 형이상학에 대한 이해의 단초가 될 것이라고 본다.

우선적으로 서구의 형이상학에서 탐구한 것이 무엇인지를 알기 위해서 하이데거로부터 이 논의를 시작할 것이다. 하이데거에 의하면 플라톤으로부터 서양의 형이상학은 '모든 것(존재자)의 원천이자 근거가 되는 본질적이고 불변적인 실체'에 대해 사유하고 그것을 규명하고자 했다. 즉 근거에 대한 추구이다. 플라톤주의자들은 존재하는 모든 것의 원인을 이데아와 같은 근원적인 일자에서 찾았으며, 중세의 신학자들은 존재하는 모든 것의 원인이지만 그 자신은 어떤 것에 의해서도 창조되지 않은 근거, 즉 창조주하느님에게서 찾았다. 아리스토텔레스는 모든 운동의 첫번째 원인을 탐구하면서 다른 모든 것을 움직이게 했지만 스스로는 운동하지 않는 근거, 부동의 동자를 찾아낸다. 이러한 근거를 찾는 태도를 '형이상학'이라고 한다.

> 형이상학은 존재자를 존재자로서, 즉 그것의 보편적인 성격에 있어서 사유한다. 형이상학은 존재자를 존재자로서, 즉 그 전체에 있어서 사유한다. 형이상학은 존재자의 존재를 가장 일반적인 것의······ 근거를 캐내는 통일성에 있어서 사유할 뿐만 아니라, 그 모두를 정초하는 통일성에 있어서 사유한다. 그리하여 존재자의 존재는 근거 짓는 근거로서 사유된다. 따라서 모든 형이상학은 근본적으로 철두철미 근거에 관하여 설명하고 근거를 알려 주면서 궁극적으로는 근거의 해명을 추구하는 근거 지움이다.[1]

하이데거는 존재자들의 근거인 존재의 탐구가 형이상학적 주제라고 본다. 하지만 하이데거에 따르면 서구의 형이상학은 존재가 아니라 존재자를 탐구하였다고 한다. 그는 근거 자리에 어떤 존재자가 들어설 때, 그것을 신이라고 부르든, 제1원인이라고 부르든, 부동의 동자라고 부르든, 그것은 본질적으로 초월적 지위를 차지하고 있는 일종의 기독교적 의미의 신이라고 해서, 서양 형이상학을 존재신론Ontotheologie이라고 명명한다. 이와는 달리 하이데거는 존재를 포착하려면, "존재를 존재자의 근거로서 간주하려는 태도를 버리고 심연 속으로 뛰어 들어가는 행위를"[2] 수행해야 한다고 주장한다.

---

1) 마르틴 하이데거, 『동일성과 차이』, 신상희 옮김, 민음사, 2000, 50쪽.
2) 같은 책, 30쪽.

하이데거는 심연에서 나오는 존재의 일어남을 보고, 존재의 목소리에 귀를 기울여야 한다고 말한다. 이런 점에서 서양 형이상학의 역사는 존재하는 모든 것의 원인을 찾아냄으로써 세계에 대해 해명하고자 했던 것이란 점에서 존재의 철학, 존재의 형이상학이다. 그는 현존재를 통해서 존재론의 기초를 세우고자 한다.

이와는 달리 화이트헤드는 수학과 과학적 연구를 통해서, 형이상학적 물음을 제기한다. 그에 따르면 서구 형이상학의 탐구는 '영속'과 '유동'이라는 두 개념에 대한 존재론적 지위의 부여와 관련이 있다고 본다. 존재의 형이상학이란 다름 아닌 영속을 궁극적인 실재로 보는 것이다. 화이트헤드는 이를 "실체의 형이상학"(PR 209)이라고 한다.

고대나 중세뿐만 아니라, 근대의 과학적 사유를 통해서 전개된 시공간 이론도 여전히 영속하는 시공간을 탐구하였다. 근대 시공간의 근간이라고 할 수 있는 뉴턴의 절대 시간론을 보면, '어떠한 외적인 것과도 관계없이 균등하게 흐르는 절대적인 수학적 시간'을 통해 유동을 설명한다. 이것이 근대철학에서 시간을 양적인 측정으로 보는 이유가 된다. 우리는 근대 과학의 지식을 진리의 전형으로 삼은 근대철학자들이 매우 추상적인 개념을 통해서 실재에 대한 이해를 구축하고자 하였음을 단적으로 볼 수 있다.

철학적 사고가 지금까지 스스로 난점에 빠지게 된 까닭은 그것이 단순한 mere 의식, 단순한 사적 감각, 단순한 정서, 단순한 목적, 단순한 현상, 단순한 인과 작용과 같은 매우 추상적인 개념에 매달려 왔다는 데 있다.(PR 18)

이러한 결과로 이전의 고대 우주론과 근대 우주론(17세기 우주론)은 실재에 대한 이해에 있어서 대체적으로 '과정', '변화', '생성' 등에 열등한 지위를 부여하였다. 이런 시점에서 화이트헤드는 새로운 형이상학을 모색한다고 볼 수 있다. 그는 존재가 아니라 생성에서, 하이데거처럼 '존재와 존재자의 차이'에서보다는 존재자와 존재자가 만나서 새로운 생성을 구성하는 철학을 모색한다. 기존의 형이상학이 추구한 초월성의 철학이 아니라 내재성의 철학을 탐구한다. 즉 그는 존재가 아니라 존재와 존재 '사이에' 일어나는 변화에 주목하고자 한다. 따라서 그는 불변의 원리가 아니라 변화의 원리를 궁극자로 삼은 철학을 구성해 보고자 한다.

> 형이상학의 요지는 실재를 위해서 한 요인이 다른 요인에게 어떤 측면을 제공하는 상호 내재에 대한 학설이다.(ESP 118)

화이트헤드에 의하면 대부분의 서구 철학은 구체적인 사건 혹은 경험을 추상화한 것이다. 이는 '인간의 지성이 우주를 공간화한다'는 베르그손의 비난과 일치한다. 즉 '사실'의 철학 혹은 '실체'의 철학은 "유동성을 무시하고 세계를 정적 범주로서 분석하려는 경향"(PR 210)이 있다. 화이트헤드는 자신의 궁극자의 범주를 '동적 범주'로 대체하고, 이와 같은 정적 범주에 근거한 사유를 추상적인 것으로 비판한다. 화이트헤드는 이와 같은 특성을 드러내기 위하여 새로운 개념과 범주를 구성한다. 그는 경험의 가장 구체적인 요소를 드러내는 개념으로서, 현실적 존재자, 결합체, 파악Prehension, 존재론적 원리Ontological Principle를 들었다.

그리고 그는 『과정과 실재』의 전체적인 논의는 이 개념들과 동적 범주들의 "의미와 그 적용 가능성, 충분성"(PR 20)을 밝히는 데 그 목적이 있다고 한다. 각각 범주들은 궁극자의 범주·현존의 범주·설명의 범주·범주적 제약으로 나누어진다.[3] 모든 존재는 이 범주들의 특수 사례이다.

데이비드 홀에 따르면 화이트헤드의 궁극자의 범주는 자유, 덧없음, 새로운 목적이라는 성질을 지닌 '미적 사건'aesthetic event이다.[4] 궁극자의 범주가 미적 사건이라면, 나머지의 범주는 이 미적 사건을 보다 구체적으로 해명하기 위한 사례들이라고 할 수 있다. 화이트헤드의 현실태이론은 이 궁극자의 범주에 대한 가장 구체적인 경우라고 할 수 있다. 이것은 실체의 범주가 아니라 과정의 범주를 설정한 것이다. 이 궁극자의 범주는 화이트헤드의 철학이 정태적이고 초월적인 범주를 궁극자로 삼는 것이 아니라, 동태적·내재적·관계적인 범주를 궁극자로 삼는다는 사실을 단적으로 보여준다.

신도 세계도 정태적인 완전성에 이르지 못한다. 양자는 궁극적인 형이상학의 통제에 있다. 즉 새로움을 향한 창조적 전진 속에 있다. 신과 세계, 이것들은 모두 타자를 위한 새로움의 도구이다.(PR 349)

화이트헤드에게 궁극적인 범주는 "이접에서 연접으로의 전진이며, 이접에서 주어진 존재와는 다른 존재들과는 다른 새로운 존재를 창조하는 것"(PR 21)이다. 신이나 이데아, 형상, 구조 등은 다양한 구체적인 요소들을 만들어 내는 원리지만, 결코 그 자신은 만들지 않는 것이다. 이것은 구체적인

---

3) 궁극자의 범주·현존의 범주·설명의 범주·범주적 제약이라는 4가지 범주 유형에서, 현존의 범주는 8개이며, 설명의 범주는 27개이며, 범주적 제약은 9개이다. 이 각각의 범주는 현실태가 생성에서 소멸로 이르는 과정을 설명하기 위해서 설정된 것이다. 이것은 결코 근대철학에서처럼 명석 판명하고 확실한 전제를 독단적으로 명시하고, 나아가서 그러한 전제들 위에 연역적 사상 체계를 구축한 것으로 보아서는 안 된다. 화이트헤드의 이 사변적 도식은 "전반적인 성공에서 구해야 할 것이지 그 주요 원리의 특수한 확실성이나 최초의 명석성 같은 데서 구할 일은 아니라고 본다".(PR 57)

4) Hall, *The Civilization of Experience: A Whiteheadian Theory of Culture*, p.23.

개체들 속에는 없고, 그것들의 외부에 존재하는 것이다. 이와는 달리 화이트헤드가 말하는 궁극자의 범주는 사물·존재·존재자의 의미 속에 근본적으로 포함되어 있는 개념이다. 즉 구체적인 개별적 사물 속에 들어가 있는 개념들을 가장 보편적인 궁극자의 개념으로 보는 것이다. 화이트헤드에 따르면 철학적 사고는 '궁극자의 형이상학적 범주'를 인정해야 한다. 궁극자는 초월적 '일자'를 의미하는 것이 아니다. 이는 서구 철학의 주류의 입장과는 아주 다른 궁극자이다. 그는 이런 궁극자를 '우유성'accident, 偶有性이라 한다.

> 모든 철학이론에는 그 자신의 우유성에 의해 현실적이 되는 어떤 궁극자가 있다. 그것은 오로지 자신의 우유적인 것들의 구현을 통해 그 특성이 규정될 수 있고, 이러한 우유성을 제외하면 현실성을 잃게 된다.(PR 7)

궁극자는 우유에 의해 현실적인 것이 되는 개념의 초월적 조건이라고 한다. 왜냐하면 각각의 개별성에서 고찰된 개별적인 현실태들이 우연적이기 때문이고 우리는 우주가 지금 그대로 있다는 것에 대한 어떤 '근거'도 제공할 수 없기 때문이라는 사실에 주목해야 한다. 예를 들면 그것은 '부동의 동자'라는 아리스토텔레스의 개념에로, 어떤 다른 철학자들에게는 초월적 창조자로 이해된 신에로, 혹은 일원론적 절대자에로 이르게 했던 필수조건이기 때문이다. 레클레어에 따르면 "화이트헤드는 완전히 초월적인 근거라고 하는 모든 이론들이 부정합을 포함하고 있으므로 거부한다".[5] 화이트헤드는 이를 가리켜, '잘못 놓여진 구체성의 오류'라고 부른다.

---

5) 아이보르 레클레어, 『화이트헤드의 형이상학 이해의 길잡이』, 안형관·이태호 옮김, 이문출판사, 2003, 124쪽.

일원론적 도식들에서 보면, 궁극자에게 그 자신의 우유성들 중의 어떤 것에로 귀속시켰던 그 이상으로 최종적이며 탁월한 실재성이 불합리하게 허용되었다.(PR 7)

2. 일자와 다자

화이트헤드의 궁극자의 범주에는 일자·다자·창조성이라는 개념이 포함되어 있다. 이 범주를 알기 위해서는 이 용어들에 대한 점검이 요구된다. 화이트헤드에 따르면 창조성·다자·일자는 동의어인 사물·존재·존재자의 의미속에 포함되어 있는 궁극적인 개념이다. 이 세 개의 개념은 궁극자의 범주를 완결 지음과 동시에 보다 특수한 모든 범주의 전제가 된다. 우선 일자부터 살펴보면, 일자라는 용어는 숫자 1이나 유적인 개념을 의미하지는 않는다. 그것은 매우 추상적인 의미의 일자이다. 화이트헤드는 그런 의미로 일자 혹은 '단일성'singularity을 규정하는 것은 구체성을 상실한 것으로 본다.

일자라는 용어는 복합적인 특수 개념인 정수의 1을 의미하지 않는다. 그것은 부정관사 a·an, 정관사 the, 지시사 this·that, 그리고 관계사 which·what·how의 밑바닥에 한결같이 깔려 있는 일반적인 관념을 나타낸다. 그것은 하나의 존재가 갖는 단일성을 나타낸다.(PR 21)

일자에 대한 화이트헤드의 이러한 의미를 이해하기 위해서, 그의 시대의 절대적 관념론자인 브래들리[6]의 명제에 대한 접근에서 시작해 보자. 브

---

6) Francis H. Bradley, *The Principle of Logic*, 1883, 제1권 제2장 42절.

래들리는 '늑대가 양을 잡아먹는다'는 명제는 보편적인 명제로서, 절대자를 규정하는 것으로 간주하였다. 이것이 실재를 표현하는 참된 명제로 본다. 하지만 화이트헤드가 보기에 이것은 추상적인 의미로 늑대와 양을 규정하는 방식이다. 즉 어떤 늑대나, 어떤 양에게도 동일하게 적용되는 방식이다. 여기에는 구체적인 늑대와 양의 관계가 없다고 볼 수 있다. 즉 "경험되는 사물과 경험하는 행위의 일관된 개별성particularity"(PR 43)이 빠져 있다.

> 그 늑대는 그 양을 그 시간 그 지점에서 잡아먹었다. 그 늑대는 그것을 알고 있었고, 그 어린 양도 그것을 알고 있었다. 그리고 독수리도 그것을 알고 있었다. 명제의 모든 표현은 그것이 문장으로 표현된 경우에는 명시적으로, 그리고 그것을 머릿속에서 생각하고 있는 주체의 이해 가운데서도 은연중에 지시적 요소를 포함하고 있다.(PR 43)

예컨대 우리는 어린 시절 집에서 개나 소, 닭을 키우다가 잡아먹거나 파는 경우가 있다. 이때 우리들은 커다란 슬픔에 잠기게 된다. 하지만 어른들은 다른 가축들을 키우자고 위로하는 경우가 있다. 하지만 다른 가축은 우리가 정을 담뿍 준 그 개나, 그 소, 그 닭이 아니라, 추상적인 개념의 닭, 소, 개일 뿐이다.[7]

이와 같이 화이트헤드에게 일자라는 용어는 이처럼 구체적인 부정관

---

7) 화이트헤드에 따르면 로크는 이런 의미의 사유를 진행하였다고 주장한다. 그는 하나의 잎, 하나의 소, 하나의 양, 한 알의 모래를 개별적 사물의 관념으로 보았다. 로크의 이러한 사유는 화이트헤드가 가장 구체적인 요소로 보는 현실적 존재자, 결합체와 관련이 있다. 하지만 로크는 이 경우에 너무나 많은 구체적인 요소들이 생겨나서, 지식이 형성될 수 없다고 본다. 따라서 그는 최종적으로는 '동일성' 혹은 '재현'의 철학으로 빠지게 된다.

사, 정관사, 지시사, 관계사를 갖는 구체적인 '사건'이다. 화이트헤드는 늑대와 양이 상호 간에 먹고, 먹히는 이 구체적인 관계를 '파악'이라는 용어로 설명한다. 또한 이것은 화이트헤드가 '현실태'로 규정하는 일자 혹은 '단일성'이라고 할 수 있다. 이것은 일반적인 개념이나 유類로 포착할 수 있는 것이 아니다. 이 관점은 이성 중심으로 사유하는 근대철학에서도 절대적이다. 로크의 물체에 대한 사유나, 데카르트의 자아에 대한 사유에는 과정 속에도 구체적인 일자가 아니라 영속하고 재현하는 '일자'라는 관념이 내재해 있다. 화이트헤드는 로크에 대해 다음과 같이 쓴다.

> 로크의 뚜렷한 관심사는 몇 해 동안, 몇 초 동안, 또는 몇 세대 동안 유지되는 하나의 지속하는 물체가 갖는 자기 동일성의 관념이다. 그가 고찰하고 있는 것은 (아리스토텔레스적 의미의) 개체화된 개별적 실체라는 통속적인 철학적 관념인데, 이는 변화하고 있는 우유적 속성들의 한복판에서 그 실체적 형상을 유지하면서 변화의 모험을 겪고 있는 것이다.(PR 55)

화이트헤드는 로크가 말하는 '이 개별적 실체'는 결코 일자 혹은 현실태가 아니라고 한다. 참된 일자는 결코 과정을 통해서 동일하지 않다는 것이다. 또한 근대철학의 시작을 알리는 데카르트의 명제, "나는 생각한다. 그러므로 나는 존재한다"는 것에서도 앞에 나오는 '나'와 뒤에 나오는 '나'는 동일한 자아로 상정된다. 이것 역시 추상화된 일자이지, 결코 구체적인 일자는 아니다. 즉 여기서 자아나 물질은 영속에 근거한 것이라고 볼 수 있다. 이것은 정태적인 실체를 궁극자의 범주로 보고, 유동을 하위의 종속물로 보는 모든 실체철학의 근본적인 형태라고 볼 수 있다. 화이트헤드는 이를 다음과 같이 비판한다.

'나는 생각한다. 그러므로 나는 존재한다'라는 명제는 내가 그것을 언표할 때마다, 그리고 마음속으로 생각할 때마다 참이다. 데카르트는 그의 철학에서 사고 주체가 계기적 사고occasional thought를 만들어 내고 있는 것으로 보고 있다. 유기체의 철학은 이런 순서를 역전시켜, 사고가 계기적인 생각하는 주체를 만들어 내는 데 있어 구성 요소로 작용하는 것으로 본다.……이 역전을 통해서 우리는 실체철학과 유기체철학 사이의 최종적인 대비에 이르게 된다.(PR 150~151)

이와 같이 데카르트 철학은, 유동성을 하위의 종속물로 보는 데서 오는 난점들을 예시해 준다. 화이트헤드는 이러한 종속화는 찬송가와 아리스토텔레스의 논리적 개념에, 플라톤의 통찰 속에, 데카르트의 수학적 정신 속에, 뉴턴의 시공간이론에 존재한다고 본다.(PR 209~210)[8]

일자라는 용어와 더불어 '다자'라는 용어는 궁극자의 범주의 한 축에 속한다. '일자'라는 용어가 화이트헤드의 현실태에 대한 은유적 표현이라면, '다자'라는 용어는 가능태에 대한 은유적 표현[9]이다.

다자라는 술어는 일자란 술어를 전제하며, 일자란 술어는 다자란 술어를 전제한다. 다자란 술어는 이접적인 다양성의 관념을 전달한다. 이 관념은

---

8) 우리는 근대철학이나 근대 과학뿐만 아니라, 근대의 경제학도 동일한 관점에서 서술할 수 있다. 화폐가 지배하는 상품세계에서 새로운 상품은 언제나 얼마짜리의 상품으로 매겨진다. 화폐라는 단일한 척도에 의해, 단지 뉴턴이 말하는 양적 차이만 갖는 상품으로 동질화된다. 즉 일자라는 구체적인 요소는 화폐라는 추상적인 일자로 환원된다. 필자는 이런 점에서 서구의 과학과 철학, 경제, 예술도 동일한 선상에서 읽을 수 있다고 본다.

9) 화이트헤드는 언어라는 것은 어떤 한계를 갖고 있다고 한다. 그래서 언어는 하나의 은유로서 읽어야 하며, 다만 '생략된 형태로서만' 우리에게 주어진다고 한다. 언어는 일정한 체계적인 환경을 전제로 한다. 따라서 언어는 상상력의 비약이 요구된다고 한다.(PR 65)

존재라는 개념에 있어 본질적인 요소이다. 다수의 존재들이 이접적인 다양성 속에 존재한다.(PR 21)

화이트헤드에게 다자는 새롭게 구성되지 않은 '대상화된 현실태'의 다항적 구성 요소들이다. 물론 여기에는 다른 현존의 범주들도 포함될 것이다. 다자가 존재들이라면, 그 존재들은 아직 현실태로 되기 전에 존재하는 다수의 이접적인 사물이라는 것이다.

예를 들어 '오늘 저녁 나는 파계사에서 비빔밥을 먹는다'는 명제는 수많은 이접적인 사물들이 연접해 있는 것이다.(PR 10~13) 이 시간, 이 장소, 나, 밥, 식당, 주인 등은 하나의 명제로 구성되기 전에는 이접적으로 존재하는 대상화된, 즉 죽은 현실태일 뿐이다. 물론 그것은 힘을 가진 대상화된 현실태이다. 하지만 그것은 존재할 뿐이지 존재와 존재 사이에 결합된 형태로 있는 것은 아니다. 즉 이것들은 각각 하나의 사건으로 통일되기 전에는 단순한 가능태의 존재에 지나지 않는다.

따라서 다자라는 용어는 구체적 일자 혹은 사건 이전에 존재하는 다양한 사물들을 일컫는 용어라 할 수 있다. 또한 다자가 '존재들'을 가리킨다고 해서, 화이트헤드가 자기 충족적인 존재를 사유하거나, 존재의 근거를 사유하려는 것은 아니다. 그가 말하는 다자 개념에는 존재들 사이에 상호 관련되는 것을 탐구하려는 의도가 함축되어 있다.

화이트헤드는 이미 초기 사상에서 점이 아니라, '점들 사이의 관계'가 더 기본적이라는 사실을 역설하고 있다. 이를 통해서 볼 때 그는 다양한 존재들이 하나의 일자로 통일되는 것에 더 주목을 하고 있는 것이다.[10] 이것은 아리스토텔레스의 철학에서 모순이나 동일성을 통해 실재에 대해 이해하는 것을 거부하는 것이다. 즉 절대적 양립 불가능성이나 절대적 동일성은 실재 속에 없다는 것이다. 이것은 실재에 '시간'의 의미를 부가해서 다자를 일자로 새롭게 통합해 가는 과정이다.[11]

3. 창조성과 새로움

그런데 다자가 일자로 통일된다는 것은 어째서 가능한가? 그것은 이전의 존재들과는 별개의 사물이 된다는 것인가? 대개 근대의 관념론 등의 일원론 철학에서는 초월적이고, 정태적인 '신'이나 '절대자'를 통해서 그것을 해결하였다. 이것은 외재적인 원인을 통해서 다자와 일자와의 관계를 설명하는 방식이다. 또한 이것은 정적 범주에 근거한 실체철학의 절대적인 원인이다. 그러나 화이트헤드는 이러한 관계를 '우유성'에 의해서 발생한다고 보며, 이것을 유기체철학의 궁극자로 삼는다. 화이트헤드는 이러한 궁극자를 '창조성'이라고 한다. 창조성은 일자와 다자를 결합하는 '접속'의 원리라고 볼 수 있다.

화이트헤드는 다자를 이접으로 보고, 일자를 연접으로 보며, 이들의 결합을 창조성을 통해서 설명한다. 도널드 셔번에 따르면, "창조성은 구체적인 공재togetherness의 원리이며, 새로움의 원리이다".[12] 다시 말해서 창조성

---

10) 다자에 대한 논의를 위해서는 '연장적 질서'에 관한 설명이 요구된다. 이것은 세계 혹은 환경이 갖는 질서에 대한 것이다. 다자라고 해서 무작위로 결합되지는 않는다. 화이트헤드는 우리가 살아가는 이 지구라는 행성에는 어떤 보편적인 자연법칙이 상존한다고 본다. 다만 그것이 영원하다고 말하지는 않는다.

11) Michael Kreek, "Whitehead, Von Weizsacker and the Problems of Time and Experience in Contemporary Cosmology", Nashville: Vanderbilt University, 1983, p.108. [M. A. Thesis.]

12) Donald W. Sherburne, *Whiteheadian Aesthetic; Some Implications of Whitehead's Metaphysical Speculation*, New Haven: Yale university press, 1960, p.19.

을 통하여 다자가 일자로 되는 공재는 다자의 단순한 결합이 아니다. 이것은 이전의 다자들이 새로운 일자가 되는 것이다. 즉 창조성은 전혀 이질적인 새로운 일자를 구성하는 새로움의 원리를 구성하는 것이다. 창조성은 다자들이 일자로 되는 비대칭적인 결합의 원리이다. 창조성은 어떤 하나의 척도, 하나의 원리로 환원되지 않는 이질적인 것의 결합이며, 하나의 추가가 전체의 의미를 크게 다르게 만드는 원리이다. 우리는 자물쇠의 위치 하나만 바뀌어도 방이 감옥으로 바뀌는 것을 알 수 있다.[13]

대개 스피노자의 철학이나 절대적 관념론 등의 일원론적 철학에서는 이런 결합의 근거를 신이나 절대자로 본다. 그런데 화이트헤드는 '우연성'에 그 결합의 원리를 둔다. 화이트헤드가 궁극자의 범주를 우유성에 두는 것은 어떤 점에서 서양의 형이상학 전통에서 완전히 벗어난 규정이라 할 수 있다.

> 창조성은 이접적인 방식의 우주인 다자를, 연접적 방식의 우주인 하나의 현실적 계기로 만드는 궁극적 원리이다. 다자가 복합적인 통일 속으로 들어간다는 것은 사물의 본성에 속한다.(PR 21)

화이트헤드는 창조성을 아리스토텔레스의 질료 개념과 관련을 짓는다. 이것은 창조성의 특징을 가장 두드러지게 보여 주는 사례라 할 수 있다. 하지만 아리스토텔레스의 질료 개념은 "수동적인 수용성의 개념"(PR 31)에 근거해 있다. 화이트헤드의 창조성은 아리스토텔레스의 질료와 달리 성격은

---

13) 여기에 대한 논의는 앞에서 설명한 사영기하와 위상기학에서 말하는 '순서'에 대한 이해가 요구된다.

없으나, 수동적이지는 않다. 화이트헤드에게 있어 창조성 개념을 "궁극적인 사태를 특징짓는 보편자들의 보편자"(PR 21)라고 하는 것은 실체보다는 과정을, 세계를 이해하는 우선적 조건으로 삼는다는 것이다.[14]

창조성은 아리스토텔레스의 '질료' 및 근대의 '중성적 질료'를 달리 표현한 것이다. 그러나 이 술어에는 '형식'이라든지 외적 관계와 같은 수동적인 수용성의 관념이 들어 있지 않다. 그것은…… 현실 세계의 대상적인 불멸성에 의해 제약되는 활동성의 순수 관념이다. …… 아리스토텔레스의 '질료'가 그 자신의 성격을 갖지 아니한 것과 전적으로 동일한 의미에서 창조성은 그 자신의 성격을 갖지 않는다. 그것은 현실성의 기초에서 가장 높은 보편성의 궁극적 관념이다. 모든 성격들은 특수한 것이기 때문에 특징 지을 수 없다. 그러나 창조성은 늘 여러 조건들 아래서 발견되며, 조건적인 것으로 기술된다.(PR 31)

창조성의 범주는 우주의 존재 이유를 설명하는 데 초월적 창조자가 없어도[15] 우주의 존재를 확보한다. 창조성은 우주의 존재를 위한 궁극적인 근거가 된다. 끊임없이 자기 창조하는 활동이라는 본성을 가진 창조성을 통해서 궁극자의 범주는 규정된다. 따라서 화이트헤드는 다자인 존재들이 창조성을 통해서 하나의 현실태 속으로 '공재'하는 것을 "궁극적인 형이상학적 원리"(PR 21)로 본다.

---

14) Hall, *The Civilization of Experience: A Whiteheadian Theory of Culture*, p.26.
15) 플라톤의 선의 형상, 아리스토텔레스의 부동의 동자, 스피노자의 신과 같은 관념들이 그 대표적인 경우라고 할 수 있다.(Ibid., pp.21~29.)

이런 점에서 화이트헤드의 유기체철학은 존재의 철학이 아니라, 생성의 철학이라고 할 수 있으며, 존재의 철학에서 사용하는 정적 범주가 아니라, 우유성이라는 창조성과 일자, 다자라는 동적 범주를 자신의 궁극자로 간주한다. 이러한 과정은 보다 구체적으로 '이행'transition 과정과 '합생' concrescence 과정으로 나누어진다.

합생 과정은 질서에서 벗어나서 새로움을 전개하는 것이며, 이행 과정은 끊임없이 유동하는 연속성에서 벗어나서 패턴의 안정성을 추구하는 것이다.[16] 이것은 개별적 현실태 속에서 발생하는 것이다. 이런 점에서 볼 때, 창조성이라는 과정은 개별적 과정이 아니므로 '보편자들의 보편자'로 간주되는 것이다.[17]

그는 유기체철학의 이런 특성이 아시아의 철학적 전통에 더 가까운 것으로 본다. 여기서 아시아의 전통적인 사상은 불교와 유교 및 도교이며, 이 사상들 각각은 연기적緣起的 관계에 따라 모든 것이 달라진다는 생각이긴 하나, 어떤 것이 무엇과 관계하는가에 따라 본질이 달라지고 관계의 질이 달라진다는 생각은, 오직 상호 간의 내재적인 관계에 의해 모든 것을 포착한다는 점에서 내재적인 사유이다. 이러한 사유는 어떤 초월적인 것이 따로 존재하지 않는다고 본다. 노자의 도道에서 도란 형식화될 수 없고, 명명될 수 없다. 도나 최초의 원리란 무無 내지 공空이며, 어떤 것도 자성自性을 갖지 않는다는 점에서 이미 원리라는 말이 무의미하다.

---

16) 서구철학사에서 새로움만을 강조하는 베르그손주의의 철학이 있으며, 안정적인 형태만을 강조하는 구조주의 형태의 철학이 있다. 화이트헤드는 안정성과 새로움이 결합된 형태로 자신의 우주론을 전개하고자 한다.

17) Kreek, "Whitehead, Von Weizsacker and the Problems of Time and Experience in Contemporary Cosmology", p.110.

유기체의 철학은 서아시아나 유럽의 사상보다는 인도나 중국 사상의 기조에 더 가까운 것으로 생각된다. 후자는 과정process을 궁극자로 보는데, 전자는 사실fact을 궁극자로 보고 있다.(PR 7)

따라서 화이트헤드의 유기체철학은 어떤 방식으로든 동일성이나 영속을 제1범주로 두는 것을 거부하는 것이다. 그의 궁극자의 범주는 영속을 우위에 두는 것이 아니라, 과정의 세계를 우위에 둔다는 것을 설명한다. 실체의 철학 혹은 '사실'의 철학이라고 할 수 있는 플라톤, 아리스토텔레스, 데카르트, 스피노자 등의 철학은 영속하는 것을 존재론적으로 우위에 두고, 과정을 열등한 것으로 본다. 이러한 점에서 화이트헤드의 철학은 플라톤 및 아리스토텔레스 철학의 전복일 뿐만 아니라, 17세기 우주론에 대한 비판적인 극복이라고 볼 수 있으며, 초월성의 철학이 아니라 내재성의 철학을 탐구한 것이라고 볼 수 있다.

3장 한정의 형식으로서 영원한 대상

화이트헤드의 자연철학과 형이상학에서 중심적인 단어를 두 가지를 제시
해 본다면, 사건과 대상 혹은 현실적 존재자와 영원한 대상을 들 수 있다.
만약 그의 자연철학과 형이상학에서 어떤 유사성을 찾고자 한다면, 우리는
앞에서 서술한 것들에서 찾을 수 있다. 이들은 다른 말로 가능태와 현실태
로 기술될 수 있을 것이다. 가능태와 현실태가 철학사 내에서 지속되어 온
문제 중 하나임은 이미 상술하였다. 특히 화이트헤드의 형이상학은 새로운
우주론 혹은 새로운 과학적 패러다임을 통해서 철학적 문제들을 재구성하
고자 한다는 점에서 가능태와 현실태에 관한 흥미 있는 관점을 제공한다.

> 현실태의 이해는 관념성에 대한 언급을 요구한다는 나의 주장은, 형이상
> 학적 입장의 기초가 된다. 이 두 영역들은 전 형이상학적 상황에서 본질적
> 으로 고유한 것이다.(SMW 228)

화이트헤드의 철학에서 실재의 궁극적인 형이상학적 단위는 뒤에서
자세히 밝히겠지만, 현실적 존재자이다. 그러나 우리의 일상적 경험은 그러

한 미시적 과정을 통해서만 경험되는 것이 아니라, 소나 말과 같이 시간적으로 연장된 계열체의 성격을 띤 '결합체'를 경험한다. 이러한 가정하에서 소나 말과 같은 단위와 같이 일정한 기간 동안 영속하는 대상을 어떻게 설명할 것인가? 이것은 형상 혹은 형상의 패턴을 통해서 가능하다는 것이 화이트헤드의 입장이다.[1]

화이트헤드에 따르면 칸트의 철학과는 달리 "유기체철학에서 영속하는 것은 실체가 아니라 '형상'이다. 형상들은 변화하는 관계들을 이겨 낸다".(PR 29) 그는 이를 '영원한 대상'의 관념을 통해서 설명한다.

이 장의 목적은 자연과학과 철학에서 기반을 두고 있는 '영원한 대상' 이론을 검토해 보고자 하는 것이다. 이 장에서 '영원한 대상' 개념에 특별히 관심을 가지는 이유는, 그것이 화이트헤드의 자연철학에서 제일성 혹은 필연성을 설명하는 기본적인 틀을 제공할 뿐만 아니라, 화이트헤드의 형이상학에서 제기하는 영속성의 문제와 밀접한 관련을 갖고 있기 때문이다.

1. 영원한 대상의 이론적 배경

자연에는 제일성이 있는가? 혹은 우리가 질서라고 부르는 것이 존재하는가? 서양에서는 그 질서나 제일성을 파악하기 위해서 기하학을 매우 중시하였다. 수학적 언어를 중시하는 데카르트와 같은 사상가들을 우리는 합리주의자라고 한다. 그리고 현대에 와서는 형이상학의 거부와 함께 실증주의 운동이 대두되었다.[2] 이는 자연과학의 경험적 방법에 기초한 것이다. 실증

---

1) Jude D. Weisenbeck, *Alfred North Whitehead's Philosophy of Value*, Waukesha: Mount St. Paul College, 1969, p.40.

주의는 일차원적이고 외면적인 관찰에 근거한 자연과학처럼 검증될 수 있는 관념만이 의미가 있는 것으로 규정짓고, 환원주의적 입장에서 관념을 한정짓고자 하였다. 그 결과 실증주의는 합리성을 수학 및 논리학과 동일시한다. 이 역시 세계에 어떤 질서가 있다는 것을 명시한다.

수학과 자연과학에 대한 인지적 활동의 결과에 대한 신념은 사건의 흐름 속에 일정한 질서가 존재한다는 것을 전제한다. 그들은 제일성이 오로지 논리적이고 수학적인 용어들로만 설명된다고 주장하는 것이다. 갈릴레이의 유명한 공리를 통해 보자.

> 참된 철학은 자연이라는 위대한 책으로 저술되어 있다. 그것은 우리의 눈 앞에 펼쳐져 있다. 하지만 우리가 그것이 쓰인 언어를 이해하고, 그 성격을 이해하지 못한다면, 결코 읽을 수 없다. 그것은 수리적 언어로 쓰여 있으며, 그 성격은 삼각형, 원 그리고 다른 여타의 기하학적 도형들이다.[3]

실증주의도 물리적 실재의 본성을 이해하기 위해서는 수학적 방법이 필수적이다. 이를 통해서 자연의 인식을 이해하며, 우리의 인식 가능성을 탐구한다. 과학적 유물론이나 실증주의에서 자연의 제일성을 인정하는 것이 인식의 가능성을 제공하는 근거이기는 하나, 그 제일성이란 시간의 흐름을 배제한 것으로서 구체성을 상실하고 있다. 화이트헤드는 뉴턴의 『주해』가 그 한계를 넘어서 적용되는 경우에 '잘못 놓여진 구체성의 오류'를

---

2) 오귀스트 콩트, 『실증주의 서설』, 김점석 옮김, 한길사, 2001. 이 책에서 사회 속에 실증주의가 미친 영향력을 고찰해 볼 수 있을 것이다. 실증주의 사유는 시대적 소명을 갖고 생겨난 사상이기는 하나, 시대적 소명이 다함과 동시에 새로운 사유를 위해서 비판적으로 조망되어야 한다.
3) Galileo Galilei, "Saggiatore", p.232.

저지른다는 사실을 분명하게 지적하고 있다.

화이트헤드에 따르면 모든 경험에 근거한 제일성을 탐구하는 방법은 물리적 사건의 우연성 내에서 패턴화된 규칙성이라는 제한되고 한정된 지식을 탐구하는 것이다. 이를 위해서 화이트헤드는 자신의 자연철학에서 '대상'과 '사건'이라는 개념을 통해 과학적 인식의 궁극적 성격을 탐구하고자 노력하였다. 그리하여 과학에서 사용된 이 개념들은 형이상학에 와서는 보다 더 추상적인 '현실적 존재자'와 '영원한 대상'으로 확장되었다. 영원한 대상은 "한 장소에서 예증된 성질이 다른 장소에서도 예증될 수 있다는 것을" 보여 주는 이론이다.[4]

2. 영원한 대상

영원한 대상은 추상적인 본성을 갖는다. 추상적이라는 것은 다른 구체적인 경험의 계기들과 관계없이 이해할 수 있다는 것이다.(SMW 228) 즉 추상성은 다른 구체적인 경험들을 초월해 있는 것이다. 그 자체로 어떤 현실태도 소유하고 있지 않다는 것이다.[5] 그러나 구체적인 경험의 계기들과 무관하다는 의미는 아니다. 이 경우에는 플라톤 철학에서 시도된 실재의 이분화 이론을 설정할 뿐만 아니라, 영원한 대상 혹은 형상은 '자존적'인 형식을 취하게 된다.[6] 이렇게 되면 화이트헤드의 철학에서 '존재론적 원리'를 위배하게 된다.[7] 영원한 대상이 의미를 갖는다는 것은 현실태로 '진입'한다는 사

4) Eisendrath, *The Unifying Moment: The Psychological Philosophy of William James and Alfred North Whitehead*, p.187.

5) Weisenbeck, *Alfred North Whitehead's Philosophy of Value*, p.43.

6) Ibid., p.43.

실이다. 이러한 관점에서 화이트헤드는 영원한 대상을 대체로 다음의 세 가지 기능을 가지고 있는 것으로 고찰한다.

첫째, 순수 가능태로서 영원한 대상은 현실태의 세계를 한정하고 제한을 부여한다. 둘째, 영원한 대상들은 현실태들을 서로 연관시킨다. 셋째, 영원한 대상은 끊임없이 변하는 세계에서 경험을 인식하게 하는 기초이다.[8]

영원한 대상들은 현실적 계기들의 한정성을 부여하는 기능을 갖고 있다. 현실태들은 자기 창조의 과정에서 영원한 대상들의 현존에 따라 한정된다. 화이트헤드는 '진입'이라는 용어를 사용하여 현실적 생기와 영원한 대상의 관계를 규정짓는다. 영원한 대상은 현실적 존재자의 생성으로 '진입'하기 위한 가능태에 의해서만 기술될 수 있으며, 그것의 분석은 다만 다른 영원한 대상만을 드러낼 뿐이라는 것이다. 이런 의미에서 그것은 순수한 가능태이다.

영원한 대상의 본질이란, 각각의 현실적 계기에 독특하게 기여하는 것으로 생각되는 영원한 대상에 지나지 않는다. 이와 같은 독특한 기여는, 그 대상이 어떠한 진입 방식을 취해도 항상 동일성을 유지한다는 점에서 볼 때, 모든 현실적 계기에 대해 동일한 것이 된다.(SMW 229)

---

7) IV부에서 설명하겠지만, 존재론적 원리는 현실태 혹은 현실적 계기와 무관하게 존재하는 것은 없다는 것이다.
8) Bruce G. Epperly, "Is Whitehead a Platonist?: Creation and causation in Plato's Timaeus and Whitehead's philosophy of organism", Claremont: Claremont Graduate School, 1980, pp.178~195.[Ph.D. Dissertation.]

'진입'이라는 술어는, 어떤 영원한 대상의 가능태가 특수한 현실적 존재자의 한정성definiteness에 기여하면서 거기에 실현되는 특수한 방식을 가리킨다.(PR 23) 여기서 순수한 가능태라는 것은 어떤 사태의 실현과 관련하여 전적으로 '미결정적'이라는 것을 의미한다. 그것은 '단순한' 가능태이다. 순수한 가능태의 예로서 '노랗다'라는 영원한 대상을 살펴보자. 영원한 대상 그 자체에 관한 한, 이 '노랗다'가 한정지을 수 없는 현실적 존재자는 없다. 그러나 현실 세계에서 '노랗다'라는 영원한 대상의 종류에는 한계가 있다. 예를 들어 '노랗다'는 것은 말의 색깔을 구성하는 가능태로서 현실적 존재자에 진입할 수는 없다. 그런데 말의 색깔이 노란색이 될 수 없는 이유는 '노랗다'라는 영원한 대상에 있는 것이 아니라, 자연에 내재된 현실적인 조건에 있는 것이며, 궁극적으로는 신에 의해 파악된 영원한 대상들 사이의 관련 패턴에 있는 것이다.

이 영원한 대상에 의해서 창조성이라는 목적이 없고 방향이 없는 힘은 현실태 속에서 제한되고 한정된다. 만약 영원한 대상이 현실태에 관계하지 않는다면, 방향과 한계가 없는 끊임없는 유동의 상황만이 지속될 것이다. 그러나 진입에 의해서 문제의 현실태에 한정성이 주어진다.(PR 29) 영원한 대상의 현실태로의 진입에 의해서 '저것'보다는 오히려 '이것'이 되는 것을 결정한다. 영원한 대상의 두번째 기능은 현실태들을 결합시켜 주는 특성이다. 화이트헤드는 이를 '관계적 본질'relational essence이라고 한다.(SMW 230) 영원한 대상은 창조적 과정의 제한 혹은 한정에 기여한다. 그것이 없었다면, 현실태는 흐트러지고 구조가 없이 방황할 것이다. 우주의 연대성은 영원한 대상들이 여건과 주체에 의해서 공유된 사실에 근거한다. 또한 그것은——각각의 현실적 계기들과 그것들의 집합을 지배하는 질서——주체적·대상적 종들의 영원한 대상들의 관계적 본성에 근거해 있다.

따라서 "체계적인 상호 관계성이라는 일반적 사실은 가능태의 특성에 내재하고"(SMW 231) 있는 것이다. 이와 같은 영원한 대상이 합생[9]하는 현실적 존재자에 '진입'하는 방법은 두 가지가 있다.

첫번째, "그것은 느낌의 여건인 어떤 대상화된 결합체나 어떤 단일의 현실적 존재자를 한정하는 요소일 수 있다".(PR 290) 이것은 대상적 종의 영원한 대상이 현실태에 진입하는 양태를 기술한다. 따라서 이러한 종의 성원은 관계적으로만 기능할 수 있다. 즉 그것은 그 본성의 필연성에 의해서, 하나의 현실적 존재자 내지 결합체를 다른 현실적 존재자의 실재적인 내적 구조 속으로 도입하고 있다. 그것의 유일한 일은 대상화에 있어서 작인agency으로 기능하는 것이다. 그것은 결코 주체적 형식의 한정성의 요소일 수 없다. 세계의 연대성은 대상적 종의 영원한 대상이 지니는 근본적인 대상적 성격에 기초를 두고 있다. 그러므로 이 종의 성원은 직접적 주체 속에 다른 현실태를 도입한다. 그것이 외적 세계에 부여하는 한정성은 대상화된 현실태의 실재적인 내적 구조에 순응할 수도 있고, 그렇지 않을 수도 있다. 그러나 순응적이건 비순응적이건 간에 그러한 한정성은 그 현실적 존재자가 갖고 있는 그 결합체의 성격이다.

대상적 종의 영원한 대상은 플라톤의 수학적 형상과 같은 것이다. 그것은 매체로서의 세계와 관계된다.(PR 291) 그것은 플라톤의 형상이 생성의 세계에 관계하는 방법과 유사한 특징을 반영한다. 위에서 언급했듯이, 대상적 종의 영원한 대상들은 관계적으로만 기능할 수 있다. 즉 그것들은 다른 현실적 존재자의 실재적인 내적 구성 속으로 하나의 현실적 존재자 혹은 결합체를 도입하는 것이다. 그것을 유입한 작업은 대상화의 작용인이 되는

---

9) '합생'은 IV부에서 자세하게 다룰 것이다.

것이다.(PR 291) 따라서 그것들은 어떤 대상화된 현실적 존재자 혹은 결합체의 한정성의 요소이다.

두번째, "그것은 어떤 느낌의 주체적 형식의 한정성일 수 있다".(PR 290) 그것은 주체적 종의 영원한 대상들을 가리킨다. "그것은 정서이든가, 쾌락이든가, 고통이든가"(PR 291)이다. 이러한 주체적 종의 영원한 대상들은 관계적으로 기능할 뿐만 아니라, 한 느낌의 주체적 형식의 한정성의 요소로서 기능하게 된다. 그것은 그 주체가 자신의 여건에 반응하는 방식이다. 대상적 종의 영원한 대상들과 주체적 종의 영원한 대상들은 현실적 존재자를 하나의 관계성으로 묶는 한정성의 형식으로서 기여한다. 이 두 가지 종은 현실적 존재자의 두 가지 성격과 정합적인 관계를 맺는다. 즉 현실적 존재자의 '자기초월체'의 성격과 '주체'로서의 성격, 즉 공공성과 사사성을 한정 지어 주는 요소와 관련된다.(PR 289~290)

영원한 대상들은 현실적 존재자의 결합체인 '사회'에도 어떤 한정성을 부여한다. 사회적 질서는 여러 현실적 계기들이 서로에 대한 파악을 통해 자신들에 대해서 한정성을 부여하는 것이며, 또한 다른 현실적 계기들에 관해서 대상화시키는 어떤 영원한 대상들을 가져온다. 따라서 영원한 대상들은 현실적 존재자뿐만 아니라 사회를 한정하는 요소이다.

우리의 경험에 있어서 복잡한 사회의 특성들은 사건들의 우연적인 군group들의 무작위한 결과가 아니며, 오히려 그것은 질서의 형식들을 산출하는 영원한 대상들의 한정의 결과이다. 이것이 미시우주와 거시우주를 특징짓는다. 이러한 질서의 발생은 영원한 대상들의 한정의 성격을 통해서 경험의 생기들이 상호 관계된 산물이다. 그리하여 다양하고 영원한 형상들의 현존을 제쳐 놓는다면, 질서는 결코 있을 수 없다. 다만 혼돈 혹은 무질서만이 있을 뿐이다. 플라톤의 『필레보스』*Philebus*에서도 가치의 세계가 존재하기 위해서는 무한한 것은 제한되어야 한다고 말한다.

영원한 대상의 세번째 기능은 과정의 세계에서 경험을 인식하게 하는 것이다. 화이트헤드에 있어서 이 기능은 『티마이오스』의 '필연성'에 질서를 부여하는 부분과 관련되어 있다. 화이트헤드에 따르면 우리에게 인식이 가능한 것은 어떤 질서를 이룬 패턴이 있기 때문에 가능하다고 한다. 즉 과정 속에 주기를 이루는 부분에 대한 한정의 결과로 생겨난다고 본다. 그는 우리에게 사물의 인식을 가능하게 하는 어떤 한정의 형식이 존재한다고 본다. 그는 이것을 '영원한 대상'이라고 부른다. 『티마이오스』에서 플라톤은 우주는 미시적인 기하학적 존재들의 군들의 결합으로 보며, 그것의 성격은 영원한 형상들을 모방한 현존으로부터 발생한다고 본다. 원초적 혼돈 속에서 이 형상들의 매개에 의해서 데미우르고스[10]는 이 미시적 존재들 속에 조화와 비율이 가능한 상태로 비례들을 부과했다.[11]

우주를 구성하는 기본적인 요소들을 조직하는 과정에서, 데미우르고스는 조화와 비율을 갖춘 완전한 형상들을 가져온다. 형상들은 세계가 끊

---

10) 데미우르고스(dēmiurgos)의 본래 의미는 자신의 계획을 갖고서 재료의 성질을 최대한 이용해서 목적을 달성하는 '장인'을 뜻한다. 플라톤에 따르면, 데미우르고스는 선할 뿐만 아니라 이성(nous)적이고 한다.(Plato, *Timaeus*, p.47e, p.48a.) 그가 선하다는 것은 영원하고 불변하는 패턴을 이용해서 우주를 창조했다는 사실에서 드러난다. 만약 데미우르고스가 불변하고 영원한 것을 이용해서 우주를 창조하지 않았다면, 이 우주는 결코 질서와 아름다움을 갖기 못했을 것이다. 앨프리드 테일러는 데미우르고스의 이러한 특성은 기독교 신학의 창조이론과 마찬가지로 자연 세계가 그 자체로 존재하지 못하고, 진정으로 독립적인 존재인 신에 세계가 의존하고 있음을 보여 준다고 한다.(Alfred E. Taylor, *A commentry on Plato's Timaeus*, Oxford: Clarendon, 1928, p.71.) 이것은 화이트헤드의 신관과는 근본적으로 차이가 있다. 화이트헤드에게 신을 초월자의 기능을 갖고 있지 않다. 그리고 신은 홀로 이 세계를 만드는 존재가 아니라, 다른 형성적 요소들(창조성·연장적 연속체·영원한 대상)과의 상호 협조를 통해 세계의 생성에 기여한다. 두 신관의 근본적인 차이점은 플라톤의 데미우르고스가 '고정된' 질서를 의미하다면, 화이트헤드에게 신은 '새로운 질서', 즉 카오스모스와 관련이 있다는 것이다.

11) Plato, *Timaeus*, p.69b.

임없는 과정 속에 있지만, 거기에 자신들의 형상들을 부과함으로써 안정성을 갖고 온다. 플라톤은 기본 물체들의 미시적인 영역에서 질서의 기초인 형상들이 과정의 세계에 관여하지 않는다면, 거시적인 영역에서의 질서는 존재하지 못할 것이다.

화이트헤드는 『티마이오스』에서 어떤 점에서는 플라톤의 통찰을 옳다고 본다. 그 점은 바로 "사물들의 행위를 사물들의 형상적 본질과 결합시키려는 그의 노력에서 발견된다".(PR 94) 사물들의 행동은 궁극적으로는 기본 물체들의 구조와 군에 관련된다. 따라서 화이트헤드와 플라톤의 철학에서 유사점을 찾는다면, 현실적 존재자들에서 결합체와 사회가 생성하는 방식은 플라톤 철학에서 기본 물체들의 근본적 성격과 관계에서 복잡한 사회적 질서가 생겨난다는 점과 매우 밀접한 관련이 있다는 것이다.[12]

예컨대 플라톤의 기본 물체들은 기하학적 특성으로서 규정된다. 즉 삼각형 형태들의 상호 관계들을 통해서 기본적인 현실적 존재자들로서 불·공기·물·흙이 구성되어 있다. 그것들의 상호 관계들을 통해서 이 기본적인 요소들은 보다 복잡한 사물들의 군들이 발생하는 분자들을 형성한다. 이를 통해서 플라톤은 자연적 사물의 여러 종류들 간의 선명한 차이를, 기본적인 종류의 분자들이 각기 정다면체라는 수학적 형태에 가까워진다고 가정함으로써 설명하였다. 그는 또한 음악적인 음표들 사이의 대비처럼 사건들에 있어서의 일정한 질적인 대비는 이 사건들이 정수들 간의 보다 단순한 비례에 관여에 의존한다고 가정한다.(PR 94~95)

---

12) 군(group)에 관한 화이트헤드의 설명은 유한 진리가 가능한가에 대한 그의 설명과 맞물려 있다. 이것은 정초주의자인 러셀과 전체주의자인 브래들리의 입장을 중재하려는 화이트헤드의 논의와 관련이 있다. 여기에 관한 구체적인 내용은 『과학과 근대 세계』에서 '추상화'에 관한 장을 참조하라.

이와 같이 플라톤에 있어서 "양립 불가능성에 대립되는 것으로서의 대비는 환경의 어떤 단순성에 의존하고 있다. 그리고 보다 높은 대비는 보다 낮은 다수들의 대비들의 집합에 의존하고 있으며, 이 집합은 보다 높은 유형의 단순성을"(PR 95) 나타내는 것이다. 마찬가지로 화이트헤드도 보다 더 복잡한 존재들의 군들은 모든 사물들을 특징짓는 일반적으로 수학적이고 기하학적인 형식들의 존재를 제쳐 놓고서는 생겨날 수 없다. 즉 보다 넓고 확산된 사회적 군들은 보다 한정된 사회적 질서의 형식들을 구성하는 한정성의 형식들을 통해서 생겨난다.

　　따라서 화이트헤드의 유기체철학에서 영원한 대상과 플라톤의 형상철학에서 형상은 공히 끊임없이 생성 소멸하는 현실적 계기가 일정 기간 동안 지속하기 위해서 필요한 한정성을 부여하는 역할을 한다.[13] 즉 영원한 대상과 형상은 현실적 계기 혹은 생성에 질서와 안정성을 제공해 준다는 점에서 유사성이 있다.

3. 영원한 대상과 형상의 존재론적 지위

화이트헤드는 플라톤의 형상을 자신의 유기체철학에 받아들이고 있으나, 그의 형상 개념과는 근본적으로 다르다. 이것은 실재에 관한 관점의 변경이라고 할 수 있다. 화이트헤드가 현실 세계를 실재로 간주하는 반면에, 플라톤은 형상을 실재로 파악하고 있다.[14] 이들의 실재에 대한 차이는 형상

---

13) 화이트헤드의 이와 같은 입장은 '연장적 추상화의 방법'의 설명과 매우 유사하다. 어떤 대상이 성격만 동일하다면, 미시적이든 거시적이든 동일한 성격으로 보는 것이다. 이와 같은 점이 크기나 거리에 관계없이 결합의 성격만으로 판단하는 위상수학과 매우 흡사하다.

에 대한 존재론적 지위를 각기 달리 생각하게 하였다.

화이트헤드에 따르면 현실태와 가능태는 서로를 요구하는 관계이다. 현실태의 세계는 가능태의 한정을 요구한다. 화이트헤드의 유기체철학에서 "현실적 존재자와 영원한 대상은 어떤 극도의 궁극성을 띠고서 두드러진 위치에 놓여 있다".(PR 22) 그러나 화이트헤드의 존재론적 원리에 따르면, 과정세계에서 존재하는 것은 현실적 존재자밖에 없다. 영원한 대상은 오직 현실적 존재자에 진입하는 기능을 통해서만 존재할 수 있다.

다시 말해서 영원한 대상은 플라톤의 형상과는 달리 현실태와 관계를 맺고 있지 않을 때는 순수한 가능태로만 있을 뿐이며, 결코 그 자체로 존재할 수 없으며 구체성을 결여하고 있다. 하지만 영원한 대상들은 오직 현실태와의 관계에서만 존재한다. 이 점은 아리스토텔레스의 형상과 질료와의 관계와 유사하다. 화이트헤드가 우주에서 영원하면서 불변하는 것과 생성하나 결코 참되지 않는 것 사이의 대비의 하나로서 형상들과 현실적 존재자들을 분류하지만, 플라톤과는 달리 화이트헤드는 형상들에게 어떤 존재론적 우월성을 돌리지는 않는다.

플라톤은 초기와 중기의 대화편들처럼 『티마이오스』에서도 생성의 세계는 형상들의 세계를 모방한 것이라고 주장한다. 생성의 세계는 궁극적으로 형상에 의해서만 설명이 가능하며, 생성의 세계는 형상보다 덜 실재적인 것이다. 따라서 추상적이고 불변하는 것은 구체적이고 변화하는 것보다 더 실재적인 것이라 주장한다.

---

14) 이 논의는 아리스토텔레스·아퀴나스의 존재와 본질의 문제, 수학에 대한 프레게·후설·러셀·비트겐슈타인의 이론과 관련이 있다. 이는 추상성에 대한 실재론과 관념론 혹은 유명론과 연관성이 있다.

반면에 화이트헤드에 있어서 "영원한 대상은 항상 현실적 존재자들을 위한 가능태"(PR 44)로서만 기능한다. 만일 영원한 대상이 현실적 존재자로 구성된 현실 세계와 독립된 초월적 세계를 형성하는 것이라면, 현실적 존재자 이외에는 다른 것이 존재할 수 없다는 존재론적 원리에 위배된다. 형상에 별도의 존재론적 지위를 부여하는 플라톤에 대한 화이트헤드의 비판의 주된 목적은 과정을 실재로 확증하려는 것이며, 정합성에 대한 그의 이상을 충족시키고자 하는 것이다. 현실태는 결정되기 위하여 가능태를 요구하며, 가능태는 유효성을 가지기 위하여 현실태를 요구한다. 존재하는 것은 무조건 현실적 존재자와 어떤 관계를 가져야만 한다. 이 관계를 화이트헤드는 보편적 상대성의 원리라고 한다.

다수의 존재들로부터 하나의 현실태가 생성되는 실재적인 합생에 있어 요소가 될 수 있다는 가능성은 모든 현실적 존재자와 비현실적 존재자가 지니는 하나의 일반적인 형이상학적 성격이며, 그 우주에 있어서의 모든 항목은 각 합생 속에 포함되어 있다는 것, 다시 말하면 '있는 것'의 본성에는 모든 생성을 위한 가능성이 속해 있다는 것이다. 이것이 상대성의 원리이다.(PR 22)

따라서 형상들은 독립적인 존재가 될 수 없다. 왜냐하면 모든 존재자는 생성의 과정에 기여하는 요소임이 틀림없기 때문이다.(PR 28) 즉 영원한 대상의 형이상학적 지위는 현실태를 위한 가능태의 지위이다. 화이트헤드는 형상의 존재론적 독립성이나 우월성을 주장하는 것은 과정이 실재라는 자신의 가장 근본적인 생각을 위배하게 되는 것이라고 한다.(MT 67~71, 82, 92~93; ESP 80, 83, 89, 92, 95~96, 101, 121) 화이트헤드는 형상들의 독립을 확증하려는 플라톤의 경향은 어떤 인식론적 사유의 귀결에 따른 것으로 보고 있다. 따라서 화이트헤드는 인식의 완전성과 확실성에 대한 개념이 문명을 괴롭혀 왔다고 말한다.

이것은 유럽 사고의 초기 발생에서 시작되었다. 플라톤, 아리스토텔레스, 에피쿠로스는 경험 속에는 어떤 확실성의 요소가 있다고 믿었다. 이들은 추상의 위험을 인식하지 못했다. 우리는 역사 속에서 이들이 확실하다고 믿었던 원리들이, 역사의 변천 속에서 더 이상 생존하지 못함을 보았다. 수학 역시 플라톤이 그것을 인식했던 의미에서 참은 아니다.(MT 58)

화이트헤드는 인식의 절대적 확실성에 대한 이러한 신념은 '독단론자들이 총애하는 미망'pet delusion으로서 특징짓는다. 완전성이라는 것은 인간의 상상력을 괴롭혀 온 개념이다. 그것은 무시될 수 없다. 그러나 형상들의 영역에 대한 순진한 집착은 전적으로 정당화되지 못한다. 진흙의 형상은 무엇이며, 악의 형상들은, 그리고 어떤 불완전성의 형상은 무엇인가? 형상들의 집 속에도 많은 저택이 있다.(MT 69) 플라톤처럼 형상들을 과정의 세계와는 별개의 존재로서 간주하는 것은 형상들의 형상을 고려하도록 만든다. 이것은 아리스토텔레스가 플라톤의 형상을 비판한 요점이다. 이러한 자존적인 완전한 실재로서 형상 개념을 고려한 것은 수학에 대한 플라톤의 평가에 기인한다고 할 수 있다. 그러나 수조차도 현실태와 별개가 되어서는 아무런 의미도 얻지 못하게 된다.

화이트헤드에 의하면, "5와 6이라는 수적 개념들조차 그것들을 예증하는 사물들의 개념과 관련되어야만"(MT 69) 의미를 가질 수 있으며, "모든 형상은 본성상 어떤 종류의 실현에 관련되어야만 한다"(MT 69)는 것이다.

다시 말해서 진흙의 형상은 진흙에 관련되어야만 하고, 악의 형상들은 악을 갖는 사물들을 필요로 한 것이다.(MT 69)

우리는 공허 속에서 영원한 대상들을 경험할 수는 없다. 오히려 그것들이 특징짓는 현실태와의 관계에서 경험한다. 수라는 형상을 통해서 확실성에 이르고자 하는 시도는 바로 '잘못 놓여진 구체성의 오류'를 저지르는 것이다. 사실상 우리의 인식은 언제나 불완전하며 변경을 겪는다. 확실성에 대한 탐구는 과정 속에 있는 것이지 완전한 상태는 아니다. 우리의 진술과 발견에 있어서 정확성은 하나의 허위에 지나지 않는다.(ESP 96, 121)

결론적으로 말해서 플라톤적 실재론에 대한 화이트헤드의 확증에도 불구하고 형상들이 객관적 실재성을 갖고 있다는 입장은 현실태로부터 파생되지는 않는다. 화이트헤드는 플라톤의 형상이론에는 두 가지의 그릇된 편견이 자리 잡고 있다고 한다. 첫째, 형상들이 과정세계와의 관계에 있어 독립적이고 우월한 현존을 갖고 있다는 믿음과 둘째, 인식은 불변하는 형상들에 의해서 제한되며 확실한 것으로서 간주될 수 있다는 학설이다.

이상으로 화이트헤드의 철학에서 영원한 대상이 갖는 의의를 간략하게 고찰하였다. 그는 자연 속에 일정한 질서가 존재하며 그 존속하는 질서를 '영원한 대상'이라는 개념을 통해서 설명하고자 한다. 그리고 그것은 자연의 질서뿐만 아니라 우리가 대상을 인식하는 근거로서 작용한다. 이런 점에서 그의 유기체철학은 플라톤의 형상이론과 유사성을 갖고 있다. 그러나 그의 가능태로서의 영원한 대상은 플라톤의 형상이론과는 존재론적으로 차이가 있다.

4장 내재성의 구도와 미적 질서로서의 신

현대 사회에 있어서 과학의 역할은 워낙 중요해서 다른 여타의 인간의 영역과 비교할 수 없는 절대적 우위의 지위를 갖는다. 이 시대는 과학에 의해 제공되는 것만을 지식의 토대로 간주한다. 우리는 정신적 질환을 겪게 되는 경우에도 철학이나 종교를 통해서 그것을 해결하려는 경우보다는 정신과의사나 상담가로부터 약이나 정신분석을 받는 경우가 대다수이다. 이처럼 정신이나 영혼마저도 '분석'의 대상으로 간주하는 시대적 상황에서, '비가시적인'인 믿음이나 가치를 추구하는 종교는 과학과 확연한 갈등의 국면을 갖거나, 상호 간에 무관심한 영역으로 치부해 버린다. 즉 이것들은 게임의 영역이 전혀 다른 것이다.

그렇다면 우리의 경험의 일부라고 볼 수 있는 종교적 경험은 이 시대에는 더 이상 취급할 수 없는 경험으로 간주하는 것이 타당한가? 하지만 우리는 일상적으로 과학을 통한 경험뿐만 아니라 철학이나 종교적 경험 역시 수행하고 있으며, 믿고 있다. 화이트헤드에 따르면 "종교의 도그마는 인류의 종교적 경험 속에서 드러난 진리를 명료한 언어로 정식화하고자 하는 시도이다. 물리학의 도그마도 이와 정확히 동일한 방식으로 인류의 감각적 지각에 의해 드러난 진리를 명료한 언어로 정식화하려는 시도이다".(RM 57) 그렇다면 우리는 이 경험들을 통약 불가능한 것이 아니라, 공약 가능한 것으로 구성할 방식은 없는가?

거듭해서 종교와 과학은 하나의 우주론 속에서 통합 가능한가? 화이트헤드에 따르면 "철학이 이 양자, 종교와 과학을 하나의 합리적인 사고의 도식 속에 융합시킴으로써 그 최고의 중요성을 획득한다"(PR 15)고 한다. 이는 화이트헤드 자신의 과정철학 속에 오늘날의 과학적 진술과 도덕적·미학적·종교적 직관을 통합하려는 것이다. 그는 이것이 자신의 '사변철학'의 목표로 보며, "미래의 역사는 오늘날의 우리가 그 양자의 관계에 대해 어떠한 결단을 내리느냐에 달려 있다고 해도 지나친 말은 아니라고"(SMW 260)까지 말한다. 따라서 이 장에서는 과학과 종교의 통합에 대한 화이트헤드의 언급을 살펴보고[1] 이를 통해 화이트헤드의 신 개념이 기존의 신 개념과 어떤 차이가 있는지를 알아볼 것이다.

1. 조화와 경쟁

동양과는 달리 서양에서 계급제도 폐지, 노예제도 폐지, 민주정치 실현, 자연과학의 발전은 어떻게 이루어지는가? 이러한 정치·사회·과학에 대한 새로운 전개는 서구를 지구 중심에 우뚝 서게 했다. 그렇다면 이러한 전개는

---

1) 과학과 종교는 너무나 이질적이어서 갈등 관계에조차 놓일 수 없다는 견해와 종교와 과학은 대화를 통해 서로 공명할 수는 있지만 이 두 가지는 너무 특유한 것들이기에 그것들이 모두 유용하게 사용될 수 있는 포괄적인 세계관으로 통합될 수 없다는 입장은 화이트헤드의 입장과는 다르다고 볼 수 있다.(Iann Barbour, *Religion in an Age of Science*, San Francisco: Harper & Row, 1990, pp.3~30.)

어떤 관념과 관련이 있는가? 화이트헤드에 따르면 이런 관념은 플라톤의 인간 영혼에 대한 학설과 기독교의 유신론에서 드러난 영혼에 대한 학설의 결합을 통해서 제공되었다.(AI 14~16) 즉 서양 문명의 특징은 "순수한 인간성에서 오는 인간의 본질적 권리라는 관념의 발전"(AI 13)이다. 그리고 신이 자연에 부과한 절대적이고 필연적인 질서를 탐구하는 과정에서 자연과학이 발달되었다.

역설적으로 정치·경제·과학의 발전은 신을 배제하는 사회를 이끌었다. 17세기와 18세기에 이와 반대로 인간의 영혼을 부정하는 유물론과 감각주의 이론들이 널리 확산되었다. 그 시대의 가장 대표적인 철학자인 흄의 도덕원리에 대해서 화이트헤드는 다음과 같이 평가한다.

> 흄이 논하는 각기 판명하게 구별되는 자기 충족적 존재들인 인상의 흐름과 인상에 대한 반응의 흐름이라는 것은 플라톤이 논한 영혼과 매우 다른 것이었다. 우주 안에서 인간의 지위가 재고되어야 했다. "사람이 무엇인데, 주께서 그를 생각하시옵니까?" 창조의 정상에 있는 인간이 사해형제라는 생각은 더 이상 도덕원리의 분명한 기초가 될 수 없었다.(AI 29~30)

이와 같은 상황에서 신에 관한 논의가 철저하게 배제되기 시작한 것은 19세기에 착수된 실증주의와 공리주의에서 비롯되었다. 벤담의 공리주의와 콩트의 실증주의는 종교나 철학에 기반을 둔 신비적 주장을 일소하였으며, 이것은 17세기에 뉴턴이 주도한 형이상학에 대한 과학의 반역과 마찬가지로 도덕과 정치이론에서도 동일한 반역을 시도하였다.(AI 26~27) 그들의 철학적 주장은 과학이론에 근거한 객관적인 토대라고 한다.

하지만 화이트헤드에 의하면 실증주의는 "인류 선별에 대한 예찬으로 대치되고", 공리주의의 최대 다수의 최대 행복은 "열등자의 인도적 절멸"로 대치된다. 그들은 확실성을 얻고자, 플라톤과 종교를 포기한 것이다.(AI 38)

물론 현대에도 종교는 인간의 삶에 지대한 영향을 미치고 있음은 주지의 사실이다. 하지만 탈종교화된 세속 사회에서 종교는 더 이상 사회의 '공통감'을 형성하지 못한다. 그 이유는 여러 가지가 있겠지만, 현대의 종교는 안락한 생활을 장식하는 형식 신앙으로 변질되었고, 행위 규범에 대한 집착으로 종교적 열정의 쇠퇴를 불러왔다. 또한 현대 문명에서 제기되는 다양한 증거들을 새로운 사유 도식으로 포괄하고자 하는 조화로운 시도가 없는 이상은, 종교라는 경험은 무의미한 것이 될 수밖에 없다.(SMW 260~272) 그런데 화이트헤드에게 모든 경험 속에서는 모험이 있다. 그가 당대의 과학 및 논리학이 기존의 지식을 넘어서는 모험을 하였듯이, 신에 대한 관념 역시 기존 이론을 넘어서는 모험이 필요하다고 보았다.

신에 대한 경배는 안정에 대한 규칙이 아니다. 그것은 영혼의 모험이며, 성취하기 어려운 것을 향해 솟구치는 비상이다. 종교의 죽음은 그 모험을 향한 고귀한 희망을 억압하는 데서 온다.(SMW 276)

그렇다면 이러한 '영혼의 모험'이 근대에 접어들면서 점차적으로 주류에서 사라진 이유는 무엇인가? 그것은 고대와 중세를 지배해 온 목적인에 대한 작용인의 반작용이다. 화이트헤드에 따르면 고대와 중세를 반영하는 중요한 개념이 '형상', '조화', '조정' 개념이라면, 19세기는 '개체성'과 '경쟁'의 개념이다.(AI 31) 근대 과학에서 '작용인'의 측면만을 다룬 것과 마찬가지로, 근대철학 및 정치학의 태동을 알린 베이컨, 마키아벨리, 여러 군주들 ── 헨리 8세, 엘리자베스 1세, 앙리 4세 등 ──은 투쟁이나 경쟁을 가장 중요한 현실적 사실로 견지하였다. 이것은 19세기의 자유주의적 신조와 맞물려 있다. 그러나 근대와 현대 과학 및 여러 철학 학파에서 인간의 영혼을 거부하는 것은, 우리의 "구체적인 삶에 있어 전제되는 도덕적 직관들"(SMW 116)을 인정하지 않는 것이다. 더욱이 그것은 인간의 '자유' 및 '이상'을 향유하는 인간이라는 종족의 특수한 성격을 받아들이지 않는 것이다.(SMW 113; FR 12~16) 다시 말해서 정치적 모험, 경제적 모험, 종교적 모험 등을 더 이상 향유할 수 없다는 것이다.

또한 이 시기는 경쟁적 투쟁과 낙관적인 조화설의 절충이었다. "개체 간의 투쟁이 조화로운 사회의 점진적 실현을 낳게 되는 것을 '우주의 법칙'이라고 믿고 있었다. 그래서 사람들은 다른 모든 사람들과의 치열한 경쟁 속에 있으면서도 '인간의 형제애'에 대한 정서적 신념을 간직할 수 있었다."(AI 33) 하지만 1830년부터 70년 동안 시행된 자유주의와 경쟁에 관한 단순한 학설은 그 사회의 저변에 산업 노예라고 할 수 있는 사람들을 탄생시켰다. 이것은 '원자론적 사회'이론에 근거해 있다.[2)]

화이트헤드에 의하면 "자비로운 섭리라는 하느님의 뜻에 따라 개인주의적 경쟁과 산업활동이 필연적으로 인간의 행복을 가능하게 할 것"이라는 신관神觀은 신과 피조물의 관계를 전제 군주와 노예의 관계로 보는 것이다. 이것은 존재론적 측면에서 보면 작용인의 측면에서만 세계를 바라보는 것이다. 물론 인간 사회가 투쟁을 통해서 구성되는 측면이 있지만, 모든 것이 작용인에 의해서 결정되는 것은 결국 우리 사회의 '자유'와 '이상'이라

---

2) 화이트헤드는 칼 맑스의 '계급투쟁설'은 산업혁명에서 초래된 해악의 측면에 집중되어 있으며, 경쟁이나 투쟁을 당연시하는 입장에서는 근대에서 '작용인'을 강조하는 학설과 동일한 입장에 있다고 본다.(AI 94)

는 어떤 측면을 간과하는 것이다. 즉 '힘의 복음'(SMW 297)을 통한 모든 것의 해결은 사회적 쇠퇴의 조짐을 보일 뿐이다. 한편 고대와 중세에는 조화를 사회에서 가장 중요한 측면으로 간주하는데, 이것은 목적인의 양상이라고 볼 수 있다. 화이트헤드는 이 양상을 서양 사상의 이천 년 동안 유지되어 온 '느낌의 일반화'generalization of feeling라고 하며, 이것은 철학과 종교를 통해서 지속적으로 계승되어 온 것으로 본다.

> 지난 이천 년 동안 플라톤의 철학이론과 기독교의 직관은 사람과 사람 사이의 존경과 우애의 정서——즉 형제애의 개념——가 서구에서 서서히 성장하는 데 지적인 정당성을 제공해 왔다. 이 정서는 모든 사회 집단의 기저를 이루고 있다. 그것은 비교적 맹목적인 정서로서, 즉 서로 협동하며, 도와주고, 양육하며, 귀여워하고, 함께 놀며, 애정을 표시하는 것과 같은 충동으로서 동물 사회에도 분명히 침투해 있을 것이다.(AI 94)[3]

그러나 17세기에서 20세기에 이르는 서구의 사상은 '작용인'의 측면에서만 사물의 양상을 파악했다. 이것은 현실태의 어떤 측면을 간과한 것으로 본다. '이상'이나 '목적인' 혹은 '조화'라는 측면은 작용인과 동일하게 현실태의 한 극을 형성한다. 이때 목적인을 최고의 주제로 다루는 영역이 종교이며, 그것은 한 문명에서 발생하는 여러 사건들을 통일하는 '공통 기반'을 조성한다. 화이트헤드에 따르면 종교의 이상은 '힘에 대한 설득의 승리'

---

3) 화이트헤드는 이천 년 동안 철학과 종교는 이상적인 인간상을 내걸고 최고의 가치를 추구하였다. 예수회 수사들은 파타고니아(Patagonia)에 갔으며, 존 울먼(John Woolman)은 노예제를 비난하였고, 토머스 페인(Thomas Paine)은 사회적 억압과 원죄의 교리에 항거하였다. 화이트헤드는 이것이 철학과 종교가 인간에게 끼친 영향이라고 보았다.(AI 95)

로 보며, 이런 점에서 오늘날의 기성 종교들은 플라톤의 이상에 해당하는 목적인을 제대로 수행하고 있지 못하다고 볼 수 있다.[4] 왜냐하면 현재의 종교는 어떠한 공통 기반도 구성하고 있지 못하기 때문이다. 그러므로 화이트헤드는 '목적인'에 대한 주장을 통해 '영혼' 및 '종교의 경험'을 자신의 우주론의 도식 속에 포함시키고자 한다. 그러한 "하나의 우주론을 제시하는 것은 무엇이든지 하나의 종교를 제시하는 것"(RM 136)이라고 한다. 물론 화이트헤드의 이런 언급이 절대적으로 불변하는 신 개념을 구축하려고 하는 것은 아니다.

모든 종교는 각 시대의 삶의 방식과 궁극적 실재를 일치시키려는 욕망이 있다. 예컨대 기독교는 하나님의 목적에, 이슬람은 알라Allāh에, 유교는 천명天命에, 도교는 도에, 불교는 공에 조화되려는 욕망이 있다. 다양한 문명에서 발생한 이러한 종교적 경험에 대해서, 인류학자인 기어츠는 초자연적인 것, 즉 신의 현존과 같은 신념들은 보편적으로 적용될 수 없으며, 오직 종교적 관점은 가치들이 실재의 고유한 구조에 근거한 것으로 보아야 한다고 주장한다. 다시 말해서 종교는 사람이 살아가는 방식과 사물들이 실재로 존재하는 방식 사이에 놓여 있는 구조이다. 따라서 기어츠는 사물들이 존재하는 방식과 삶의 방식의 일치라는 관점에서 종교를 정의했다.[5]

화이트헤드의 우주론 역시 과학과 종교를 사물의 방식과 일치시키기

---

4) 플라톤은 『티마이오스』에서 작용인과 목적인의 관계, 혹은 필연성과 이성의 결합을 다음과 같이 설명한다. "이 우주의 생성은 필연과 이성의 결합에서, 그 혼합의 결과로 일어났으며, 이성이 생성하는 대부분의 사물의 최상의 것으로 이끌어 가도록 필연을 설득함으로써 지배한다. 이러한 원칙에 따라서 필연이 사려 깊은 설득에 복종하게 되며, 우주가 최초에 만들어지게 된 것이다."(Plato, *Timaeus*, pp.47E~48A.)

5) Clifford Geertz, *Islam Observed: Religious Development in Morocco and Indonesia*, New Haven: Yale University Press, 1968, pp.96~97.

위한 시도로 보아야 한다. 화이트헤드는 자신의 후기의 저서들을 중심으로 신에 관한 다양한 논의를 전개하였다. 특히『과학과 근대 세계』,『종교의 형성』,『과정과 실재』에서 신 개념들을 집중적으로 논의를 하였다.『과학과 근대 세계』에서 신은 대체적으로 창조성과 영원한 대상을 매개하는 '구체화의 원리'로 혹은 '한정의 원리'로 기술된다. 그리고『종교의 형성』에서 신은 창조성, 영원한 대상과 함께 형성적 요소로서 규정되었으며, 마지막으로『과정과 실재』에서 신은 현실적 존재자로 설명된다.

2. 과학과 종교

근대 자연과학에서 기계론의 입장을 간단히 살펴본다면, 기계론에서 물질들이 상호 외적인 관계만을 가질 때, 이것들은 타자들의 구성에 직접적으로 관여하지 않으며, 다만 '위치 이동'으로 물질의 운동을 설명할 수 있다.[6] 특히 유물론에 따르면 "시간의 경과가 물질의 본질에 속한다기보다는 부수적인 것에 불과한 것"(SMW 73)이다. 여기서 물질은 지속하지 않으며, '찰나적 순간'에 존재하는 것이다. 그러나 오늘날의 물리학에서 물질이 존재하는 데에는 지속이 필요하며, '찰나적 순간'에 존재하는 자연은 없다 (SMW 35, 124; MT 146)고 한다.

　　따라서 유물론이 자연과학을 대표하는 물리학과 생물학에서도 동일하게 불충분함에도 불구하고, 과학이 신을 자신의 영역에서 추방하였다는

---

6) 아인슈타인의 상대성이론 역시 물리적 상수 t로 시간을 보기 때문에, 구체적인 삶에서 비롯되는 지속하는 시간을 간과한다. 구체적인 지속과 추상적 시간과 관계에 대한 논의가 화이트헤드의 자연철학 시기의 주된 작업이다.

사실은 이미 하나의 상식이 되었다. 물론 화이트헤드 자신도 대부분의 생애 동안에 불가지론자不可知論者이었으며, 심지어는 무신론자이었다. 그러나 화이트헤드는 플라톤과 기독교의 영혼에 관한 입장을 받아들여서, 모든 존재에는 영혼이나 정신을 전제해야 한다고 보았다.

다시 말해서 "플라톤은 관념을 적극적으로 파악함으로써 전 우주의 과정을 공평하게 조건 짓는 기본적인 프시케ψυχή 같은 것을 생각하고 있었다".(AI 147/244) 이 프시케는 "세계의 질서, 진화론적 과정의 상향성, 새로움, 아름다움, 규범적 이상"과 같은 것이 있다는 사실을 전제하며, 보여 준다. 이것은 대체적으로 근대의 과학철학에서 제기되는 '합리성'의 기준을 넘어서는 방식이다.[7]

화이트헤드에게 합리성은 작용인과 목적인의 상호 작용을 설명하는 것이다. 즉 화이트헤드에게 합리적 관점은 인간 경험에서 과학적 관점뿐만 아니라, 종교적·미학적·윤리적 경험들이 실재에 대한 인식에 기여한다는 점을 받아들이는 것이다.[8] 이런 점에서 그는 우주론적 도식을 구성할 때, "증거 전체를 고려의 대상으로 삼고자 하는 단호한 결의"(SMW 268)가 있

---

[7] 과학에서 합리성의 문제는 이론 선택의 기준이 형식적, 불변적이며, 누적적으로 진보한다는 논리 실증주의와 반증주의의 입장이 있으며, 불변적인 기준과 누적적 진보를 부정하는 토머스 쿤, 폴 파이아벤트 등이 주도하는 비합리주의가 있다. 경험을 통한 확증 가능성과 반증 가능성을 주장하는 전자의 입장이나 관찰의 이론 의존성을 주장하는 후자의 입장은 모두 오류를 범하고 있다. 경험에서 감각 가능한 자료는 흄의 인상과 인상의 관계에서 드러나는 외적 관계의 자료들이다. 그리고 관찰의 이론 의존성을 주장하는 견해도 '목적'이나 '의도'는 전혀 배제한다. 이런 점에서 양자의 입장은 매우 추상적인 도식에 근거한 것이라고 볼 수 있다. 그런 방식으로는 결코 철학이나 종교의 경험은 과학과 화해할 수 없다.(해럴드 브라운, 『논리 실증주의의 과학철학과 새로운 과학철학』, 신중섭 옮김, 서광사, 1990, 25~50쪽.)

[8] 화이트헤드에 따르면 진정한 합리주의는 영감을 찾아 구체적인 것으로 되돌아 감으로써 언제나 자기를 초월해 가는 것이며, 따라서 그는 '자족하는 합리주의는 사실상 일종의 반합리주의'라고 한다. 20세기에 와서 인간이 경험한 다양한 영역을 포괄하는 새로운 개념을 구축하는 것이 진정한 합리주의자의 길이라고 화이트헤드는 본다.(SMW 288~289)

어야 한다고 주장한다. 물론 "사상이란 추상적이다. 그러나 지성의 주된 결합은 추상 관념에 대한 지나친 의존에 있다".(SMW 26) 이것은 사상가들의 원죄이다. 화이트헤드는 이를 '잘못 놓여진 구체성의 오류'라고 한다. 따라서 철학의 과제는 과학과 신학이라는 추상적 도식에서 빚어진 과잉 주장을 제거하고, 양자를 통합할 우주론을 제시하는 것이다.

> 당신은 신학을 과학으로부터 도피시킬 수 없으며, 신학으로부터 과학을 도피시킬 수 없다. 당신은 형이상학으로부터 과학과 신학 가운데 어느 것도 도피시킬 수 없다. 진리에 이르는 왕도는 없다.(RM 76~77)

한편 우리는 자연과학과 종교를 전혀 별개의 학문이거나 차원이 다른 것이라고 간주한다. 왜냐하면 과학은 자연에 존재하는 대상물이나 인간의 신체를 다루는 것이며, 종교는 인간의 영혼과 신과의 관계를 다루는 것이기 때문이다. 하지만 화이트헤드는 종교와 과학을 다르게 보는 것은 납득할 수 없다고 본다. 왜냐하면 이 세상에서는 정신과 신체를 떼어 놓을 수 없기 때문이다.(AI 40) 마찬가지로 신체나 대상을 다루는 과학과 정신을 다루는 종교는 밀접한 관련이 있다는 것이다.

화이트헤드는 자연과학과 종교적 전통과의 관련성은 자연과학이 다루는 주제에서 비롯된다고 본다. 자연과학은 다음과 같이 네 가지 주제를 다룬다. 첫째는 존속하는 실재적 사물로 바위조각, 인간 존재의 개체성이나 영혼이라고 할 수 있다. 둘째는 생겨나는 실재적 사물로 거리, 방, 동물의 몸에서 일어나는 사건들로서, 각각의 시간 단위에서 일어나는 경험들이다. 셋째는 반복되는 추상적 사물로, 바위의 형태나 모양 혹은 애정의 느낌과 같은 것이 반복의 유형으로 들 수 있다. 넷째는 자연의 법칙인데, 이것은 만유인력의 법칙이나, 사물의 기하학적 관계를 들 수 있다.(AI 39) 이와 같이 자연에는 반복되는 규칙이나 지속성이 있다. 우리는 이를 '법칙'law이라고 한다. 일상적으로 모든 지역에서 농사를 짓는 것은 자연의 환경 변화에 맞추어서 실행된다. 이는 기본적으로 자연의 법칙에 순응한 방식이라고 볼 수 있다. 서양 역사에서 자연법칙은 네 가지의 주된 학설로 나뉜다.

> 법칙을 내재하는immanent 것으로 보는 학설, 법칙을 부과imposed된 것으로 보는 학설, 법칙을 관계된 계기의 질서observed order of succession로 간주하는 학설, 다시 말하면 법칙을 단순한 기술로 이해한 학설, 그리고 법칙을 규약에 의한 해설conventional interpretation이라고 보는 비교적 최근의 학설이 그것이다.(AI 111)

'법칙을 관계된 계기의 질서'로 보는 것은 흄의 입장을 계승한 공리주의와 실증주의에서 보는 자연법칙에 관한 학설이다. 즉 이것은 관찰된 것만을 법칙으로 인정하는 근대의 뉴턴 우주론을 받아들인 실증주의적 학설이다. 이것은 과거와 미래에 대해서 현재가 어떻게 관련되는지에 대해서 알려 주는 바가 없다. 다만 '증거'를 통해서 드러난 사실만을 기술할 뿐이다. 우리는 화이트헤드가 이러한 견해를 '단순정위'의 학설로 보며, 고도로 추상화된 학설이라고 주장한 것을 이미 알고 있다. 이 학설은 "자연의 법칙이란 단지 일련의 자연의 사물들에 대한 관찰에서 지속으로 발견되는 하나의 패턴에 지나지 않는다는 것"(AI 115)이다.

이 학설의 장점은 우리로 하여금 의심스러운 형이상학을 폐기하거나, 피해 가게 한다는 사실이다. 하지만 이 학설은 자연 속에 존재하는 다양한 양태들을 감추거나, 은폐하는 형태이기 때문에, "근대의 학문이나 과학은 독단적으로 가정된 불충분한 형이상학적 가정에 따라 미리 결정된 한계 내에서 사고와 관찰의 길을 트고 있다".(AI 118) 즉 이 학설은 이성을 "단순한 감각 여건이나 동어반복과 같은 하잘것없는 주제로 축소시킨다".(AI 118) 따라서 이 학설을 통해서 합리적으로 설명할 수 없는 것은 독단적 판단에 내맡기게 된다. 자연의 법칙에 관한 학설들 가운데, 형이상학과 밀접한 관련을 맺는 두 가지 학설은 부과의 학설과 내재의 학설이다. 부과의 학설에서는 신을 '강제성의 최고 작인'으로 본다. 이 학설의 경우 "신은 완전히 파생적인 세계를 전능적으로 처리할 수 있는 유일한 최고의 실재로 변형되기에 이른다".(AI 116) 부과의 학설에서 신은 대체로 다음과 같이 세계와 관련을 맺는다.

> 최종적인 형이상학적 승화 단계에서 신은 모든 존재에 대한 유일하고 절대적이며 전지전능한 원천이며, 스스로 존재하기 위해서 그 자신 이외의 그 어떤 것과의 관계도 필요로 하지 않는 존재였다. …… '신'은 독보적인 실재였으며, '세계'는 파생적인 실재였다. '신'은 세계에 필요한 것이지만 '세계'는 '신'에게 반드시 필요한 것이 아니었다. 양자 사이에는 커다란 간극이 있었다.(AI 169)

이것은 데카르트의 실체 개념이나 뉴턴의 만유인력의 법칙이 신에 의해 '부과'되었다는 학설을 통해서 알 수 있다.(AI 114) 부과된 법칙의 학설은 다음과 같은 형이상학을 채택하고 있다.

> 자연의 궁극적 구성요소인 존재들 간의 '외적 관계'를 주장하는 형이상학설을 채택하고 있다. 따라서 이들 궁극적인 사물들 각각의 성격은 그 각각

사물 자체의 고유한 규정성으로 간주될 수 있다. 이러한 존재는 그 밖의 어떤 존재와도 완전히 분리시켜 그 자체만으로 이해될 수 있으며, 근본적으로 보자면 그러한 존재는 존재하기 위해 그 자신 이외의 아무것도 필요로 하지 않는다.(AI 113)

한편 자연은 시계처럼 엄밀한 법칙에 따라서 움직이고 작동한다. 이것은 신에 부여한 필연적 법칙을 통해서 가능하다는 것이 갈릴레이, 데카르트, 뉴턴과 같은 근대 과학자들의 사유방식이었다.[9] 그러나 화이트헤드는 자연 속에서 아무리 필연적인 법칙을 추구한다고 하더라도, 그곳에는 공통의 성격을 벗어난 변덕스러움이 있다고 한다. 즉 확률적인 접근 외에는 없다는 것이다.[10]

예컨대 우리는 개개의 전자에 대한 정확히 예측할 수 없다. 다만 전자에 관해서 우리가 알 수 있는 사실은, "수백만 개의 전자군에 관한 것"(AI 115)이다. 그러나 화이트헤드는 자연법칙이 내재한다는 학설을 받아들인다. 그가 보기에 "모든 존재자는 공동으로 구성하고 있는 현실적 사물의 성격을 표현한다"(AI 111)는 것이다. 이 학설에서는 '절대적 존재'는 부정되며, 모든 사물은 '상호 의존'을 전제로 한다. 그는 내재적 자연법칙을 받아들이는 근거로 여섯 가지를 들고 있다.

첫째, 과학자는 관찰에 대한 단순화된 기술을 추구하는 것이 아니라, 설명을 추구하는 것이다. 둘째, 어떤 법칙이라도 자연과 정확하게 일치시키는

---

9) 이후의 철학에서는 신을 제외하고, 자연법칙에 관한 근대 사상가들의 기술을 받아들인다.
10) 화이트헤드는 역설적으로 근대인들이 이러한 사유를 하였다면, 오늘날 어떤 과학도 존재하지 않았을 것이라고 한다.

것은 불가능하다. 다만 법칙을 통계적으로만 알려질 뿐이다. 셋째, 사물이 변하면, 법칙도 변한다. 이것은 사물의 진화와 자연의 법칙의 진화를 동시에 사유하는 방식이다. 넷째, 귀납법칙은 환경의 한계 내에서만 받아들일 수 있다. 다섯째, 사물의 성격은 사물들 '사이의' 상호 연관의 결과이다. 여섯째, 내재의 학설은 철저하게 합리적인 학설이다.(AI 112~113)

자연의 법칙은 사물들이 일정한 규칙들에 따라서 반복하는 것이다. 그 반복을 실패하는 경우에는 자연의 법칙은 만들어질 수 없다. 법칙들이 전자기적 계기들의 환경의 산물이다. 법칙은 운동하는 사물 등의 성격에서 나온 것이다. 그것은 클레멘트Clement of Alexandria가 말하는 공동체적 관습(습관)이다. 주어진 사물들이 부과된 법칙에서 상호 운동한다는 낡은 관념은 폐기되어야 한다.

한편 화이트헤드가 자연의 법칙과 우주론에서 내재의 학설을 받아들이는 이유는 '존재'에 관한 그의 사유와도 직접적인 관련이 있다. 그는 존재란 '엄숙하게 초연한 영원 부동의 것'이 아니라, "작용의 주체인 동시에 작용의 수용자"(AI 120)라고 한다. 화이트헤드는 존재하는 것은 어떤 곳에서 다른 것에 영향을 주고, 받는 것이라고 한다.[11]

존재에 대한 이러한 정의를 화이트헤드는 '신'과 '세계'의 관계에도 동일하게 적용한다. 화이트헤드는 신이 초월적으로 자연에 법칙을 부과하는 것이 아니라, 신은 본질적으로 내재하는 존재라는 것이다. 이런 사유는 스

---

11) 존재에 관한 화이트헤드의 정의는 플라톤의 대화편 『소피스테스』(Sophistes)에서 나오는 것을 받아들이고 있다. 플라톤은 다음과 같이 존재의 힘을 정의한다. "그 어떤 것이건 간에 단 한순간이라도 다른 것에 영향을 끼치거나 다른 것의 영향을 받는 것은 그 원인이 아무리 보잘것없고 그 결과가 아무리 미소하고 순간적인 것이라 하더라도, 참으로 존재한다."

피노자의 신관과도 맞물려 있다.[12] 신과 세계의 교통에 대한 사유는 '플라톤의 수용자', '루크레티우스의 공허', '라이프니츠의 신'을 통해서 어느 정도 진행되었다. 화이트헤드는 기본적으로 '자기 충족적인 존재'란 없다고 한다. 모든 개체적 사물은 환경과 불가분의 관계에 놓여 있다. 개체적 사물은 '그 환경의 한 변형이며, 그것과 분리시켜 이해될 수 없다'고 한다.

그러므로 화이트헤드에게 신학의 임무는 생성 소멸하는 세계 속에서 그것을 초월하는 어떤 이상을 보여 주는 것이라고 한다. 이것은 단순한 삶의 기쁨이나 슬픔보다는 '더 깊은 만족의 양상'을 위해서 요구된다고 한다. 그는 이러한 신학적 임무를 자신의 존재론과 밀접한 관련성 속에서 새롭게 구성해 보고자 한다. 화이트헤드는 현실적 존재자의 상호 내재 혹은 존재의 정의를 통해서 새로운 신 개념을 구상한다.

우선적으로 이 신은 강제적이거나 위압적인 작인이 없으며, 오직 '설득적인 작인'의 형태로만 이해된다. 그는 신과 세계가 상호 간에 내재한다는 것을 기본으로 삼는다.

> '세계'는 '신'과의 합일이 필요하며, '신' 또한 '세계'와의 합일이 필요하다는 것이다. 건전한 이론은 '신'의 본성 속에 있는 '이상들이' 신의 본성에 자리 잡고 있음으로 해서 어떻게 창조적 전진에 설득적 요소가 되는가에 대한 이해를 필요로 한다.(AI 168)
> 신학의 임무는 어떻게 '세계'가 단순히 변천하는 사실을 초월한 그 무엇에 근거하고 있는가를 보여 주는 데에 있으며, 또 어떻게 '세계'가 소멸하여

---

12) 화이트헤드는 플라톤은 초기 셈족계 일신교(유대인이나 마호메트교)에 부과된 법칙을 부여하는 신이 아니라, 부과와 내재에 결합된 신을 사유하였다고 한다.

가는 계기들을 초월한 그 무엇에 귀속되는가를 보여 주는 데 있다. 시간적인 세계는 유한한 성취의 무대이다. 우리가 신학에 요구하는 것은, 소멸하여 가는 삶 속에서도 우리의 유한한 본성에 고유한 완성을 표현하는 가운데 불멸하는 그런 요소를 표현해 달라는 것이다. 이렇게 하여 우리는 어떻게 해서 삶이 기쁨이나 슬픔보다도 더 깊은 만족의 양상을 포함하는가를 이해하게 될 것이다.(AI 172)

이와 같은 논의를 화이트헤드가 언급하는 신의 본성과의 관계에서 보다 더 구체적으로 살펴보자.

3. 신 개념을 어떻게 이해할 것인가?

화이트헤드는 자연과학의 주제는 '존속', '사건', '반복', '법칙'이라고 한다. 그는 반복의 성질을 가진 바위의 모양이나 형태, 색상을 '영원한 대상'이라고 한다. 그런데 매번 새로운 시간의 경험 속에서 반복되는 영원한 대상이 진입해서 존속하는 사물들이 생겨난다. 일상적 삶에서 존속하는 사물들에는 어째서 질서와 안정성이 생겨나는 것일까? 화이트헤드는 성급하게 브라만Brahman, 천도天道, 신God에 관한 언급으로 신에 대해 단정 지으려고 하지 않는다.

설명이 되지 않는 어떤 방식으로, 당황함의 제거를 위해서 호소되는 궁극적인 실재라는 편리한 가정으로 자연의 그런 질서의 존재에 대한 우리의 확신으로 넘어가는 간략한 결론은 자신의 권리를 주장하기 위한 합리성에 대한 커다란 거부가 된다.(SMW 134~135)

자연은 과정이다. 즉 모든 만물의 진화의 과정 중에 있다. 그 와중에도 사물은 "제한받으면서 동시에 완강한 장애물로서 어떠한 타협도 없이 그 자신의 환경을 자신의 여러 양상으로 물들이고 있다".(SMW 137) 즉 사물은 자신만의 가치를 창출하고 있는 것이다. 이러한 점에서 "가치는 제한의 산물"(SMW 257)이다. 이러한 가치의 한정을 받는 것은 현실적 존재이다.

특정한 존재방식이 필요하며, 또 사실로서의 특정한 본질을 필요로 한다. 이 점을 인정하지 않는다는 것은 곧 현실적 계기의 실재성을 부정하는 일이 된다.(SMW 256)

화이트헤드는 한정을 통해 우리가 사물들을 지각하는 경우, 그것을 가능하게 하는 질서를 부여하는 자가 무엇인지 묻는다. 그는 이를 '신'이라 부른다. 현실태들이 작용인과 목적인의 상호 작용이라 하더라도, 그것들은 다양한 개별적 목적들의 영역을 갖고 사회들의 상호 관계성의 질서 정연한 체계로서 우주를 구성하는 질서와 목적에 관해 전적으로 책임질 수 없다. 개별적 계기들과 그것들의 군의 성격에서 발생하는 '내재적 법칙'은 목적의 활동을 보다 제한된 중심을 조직하고 등위화하는, 최고의 구성원을 요구한다.

부과된 법칙에 대한 어떤 개념을 떠날 때 내재의 학설은 어째서 우주가 법칙 없는 혼돈으로부터 끊임없이 거슬러 되돌아가지 않는가에 대한 어떤 이유도 제시하지 못한다. 실제로 내재적 학설에 따라 해석되는 우주는 어떤 안정된 현실태, 즉 그것과 그 밖의 사물들 사이의 상호 연관이 질서로의 불가피한 지향을 보증해 줄 수 있는 안정된 현실태를 포함하는 것으로 나타나야 한다. 플라톤이 말하는 '설득'이 필요한 것이다.(AI 115)

화이트헤드의 우주론에서 존재들은 서로 간에 고립되어서는 무의미하며, 어떤 효력도 미치지 못한다. 즉 자기 충족적인 존재는 화이트헤드의 우주론에는 존재하지 않는다. 신이 다른 형성적 요소들 및 현실적 존재들과 관련을 가진다면, 그것은 현실태들이 구성하는 관계를 위반해서는 안 된다. 만약 신이 자연의 통합적인 부분이라면, 이때 신은 그것들의 완전함을 자의적으로 위반하기보다는 다른 형성적 요소들과 현실태의 성격과의 일치 속에서 작용하는 것으로 보아야 한다. 신과 다른 존재들과 관계는 사변철학에 필수적인 정합성의 사례가 되어야 한다.

여기에서 사용되는 '정합성'은 그 도식이 전개되는 관점에서 근본적인 관념이 서로 간에 전제하며, 따라서 고립되어서는 그것들이 무의미하다는 것을 의미한다.(PR 3)

화이트헤드의 신은 질서와 새로움의 궁극적인 원리이다. 그것은 창조적 과정에서 혼돈적이었던 것에 질서를 부여하고 보다 높은 가치의 성취를 위한 수단으로서 새로운 질서의 형태를 촉진하는 요인이다. 이러한 신을 배제한다면, 현실태는 비존재하게 된다.(RM 115; PR 225) 이와 같이 화이트헤드는 자신의 유기체철학의 정합성의 원리를 위배하지 않는 방식에서 신을 기술한다. 그는 부과적인 신처럼 모든 것을 규정짓는 존재로 신을 설명하지 않는다. 그는 현실적 존재자의 '존재론적 원리'에 어긋나지 않는 방식에서 신을 설명한다. 또한 화이트헤드의 신은 전지전능한 신의 의미가 아니라 '미적인 질서'의 양상을 지닌 의미로 본다. 이것은 궁극자의 범주인 창조성이 미적인 범주로 구성되어 있는 것과 마찬가지로 신의 질서 역시 미적인 형식으로 구성되어 있다.

여기서 해명되는 형이상학적 학설은, 칸트의 학설에서 인지적이고 개념적인 경험과는 달리 미적 경험에서 세계의 기초를 발견한다. 그러므로 모든 질서는 미적 질서이며, 도덕적 질서도 미적 질서의 어떤 측면에 지나지 않는다. 현실적 세계는 미적 질서의 결과이며, 미적 질서는 신의 내재에서 도출된다.(RM 104~105)

하지만 미적 형이상학을 구성하는 화이트헤드의 입장에서, 신에게 부여한 미적 질서는 체계에 대한 단순한 부가는 아니다.[13] 미적 경험은 칸트의 철학에서 인식적 경험이 근본적인 것과 마찬가지로 화이트헤드에게는 가장 근본이 되는 경험이다. 특히 미적 가치는 다른 어떠한 가치보다 가장 우선시되는 가치라고 할 수 있다. 그리하여 우주에 어떤 목적이 있다면, 그것은 '미의 생산'에 있다는 것이다. 따라서 유기체철학에서 신의 역할은 미적인 가치에 대한 충동과 깊은 관련이 있다.[14]

그리고 신은 현실적 존재들처럼 양극적인 성격을 갖고 있다.[15] 신의 원초적 본성과 결과적 본성이다.(PR 345) 신의 원초적 본성은 "각각의 현실태에 대한 영원한 대상의 상대적 관련성을 결정짓는 가치 평가"(PR 344)이다. 이 본성의 특성은 "자유롭고, 완전하며, 원초적이고, 영원하며, 현실성을 결여하고, 무의식적인 것"(PR 345)이다.[16] 반면에 신의 결과적 본성은 "세계에 대한 신의 최초의 행위"(PR 345)이다. 이는 '구체성의 원리'이

---

13) Weisenbeck, *Alfred North Whitehead's Philosophy of Value*, 1969, p.106.
14) Ibid., p.106.
15) 화이트헤드는 신의 본성을 세 가지로 나눈다. 초월적 본성, 원초적 본성, 결과적 본성이다.
16) 이 본성의 특성은 플라톤의 우주론에서 데미우르고스와 형상과의 관련성과 유사한 성격을 갖고 있다.

다. 이 본성에 의해서 신은 "현실 세계의 모든 새로운 창조"(PR 345)와 공유할 수 있게 된 것이다. 따라서 이 본성의 측면은 "결정적이고, 불완전하며, 결과적이고, 영속적이며, 완전히 현실적이고, 의식적이다".(PR 345)

이러한 본성에 결부되어서 유기체철학에서 신이 하는 역할은 세 가지로 나눈다. 하나는 만족에 도달한 현실적 계기들을 보존하는 역할을 하며, 또 하나는 영원한 대상의 존재론적 기반을 제공하며, 마지막으로 처음에 합생을 시작하는 현실적 계기들에게 최초의 주체적 지향을 제공한다. 우선적으로 신의 원초적 본성과 관련된 영원한 대상과 목적인의 관계를 알아보자.

4. 신의 양극성(dipolarity)

화이트헤드 과정철학에서 신의 양극성은 가장 큰 특징 중의 하나이다. 이 것은 기존의 신 개념과는 너무나 다른 입장이다. 화이트헤드의 과정철학 이전의 유신론은 신이 세계로부터 영향을 받는 사실과 신이 변할 수 있다는 사실을 받아들이지 않는다. 그것은 두 가지 관점에서 비롯된다.

첫째로 신은 인과적으로 세계에 영향을 줄 수 있지만, 세계로부터 어떤 영향도 받지 않는다는 것이다. 따라서 신은 일방적으로 영향을 미치는 활동만을 할 뿐이다. 둘째로 유한 존재는 본성과 지위가 차이가 날 수 있지만, 신은 본성과 지위가 동일하다. 이것은 신의 본성이 변화하지 않으며, 또한 어떤 관점에서도 신은 변화하지 않는다는 것이다. 그리고 과정세계는 이러한 신의 본성에 근거한 파생물에 지나지 않는다는 것이 고전적 유신론의 기본 입장이다. 그러므로 신은 과정에 종속되지 않으므로, 아무리 세상이 변화하더라도 신의 본성은 그것에 전혀 영향을 받지 않는 것이다.

하지만 신이 세계를 사랑한다는 것은 어떤 '열정' 혹은 '동정심'을 안고 있어야 가능하다. 그것이 없다면 신은 세계에 대한 열정 없이 사랑한다는 의미가 된다. 이 때문에 아퀴나스는 "신에게는 열정이 없다. 사랑은 열정이다. 따라서 신에게 사랑이 없다"는 것에 반응하기 위해서, 신은 "열정 없이 사랑하신다"[17]고 말한다. 그러나 열정 없는 사랑, 동정 없는 사랑은 자기 모순적이다. 따라서 화이트헤드는 이러한 고전적 유신론에서 발생하는 신과 세계의 관계를 다른 방식으로 해결해 보고자 한다.

과정철학에서는 이 문제를 해결하기 위해 신이 양극적인 성격을 갖는 것으로 본다. 화이트헤드의 과정철학에서 현실적 존재는 물리적 극과 정신적 극이라는 두 가지 측면을 지닌다. 신도 마찬가지이다. 그 점에서 시간적 과정은 신에게도 실재적이며, 신은 형이상학적 원리의 주요한 사례이지, 그역은 아니라는 것이다.(PR 343) 그러므로 신은 변화한다. 단순히 변화하는 것이 아니라, 세계로부터 영향을 받아서 변화한다.

그러나 신은 변화 속에서도 변화하지 않는 속성을 갖는다. 다시 말해서 세계에 영향을 주는 신과, 세계로부터 영향을 받는 신이 있다. 화이트헤드는 신의 이러한 특성을 각각 '원초적 본성'primordial nature과 '결과적 본성' consequent nature이라고 말한다.

이것은 화이트헤드의 과정철학에서 이중적 과제를 수행하기 위해서 필요한 것이다. 원초적이라는 형용사는 '영원한'이라는 단어와 마찬가지로 변화할 수 없는 것을 의미하는 것이며, '결과적'이라는 형용사는 변화할 수 있다는 것을 의미한다. 즉 결과적이라는 말은 신이 세계에 의해 영향을 받을 수 있다는 것을 의미하며, 원초적이라는 말은 신이 세계의 특정한 상태보다 앞서면서, 세계에 영향을 줄 수 있다는 것이다.

---

17) Thomas Aquinas, *Summa Theologica* I & II, Marietti Editori, 1952.

그런데 신의 원초적 본성은 몇 가지 물음을 제기한다. 신의 원초적 본성은 세계에 영향을 주면서도 변화하지 않는다는 사실이다. 다시 말해서 변화하지 않는 신의 원초적 본성이 어떻게 세계에 내재하는 현실적 존재자에게 최초의 지향을 제공할 수 있는지 하는 문제이다. 신 역시 화이트헤드의 과정철학에서 형이상학적 원리의 예외자가 되어서는 안 된다. 그것은 '존재론적 원리'를 통해서 언명되는데, 이 원리에 따르면 달성된 현실태[18]만이 설명의 근거가 될 수 있다는 것이다.(PR 19) 그럼에도 불구하고 신의 원초적 본성은 신이 세계에 제공하는 최초의 지향이 된다. 물론 화이트헤드는 신의 원초적 본성은 하나의 추상, 즉 "현실태를 결여한 신의 한 요인에 지나지 않는다"(PR 34, 344)고 본다.

이 최초의 지향이 변화하지 않는 신의 원초적 본성에서만 유래한다면, 이 최초의 지향이 어떻게 세계 속의 다양한 현실적 계기들의 구체적인 상태와 관련을 맺을 수 있는지 하는 복잡한 문제가 발생한다. 이 두 가지 문제들은 최초의 지향을 제공하는 신의 행위가 단지 신의 원초적 본성만이 아닌 신의 '전체적 행위'로 일어난다는 사실을 말해야 한다. 이것은 신의 '결과적 본성'과의 연관을 통해서 설명되어야 한다. 신의 결과적 본성은 매 순간 발생하는 모든 현실적 계기들을 신이 파악하고, 이러한 모든 파악들을 신의 만족으로 통합해야 한다는 사실로부터의 추상이다. 그리고 이런 신의 만족에는 우주의 다음 순간을 위한 최초의 지향이 포함된다.

이 최초의 지향은 아퀴나스와는 달리 세계의 현재적 상황에 대한 신

---

18) 화이트헤드에게 현실태란 물리적 극과 정신적 극이 모두 달성된 상태를 의미한다. 한쪽만을 강조할 경우, 그것은 추상화된 존재이다. 이를 화이트헤드는 '잘못된 놓여진 구체성의 오류'라고 부른다. 근대철학의 가장 큰 문제점은 물질이나 정신을 이분화시켜서, 한쪽 면만을 강조한 것이다.

의 동정적 혹은 열정적 인식과 신의 원초적 지향이 결합된 것이다. 신이 만족하고, 그것에서 최초의 지향을 부여받은 세계는 자신의 행위를 종결지은 순간에 다시금 신에게 파악되고, 그렇게 함으로써 신은 세계의 다음 순간에 관련된 지향을 제공한다. 완전히 달성된 하나의 현실적 존재자로서의 신이 매 순간 세계에 최초의 지향들을 제공한다는 이 개념은 존재론적 원리를 위배하지 않으며, 신이 세계에 최초의 지향을 한다는 원초적 본성에 대한 이해를 보다 일관성 있게 제공해 준다.

화이트헤드가 과정철학에서 신을 '비시간적인 현실적 존재'로 지칭한다고 해서, 신이 시간적인 것에서 배제되었다고 생각해서는 안 된다. 그것은 신의 원초적 본성이라는 관점에서만 신을 판단한 것이다. 『과정과 실재』에서 '비시간적 현실적 존재자'라는 신에 대한 표현은 이후 『관념의 모험』에서는 어떤 면에서는 '비시간적'이며, 어떤 면에서는 '시간적'(AI 208)이라는 표현을 통해서 오해의 소지를 불식시키고자 시도하였다. 과정철학에서 신의 결과적 본성과 원초적 본성이라는 양극적 성격(PR 345)은 분리된 속성으로 이해하여서는 안 되고, 신과 세계와의 연관성 속에서 바라보아야 한다.[19]

신의 원초적 본성과 영원한 대상

존재론적 원리에 따르면, 모든 근거는 현실적 존재자들에 궁극적으로 관련되어야만 한다.(PR 24) 따라서 우주의 가능태는 현실태에 관련되어야 한다. 하지만 유기체철학에서는 과거의 성취를 넘어서서 새로운 성취의 가능태

---

19) 화이트헤드의 과정철학에서 현실적 존재자는 정신적 극과 물리적 극이라는 두 가지 속성을 함께 지니고 있다. 즉 영원한 대상에 대한 욕구에 대한 파악인 신의 원초적 본성이 신의 정신적 극이나 개념적 극으로 생각된다는 것이다. 반면 신의 결과적 본성은 현실 세계에 대한 신의 파악으로 창시되는 것으로 신의 물리적 극으로 이해된다.

를 확증하기 때문에, 가능태는 전적으로 생성의 영역 안에 자리를 잡을 수 없다. 가능태가 창조적 과정에 있어서 어떤 유효성이 있으려면, 생성의 과정의 부분이면서 생성의 과정을 초월하는 존재에 관련되어야만 한다.

더욱이 우주의 무한한 가능태는 그 존재의 본성을 과정세계의 결과를 통해서만 단순히 환원할 수 없고 어떤 의미에서 무한한 존재에 관련될 수 있어야만 한다.(PR 32, 46, 99) 이때 유기체철학에서 신은 우주의 가능태의 저장소의 이상이 되며, 현실태가 가능태에 관련이 되는 원천이 된다.

시간적인 사물들은 영원한 사물에 관여함으로써 생겨난다. 이 두 조건은 시간적인 것의 현실태를 가능적인 것의 초시간성과 결합시키는 어떤 것 [이는 신을 의미한다]에 의해 매개된다. 이 궁극적 존재는 세계 속의 신적 요소이며, 이것으로 말미암아 추상적인 가능태의 건조하고도 무기력한 이접은 이상적인 실현으로서의 효과적인 연접을 원초적으로 획득하게 된다. 원초적인 현실적 존재자에 있어서의 가능태의 이러한 이상적 실현은 형이상학적 안정을 이루어 내고 있으며, 이로 말미암아 현실적 과정은 형이상학적 일반적 원리를 예시하고, 발현하는 질서의 각 특수한 유형에 고유한 목적을 달성한다. 순수한 가능태를 이처럼 원초적으로 가치 평가하는 이 현실태 때문에, 각 영원한 대상은 각각의 합생 과정과 일정한 효과적 관련을 맺게 된다. 그와 같은 질서화를 제쳐 놓는다면 시간적 세계 내에서 실현되지 않는 영원한 대상들의 완전한 이접상태만이 있게 될 것이다. 새로움은 무의미하게 되고 생각조차 할 수 없게 될 것이다.(PR 40)

그리하여 영원한 대상들에 대한 신의 원초적 직시는 서로와의 관계 속에서 그리고 과정세계와의 관계 속에서 발생한다. 영원한 대상들이 현실적 존재자의 진입에 중성적이기 때문에, 그것들은 창조적 과정이 무질서하고 관련이 없는 가능태라기보다는 오히려 질서를 드러낸다는 것을 확신시키기 위해서 신에 의해 질서를 갖추어야만 한다. 예컨대 파란색은 다른 모든 색들과 신의 원초적 본성 속에서 관계되어야 한다. 이것은 파란색이 현실태로의 실재적인 진입의 가능성을 결정할 것이다. 크레이그 에이젠드라트에 따르면 신의 원초적 본성에서 관념들의 상호 관계들은 '욕구에 등급을 매긴 질서'가 되며, 이것이 세계의 현실태들에 대한 영원한 관념들의 상호 관계를 위한 근거가 된다고 한다.[20] 다시 말해서 세계에 대한 욕구를 결정하는 신의 원초적 본성은 신이 세계에 내재하는 이유가 된다.

그런데 현실태는 '어떤 곳에서도' 존재한다. 그러나 가능태는 어디에 존재하는 것인가? 즉 실재하는 물리적 사물에 진입하지 않은 것은 어디에 있는가? 이러한 가능태는 작용인보다는 목적인의 역할과 밀접한 관련이 있다. 즉 새로움의 도입과 연관성이 있다. 그럼에도 불구하고 현실태와 관련이 없는 가능태들은 어디에 거주해야 하는가? 에이젠드라트에 의하면, 그 영원한 대상들에 해당하는 가능태들은 신의 원초적 본성 속에 거주해야 한다. 이런 의미에서 신은 새로움과 질서의 원천이라고 하는 것이다.[21]

그러나 영원한 대상들은 질서의 작인이 아니다. 그것들은 생성의 과정을 특징짓는 형상이다. 비록 신이 영원한 대상을 창조하지 않았고 실제적으로 그것들을 신 자신의 본성의 실현을 위해서 요구한다고 하더라도, 신은 현실태의 한정성의 요소로서 영원한 대상들과 관련이 있는 집합을 이용

---

20) Eisendrath, *The Unifying Moment: The Psychological Philosophy of William James and Alfred North Whitehead*, p.184.
21) Ibid., p.188.

할 수 있도록 하는 작인이다. 화이트헤드는 신의 원초적 본성을 "영원한 대상의 전 다기성多岐性의 무제약적인 가치 평가로서 간주한다".(PR 31)

이러한 직시를 통해서 독립적이며 관련이 없는 영원한 대상들은 과정 세계를 위해서 이용 가능하면서 질서 정연한 영역으로 변화한다.

> 따라서 현실 세계에서 완전히 추상해서 영원한 대상을 이해하려는 노력은 그것들을 무차별적인 비존재들로 환원시키는 것을 초래한다. …… 따라서 영원한 대상들이 창조적 과정의 각각의 사례에 대해 갖는 차별적인 관련성은 신의 원초적 본성 속에 그것들의 개념적 실현을 요구한다. 그는 영원한 대상을 창조하지는 않는다. 왜냐하면 신의 본성은 영원한 대상들이 신을 요구하는 것과 동일한 수준에서 영원한 대상들을 요구하기 때문이다. …… 영원한 대상들의 서로 간의 일반적 관계, 다양성과 패턴의 관계는 신의 개념적 실현에 대한 그것들의 관계이다. 이 실현을 별도로 하고서는, 비존재로부터 구분할 수 없는 단순한 고립이 있을 뿐이다.(PR 257)

반면 영원한 대상들이 신의 질서에서 분리되어 질서와 관계성의 어떤 근본적인 형태를 가질 수 있다고 하더라도, 그것들은 신의 질서 정연한 활동을 배제하고서는 현실 세계와 어떤 관련성도 가질 수 없다. 신은 창조적 과정의 각각의 단계에서 영원한 대상들이 관련성을 갖고 있다는 근거이다. 그리고 영원한 대상들이 신의 정신 속에 있는 관념들로 환원할 수 없는 존재론적 지위를 갖고 있다고 하더라도, 그것들은 신의 질서와 과정세계를 매개하지 않고는 우주에서 어떤 유효성도 가질 수 없다.

마찬가지로 플라톤 또한 그의 우주론이 담겨 있는 『티마이오스』에서도 형상과 신의 관계에 대한 유사한 견해를 제시한다. 이 우주론에서 형상들이 생성의 영역보다는 존재론적으로 우월한 지위를 지니고 있고, 형상과 생성의 영역을 분리하는 이원론적 경향이 있음에도 불구하고 형상이 생성의 과정에 참여한다는 의미에서 그 이원론이 절대적이지는 않다는 것이다. 데미우르고스는 자신의 모델로 형상들을 사용해서 생성의 세계에 질서를 부여한다는 점에서, 생성의 세계에는 신이 형상들을 통해 모사물의 형태로 내재한다고 볼 수 있다.

다시 말해서 플라톤이 영원한 것과 시간적인 것을 구분함에도 불구하고, 그는 이 두 가지 별개의 실재의 유형이 어떤 관련을 맺고 있는 것으로 주장한다. 즉 영원함이 생성의 세계에서 하나의 요인이 되는 그런 방식을 통해서 영원한 것과 시간적인 것을 관련시키는 지성적 존재intelligent being가 있으며, 이 지성적 존재가 양자를 매개한다.

『티마이오스』에서 신의 매개는 이전의 플라톤의 대화편에서 나타난 특징인 존재와 생성의 분리를 극복하는 것으로 나아가며, 따라서 창조적 과정에서 형상들의 어떤 유효성을 보장하게 된다. 따라서 화이트헤드는 플라톤의 존재와 생성의 문제에 관한 변경된 견해의 형태를 다음과 같이 진술한다.

그 다음에 플라톤은, 관념(이데아)으로 하여금 창조적 전진에서 효력을 발휘하게 하는 작용자에 대한 고찰로 나아간다. 그는 관념들을 추상적으로 고찰했기 때문에 그것들을 정적이고, 동결된, 그리고 생명 없는 것으로 발견하였다. 그것들은 살아 있는 지성으로 영입됨으로써 생명과 운동을 얻게 된다. 이처럼 관념을 응시하고 있는 살아 있는 지성이 바로 플라톤이 명명한 프시케이다. 프시케는 '영혼'soul으로 번역될 수 있다. 그러나 우리는 이 영어 낱말에서 연상되는, 몇 세기 동안의 기독교적 부가 의미를 조심스럽게 벗겨 내야 한다. 플라톤은 관념을 적극적으로 파악함으로써 전 우주의 과정을 공평하게 조건 짓는 기본적인 '프시케' 같은 것을 생각하고 있다. 이것이 최고의 장인이며, 세계가 보여 주고 있는 질서의 정도는 이 장인에 의존한다.(AI 147)

이와 같이 화이트헤드와 플라톤에게 있어서 형성적 요소들은 효력을 발휘하기 위해서 서로를 요구한다. 생성의 세계에 효력을 발휘하기 위해서, 영원한 대상 혹은 형상들은 영원한 것과 시간적인 것 사이의 매개자로서 신의 활동적인 지성을 요구한다.

신과 목적인

앞서 우리는 화이트헤드에게 있어서 형성적 요소들은 서로를 요구한다는 것을 고찰하였다. 신의 목적을 떠나서라면 창조성은 목적이 없고 비생산적이며, 영원한 대상은 창조적 과정과 관련이 없을 것이다. 비록 신이 신 자신의 유효성을 위해서 이러한 요소들을 요구한다고 하더라도, 어떤 창조성도 어떤 영원한 대상도 신의 목적을 향한 방향을 떠나서는 우주에 어떤 질서도 초래할 수 없다.

세계의 질서는 우연한 것이 아니다. 어떤 질서의 척도가 없이는 현실적일 수 있는 것은 없다. 종교적 통찰은 이러한 진리의 파악이다. 세계의 질서, 세계의 실재의 깊이, 전체와 부분에 있어서 세계의 가치, 세계의 미, 삶의 욕구, 인생의 평화 그리고 악의 지배라는 것은 우연한 것이 아니라 이 진리에 의해서 함께 결합되어 있다. 우주가 무한한 자유를 갖고서 창조성을 드러낸다는 것, 그리고 무한한 가능태를 갖는 형상의 영역을 드러낸다는 것.

그러나 이 창조성과 이 형상들의 완벽한 이상적 조화, 그것은 신이다. 그것을 별도로 하고서는 현실태를 성취하기에는 무력하다.(RM 115)

한편 화이트헤드에게 있어서 신은 사물들을 함께 묶는 선한 힘, 즉 우주의 목적과 질서의 근거이다. 궁극적인 목적의 작인으로서 신은 개별적 존재자들의 자기 원인이며, 다양한 현실태를 그 우주를 구성하는 사회적 질서의 다양한 단계에로 이끌어 가는 근거이다.

그런데 현실태는 제한을 요구한다. 어떤 것이 존재하기 위해서는, 그것이 발생하는 환경에서 최소한의 질서의 한정이 있어야 하며, 경험의 다양한 요소들이 통합될 수 있는 하나의 수단이 있어야만 한다. 현실적 존재자는 다양하게 통합된 질서에 대한 어떤 거시적 환경의 특성을 반영하는 미시적 우주이다. 우주가 목적 없는 창조성에 방향과 질서를 부여하기 위해서 한정의 원리를 요구할 때, 미시적인 현실태는 그 자체를 한정하고 우주에 있는 그 자신의 다양한 느낌들을 종합하는 원리를 요구한다.

왜냐하면 신은 현실적이기 때문에, 그 자신 속에서 그는 전 우주의 통합을 포함해야만 한다. 그러므로 신의 본성 속에는 세계에 의해서 한정된 형상들의 영역의 양상과 세계의 양상이 있다. 그가 어떤 것에로의 전이에서 면제되기 위해서는 그의 완전성은 그의 본성이 모든 변화와의 관계에 있어서 자기 구성적으로 남아 있어야만 하는 것을 의미한다.(RM 96)

다른 한편 영원한 대상들의 질서는 그 대상들의 이접적인 다수성을 질서 정연한 관계성의 영역으로 구성함에 의해서 생겨난다. 우리가 이 원초적인 질서가 있다는 것을 알게 되는 것은 과정의 질서 정연한 세계에 의해서이다. 하지만 각각의 영원한 대상이 창조적 과정에서 현실적 계기들에 어떤 관련을 맺게 되는 것은 어떤 신적인 본성을 요구하는 것 같다. 그런 생각을 염두에 두지 않고는, 신에 관한 고려는 어떤 위험에 처하게 될 것이다. 그러므로 화이트헤드가 신을 고려한 것은 시간적인 현실태과 영원한 대상의 관계에 의해서 발생하는 새로운 창조를 설명하기 위한 것이라고 할 수 있다. 그에게 있어서 신은 제한[22] 혹은 구체성의 원리이다. 그의 활동은 우주에서 질서와 현실적 존재자의 자기 창조성의 필수 조건이다. 더욱이 현실적 존재자들은 존속하는 거시적 실재들을 형성하는 구성체이기 때문에, 거시 우주의 창조적 과정의 방향과 제한은 궁극적으로 미시 우주에서의 목적적인 자기 창조에 의존해야만 한다.

한편 현실적 존재자는 파악을 통해서 발생한다. 현실적 존재자들은 합생의 과정에서 자신들의 내재적인 목적 혹은 주체적 목적과의 일치 속에서 생겨나는 많은 느낌들을 종합한다. 따라서 현실적 존재자는 그 여건의 작용인과 그 합생의 목적인을 결합하는 산물이다. 그러므로 현실적 존재자는 여건의 작용인과 합생의 목적인 중에서 어느 하나를 배제하고서는 결코 실

---

22) 신은 제한의 원리로서 인용되는데, 그는 궁극적으로 창조적 과정에서 드러나는 한정성과 방향에 대해서 책임이 있다. 신은 무질서한 것에 대해서 질서와 선의 원천이다. 플라톤과 동일한 관점에서 신을 파악하는 화이트헤드는 전지전능한 것으로 해결할 수 없는 수많은 종교적 도덕적 문제들이 있다고 본다. 화이트헤드는 『과학과 근대 세계』의 11장 '신'에 관한 논의에서 그의 유기체철학의 신이 서양의 중세와 근대의 신과 어떻게 다른 가를 다음과 같이 말한다. "신의 종교적 의미를 설립하려고 고뇌한 중세와 근대철학자들은 신에게 형이상학적 경의를 제공하고자 하는 불행한 습관이 만연해 있었다. 그들은 신을 자신의 궁극적인 활동을 갖는 형이상학적 지위의 기초로서 간주하였다. 만약 이 개념이 고수된다면, 신을 모든 선과 악의 기원으로서 해명하는 것 외에는 어떠한 대안도 있을 수 없다. 이때 신은 극의 최고의 저자이기 때문에 신에게는 신의 성공뿐만 아니라 결점도 귀속시켜야만 한다. 그러나 신을 최고의 한정 근거로 파악할 경우, 선을 악에서 가르고 이성에 '최고의 지배권'을 부여하는 것은 어디까지나 신의 본성 자체에 속하는 문제가 되는 것이다."(SMW 258)

현될 수 없는 것이다. 만약 여건의 작용인만을 현실태의 유일한 근거로서 기술한다면, 단지 무목적이고 조직화되지 않은 에너지가 있을 뿐이다.

그러나 어떠한 현실적 존재자도 자존적이지 않다. 그것은 어떤 여건들에 의존해야만 자신의 목적을 실현할 수 있다. 그러기 위해서는 그것은 자신의 실현을 한정하는 영원한 대상에 의존해야 한다. 하지만 현실적 계기들과 영원한 형상들은 자기 자신들에 의해서는, 즉 시간적이고 영속적으로 소멸하는 것과 영원하고 불변하는 것은 서로 관련을 맺을 수 없다. 이 두 개의 별개의 유형의 존재는 매개하는 존재를 요구한다. 그것은 시간성과 변화 없는 가능태를 결합한다. 임의의 현실적 계기에 대한 결단적인 영향은 신의 개념적 느낌들 중의 하나에 대한 파악이고, 이에 의해서 현실적 계기는 자신의 최초의 목적을 구성한다. 최초의 목적은 주어진 상황에서 이 영원한 대상들의 일부 혹은 전체를 실현하려는 욕구와 함께 영원한 대상들을 등급화하는 현실적 존재자의 파악이다. 이 최초의 목적은 어떠한 영원한 대상이 현실적 존재자에 관련되는가를 결정할 뿐만 아니라, 자기 창조 과정의 내적인 목적인 주체적 목적의 근거로서 기여한다.

어떤 의미에서 각 시간적 존재는 신 자신과 마찬가지로 그 정신적 극에서 생긴다. 그것은 신으로부터 자신의 토대를 이루는 개념적 지향——그 현실 세계에 관련되어 있지만 그 존재의 결단을 기다리는 미결정성을 수반한 개념적 지향——을 이끌어 낸다. 이 주체적 지향은 그 존재의 계속되는 수정 속에서, 물리적 느낌과 개념적 느낌 간의 상호 작용의 계속되는 위상들을 지배하는 통일화의 요인으로 남는다. …… 따라서 최초의 위상은 그 합생에서 주어진 우주에 직접 관련된 신의 개념적 느낌을 통한 혼성적 물리적 느낌이다.(PR 224~225)

비록 최초의 목적이 현실적 존재자의 자기 창조 과정의 근거이며, 그것의 내적인 목적의 원천인 것으로 말해진다 하더라도, 그 최초의 목적은 언제나 주어진 계기의 현실적 세계와 관련이 있으며, 현실적 존재자 자신의 창조적인 자유로운 과정을 제거할 수는 없다. 심지어 가장 하찮은 경험의 계기들조차도 신의 활동이나 세계의 영향으로 환원할 수 없는 내적인 힘을 갖고 있다. 목적인의 근거인 신은 세계의 나머지와 마찬가지로 어떤 현실적 계기가 발생하는 작용인으로서 경험된다. 그러므로 창조적 과정에서 신의 내재는 인과성의 법칙을 위반하지 않는다.[23]

따라서 신에 의한 최초의 목적은 어떤 현실적 계기의 내적인 목적의 궁극적인 근거가 됨으로써 신의 영향을 제쳐 두고서는, 그 계기는 가치를 위해서 필수적인 한정성과 제한을 성취할 수 없다. 여기서 특별히 주목해야 할 점은 현실적 계기의 자기 창조에 있어서 신의 영향은 거의 결정적이라는 것이다.

신의 활동은 언제나 과거의 현실 세계의 맥락 속에 있다. 신의 활동은 자유로우나 현실적 존재자들의 성격에 의해서 한정되고 제한된다. 게다가 최초의 목적에서 구체화되는 신의 목적은 개별적 계기들 그 자체에 의해서

---

23) 최초의 목적은 어떤 현실적 계기가 발생하는 요인들 중의 하나이다. 그러나 최초의 목적에 대한 그 계기의 파악은 인과적 질서를 위반하지는 않는다. 비록 최초의 목적이 경험의 계기에 가장 결정적인 영향이라고 하더라도, 그것은 모든 여건이 들어오는 것과 동일한 방식에서 자신의 경험 안으로 들어온다. 즉 그것은 물리적 느낌들을 통해서 들어온다. 신은 물질적 원인이 아니라, 오히려 목적인을 근거 짓는 작용인이다. 비록 그 최초의 목적이 과거의 현실 세계로부터 그 여건에 선행하는 요인은 아니라고 하더라도, 그 최초의 목적은 경험의 가장 중요한 여건이다. 그것은 "저 합생을 위해서 주어진 우주와 직접적으로 관련되어 있는 신의 개념적 느낌"(PR 225)의 "혼성적 물리적 느낌"(다른 주체 속에 있는 영원한 대상의 느낌)이다. 이와 같이 연장적 연속체에서 어떤 현실적 계기의 최초의 입각점처럼, 신의 목적은 모든 현실적 계기들의 최초의 지향의 어떤 관련된 가능태를 결정한다.

변경을 겪는다. 신은 질서의 원천이기는 하나, 제한된 규정의 원리로 현실적 존재자에게 작용을 하는 것이다. 다시 말해서 신은 외재적인 목적인의 역할을 하지만, 내재적인 목적인은 현실적 존재자의 내적인 힘에 달려 있는 것이다.

신의 자기초월적 본성과 세계

세계의 진전은 신에게 어느 정도는 의존한다고 주장한다. 앞서 신의 원초적 본성은 모든 영원한 대상의 상호 관계와 세계의 많은 계기들에 관한 영원한 대상들의 관계성의 근거이다. 이것은 통합적이고 선한 신의 측면이나, 구체적 세계와의 관계를 결여하고 있다. 화이트헤드는 이를 위해 '신의 결과적 본성'에 관해서 언급한다. 신의 원초적 본성이 세계와 영원한 대상의 내재적 관계를 말하는 것이라면, 또한 신의 결과적 본성은 세계와 신의 내재적 관계를 설명하는 방식이라고 할 수 있다.

한편 라이프니츠에게 있어서 신은 세계들 중에 가장 좋은 세계를 선택하고, 세계에 존재하는 각각의 모나드에 이것을 가장 잘 분배한다. 라이프니츠는 신과 세계의 관계는 가장 적절한 조화가 구성된 것으로 본다.

화이트헤드에게는 신의 결과적 본성은 과정 중인 현실태와 상관관계가 있다. 현실태가 생성과 소멸을 겪는 과정에서도 자신의 질서를 후속하는 현실태에 이어 줄 수 있는 안정된 기반은 신을 통해서 구성된다. 신의 결과적 본성은 진화하는 현실태들에 대한 신의 물리적 파악을 의미한다. 즉 이 본성은 신이 세계에 의해서 영향을 받는 것을 가리키며, 세계의 창조적 전진의 결과로부터 파생된 것을 가리킨다. 따라서 이 본성은 신의 물리적 느낌들이 신의 원초적인 개념들과 결부된 것을 말한다.(PR 345)

앞에서 검토하였듯이 영원한 대상에 대해서 신은 원초적인 가치 평가를 하는 것과 마찬가지로, 현실태들을 파악하고 보존한다. 그러므로 이 본성은 현실적 존재자들에게 대상적 불멸성을 획득하게 하는 것이다.(PR 351) 그런데 화이트헤드의 해석가들 중에서 도널드 셔번은 「신 없는 화이트헤드」[24]라는 논문에서 화이트헤드가 신을 도입한 것은 논리성과 정합성을 위반하는 것이라고 주장하였다. 그는 신이 없는 것이 화이트헤드의 철학의 정합성과 논리성을 더 잘 확보할 수 있다고 한다. 셔번이 이렇게 신의 문제에 의문을 제기하는 것은 다음과 같은 이유 때문이다.

즉 유기체철학에서 경험하는 세계의 기본적인 존재는 현실적 계기 혹은 현실적 존재자이다. 이것은 끊임없이 생성과 소멸하는 존재, 주체이자 자기초월체의 존재이다. 이때 소멸하는 현실적 계기들이 사라지지 않고 다른 새로운 현실적 계기들에게 영향을 미치는 것은 어떻게 가능한가? 즉 과거의 현실적 계기들이 지닌 대상적 불멸성은 어떻게 가능한가?

한편 유기체철학에서는 '동시적 계기들의 상호 독립'이라는 원리가 있다. 이것은 "현실적 존재자들 가운데 그 어느 것도 다른 것에 의해 한정되는 '주어진' 현실 세계에 속하지 않을 때, 그 현실적 존재자는 '동시적'이라 부른다"(PR 66)는 원리이다. 유기체철학에서는 동시적인 존재자들 사이는 상호 파악이 불가능하다. 따라서 신이라고 하더라도 주체적 직접성을 지닌 과거의 현실적 계기들을 모두 파악할 수는 없다는 것이다. 그렇다면 이러한 논쟁에서 셔번은 무신론적으로 화이트헤드의 철학을 전개하며, 콥Cobb과 하트숀은 신은 모든 곳에 편재한다는 과거의 신관과 유사한 입장을 전개한다.[25]

---

24) Donald W. Sherburne, "Whitehead Without God", *Process Philosophy and Christian Thought*, eds. Delwin Brown, Ralph E. James Jr. and Gene Reeves, Indianapolis: Bobbs-Merrill, 1971, pp.305~320.

그러나 여기서 간과해서는 안 되는 것은 화이트헤드가 상호 내재의 학설을 주장한다고 해서 존재하는 모든 것이 직접적이고, 구체적으로 관계되어 있다고 주장하지는 않는다는 것이다. 이러한 태도는 헤겔이나 브래들리와 같은 절대적 관념론과 동일한 맥락에서 화이트헤드의 우주론을 바라보는 것이다.

화이트헤드는 '동시적 계기들의 상호 독립'이라는 원리를 통해서 직접적으로 모든 것이 관련을 맺고 있다는 것을 거부한다. 즉 "두 개의 동시적 계기는 그 어느 쪽도 다른 쪽의 과거에 속하지 않는다. 이 두 계기는 작용인과는 직접적 관계가 없다".(AI 194) 하지만 동시적 계기는 아주 먼 과거를 통해서는 동일한 공통의 요소를 보여 줄 수 있다.

> 동시적 계기들의 상호 독립은 엄밀하게는 자신들의 목적론적 자기 창조의 범위 내에 있다. 이 계기들은 공통의 과거에서 생기며, 그들의 대상적 불멸성은 공통의 미래 속에서 작용한다. 그러므로 과거의 내재와 미래의 내재를 매개로 해서 간접적으로 동시적 계기들이 결합된다. 그러나 동시적인 것과 관계되는 한 자기 창조의 직접적 활동은 분리되어 있으며 지극히 사적이다.(AI 195)

---

25) 셔번의 이러한 주장에 대해서 하트숀(Charles Hartshorn)은 동시적 독립성의 원리와 과거의 보존을 위해 도입된 신 개념의 충돌을 피하기 위해서, 신만이 다른 현실적 존재자들과 달리 현실적 계기들이 합생의 과정에 있을 때 그것들을 파악한다고 주장한다. 그러나 동시적 독립성의 원리를 신에게만 예외로 하는 것은 과거의 철학과 마찬가지로 신을 범주 도식에서 초월한 존재자로 만들 뿐이다. 셔번에 따르면 하트숀의 주장은 진리의 불멸성을 확보하기 위해서 과거의 모든 현실적 계기들이 신 속에서 사라지지 않고 영속성을 가진다는 주장, 신이 모든 현실적 계기들을 주체적 직접성을 지닌 형상적 존재로서 파악할 수 있다는 주장, 그리고 신은 모든 곳에 편재한다는 주장 등을 유지하고자 한다는 것이다. 이 논의는 박상태의 박사학위논문을 참조하라.(박상태, 「화이트헤드 형이상학의 자연주의적 해석」, 연세대학교, 2002, 132~138쪽.)

동시적 계기들 간의 인과적 독립성은 우주 내부에 있어 자유의 근거이다. …… 어떤 것이든 즉시 생겨나는 다른 모든 것에 부과되는 조건이 된다는 것은 사실이 아니다. 그러한 완전한 상호 결정이라는 개념은 우주의 공동 체성에 대한 과장이다. '간헐적 사건'이라든지 '상호 무관련성'이라는 관념 은 진정한 사물의 본성에 적용된다. 주체적 형식의 양립 불가능성에 의해 부과되는 전망은 별개의 방식으로 자유에 필요한 것을 제공한다. …… 환 경에는 새로운 창조에서 명백한 사실로서 기능하지 못하고 배제되는 요인 들이 있다. …… 각각의 새로운 계기의 최초 위상이 보여 주는 것은, 과거 속에서 자신을 초월하여 대상적 존재를 가지려는 투쟁의 귀결이다. 이 투 쟁의 결정자는 현실태의 새로운 과정에서, 개체적인 주체적 목적의 최초 의 위상으로서 스스로를 실현되는 지고의 에로스이다.(AI 198)

다른 한편 화이트헤드의 신을 과거와 동일한 입장에서 보아서는 안 된 다. 그렇다고 해서 화이트헤드의 범주적 도식에서 신이 비정합적이거나 비 논리적이라고 성급하게 결론을 내려도 안 된다. 신의 결과적 본성과 현실 태의 관계 역시 '동시적 계기들의 상호 독립'의 원리가 주장된다고 보아야 한다. 화이트헤드는 자신의 철학을 전개할 때, 20세기에 전개된 과학과 미 학, 윤리, 종교 등을 충분히 검토한 후에 기술하였다. 즉 양자역학이나 괴델 의 불완전성 정리 등을 잘 알고 있었다.

화이트헤드에게·신은 결코 가장 완벽하고 가장 훌륭한 세계를 창조하 지도 않았고, 라이프니츠의 모나드처럼 서로 소통 없이도 조화롭게 살아갈 수 있는 세계를 창조하지도 않았다. 화이트헤드에게 신은 '완전한 조화'를 제공하는 존재가 아니다. 강제적으로 '조화'를 형성시키는 존재가 아니라, 다만 '설득'을 하는 존재일 뿐이다.

모든 완전성의 조화라는 총체성 같은 것은 존재하지 않는다. 임의의 한 경험의 계기에서 실현되는 것은 무엇이건 간에 무제한의 혼란된 대립 가능성을 반드시 배제한다. …… 그것은 결합해서 실현되었을 때 악을 낳거나 이러한 결합이 불가능한 조화의 가능성이 있다는 사실에서 생겨난다. 이 학설은 미술에 있어 하나의 상식이다. 그것은 정치철학의 상식이이거나 상식이어야만 한다. 역사라는 것은 공동 실현과 양립될 수 없는 이상을 각각 강력히 밀고 나아가는 다양한 이상주의자 집단의 무대로 간주될 때 비로소 이해될 수 있다.(AI 276~277)

또한 신이 질서의 원리라고 해서, 대상적으로 불멸한 현실태들을 무조건 보존하는 것이 아니다. 신은 '새로운 질서와 가치'의 도입에 적절한 존재만을 선택할 뿐이다. 화이트헤드는 자신과 공존이 불가능한 대상적 현실태는 새로운 현실태로의 이행이 불가능하다고 본다. 이는 신의 세번째 본성인 '자기초월적 본성'과 관련이 있다.

화이트헤드는 신의 본성을 원초적 본성과 결과적 본성으로 나누고 있으나, 그것들에 신의 '자기초월적 본성'을 추가한다. 이 본성은 결과적 본성에 수반된 신의 구체적 경험이 일상적이고 현실적 존재자들을 새롭게 발생하도록 만드는 것이다.

신의 자기초월적 본성은 갖가지 시간적 사례들 속에서 초월적 창조성을 규정한 신의 특수한 만족이 가지는 실용적 가치의 성격을 말한다.(PR 88) 자기초월체로서의 신은 각 현실적 존재자에다, 그 현실적 존재자가 앞으로 되어 갈 수 있는 것에 대한 통찰력을 그것의 주체적 지향으로서 제공한다. 이 주체적 지향은 각 현실적 존재자에 있어 성장을 위한 이상을 제공한다. 이러한 이상은 실제로 실현될 경우, 질서 지워진 최대의 복합성을 세계 속에 낳게 될 그런 성격의 것이다.(PR 244)

따라서 신의 결과적 본성과 원초적 본성은 자기초월적 본성을 통해서 끊임없이 넘어선다. 다시 말해서 신의 원초적 본성은 순수한 가능태인 영원한 대상과 관련되는 것이며, 신의 결과적 본성은 대상적 불멸성을 획득한 현실태들과 관련을 맺는다.

마지막으로 동시적 독립성의 원리에 따라서, 신 역시 모든 현실태들을 완전하게 파악하지 않고 자기초월적 본성을 통해서 끊임없이 초월해 가는 것이다. 즉 신과 대비가 가능한 현실태들만을 파악해서 보존한다.

이러한 본질적인 양립 불가능성의 원리는 신의 본성에 대한 개념과 중요한 관련을 가지고 있다. 신 자신도 극복할 수 없는 불가능성이라는 개념은 수세기 동안 신학자들에게 아주 널리 알려져 있었다. 실제로 이러한 개념을 도외시한다면 신의 결정적인 본성을 생각하는 데 어려움이 있게 될 것이다. …… 그러나 기묘하게도 내가 알고 있는 한, 이 양립 불가능성의 관념은 신 속에서 실현된 이상에 일찍이 적용된 적이 없었다. '신적 에로스'는 모든 이상들로 하여금 각각 시의적절하게 유한한 실현을 강력히 밀고 나아가도록 하면서, 이들을 적극적으로 회포하는 것으로 간주된다. 그래서 과정은 신의 본성에 내속해 있어야 하며, 그것으로 말미암아 신의 무한성은 실현되는 것이다. …… 양립 불가능성의 개념적 회포가 가능하며, 개념 비교도 가능하다는 점에서 변함이 없다. 개념적 회포와 물리적 실현과의 종합이라는 것이 존재한다. 개념적으로 회포된 관념은 물리적 사실 속에 예증된 관념과 동일할지도 모른다. 또는 그것은 서로 달라서 비교될 수 있거나 비교될 수 없을지도 모른다. 이상적인 것과 현실적인 것과의 종합은 바로 각각의 유한적 계기 속에서 일어난다.(AI 277)

이처럼 유기체철학에서 신은 결과적 본성을 통해서 파악한 현실태와 원초적 본성을 통해서 파악한 영원한 대상을 자기초월적 본성을 통해서 새로운 현실태의 주체적 지향으로 제시할 수 있다. 이러한 삼극적인 성격을 제대로 이해하지 못한다면, 여전히 신은 과정 밖에 놓인 존재로 이해될 것이다. 현대철학자들 중에서 질 들뢰즈는 『주름: 라이프니츠와 바로크』에서 화이트헤드가 말하는 신에 관해서 다음과 같이 적고 있다.

신은 동시에 공존 불가능한 세계들 중 하나, 가장 좋은 것을 선택하는 대신 그 모든 세계들을 실존하도록 이행하게 만드는 것을 원한다. …… 신은 공존 불가능성의 수준에서 새로운 토대를 마련한다. 신은 놀이한다. 그러나 놀이에 규칙을 부여한다. 이 규칙이란 가능한 세계들은 만일 신이 선택한 세계와 공존 불가능하다면 실존으로 이행할 수 없다는 것이다. 신도 자연과 마찬가지로 이행이다.[26]

분기 발산, 공존 불가능성, 불협화음은 여러 색으로 칠해진 같은 세계에 속한다. 그리고 이 세계는 더 이상 표현하는 단일성들 안에 포함될 수 없으며, 포착하는 단일성들에 따라, 그리고 가변적인 형태 배치들 또는 변화하는 파악들에 따라 형성되거나 해체될 뿐이다. 발산하는 계열들은 혼돈스러운 같은 세계 안에 언제나 갈라지는 많은 오솔길을 낸다. 이것은 카오스모스chaosmos이다. 신조차 세계들을 비교하고 가장 풍부하면서도 공존 가

---

26) 질 들뢰즈, 『주름: 라이프니츠와 바로크』, 이찬웅 옮김, 문학과지성사, 2004, 116~117쪽.

능한 것을 선택하는 존재이기를 멈춘다. 그것은 과정, 즉 단번에 공존 불가능성을 긍정하고 이것들을 관통하는 과정이 된다. 세계의 놀이는 발산하는 놀이이다. 그것은 수렴하는, 질서가 잡힌 놀이가 아니다. 존재들은 자신이 안에서 표현하는 공존 가능하고 수렴하는 세계 위에 닫히는 대신, 자신을 밖으로 끌고 나가는 발산하는 계열들과 공존 불가능한 집합들에 의해 열려 있으면서, 곳곳으로 찢겨진다. 이것은 울타리의 세계라기보다는 파악의 세계이다. 새로운 조화를 통해서 다시 불협화음을 조화로 이끌어 보고자 한다. 수많은 가능태들의 세계가 열린다. 하지만 규칙 안에서…….[27]

신 역시 과정을 근본적인 본성으로 갖는다. 그러나 세계에서 신의 역할은 전능한 것은 아니다. 세계는 창조적인 과정으로 불완전하며, 완고한 사실로서 신의 설득에 의해서 쉽게 움직이지 않는다.[28] 요약하자면 화이트헤드는 '창조성'을 궁극자의 범주로 본다. 이는 우유성을 존재론적으로 우위에 두는 것이다. 그리고 '신'을 파생의 범주로 보면서, 이것은 필연적인 질서의 형식을 제공하는 존재로 본다. 이 필연적인 질서는 불변하는 정태적인 질서가 아니라, 끊임없이 새로운 규칙이 제공되는 질서의 유형이다.

다시 말해서 유기체철학에서 창조성이라는 우유적인 새로움의 발생의 원리와 새로운 질서의 규칙을 부여하는 신, 그리고 그 질서의 한정의 원리를 제공하는 영원한 대상이 현실적 계기의 생성을 규정하는 우주론을 구성한다. 특히 신은 양립 불가능한 세계를 긍정하면서, 생성하는 현실적 계

---

27) 들뢰즈, 『주름: 라이프니츠와 바로크』, 이찬웅 옮김, 문학과지성사, 2004, 150쪽.
28) 화이트헤드는 『사고의 양태』(*Mode of Thought*)의 '과정의 형식'의 장에서 말하기를, "질서는 결코 완결적인 것이 아니며, 와해도 결코 완결적인 것이 아니며", 단지 "질서의 형식의 변이"가 끊임없이 전개된다는 사실을 밝히고 있다.(MT 86)

기의 최초의 주체적 지향으로 제공된다. 화이트에드에게 신은 세계를 만든 존재가 아니라, '영원한 대상'을 가치 평가하는 가능태의 역할을 할 뿐이다.

신은 현실적 계기를 한정하는 영원한 대상을 총체적으로 가치 평가하는 통일성으로 이해해야지, 그 통일성을 초월적이며, 능동적으로 종합하는 존재로 보아서는 안 된다. 이런 점에서 칸트의 신 개념과 유사성과 차이성을 모두 안고 있다. 신의 원초적 본성은 칸트의 신 개념과 유사한 측면이 있지만, 신의 결과적 본성은 칸트의 신 개념과는 차이가 있다. 그것은 신이 제공한 질서를 넘어서 발산하기 때문이다.

지금까지 화이트헤드의 과정철학에서 신 개념이 어떻게 전개되고 있는지를 간단히 살펴보았다. 여전히 화이트헤드의 연구자들 및 그 외의 연구자들에게 화이트헤드의 신 개념은 매우 어려운 논제이다. 여기서 우리는 그 예비적인 작업만을 수행하였음을 다시 한번 밝혀 두는 바이다. 결론적으로 화이트헤드가 과학과 종교에 대해 어떤 입장을 취하는지를 간단히 요약하는 것으로 이 글을 맺고자 한다.

과학과 종교 사이에 존재하는 확연한 갈등을 극복하는 것이 과정철학의 목적 중의 하나이다. 철학은 종교나 과학 ── 자연과학이든 사회과학이든 간에 ── 과 긴밀한 관계를 맺는다. 이때 "철학이 이 양자, 즉 종교와 과학을 하나의 합리적인 사고의 도식 속에 융합시킴으로써 그 최고의 중요성을 획득한다"(PR 15)고 화이트헤드는 말한다.

그는 두 가지 유형의 관념, 혹은 두 개의 힘을 지적하기 위해 종교와 과학이라는 용어들을 고찰한다. 여기서 두 개의 힘이란 "우리의 종교적 직관들의 힘과 정확한 관찰과 논리적 연역을 향한 우리의 충동에서 나타나는 힘"이라 할 수 있는 것들인데, 화이트헤드는 이런 힘들은 인간의 신체적 충동과는 상관없이 인간의 사고와 행동에 영향을 끼치는 "가장 강력하고도 일반적인 두 가지 힘"(SMW 181)으로 보았다. 이 양자 가운데 어느 하나도 우리의 경험의 구성에서 배제해서는 안 된다. 따라서 화이트헤드는 자신의 사변철학을 통해서 이러한 경험을 통합할 새로운 도식을 탐구해 보고자 한다. 이때 그 도식의 가장 큰 특징은 과정을 존재론적 우위로 삼고, 그 속에서 드러나는 이상과 목적을 과학과 종교의 경험에 적용하는 방식이다.

5장 실재적 가능태와 연장적 결합

1. 등위적 분할과 발생적 분할

화이트헤드가 수리논리학과 과학에서 탐구한 주제는 '관계'이다. 그에 따르면, 근대의 자연에 대한 수학적 및 물리적 개념들은 비관계적인 것으로 되어 있다. 예컨대 양, 주술 논리, 대상 등을 중심으로 그 주제들이 연구되었다. 하지만 앞에서 보았듯이, 화이트헤드는 수학에서 관계, 논리학에서 술어논리학, 과학에서 사건을 중심으로 한 연장과 공액이라는 관계 개념을 다루었다. 다시 말해서 17세기 우주론을 통해서는 과정이나 변화 속에서 사물들이 상호 관계하는 것을 전혀 설명할 수 없게 된다. 이는 자연을 정태적인 것으로 보는 것이다.

결과적으로 자연과학에서 연결되어 있지 않은 물체에 대한 가정은 상호 간의 경계를 가로지르는 강도를 전달하는 데 여러 가지 어려움에 봉착한다. 원자의 속성을 갖는 물질의 조각들이 인접한다고 말할 때, 그것은 무엇을 의미하는가? 근대의 수리물리학은 유클리드기하학에서 사용된 점에 대한 정의를 사용한다. 이 점은 폭이나 넓이가 없으므로, 두 점들은 전혀 관계를 맺을 수 없다. 그러므로 우리는 강도의 전달이 관련된 물체의 경계점에서 발생하는지를 결코 설명할 수 없다. 따라서 변화나 속도는 뉴턴을 대표로 하는 17세기 우주론으로 충분히 설명할 수 없다. 즉 지속 없는 순간이라는 개념으로는 변화를 설명하기는 매우 어렵다. 어떻게 가속도를 과거나 미래와의 관련 없이 설명할 수 있는가?

따라서 근대과학과 철학은 관계를 설명하는 데 매우 어려운 개념적 상황에 봉착하였다. 이것은 개념적 설명에 정합성을 부여하기 위해서 초월적인 신을 끌어들이는 경향으로 전개되었다.

한편 근대철학에서 데카르트는 세 가지 실체가 실재를 구성하는 것으로 보며, 정신은 사유라는 제1의 속성을 가지며 물체는 연장이라는 제1의 속성을 갖는다고 본다. 우리는 여기서 물체가 연장이라는 속성을 갖는다는 그의 학설을 통해서 이 장을 시작해 볼 것이다. 하나의 물체는 연장이라는 속성을 가지며, 다른 물체도 연장이라는 속성을 갖는다.

하지만 이 물체의 연장은 다른 물체의 연장과는 하등 관계가 없다. 왜냐하면 기본적으로 데카르트의 연장이라는 물질적 실체는 다른 실체와는 하등 관련이 없이, 그 자체의 연장적 속성만 갖기 때문이다. 따라서 물체들 사이의 관계에 대해서는 어떤 정합성도 주장할 수 없다. 이 때문에 데카르트는 신이라는 실체를 통해서 물질과 물질 사이의 관계, 정신과 물체 사이의 관계를 설명해 낸다. 즉 관계는 초월적인 절대자를 통해서만 설명될 수 있다.

유기체철학에서 물리적 계기physical occasion는 근본적으로 연장적 결합이다. 물리적 계기는 다른 물리적 계기와 관계를 갖는다. 예컨대 화이트헤드의 지각론에서, 인과적 유효성에 해당하는 물리적 계기는 현실 세계의 다른 물리적 계기에 대한 '계승' 혹은 '벡터'라는 성격을 갖는다. 이 연장적 관계는 전달된 것을 결정하지는 않는다. 다만 모든 전달이 순응해야 하는 조건들을 결정한다. 다른 한편 화이트헤드는 증거를 다루는 두 가지 방식을 갖고 자신의 철학적 저서를 저술한다. "모든 이론이 경유해야만 하는 두 가지 방식이 있다. 하나는 우리의 직접적 경험을 일반적 성격과 조화시키는 넓은 방식도 있으며, 다른 하나는 과학이라는, 습관적으로 작업하는 좁은 방식이 있다."(R 3~4)

증거를 다루는 이 두 가지 유형은 화이트헤드에게 '미적인' 측면과 '수학적인' 측면으로 나타난다. 미적인 측면에서 "궁극적인 호소는 순진한 경험"(SMW 129~130)이며, 그에 반해 수학적 측면은 "종종 증거의 자명함이 얻어지는 루트 중의 하나"(MT 67)이다. 이것은 화이트헤드의 『과정과 실재』에서 각각 파악이론과 연장이론으로 구성된다.

파악은 유기체철학에서 현실태에 해당하는 현실적 존재자의 발생적 성격을 분할하는 것이며, 그리고 그것은 합생 과정을 통해서 이루어진다. 합생 과정은 경험의 계기가 선행하는 여건을 파악하여 그 자신의 유일한 가치를 실현하는 것이며, 이 논의에는 주체적 형식subjective form, 주체적 지향subjective aim, 느낌feeling, 만족satisfaction, 범주적 제약categoreal obligation 등이 함께 논의되어야 한다.

화이트헤드의 이러한 이론은 경험된 미적 가치의 가장 일반적 특징을 체계적으로 기술하려는 시도이다. 연장이론은 유기체철학에서 현실태에 해당하는 현실적 존재자의 형태론적 구성이다. 현실적 존재자를 분할하는 두 방식 사이의 차이점은, 발생적 분할genetic division은 합생의 분할division of concrescence이며, 등위적 분할coordinate division은 구체성의 분할division of concrete이라는 점이다. 후자의 분할은 작용인과 관련이 되며, 전자의 분할은 목적인과 관련이 된다.

발생적 분할은 합생적 직접성의 성격에서 현실적 계기와 관계된다. 등위적 분할은 구체적인 대상의 성격에서 현실적 계기와 관련된다. 따라서 발생적 분할에 있어서 계기에 관한 주된 사실은 그 최초의 소여적 국면이며, 등위적 분할에 있어서 그 주된 사실은 최종적인 만족이다. 그러나 만족의 성취와 더불어, 목적인의 직접성이 상실된다. 그 계기는 작용인을 구성하는 대상적 불멸성으로 이행한다. 따라서 등위적 분할에서 우리는 작용인의 기능에서 계기의 복잡성을 분석하며, 이 결합에서 연장성의 형태론적 도식이 그 중요성을 성취한다. 연장적 연속체는 현실적 계기들이 분할 가능한 파악들과 구체적 계기들의 특수화된 질서화이다.(PR 292~293)

이러한 등위적 분할은 '물리적 시간'과 관련이 있다. 이 점에서 실재적 가능태로서 대상화된 현실태는 '시공간'이론과 밀접한 연관이 있다. 각각의 현실태는 "물리적 시간의 어떤 양자의 향유"(PR 283)이다. 물론 이 등위적 분할은 현실태의 요소로서 빠져서는 안 되는 '주체적 통일이나 주체적 지향'의 배제된 분할이며, 그것은 현실태의 물리적 극과 정신적 극 가운데서, 오직 물리적 극과의 관련성에서만 분석될 뿐이다. 왜냐하면 "분할 가능한 것은 현실적 존재자의 물리적 극만이 가능하며, 정신적 극은 절대적으로 하나이기"(PR 285) 때문이다. 따라서 등위적 분할은 합생 과정에서 일어나는 '범주적 제약'과는 하등 관련이 없다. 다만 연장적 영역은 합생을 실현 가능하게 하는 기초라고 한다.

이 영역은 합생이 전제되는 결정적 기초이다. 이 기초는 새로운 합생을 위해서 가능한 현실적 세계의 대상화를 지배한다. …… 합생은 그 기본 영역을 전제하나, 영역은 합생을 전제하지 않는다.(PR 283)

그리하여 이 영역은 합생을 착수하는 기초로 주어지는 것이다. 이 영역은 '입각점'을 제공하는데, 이 개념에는 세 가지 학설이 배경으로 놓여 있다. 첫째는 모든 합생에 한정성을 부여하는 현실 세계가 있다는 것이고, 둘째는 합생하는 현실태는 매개되는 현실 세계가 있다는 것이며, 셋째는 현실 세계가 결정적인 조건이기는 하나, 그것이 자유를 폐기시키지는 않는다는 것이다. 다만 그것은 한정할 뿐이다.

이것이 의미하는 바는, 등위적 분할에서 우리는 경험의 성취된, 충분히 결정된 정태적인 계기에 마주치며, 이 계기에 의해 점유된 그 영역의 가능한 분할과 다른 영역들에 대한 이러한 분할의 가능한 관계를 탐구한다는 것이다. 이 방식에서 우리는 동질적인 방식에서 한 현실적 존재자 내의 분할과 다른 현실적 존재자들 사이의 분할을 등위화하는 연장적 관계(시공간적 관계)라는 가장 보편적인 집합을 발견한다. 연장이론은 본질적으로 수학적이며, 성격적으로는 기하학적이다.

다른 한편 합생 과정을 통해서 만족에 도달한 현실태는 '형성적' 과정을 끝내고, '대상적' 과정에 이른다. 이는 대상화된 현실태가 되는 것이며, 이행 과정에 접어든 것이다. 이것은 새로운 현실태를 구성하는 데 밑거름이 된다. 즉 새로이 성취 중인 현실태가 순응해야 할 '가능태'의 역할을 하는 것이다. 이는 순수한 추상적 가능태가 아니라, '실재적' 가능태로 주어지는 것이다. 이것은 과거가 현재에 영향을 미치고, 현재가 미래에 영향을 미치는 시공간의 형식이라고 할 수 있다.

다시 말해서 모든 성취 중인 현실태가 받아들여야 할 실재적 가능태인 것이다. 하지만 이것은 무작위로 주어지는 것은 아니다. 그것에도 어떤 체계적인 도식이 있다. 우리는 다수성에 대한 논의를 통해 이것을 보다 분명히 이해할 수 있다.

다수성에 대한 개념에는 두 가지가 있다. 하나는 끊임없이 새로운 현실태가 창출되는 다원론적인 다수성이 있으며, 다른 하나는 현실 세계의 분할에 있어서 무한한 다수성이 있다는 것이다. 하지만 후자의 다수성은 무작위로 발생하는 것이 아니다. 여기에는 '연장적 질서'의 원리가 있다. 따라서 원자들의 다수성으로 표현된 세계의 원자적 통일은 연장적 연속체의 연대성에 의해서 대체된다. 이러한 연대성도 두 가지로 나눌 수 있는데, 하나는 각각의 원자적 현실태 내에서 등위적 분할을 하는 것이며, 다른 하나는 관계의 도식에서 원자적 현실태들 상호 간에 등위적 분할을 드러내는 것이다. 앞에서 말한 현실 세계의 매개체라는 것은 질서 정연한 전달의 매체를 보여 주는 것이다. 우리는 여러 목적을 위해서 하나의 현실태를 다수의 현실로 등위적 분할을 할 수도 있고, 결합체를 하나의 현실태로 다룰 수도 있다.(PR 286)

이처럼 전자의 다수성은 합생 과정을 통해서 끊임없이 새로운 현실태가 발생한다는 것을 말한다. 이것은 다자가 일자로 되는 합생 과정으로서, 다른 어떤 것으로도 대체될 수 없는 유일한 현실적 계기가 생성에서 만족에 이르는 과정을 말한다. 다시 말해서 비시간적인 보편적인 일자나, 수학적인 일자로 환원할 수 없는 생성하는 질적인 일자의 유형을 가리키는 다수성이다. 후자의 다수성은 이행 과정을 통해서 작용인의 역할을 하는 대상화된 현실태를 설명한다. 다시 말해서 전자는 발산하는 질적인 다수성이며, 후자는 수렴하는 양적인 다수성을 말한다. 우리는 이 후자의 다수성을 '실재적 가능태'real potentiality라고 하며, 여기에는 어떤 질서가 내재되어 있다. 우리는 이 장에서 물질과 물질 사이에, 현실태와 현실태들 사이에, 그리고 현실태 내부에 어떤 질서의 구조가 있는지를 고찰해 보고자 한다. 그러나 우리가 여기서 간과해서는 안 될 점은 화이트헤드의 사유가 현대 구조주의적 사유처럼 정태적인 구조가 아니라는 것이다. 그가 말하는 관계나 결합은 역동적인 것이나, 설명의 편의를 위해서 그 점을 생략할 뿐이다.

유기적인 연장적 사회로서 자연의 개념은 자연이 결코 완전하지 않다는, 그와 똑같이 본질적인 관점이 생략되어 있다. 자연은 항상 자신을 넘어서 추이해 간다. 이것이 자연의 창조적 전진이다.(PR 289)

그런데 연장적 결합에 대한 이해를 하기 위해서는 예비적인 조망이 필요하다. 이를 위해 우리는 우선 플라톤과 화이트헤드의 관계에 대한 개념을 비교해 볼 것이다. 이것은 존재론적 지위에서는 상호 간에 차이가 있으나, 각각 관계망에 대한 이해가 어느 정도 근접해 있다는 사실을 알아볼 수 있다. 두번째는 '점'보다는 '선'을 실재적 사유에 더 기초적인 것임을 역설하는 화이트헤드의 수리논리학적 작업을 살펴보아야 한다. 이것은 후기 철학을 개진하는 데 결정적인 역할을 할 뿐만 아니라, 화이트헤드의 작업의 연속성을 이해하는 데 중요한 실마리가 될 것이다. 세번째는 화이트헤드의 과학철학에서 수행한 작업들을 살펴볼 것이다. 이것은 연장적 결합, 그의 현실태와 가능태의 개념 이해에 중추적인 역할을 할 것이다.

2. 플라톤의 수용자와 화이트헤드의 연장적 연속체

화이트헤드의 연장적 연속체에 대한 철학사적 맥락을 한번 살펴보자. 그의 연장적 연속체의 개념은 플라톤의 『티마이오스』에서 '수용자'receptacle 개념과 밀접한 관련이 있다. 플라톤의 우주론의 개념들 중에서, 화이트헤드는 그의 수용자를 가장 빈번하게 고려한다.[1] 플라톤과 화이트헤드에 따르면 우주는 근본적인 구성체, 즉 현실적 존재자들, 그것들의 군들의 발생과 소멸에 의해서 구성된 방대한 상호 관계의 체계라고 한다.

플라톤은 각기 불·물·공기·흙에 입체를 부과함으로써 다양한 방식으로 결합과 해체가 가능하다고 하며, 화이트헤드는 현실적 계기들이 여러 가지 군이나 사회들을 구성함으로써 질서가 생겨나서 결국 무질서하게 된다고 주장한다.

화이트헤드의 철학에서, 플라톤의 수용자와 유사한 상호 관계망의 방대한 체계는 연장적 연속체이다. 이것은 "모든 가능한 대상화들이 그들의 적소適所를 발견하는 하나의 관계적 복합체"(PR 66)이다. 이 무한한 연속체가 우리의 특수한 우주 시대를 특징짓는 보다 작은 사회를 포함한다. 가장 넓은 사회로서 연장적 연속체는 가장 작은 부분의 성질을 갖고 있다. 그리하여 화이트헤드는 '부분과 전체, 그리고 전체와 부분의 관계'가 상호 전제하는 것으로 간주한다. 즉 이것은 연장적 연속체의 기능과 본성이라고 할 수 있다.[2]

연장적 연속체는 단위 경험과 이에 의해 경험된 현실적 존재자들이 하나의 공통 세계의 연대성에서 결합되는, 경험 내의 일반적 관계적 요소이다. (PR 72)

---

1) 『관념의 모험』에서 '관계망'에 관한 설명을 위해서 플라톤의 우주론에서 사용된 수용자 개념에 관해서 빈번하게 언급한다.(AI 112, 134, 147, 154, 187, 201, 247, 284)
2) 연장적 연속체를 통해서 세계는 일반적 성격에서 발생하는 최초의 질서의 결단(PR 66)이다. 이것이 의미하는 바는 연장적 관계성이 특징짓는 관계성의 유형이 세계의 창조적 진행에 관련될 것, 혹은 관련되지 않을 것을 가장 넓은 의미에서 제공한다는 것이다.

물리적 세계는 이를 연장적 연속체로 구성해 내는 일반적 유형의 관계성에 의해서 결합되어 있다. 이 연속체의 특성을 분석해 볼 때, 우리는 그것이 두 가지 부류로 구분되고 있다는 것을 발견하게 되는데, 그 중의 하나인 보다 특수한 부류는 다른 하나인 보다 일반적인 부류를 전제하고 있다. 여기서 특성의 보다 일반적인 유형은 '연장적 결합', '전체와 부분', '연장적 추상'에 의해서 도출될 수 있는 다양한 유형의 '기하학적 요소'라는 단순한 사실을 표현한다. 하지만 그것은 직선을 정의할 수 있게 하며, 그래서 측정 가능성을 이끌어 들이는 보다 특수한 속성들이 포함되지 않는다. (PR 96~97)

그리하여 모든 관계와 질서는 연장적 관계라는 가장 넓은 사회로부터 초래되는 질서 정연한 물리적 관계성의 맥락에서 존재해야만 한다. 전체의 연장과 부분의 연장의 이 관계성은 우주의 모든 사물의 내적인 관계성을 위한 기초이다.

우리의 우주 시대에서, 다양한 특성을 갖는 연장적 결합은 물리적 세계를 하나의 공동체로서 적절하게 기술할 수 있게 해주는 근본적인 유기적 관계성이다.(PR 288)

이러한 성격이 우주 속에 존재하지 않는다면, 모든 사물은 고립해서 존재해야 할 것이다. 그러나 실재의 세계는 관계망 속에 놓여 있다. 연장적 연속체가 과정세계의 관계망의 체계라고 하더라도, 현실태에 앞서서 존재하는 것은 아니다. 왜냐하면 "연장적 연속체가 물리적 세계에서 최초의 질서의 결단이라고 하더라도, 연장적 연속체는 세계에 우선하는 사실은 아니기"(PR 66) 때문이다. 하지만 연장적 연속체의 이러한 특성을 도외시한다면, 현실태들은 서로 관계할 수 없을 것이다. 다시 말해서 연장적 연속체는 연장적 관계를 제공하는 전체로서 혹은 현실적 존재자들을 상호 대상화하는 것으로서 모든 현실태에게 필수적인 것이다. 더욱이 모든 현실적 계기들이 연속체에 갖고 있는 입각점들은 각각의 현실적 세계를 결정하며, 관계성의 영역들을 결정한다. 따라서 우주는 연장적 연속체에 의해 모든 것이 연대되어 있고, 관계망의 체계로 이루어져 있다. 하지만 연장적 연속체 그 자체는 단지 가능적이고, 그것을 원자화하는 현실적 존재자의 결단을 제쳐 두고서는 현실적인 것이 될 수 없다. 플라톤의 수용자도 화이트헤드의 연장적 연속체와 동일한 역할을 한다. 화이트헤드는 플라톤의 수용자를 "발생하는 모든 것에 공통적인 관계성을 부과하는 사물들의 일반적인 상호 관계성"(AI 150)의 원천으로서 기술한다.

플라톤의 수용자는 역사의 과정이 모든 물리적 사실들로부터 추상되어서 놓여지는 필연적인 공동체로서 간주될 수 있다. 나는 플라톤의 수용자 학설에 관심을 집중시켰다. 왜냐하면 현재의 시대에, 물리과학은 플라톤의 사후 이래의 어떤 시기보다도 그것에 가깝기 때문이다. 현대의 시공간의 발생에 적용되는 특수한 수학 공식에서 추상화된 현대 수리 물리학의 시공간은 거의 정확하게 플라톤의 수용자이다.(AI 150)

한편 화이트헤드의 연장적 연속체와 마찬가지로, 플라톤의 수용자도 그 자체가 "모든 형상들이 텅 빈 것이며"(AI 150), 사물들이 서로 관련되는 궁극적 장소이다. 수용자는 모든 사물들이 발생하면서도 어떤 성격도 갖지 않은 장소이다. 플라톤의 우주론에서 수용자에 대한 이해를 제외하고서는 관계에 대한 어떤 근거도 찾을 수 없다. 사물들이 서로 관계되기 위해서는 장소가 요구된다. 플라톤에게 수용자는 생성의 장소이며 사회 질서를 위해 발생하는 형상들의 본질적인 장소이다.

> 플라톤은 수용자를 명백히 어려운 개념으로 진술하였다. 그 결과 우리는 그것에 대한 용이한 설명을 포기해야만 한다. 나는 수용자를 나 자신에게 는 현실태로서 간주되는 우주의 본질적인 통일의 개념으로 설명한다. 하지만 [수용자 개념은] 모든 현실태들이 가담해야만 하는 생명과 운동에서 추상화한 것이다.(AI 225)

이것은 현실태에서 주체적 목적이나 지향을 제외한 물리적 계기의 측면에 관한 내용이다. 화이트헤드의 연장적 연속체는 연장적 관계를 통해서 현실적 존재자들의 물리적 관계성과 우주의 연대성을 가능하게 만드는 관계적 복합체이다. 이 연장적 연속체는 사물들의 최초의 질서를 구축하는 것이다. 그러나 연장적 연속체는 현실태의 관계망으로 기여하는 하나의 커다란 사회이다. 또한 그것은 분할하고 원자화하는 현실적 존재자에 의존하고 있다. 이러한 의미에서 보이지 않는 존재, 즉 어머니와 같은 하나의 존재로서 표현하는 수용자와는 다소 다른 점이 있다. 연장적 연속체는 수용자와 같이 존재론적 독립성을 결여하고 있다. 그것은 하나의 개별적인 영원한 대상에 의해서 특징짓는 현실적 존재자들의 질서 정연한 상호 관계성의 결과인 결합체이다.

> 연장은 '연장적 결합'의 관점에서 구성되어야 하며, 다시 말해서 연장은 결합체의 현실태들 사이의 관계의 형식이다. 점은 어떤 '형식'을 갖는 현실적

존재자들의 결합체이며, 선분도 마찬가지이다. 따라서 기하학은 결합체의
형태에 대한 탐구이다.(PR 302)

그리고 성격이 없는 수용자와는 대조적으로, 연장적 연속체는 일반적
성격, 즉 전체와 부분의 연장적 관계성의 성격을 갖고 있다. 화이트헤드의
연장적 연속체가 현실적 존재자들의 상호 관계에 의한 결합체로서 규정될
수 있는 것이라면, 플라톤의 수용자는 이와는 달리 질료들의 상호 작용의 결
과를 통해서만 설명될 수 있다. 『티마이오스』에서 수용자는 스스로 존재하
며, 내용과는 하등 관계가 없다.

이 차이에도 불구하고, 연장적 연속체와 수용자는 존재들을 관계한다
는 의미에서 동일한 성격을 지닌다. 따라서 플라톤의 수용자와 연장적 연속
체는 관계성의 궁극적인 원리이며, 사회 질서의 가장 넓은 형태로서 모든 현
실태들에 본질적인 필수 조건이다.(AI 150, 187, 201, 247, 275) 그러므로 연
장적 연속체가 현실적 존재자들에 의존한다고 하더라도, 그것들이 관계한
다는 성격에서 실재적 가능태로 간주할 수 있다.

3. 위상학(Topology)과 연장적 결합(Extensive Connection)

연장적 결합은 시공간이론이다. 그것은 과거·현재·미래를 설명하는 것이
다. 다르게는 원인과 결과라는 인과론을 설명하는 것이다. 그러므로 인과론
은 자연의 질서를 설명하는 데 무엇보다 중요하다. 여기서 다루는 인과론
은 근대철학에서 '작용인' 혹은 '운동인'에 속하는 것을 의미한다.

화이트헤드의 시공간이론은 뉴턴과 비교해서 두 가지의 특징을 갖는
다. 먼저 화이트헤드의 시공간은 뉴턴의 자연철학과는 달리 시공간을 '현

실태'로 보는 것이 아니라 '실재적 가능태'로 간주한다는 것이다. 현실태를 규정하는 하나의 조건으로 시공간을 한정한다. 그러나 뉴턴은 정신·신체·시간·공간을 모두 '현실태'로 간주하였다.

> 뉴턴은 네 가지 유형의 존재를 전제하고 있지만, 그는 이들의 현실성에 관해서는 별다른 구별을 하지 않았다. 그에게 있어 정신은 현실적 사물이고, 신체도 현실적 사물이며, 시간의 절대적 지속도 현실적 사물이고, 절대적 위치 또한 현실적 사물이다. 그는 현실적이라는 말을 사용하지 않는다. 그러나 그는 사실의 문제를 말하고 있으며, 이 점에서 그것들을 모두 동일한 지평에 놓고 있다.(PR 71)

화이트헤드에게 있어서 시공간의 공리들은 '절대적' 의미로 규정해서는 안 된다. 왜냐하면 이러한 연장적 결합으로 특징짓는 시공간이론은 우주 시대의 물리적 관계에 대한 주된 특성을 밝히는 것이며, 물리적 경험 혹은 사건이 발생할 때마다, 그 경험이 연장적 결합이라는 특성을 드러내기 때문이다. 다시 말해서 사건이 발생한 후, 시공간이 생겨난다는 것이다.

그러므로 그 결합을 보여 주는 특성을 어떤 하나의 논리적 집합으로 환원할 수는 없다. 이 경우에 우리는 또다시 하나의 시공간이나 절대적인 기준을 설정하는 것이 된다. 화이트헤드는 이것을 다음과 같이 비판한다.

> 우리는 여기에 열거된 대다수의 특성을 엄격한 연역에 의해 도출될 수 있는 논리적 최소치로 환원하는 어떠한 조치도 하지 않을 것이다. 그 나머지가 연역될 수 있는 유일한 논리적 최소치의 집합은 없다. 그러한 많은 집합들이 있다.(PR 294)

따라서 화이트헤드의 시공간에 관한 이론은 궁극적인 공리를 통해서 구성된 것은 아니라고 본다. 우리는 앞 장에서 '의미관련'이론을 통해서 화이트헤드의 시공간이론의 특징을 밝힌 바 있다. 즉 그는 사건에서 파생된 '연장'과 '공액'을 통해서 그 작업을 시도한 것을 알 수 있었다. 지금부터는 『과정과 실재』에서 수리논리적 개념으로 진술한 그의 시공간이론이 갖는 의미를 이해해 보도록 하자.

그런데 『과정과 실재』의 4부는 일반적으로 화이트헤드의 독자에게 큰 혼란을 불러일으킨다. 이런 반응에는 커다란 이유가 있다. 화이트헤드는 30여 년 이상 동안 힘들게 다루어 왔던 시공간 관계들의 표현을 15쪽이라는 짧은 단락으로 명료화하고자 시도하고 있기 때문이다.

일반적으로 이 저서가 난해한 것으로 정평이 난 것도 화이트헤드의 이와 같은 압축된 진술에 있다. 여기서 우리는 『과정과 실재』의 4부에 상호 관련된 정의들과 가정들의 다양성을 드러내지는 않을 것이다. 그 이유는 이 논문의 의도를 넘어서는 일이기도 하고, 전문적인 수리논리학과 물리학을 이해하지 않고는 그 접근이 용이하지 않기 때문이다. 그 어려움을 키튼은 다음과 같이 말한다.

연장이론의 복잡성을 이해하는 중요한 실마리는 화이트헤드가 『과정과 실재』에서 연장에 관련된 관념들을 제시하기 20년 전에 밝혔던 「물질세계에 관한 수학적 개념들에 대하여」의 교점(교차점)이론에 있다. 교점이론──「물질세계에 관한 수학적 개념들에 대하여」의 2장──은 직선들이 다발이라는 관점에서 점들을 정의하며, 이러한 경우에 이것은 그 다발 속의, 각각의(임의의) 직선들을 임의의 다른 (혹은 모든) 직선들과 위상적으로 동치시키는 것으로서 동일화시키는 기초를 세운다. 비록 화이트헤드가

1905년도에 경험의 위상학을 세우기 위하여 「물질세계에 관한 수학적 개념들에 대하여」의 교점이론을 사용한 것은 아니라고 하더라도, 1905년에 발표된 「물질세계에 관한 수학적 개념들에 대하여」의 개념들과 그것들의 기능들이 그것의 값진 기초임은 1929년에 출판된 『과정과 실재』의 전망에서 명백하다. 교점 순서의 공리들[3]은 존재들 간의 결합의 방향성(공리 *1.51)을 세우고, 결합의 사이성과 순서(공리 *1.52, *1.53)를 세우고, 결합된 요소들의 분리성이나 동일성(공리 *1.54)을 설정한다. ······ 그것은 화이트헤드가 연장적 결합의 개념을 전개하면서 이르게 된 일반적 방향을 진술하기 때문이다.[4]

---

3) 교점(Intersectionpoints, 약어로 Interpoints)이론은 사영기하학의 문제점을 개선하기 위한 이론이다. 왜냐하면 사영기하학에서는 점과 선이 공리적으로 동일한 지위를 가지기 때문이다. 이것은 유클리드기하학에서 점을 우선하는 입장과는 차이가 있다. 하지만 선과 점의 순환성은 자연의 운동이나 생성을 설명하는 데 다소 미흡한 측면이 있다. 화이트헤드는 이를 개선하기 위해 '교점이론'을 제시했다. *1.51(교점 순서의 최초의 공리)은 결합의 방향성을 주장하는 공리이며, 이 공리의 특징은 한 번 정해진 방향성은 유일하다는 것이다. 교점 순서의 두번째 공리인 *1.52는 조화 공액(harmonic conjugates)의 기능을 통해 사이성(betweenness)과 순서의 개념을 보여 준다. 예를 들자면 R:(abcdt)라는 집합이 있다고 하자. *1.52에서 선형 존재 a의 방향성에 의해 설정된 선형 존재 b, c, d 사이의 가장 직접적인 (직선) 관계성은 b와 d 사이의 이중-연속적이며, 그것은 언제나 선형 존재 c를 경유한다는 것이다. 게다가 b와 d는 조화 공액이며, 따라서 관계 그 자체(R:(abcdt)≡R:(adcbt))를 변화함이 없이 관계 R:(abcdt) 속에서 교체될 수 있다. 교점 순서 세번째 공리인 *1.53은 *1.52와 대조된다. 즉 선형 존재 c는 b와 d 어느 것에서나 조화 공액이 아니며, 그것들 중의 어떤 것과도 교체될 수 없으며, 처음의 것과 동일한 관계를 유지한다. 달리 진술하면, 선형 존재 c는 언제나 관계 R:(adcbt)에서 b와 d라는 선형 존재들 사이에 존재하며, 이 때문에 그 관계의 순서를 변형하는 어떤 변환도 그 관계를 바꾼다. 달리 진술한다면, 이 공리는 R:(adcbt)와 R:(adcbt)가 일치하지 않는다. 즉 R:(adcbt)≢R:(adcbt)이다. 교점 순서의 네번째 공리인 *1.54는 관계 R:(adcbt)가 b와 d는 개별적이며 별개의 존재들임을 함축한다. 이 논문에서 기술된 이 공리들은 차후에 화이트헤드의 철학에서 핵심적인 개념들로 자리 잡는다. 화이트헤드의 유기체철학에서 범주적 제약들 중의 일부는 바로 이 공리에서 비롯된 것이다.

4) Keeton, "The Topology of Feeling Extensive Connection in the Thought of Alfred North Whitehead: Its Development and Implications", p.301.

따라서 화이트헤드의 시공간이론을 철저하게 검토하기 위해서는, 수리논리학적인 연구가 반드시 수반되어야 한다. 화이트헤드 자신도 그러한 어려움을 다음과 같이 표현한다.

특히 선형적 신장에서 점들의 순서 개념은 '사이' 개념의 정의에서 정교화될 수 있다. 그러나 그런 탐구들은 너무 기하학의 수학적 원리에 깊이 파고들어가는 것이 될 것이다.(PR 301)

한편 화이트헤드의 시공간이론의 특징을 수학적 개념으로 설명한다면, 그것은 위상적topological 성질을 보여 준다는 것이다. 우리는 화이트헤드의 연구자들을 통해서 그의 시공간이론과 위상학과의 관련성을 검토해 볼 것이다.[5] 그전에 위상학이 어떤 의미인지를 간단히 살펴보자.

위상학이란, "공간 속의 점, 선, 면 및 위치 등에 관하여 양이나 크기와는 별개의 형상이나, 위치 관계를 나타내는 법칙을 연구하는 학문"이라고 정의하고 있다.[6] 다시 말해서 "도형의 길이, 각도, 넓이 등을 다룬 종래의 기하학이 정량적定量的이었다고 하며, 위상학은 도형의 정성적定性的인 성질을 따지는 기하학인 것이다".[7]

따라서 위상학은 탄력 있는 종이 위에 도형을 그리고, 이때 그려진 도형의 어떤 부분을 끊지 않고 탄력 있는 종이의 배치를 뻗치고, 꼬이고, 접고,

---

5) 위상학(토폴로지, Topology)이라는 말은 그리스어의 '토포스'(topos, 위치)와 '로고스'(logos)을 결합시켜서 만든 것이다. 토폴로지는 '위치'와 '형상'에 관한 기하학으로 번역되기도 한다.
6) 이 정의는 요한 리스팅이 『토폴로지의 기초적 연구』(Johann Listing, *Vorstudien zur Topologie*, Göttingen: Vandenhoeck und Ruprecht, 1848.)라는 책에서 설명한 것이다. 김용운·김용국, 『토폴로지 入門: 기초에서 호몰로지까지』, 우성문화사, 1988, 34쪽에 이 내용이 실려 있다.
7) 같은 책, 35쪽.

변경시키는 것이다. 이 경우에 그 종이는 찢어지거나 잘라지거나 재접착되지는 않는다. 탄력 있는 변환에 의해서 남겨지는 것은 그 도형의 위상적 성질들이라고 불리는 성질들의 집합이다. 그것들은 도형이나 존재의 가장 일반적이면서도 근본적인 특성들이며, 이러한 이유 때문에 그것들은 위상학 연구의 대상이다.[8] 다시 말해서 가장 중요한 위상학의 특성은 거리나 크기와 전혀 관련이 없다는 것이다.[9]

위상학의 연구에 있어서 거리 혹은 측정은 무관하다. 왜냐하면 우리가 각주에서 설명한 세 가지 도형들에서 선들의 거리는 어떤 관심도 없으며, 그것들의 '연속성' 혹은 '연결성'을 깨뜨리지 않는 범위 내에서 우리가 좋아하는 표면들 위에 그것들을 움직일 수 있기 때문이다. 달리 말하자면, 우

---

8)

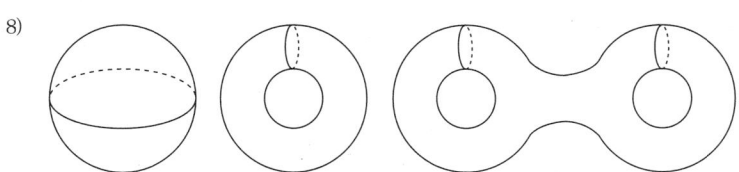

원(sphere), 원환체(torus: 도넛), 그리고 이중-원환체(double-torus: 이중-도넛 혹은 figure-eight: 팔면)을 취해서, 이것들의 바깥 표면에 원을 그리고 주변을 둘러싸자. 첫번째 경우에 있어서 지구 주변의 적도와 같은 것으로 보이는 것이 있으며, 두번째 경우에 타이어가 지면에 닿는 면과(tread) 같은 것이 있으며, 세번째 경우에는 반 달걀 모양같이 보이는 것이 있다. 지금 그 구의 표면 위에 그려진 원은 적도만큼 크게 만들어질 수 있으며, 혹은 단 하나의 '점'만큼 작게 만들어질 수 있다. 그러나 그 원환체의 바깥에 그려진 원은 오직 도넛 내부의 지름만큼 작게 만들 수 있으며, 오직 바깥의 지름만큼 크게 만들 수 있다. 그러나 이것은 한 점에 접근하려는 크기로 줄어들도록 할 수는 없다. 명백하게 구와 원환체 사이에는 어떤 근본적인 차이점이 있다. 마찬가지로 이중-원환체의 경우에도 똑같다. 만약 우리가 이중-원환체의 바깥에 그려진 원을 줄이려고 한다면, 우리는 언제나 원 내부에서 두 개의 '도넛 구멍들'을 갖고 있음을 발견한다. 결코 한 점에 접근할 만큼 작게는 하지 못한다. 이중-원환체의 본질적인 구조는 단순한 원환체나 구의 본질적인 구조와는 다르다는 것이다

9) 이것은 사영기하학도 동일한 성질을 함축한다. 화이트헤드는 「물질세계에 관한 수학적 개념들에 대하여」에서 자신이 다룬 시공간 개념이 사영기하학의 개념과 밀접한 관련이 있다는 사실을 밝히고 있다.(SMW 13)

리는 선들 중의 어떤 것도 자를 수 없다. 그리고 그것들을 다른 배치 속으로 재연결할 수 없다. 키튼에 따르면,[10] 화이트헤드의 시공간이론과 위상학에서 사용된 '연결성'의 개념은 다음과 같은 유사성을 갖고 있다고 주장한다.

로런스 스클러Lawrence Sklar는 연속성은 위상학의 원초적인 개념이며, 연합성은 연속성이 특수한 구조 속에 명시되는 방법을 지적하는 것과 관련된 매우 특수한 정의를 갖고 있는 것이라고 진술한다. 화이트헤드가 결합성의 개념들에 대해서 작업할 때쯤에, 그는 결합성에 대한 보다 근본적인 지위를 직관하였다. 이 결합성은 1978에 발표된 윌더Raymond L. Wilder에 의한 「'연결된'에 대한 위상적 개념의 진화」Evolution of the Topological Concept of 'Connected'라는 요약 논문에서 명백하게 증명되었다. 이 논문에서 윌더는 게오르크 칸토어Georg Cantor가 연속성과 결합성 개념들의 분리에 대해서

---

10) 키튼은 화이트헤드가 1927~1928년에 이루어진 일련의 강의를 통해서 『과정과 실재』를 출판 (1929년)했을 때, 위상학은 새로운 것이었고 위상학 자체의 토대와 다른 수학의 분과와의 관계를 결정짓기 위해서 애를 쓰고 있었다고 한다. 하지만 윌리엄 영(William H. Young)과 그레이스 영(Grace. C. Young)은 영역들(regions)의 관점에서 연결성의 정의를 도입하는데, 이것은 화이트헤드가 20여 년 후에 『과정과 실재』에서 발전시켜서 제시하는 '영역' 정의와 두드러질 정도로 유사하다고 한다.(Keeton, "The Topology of Feeling Extensive Connection in the Thought of Alfred North Whitehead: Its Development and Implications", p.287.) 1932년 오스발트 베브렌(Oswald Veblen)은 "현대 기하학의 어떤 양상들에 대해서"(On Certain Aspects of Modern Geometry)라는 강의를 하였는데, 여기서 기하학에서의 가장 현대적 전개들을 탐구하였다. '분석적 장소'('Analysis Situs: 위상학에 대한 당시의 이름)에 대한 강의에서 그는 위상학의 근본 개념에 대한 사용과 전개에 대해서 설명하며, n-cell 위상학을 조사함으로써 보편 공간 이론을 제시한다. 그의 설명은, 비록 명명된 이름은 다르더라도, 화이트헤드 자신이 제공한 위상적 범주들과 명백히 유사한 것이다. 화이트헤드는 난형 집합으로서 영역들을 예시하며, 이것은 의미 관련 학설에서 관계항(추이의 근본적인 통일체)의 보편 공간과 유사하다. 또한 이것은 『과정과 실재』에서 현실적 존재자들이라고 불렀다. 화이트헤드가 분석적 장소 혹은 위상학이라는 용어를 결코 사용하지 않았다는 사실이, 그의 저서와 다른 사람들의 저서들 사이에서의 유사성을 모호하게 하지는 않는다.(Ibid., p.292.)

책임이 있다고 지적한다. "칸토어에 따르면, En의 연속체는 두 가지 근본적인 특성들, 즉 완전하게 되는 성질과 연결된 것의 성질을 갖고 있어야만 한다." 윌더는 그다음 1904년에 아르투어 쇤프라이$^{Artur Schönflies}$에 의해서 출판된 논문에서 결합된 것에 대한 개념의 근본적인 중요성의 발달을 추적한다. 1904년의 논문에서 "연결성이 전반적으로 분석적 장소(위상학)에 있어 중요하면서도 근본적인 성격"이라고 제안되어 있다. 이것은 명백하게 별개의 연구 속에서 확립되었다고 하더라도, 동일한 시간대에 화이트헤드는 1905년 「물질세계에 관한 수학적 개념들에 관하여」라는 그의 세미나 논문과 사영기하학과 도형기하학에 관한 그의 두 가지 논문에서 같은 것을 제시한다.[11]

다른 한편 화이트헤드에 있어서, 시공간이론의 초점은 자연의 추이라는 변환을 통해서 연결되는 것은 무엇인가를 탐구하는 것이다. 자연의 추이라는 사건 속에는 지속이 있다. 한 지속에서 다른 지속으로 이행될 때, 동일한 감각 패턴이 유지되는 경우가 있다. 다시 말해 생성 소멸하는 한 현실태에서 다른 현실태로 이행할 때, 동일하게 존속되는 어떤 감각 대상이 있다는 것이다.

키튼에 따르면 이것은 첫번째 사건 속에 있는 패턴이 두번째 사건으로 투영될 때 그 패턴 내부 요소들 간의 연결성을 변경시킴이 없이 뻗칠 수 있고, 꼬일 수 있고, 접힐 수 있으며, 혹은 달리 변경시킬 수 있다는 것이다.

즉 사영된 패턴이 처음에 발생한 근본적인 결합성을 유지할 때, 아무리 변경되고 변형된다고 하더라도 그 두 가지 패턴들은 위상적으로 동등한 것

---

11) Ibid., pp.286~287.

이라고 본다.[12) 『과정과 실재』에서 이 의미는 이 추이의 단위들 사이의 연결성이라는 우주론적 설명으로 전개되었다. 따라서 키튼에 의하면 "화이트헤드가 『과정과 실재』 4부에서 제공하는 설명은 거의 동시에 이루어진 위상학적 탐구에 논문과 매우 유사하다".[13)

한편 화이트헤드의 연구자들인 팰터와 엘리자베스 크라우스, 레클레어[14)은 각각 1960과 1979년에 화이트헤드의 시공간 개념이 위상적 변환과 관련이 있음을 지적한다.[15) 또한 키튼은 연장적 결합을 "사건들의 위상학 혹은 느낌들의 위상학의 근본적 범주"로 본다.[16)

이 점에서 화이트헤드의 영역 개념이 매우 위상적인 것처럼 보이기 시작한다. 즉 영역들은 위상적 변환에 대하여 불변하는 이러한 성질들을 가진 것으로 가정된다. …… 지금 우리는 이미 이전 장에서 계량적 변환과 아핀 변환affine transformation을 알아보았다. 그리고 이 장에서 사영변환이라는 일반적인 집합을 알아볼 것이다. 그러나 위상적 변환은 앞의 어떤 변환들보다도 더 일반적이다. 대략적으로 말하자면 구면을 잡아 째지 않고, 떨어져 있는 점들을 일치시키려고 하지 않는 기하학적 존재(즉 구면)에 대한

---

12) Keeton, "The Topology of Feeling Extensive Connection in the Thought of Alfred North Whitehead: Its Development and Implications", p.289.

13) Ibid., p.292.

14) Robert Palter, *Whitehead's Philosophy of Science*, Chicago: University of Chicago Press, 1960, pp.106~118; Elizabeth Kraus, *The Metaphysics of Exprience: a Companion to Whitehead's Process and Reality*, New York: Foredham University, 1979, pp.127~129.; Ivor Leclerc, *The Relevance of Whitehead*, pp.117~124.

15) Palter, *Whitehead's Philosophy of Science*, p.49.; Kraus, *The Metaphysics of Exprience: a Campanion to Whitehead's Process and Reality*, p.143, p.149.

16) Keeton, "The Topology of Feeling Extensive Connection in the Thought of Alfred North Whitehead: Its Development and Implications", p.288.

어떤 임의적인 변형이 위상적 변환이다. 이에 관한 정확한 분석적 정의는 다음과 같다. 위상적 변환점은 일 대 일이며, 연속적이다. 계량적 변환과 아핀 변환과 사영 변환은 모두 위상적 변환의 특수한 경우들이다.[17]

팰터에 따르면 어떤 존재를 찢거나, 그 존재의 순서를 다르게 합체 coalesce시키지 않는 변형을 위상적 변환이라고 하며, 전문적인 용어로 위상 동형사상이라고 한다. 이것은 변화를 통해서 일정한 결합의 질서를 탐구하는 것이다. 이는 도형에서 존재들 간의 '상이성'만을 변경시키지 않는다면 동일한 도형으로 볼 수 있다는 것이다.

예를 들자면 한 선형 도형에서 a, b, c, d, e 다섯 개의 위치를 표시해 보자. 이 위치들의 순서가 출발점에서 이미 (abcde), (bcdea), (cdeab), (deabc), (eabcd)라는 한 방향으로 나아간다. 그런데 a 와 c '사이'에 언제나 b가 있다. 그런데 그에 의하면 a 와 c 사이에 b가 아니라 d나 e가 있다면, 사이성의 결합이 변경된 것으로 볼 수 있다고 한다.

치아라비글리오 역시 화이트헤드의 느낌이론을 집합이론 위상학의 관점으로 정의하였다. 그는 1963년과 1964년에 상당히 난해한 집합이론 표기의 체계로 이 개념을 확장시켰다. 그의 결론 중의 하나는 화이트헤드의 느낌이론이 본질적으로 '경험 세계의 위상학'이라는 것이다.

그는 한 경험의 계기(현실적 존재자) 속에 있는 느낌들의 패턴은 다른 경험의 계기들로 사영되거나 사상되는 어떤 한정성(영원한 대상)을 가진다고 주장한다. 그런데 한 계기에서 패턴이 다른 계기의 패턴에서 동일한 순서하에 연결된다면, 이때 두 현실적 존재자들은 위상적으로 동치인 것으로

---

17) Palter, *Whitebead's Philosophy of Science*, pp.110~111.

말해진다.[18] 예컨대 어제 우리가 잔에서 희고, 부드럽고, 딱딱한 감각 패턴을 보았다. 그리고 오늘 동일한 패턴을 경험하였다면, 이를 잔이라고 한다. 우리는 자연의 추이(과정) 속에서 이것을 경험할 수 있는 것은 위상적 변환을 통해서 동일하게 남는 성질 때문이다.

즉 우리는 하나의 사건 혹은 계기에서 다른 사건으로 이행하면서 그 패턴의 연결성이 동일한 것을 유지할 때, 반복되는 대상이 있다고 말할 수 있다. 이 경우에 감각 패턴은 세 가지 분리 요소의 포함이다. 만약 이 세 가지 요소들(희고, 부드럽고, 딱딱한 요소) 중에서 오직 두 가지만 있다면(부드럽고 흰 것), 처음의 세 가지 요소와 이 두 가지 요소들 사이에서 패턴의 동일화는 가능하지 않을 것이다. 그것은 '솜'이거나 '솜사탕'일 수 있다.

그런데 화이트헤드는 연장적 결합에서 인과성이라는 고전적 문제를 다루고 있다. 『과정과 실재』 4부에서 화이트헤드는 연장적 결합의 축약된 형태로서 연결성을 사용하며, 사건들 대신에 영역들을 사용한다.(PR 294) 우리는 화이트헤드가 수학 시기부터 점이나 양이 아니라, 선이나 관계를 사유하고자 하였다는 점을 고려하지 않는다면, 그의 연장이론은 공간적인 것으로만 이해하기가 쉽다. 이것은 언어의 한계에서 생성이나 관계를 사유하기가 얼마나 어려운 것인지를 말하는 것이다. 이 경우에 우리는 "연장 내에within, (연장을) 통해서throughout, (연장) 사이에서between, (연장을) 넘어서beyond라는 것"[19]을 무의식적으로 간과하게 된다. 따라서 연장적 결합은 순

---

18) Lucio Chiaraviglio, "Whitehead's Theory of Prehensions", *Alfred North Whitehead: Essays on His Philosophy*, Ed. George L. Kline., New Jersey: Prentice-Hall, 1963, pp.528~534.

19) Keeton, "The Topology of Feeling Extensive Connection in the Thought of Alfred North Whitehead: Its Development and Implications", p.309.

수하게 시공간 개념이라는 사실을 반드시 염두에 두어야 한다.

　우선 화이트헤드의 인과론에서 가장 난해한 지점은, 그가 원자성과 연속성을 함께 설명하고자 하는 것이다. IV부의 현실태이론에서 설명하겠지만, 그의 현실태이론은 라이프니츠의 모나드처럼 원자적이다. 원자론을 주장하는 이론의 난점은 원자와 원자의 관계를 어떻게 설명할 것인가 하는 것이다. 화이트헤드는 '성취를 완성한 현실태'와 '성취 중인 현실태'를 구별한다. 전자는 이미 원자성을 구성한 것이며, 후자는 아직까지 원자성을 구축한 것이 아니라고 한다.

　키튼에 따르면 화이트헤드는 「물질세계에 관한 수학적 개념들에 관하여」에서 경계들을 갖는 경계되지 않는 존재자들unbounded entities with boundaries을 설명하며, 이는 『과정과 실재』에서 경험의 유한 계기들로서 현실적 계기들에 해당하는 대응물이라고 주장한다.[20]

　이러한 입장을 고수한다면, 두 가지의 고려 사항에 직면하게 된다.

　(α) 무한하게 작은 체적들은 없기 때문에, 연장의 제한은 유한해야만 한다. 따라서 우리는 인접하는 매개물에 대한 원자적 구조를 인정해야만 한다. 그 결과 매개물이 인접하는 요소들에 전체적으로 작용하는 궁극적 유한 요소들로 구성되어 있다. 따라서 요소들이 이상적으로 기하학적으로 분할――『과정과 실재』에서 말하는 발생적 분할―― 할 수 있다고 하더라도, 물리적 활동의 문제인 한 분할 불가능하다.

　(β) 그 매개물의 원자적 구조가 인정되어 질 때, 만약 두 개의 원자적 체적들 중의 하나가 표면(경계)surface(boundary)을 가지고 있지 않다면 이 두 체

---

20) Ibid., p.312.

적은 인접할 수 없을 것이다. 왜냐하면 인접하는 점들이 거기에는 없고, 결과적으로 별개의 두 가지 경계에 어떤 인접하는 점들도 없기 때문이다.

따라서 (α)와 (β)에 따르면, 이전에 인용된 세 개의 공리들에 따라 활동을 전달할 수 있는 유일하게 인접하는 매개물은 표면을 갖는 원자적 요소들atomic elements with surfaces이 표면이 없는 원자적 요소들atomic elements without surfaces과 섞이는 경우에 유한한 원자적 요소들로 구성되어진 매개물이다.(RTS 11)

이때 표면들을 갖는 원자적 요소들은 완전한 현실태이며, 표면들을 갖지 않는 원자적 요소들은 완성에 이르고자 하는 현실태이다. 전자는 완성된 현실적 계기들의 세계가 한정된 경계들을 갖는 과거의 현실적 세계라고 말하는 것이며, 현실태가 생성되고 있는 것은 아직까지 한정하는 경계들이 없는 현재의 현실화하는 세계이다. 이러한 생성하는——계기들의 한정성은 완성된——계기들로부터 변환된 감각의 패턴들이, 현재 실현하는 계기들의 주변에서 한정된 경계들을 형성하는 단계에는 이르지 않았다는 것이다.

한편 연장적 결합을 설명하기 위해서, 화이트헤드는 『과정과 실재』에서 9개의 정의와 17개의 가정을 설정하며, 도표를 통해서 각각의 정의와 가정들을 제시한다.

그러나 얼핏 보아서는 그 도표와 정의들의 상호 관련성을 검토하는 것이 쉽지 않다. 우리는 그 도표와 정의들의 관련성을 보다 이해하기 쉽게 재구성할 필요가 있다.

정의1 두 영역은 양자가 제3의 영역과 연결되어 있을 때, '매개적'으로 연결되어 있다.

가정1 연결과 매개적 연결은 양자 모두 대칭적 관계이다. 즉 만일 영역 A
가 영역 B와 연결되어 있든가 또는 매개적으로 연결되어 있다면, 영역 B
는 영역 A와 연결되어 있든가 또는 매개적으로 연결되어 있다.

가정2 다른 모든 영역과 연결되는 영역은 없다. 그리고 어떠한 두 영역도
매개적으로 연결되어 있다.

가정3 연결은 추이적인 것이 아니다. 즉 A가 B와 연결되고, B가 C와 연결
되어 있을 경우, 반드시 A와 C가 결합되는 것이 아니다.

가정4 자기 자신과 연결되어 있든가 또는 자기 자신과 매개적으로 연결되
어 있는 영역은 하나도 없다.(PR 294~295)

정의3 두 영역은 양자가 포함하는 제3의 영역이 있을 때, '중첩된다'overlap고
말한다.

가정10 중첩의 관계는 대칭적이다.

가정11 한 영역이 다른 영역을 포함한다면, 이 두 영역은 중첩된다.

가정12 중첩된 두 영역은 결합되어 있다.(PR 296)

정의5 어떤 영역이 두 개의 중첩된 영역 A와 B의 '교차부분'으로 불리게 되
는 것은 i) 그것이 A와 B의 양쪽에 포함되어 있는 경우, 그리고 ii) A와 B의 양
쪽에 포함된 어느 영역도 그것에 포함되지 않고서는 그것과 중첩될 수 없는
경우이다.(PR 297)

정의1, 정의3, 정의5에서는 매개적, 대칭관계를 갖는 두 영역 사이의
관계를 설명한다. 대칭관계라고 하는 것은 다른 말로는 '동시적' 관계를 염
두에 둔 것이다. 비동시적인 관계는 대칭관계에서 일어날 수 없는 것이다.
이것은 다음 페이지에 있는 도표 2의 그림을 통해서 드러난 관계들이다.

이것들은 매개적 연결을 보여 주는 도표이다. 키튼에 따르면, 이것들은

<도표2> [21]

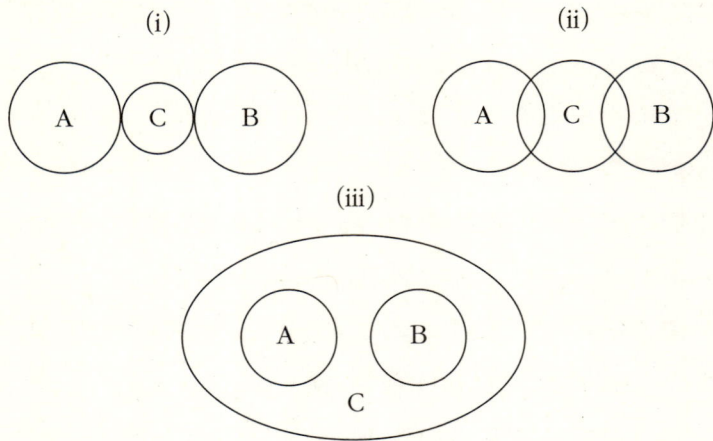

(i)

A C B

(ii)

A C B

(iii)

A B

C

동시적·간접적·수동적이라고 한다.[22] 이 연장적 결합의 유형은 일 대 일 대응이 아니며, 일 대 다, 다 대 일이 될 가능성이 더 많다.

키튼에 의하면, 이것은 연장-사이성extends-between이며 세 가지 그림들은 서로 간에 위상적으로 동치다. (A)와 (B)는 조화에 의해서 합동하는 감각 패턴을 공유하지는 않는다. 대신에 그것들은 (C)의 매개를 통하여 연결된다. (A) 속에 포함되는 감각 패턴과 또한 (C) 속에 포함되는 감각 패턴은 (AC)라는 영역에 의해서 예시되는데, 이것들은 (C)라는 전체의 패턴 속에 동일하게 포함되어진다. 이 전체적인 패턴은 또한 (BC)라는 영역에 의한

---

21) 이하 이 책에 등장하는 도표들은 『과정과 실재』 국역본 516~517쪽에 수록된 '도표 I'과 '도표 II'의 일부를 옮겨 온 것이다. 대조의 편의를 위해 도표에 따로 일련번호를 매기지 않고, 『과정과 실재』의 도표 번호를 그대로 따랐다.

22) Keeton, "The Topology of Feeling Extensive Connection in the Thought of Alfred North Whitehead: Its Development and Implications", p.316.

도형에서 예시되어지는 (C)와 (B)의 유사한 상호 교차를 포함한다.

이 양식에서 (A) 속에 있는 특수한 감각의 패턴과 (B) 속에 있는 특수한 감각의 패턴은 (C)를 성격 짓는 전체적인 패턴 속에 포함된다. (AC)라는 패턴은 (BC)라는 패턴과 일 대 일로 대응하는 것은 아니나, 그러나 그것들은 (C)라고 부르는 패턴을 공동의 요소로 공유한다.

도표 2의 그림(iii)은 나머지 두 개의 도표과는 다른 매개적 연결을 보여 준다. (A)와 (B)가 (C)라는 세번째 사건 속에 포함되고, 이에 의해서 (C)를 한정하는 전반적 패턴의 요소들이 된다. 예컨대 (A)와 (B)는 각각 (C)라는 커피 속에 들어 있는 설탕과 우유이다. 매개적인 연결의 경우에 있어서, 감각 패턴은 (A)와 (B) 속에 있는 패턴들 사이를 연장한다.

그런데 이러한 설명만으로는 그 관계를 이해하기가 쉽지 않다. 우리는 보다 구체적인 실례를 들어보도록 하자. 우선 유럽을 경유하는 여행이라는 사건에서, 프랑스를 여행하는 두번째 사건이 유럽을 여행하는 사건 속에 포함된다는 사실을 규정한다. 프랑스를 경유하는 여행과 마찬가지로, 이 첫번째 사건 속에 포함되는 것으로 벨기에를 경유하는 여행이라는 세번째 사건을 고려해 보자.

도표 2의 그림(iii)에서 (C)는 첫번째 사건(유럽 경유)을 나타내며, (A)는 두번째 사건(프랑스 경유), (B)는 세번째 사건(벨기에 경유)을 나타낸다고 해보자. 이 예시를 통해서 우리는 (A)와 (B)라는 두 가지 사건들과 함께 인과적으로 결합된 (C)라는 유럽을 경유하는 여행이라는 사건이 매개적으로 연결되어 있음을 알 수 있다. 그러므로 (A)와 (B)라는 두 가지 사건은 서로 간에 인과적으로 연결되어 있지는 않다.

그러나 (A)와 (B) 양자는 (C)와 특수한 연결의 패턴을 공유한다. 프랑스와 벨기에를 여행하는 감각 패턴의 각각의 요소는 (C)속에 있는 감각 패턴의 어떤 요소와 일 대 일 대응에 있다. (A)와 (B)는 매개적으로 (C)라는 보다 더 큰 전체적인 패턴 속에 공유함으로써 연결되나, 직접적으로 그들 자신들 사이에는 공유하는 요소는 없다. 다시 말해서 그들은 인과적으로 연결되지 않는다.

도표 2의 그림(i)과 그림(ii)를 고려해 보자. (C)는 친구들을 방문하는 사건들을 나타내며, (B)는 시스티나 성당을 방문하는 사건을 나타내며, (A)는 퀼른 성당을 보는 사건을 나타낸다고 하자. (C) 안에 있는 특수한 패턴은 부분적으로 (C)를 한정하는 전체적인 패턴을 성격을 규정한다. (C)의 이러한 양상은 (A)와 (B) 속에서 되풀이되며, 물론 (A)와 (B)는 (C)로부터 사영되지 않고 변환되지 않는 다른 요소들도 관련이 된다.

(A)와 (B)는 매개적으로 (C)로부터 공유된 패턴을 통해서 서로 간에 연결이 되며, (C)는 (A)와 (B)에 인과적으로 전달되는 두 가지 경우에 속한다. 이것은 연장적 결합의 첫번째 양태에 해당하는 인과적 연결성인 (C) → (A)와 (C) → (B)를 예시할 뿐만 아니라, 연장적 결합의 두번째 양태로서 인과적으로 관련이 없는 사건들 간의 매개적인 연결, 즉 (A) ← (C) → (B)를 예시한다. 첫번째 것과 마찬가지로 이 연결의 양태는 위상적으로 불변한다. (C)로부터 (A)와 (B)에로 되풀이된 패턴에 의해서 설립된 동일성과 순서는 이 우주에서 위상적 구조의 관점에서 근본적인 연결이다.

시공간 전망의 어떤 변화도 (C)로부터 (A)와 (B)에로 감각 패턴의 변환 혹은 사영에 의해서 만들어진 연결성을 변경시킬 수는 없다. 유기체철학에서 이 위상적 질서는 경험 세계의 근본적 구조들을 드러내려는 시도라고 할 수 있다.

그 다음으로 포함관계, 혹은 부분과 전체의 관계를 보여 주는 그림을 고려해 보자.[23]

정의2 영역 B와 연결된 모든 영역이 A와도 연결되고 있을 때, 영역 A는 영역 B를 '포함한다'include고 말할 수 있다. 또 다른 용어법으로 영역 B는 영역 A 의 '부분'이라고도 말할 수 있을 것이다.

가정5 하나의 영역이 다른 영역을 포함할 때, 두 영역은 연결되어 있다.

가정6 포함의 관계는 추이적transitive이다.

가정7 영역은 그 자신을 포함하지 않는다.

가정8 포함의 관계는 비대칭적이다. 즉 만일 A가 B를 포함한다면, B는 A 를 포함하지 않는다.

가정9 하나하나의 영역들은 모두 다른 영역들을 포함한다. 그리고 한 영역 에 이처럼 포함되는 한 쌍의 영역이 반드시 서로 연결되는 것은 아니다. 그 러한 쌍은 임의의 주어진 영역에 포함될 수 있고, 항상 발견될 수 있다.

정의9 i) B가 A에 포함되면서도 ii) A와 B 양쪽에 외적으로 결합되고 있 는 제3의 영역이 존재하지 않는 경우, 영역 B는 영역 A에 '비접선적으로' nontanggenetically 포함되어 있다.(PR 295~296)

여기에는 포함적·추이적·비대칭적이라는 용어들이 사용되고 있다. 이 연장적 결합은 비동시적·간접적·수동적인 연결을 보여 준다.[24]

정의9에서 '비접선적 포함'은 '전체'와 '부분'의 관계를 고려해서 만들 어진 정의이다. 이것은 다음 페이지의 도표 1의 (i)에 해당한다. 이 도표는 연장적 결합에서 가장 일반적인 포함의 관계를 예시한다. 이 예시에서 (A)

---

23) Keeton, "The Topology of Feeling Extensive Connection in the Thought of Alfred North Whitehead: Its Development and Implications", pp.324~325.

24) Ibid., p.316.

〈도표1〉

(i)

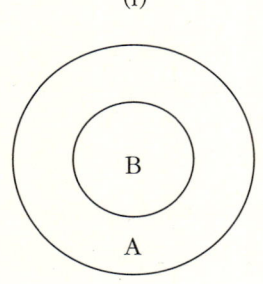

는 (B)를 포함한다. 이 관계는 유럽 여행이라는 실례에 의해 표현될 수 있다. 유럽 전역을 여행하는 사건은 프랑스를 경유한 여행이라는 사건을 포함하는 것으로 말해질 수 있다.

(B)의 모든 요소는 (A) 속에 포함되어지는데, 그 이유는 (B)를 연장하는 (A)의 성격 때문이다. 마찬가지로 우리는 (B)를 (A) 속으로 연장하는 것으로 기술할 수 있다. (B)의 모든 요소는 (A)의 어떤 요소 안으로 연장한다. 그러나 그 반대의 경우는 성립하지 않는다.

(A)와 (B) 사이의 연결을 표현하는 또 다른 방식은 (A) 내에 있는 감각의 패턴이 (B) 내에서 되풀이된다고 말하는 것이다. 유럽을 경유하는 여행이라는 패턴은 (A)를 한정하는 성격의 부분이며, 그리고 또한 (B)를 한정하는 성격의 부분이다. 이 특수한 예에서 (A) 속에 있는 패턴은 (B) 속에서 거듭해서 일어난다. 왜냐하면 (A)는 (B)에 인과적으로 연결되기 때문이다. 적어도 이러한 성격이 관계하는 한에 있어서, (A)는 (B)의 본성을 결정한다. (B)가 그 자신 속에서 일어나는 모든 것이 역시 (A)에서 일어난다고 말할 수 있는 한에서 (A)의 부분이다.[25]

다음으로 외적 연결인 경우이다. 이것은 도표 1의 그림(iv), (v)와 (vi)에 의해 표현되어 있다.

---

25) Keeton, "The Topology of Feeling Extensive Connection in the Thought of Alfred North Whitehead: Its Development and Implications", pp.317~318.

〈도표1〉

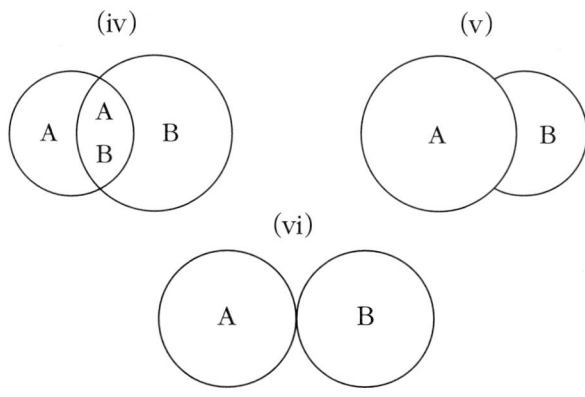

정의7 두 영역이 '외적으로'externally 연결되는 것은, i) 그것들이 연결되어 있으면서, ii) 중첩되지 않는 경우이다. …… 외적 연결은 도표1에서의 v)와 vi)의 그림으로 예시되어 있다.(PR 297)

키튼에 의하면 "포함과 외적인 연결의 경우에 있어서, (A) 속에 있는 감각의 패턴은 (B)에로, (B) 내로, (B)를 넘어서 연장한다. 이 특수한 관계성은 자연의 추이를 설명하는 방향의 공리로부터 도출되며, 그것은 직접적으로 결합과 연장의 공리에로 나아간다".[26] 이 세 가지 그림은 이러한 인과적 연결의 개념을 확장한 것이다. 도표 1의 그림(iv)에서 (A)와 (B)는 오직 한 점에서 연결되는 것으로 나타나며, 반면에 도표 1의 그림(v)에서는 그것들은 한 영역에 의해서 결합되는 것 같고, 도표 1의 그림(vi)에서는 그것들은 오직 공통적인 경계 혹은 선을 공유하는 것 같다.

이 세 가지 예시들의 연결이——동일성과 순서를 보존하면서——변화

---

26) Ibid., p.320.

에 의해서도 명백한 형태로 손상되지 않고 남아 있는 한, 세 가지 예시들은 위상적으로 동치인 것은 분명하다. 화이트헤드는 이러한 관계성을 외적 연결이라고 부르며, 거기서 한 사건에서 다른 사건으로의 패턴의 인과적 변환은 후자가 전자 속에 완전히 포함되거나 포섭됨이 없이 초래된다. 이것을 언급하는 다른 방식으로는 서로 간에 일 대 일 대응을 갖고 있지 않은 외적으로 연결된 각각의 사건들로 존재하는 패턴들이 있다는 것이다.

따라서 연결성에 대한 이 세 가지 집합들의 연장적 기술은(첫번째로는 비동시적인 연장적 결합의 양태의 하위 범주들로서) 한 사건으로부터 다른 사건으로 감각 패턴들로 연장하며, 안으로 연장하며, 그 밖으로 연장하는 것과 관련된다.

이러한 연결들은 한 사건이 다른 사건과 관계되는 인과적 변환이며, 자연의 추이가 경험의 세계에서 명시되는 주된 질서의 형태를 구성한다. 우리에게 이러한 연결들이 없다면, 자연의 추이에 대한 어떤 지각도 없을 것이다. 우리는 이러한 인과적 연결들을 한 사건에서 다른 사건으로 일 대 일 대응, 사영 혹은 사상에 의해서 동일시할 수 있다.

연결성이 손상되지 않고 동일할 때(동일성과 순서가 변하지 않을 때), 우리는 두 사건들이 조화에 의해서 합동하는 것으로 말한다. 조화되는 것은 각각의 사건 속에 있는 감각의 패턴들이다. 조화되지 않을 때, 우리는 그 패턴의 인과적 연결이 일치하지 않는 것이라고 본다.[27]

마지막으로 '접선적'tangential 연결이 있다. 도표1의 그림(ii)와 그림(iii)이 그것에 해당된다.

---

27) Keeton, "The Topology of Feeling Extensive Connection in the Thought of Alfred North Whitehead: Its Development and Implications", pp.319~320.

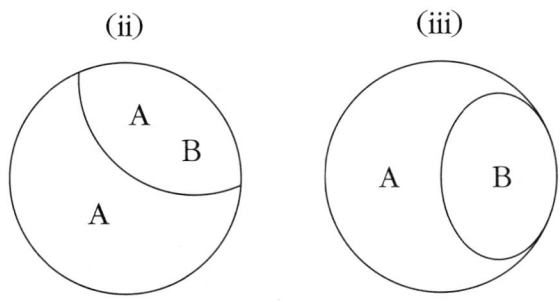

정의8 영역 B가 접선적으로 영역 A에 포함되는 경우는 i) B가 A에 포함되고, ii) A와 B 양쪽과 외적으로 결합되고 있는 영역이 있을 때이다.(PR 297)

매개적 연결을 제외한 포함, 접선적 포함, 외적 연결은 모두 비동시적·간접적·수동적인 연장적 결합이다. 마지막으로 도표 1의 그림 (ii)와 (iii)은 (A)와 (B) 사이의 인과적 연결에 대해서 그 이상의 전개를 예시한다. 이 예시에서 (B)는 여전히 (A) 속에 포함되고 있기는 하나, 다른 인과적 가능태들을 갖고 있다. 그것은 (A)에 부가되어서 (B)가 다른 사건들과 인과적 관계들을 가지는 것을 허용하는 포함의 양식이다.

예를 들자면 도표 1의 그림(iii)에서 (A)와 (B) 양자는 (A)의 경계라고 부를 수 있는 어떤 영역을 공유하고 있다. 이 예시를 통해서, 우리는 공유joint의 인과 작용이라 기술되는 경험의 사실이 있다는 것을 알 수 있다.

보다 구체적인 사례를 들어 보면, 나는 어느 날 저녁에 몇몇 친구를 만나서 최근에 그들이 다녀온 해외 여행에 관해서 대화를 나누면서, 사진을 몇 장 보면서 그 친구들이 여행 동안에 알아 낸 재미있는 항목 몇 가지에 관해서 얘기를 나누었다.

이 사건은 퀼른 성당을 본 패턴을 포함하며, 이 사건은 나의 삶 속에서 일련의 사건들을 촉발시킨다. 나는 약간의 돈을 저축하기 시작하면서, 여행 일정에 관해서 탐구하고, 내가 해야 할 일과 퀼른 성당을 본다는 패턴을 포함하는 여러 가지 다른 사건들에 관한 계획에 착수한다. 마침내 내가 여행을 시작할 때, 이 여행은 유럽을 경유하는 여행이라는 사건으로서 그 성격을 규정하는데, 이 사건은 또한 퀼른 성당을 본다는 패턴을 포함한다. 나는 독일을 경유하는 것으로 여행 일정을 계획하였는데, 그 결과 나는 퀼른 성당을 볼 수 있다. 친구들이 방문한 사건은 나의 경험의 영역에로 투영되거나 사상되어, 하나의 패턴이 되어서 (A)와 (B)에로 변환된다. 화이트헤드는 이것을 비동시적·간접적·수동적인 연장적 결합에서 나타나는 패턴으로 보며, 이를 '접선적 포함'이라고 부른다.[28]

이처럼 화이트헤드는 존재들 사이의 연장적 결합을 알기 위해서, 수학을 탐구한 시기부터 형이상학의 시기에 이르기까지 지속적으로 전개한다. 키튼에 의하면 "물질세계에 관한 수학적 개념들에 관하여」의 직선, 「공간의 상대성이론」의 직접적인 관계들, 『과정과 실재』의 변형들 사이는 어떤 직접적인 관계가 있는 것으로 본다. 이것들은 직선적인 혹은 직접적인 연결을 통해서 인과 작용의 관계성을 표현한다"는 것이다.[29]

---

28) Keeton, "The Topology of Feeling Extensive Connection in the Thought of Alfred North Whitehead: Its Development and Implications", pp.318~319.
29) Ibid., p.314. 키튼에 따르면, 세 가지 근본적인 결합성의 유형들은 ①점-복합성 직관(연장의 공리), ②자연의 추이의 방향성(방향의 공리), ③동일성/분리성(identity/separateness), 순서/사이성(order/betweenness) 간의 구별(결합의 공리)이다. 이 세 가지 공리들은 벡터의 공리라고 부를 수 있는 형태와 결부될 수 있다. 왜냐하면 벡터들은 유한하고, 방향이 있고, 결합된 존재들이기 때문이다. 화이트헤드는 결코 이러한 용어로 그의 도식을 표현하지는 않으나, 키튼은 그 용어가 연장적 결합의 개념에서 작동 중인 메커니즘에 대한 간략하면서도 전반적인 견해를 제공하려는 시도로서 제안되었다고 주장한다.

지금까지 우리는 화이트헤드의 시공간이 위상적 특징을 갖고 있다는 사실을 드러내려고 시도하였으며, 그의 연장적 결합의 이론이 근본적으로 '연결' 혹은 '사이'를 통해서 세계의 작용인을 이해하려고 시도하였음을 보았다. 키튼에 따르면 다음과 같다.

> 화이트헤드는 기초적인 자연의 추이의 방향성에다가 점복합성 직관을 체계적으로 적용함으로써 경험의 세계의 이러한 근본적인 구조에 이르게 되었다. 이 과정은 동일성/분리성과 순서/사이성이라는 구별의 근본적인 중요성을 허용하였다. 이러한 구별과 함께 경험 세계의 연장과 방향을 체계적인 구조로 결부시키는 결합의 공리들의 집합을 도출할 수 있다. 우리는 이 구조에 느낌의 위상학이라는 용어를 주조하였다. '느낌의 위상학'이란 구조는 느낌-경험의 세계로부터 일정하고 근본적으로 (위상적으로) 불변하는 구조가 발견될 수 있다는 의미를 전달하기 위해서 고안되었다.[30]

따라서 화이트헤드는 이 위상적 구조를 "연장-방향-연결로 결부된 기능 속에서 발견했으며, 이 도식을 그의 우주론인 『과정과 실재』에서 제시"[31]하는 것으로 보인다.

---

30) Ibid., p.327.
31) Ibid., pp.326~327.

IV부
유기체철학의 현실태이론

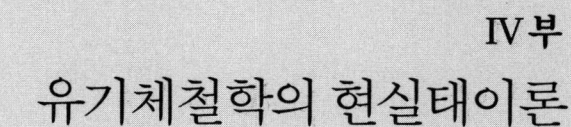

1장 미적 형이상학의 원리

형이상학에서 궁극적인 문제는 '완전한 사실'을 탐구하는 것이다. 서양의 형이상학에서 실재는 무엇보다 영속하고 완전해야 한다는 전제가 깔려 있다. 그러므로 형이상학의 역사는 완전한 것을 탐구하는 역사이다. 자크 데리다Jacques Derrida는 서양 형이상학의 이러한 특징을 두 가지로 요약한다.

하나는 모든 형이상학에서 자기 동일성을 갖춘 최초이자 최종의 원인 내지 토대를 철학적 공리로 설정하고 이 원인을 통하여 세상의 복잡다단한 존재물들이 파생되었다고 보는 이원적 대립 구조로 세상을 파악하는 것이다. 또 하나는 이와 같은 일차적 원인과 이차적 파생물들이 단순히 대립적 관계로만 자리하는 것이 아니라 그 양자 간에 선악 내지 우열의 위계적 가치 질서, 나아가 지배와 종속이라는 권력 질서를 설정하고 있다는 것이다.

즉 철학유파에 따라서 용어와 개념상의 차이는 있지만, 형이상학 체계에서는 현존·직관·본질·있음·의미·진리·의식·주체·초월·내부·말 등을 일차적인 근원적인 가치로 특권시하고, 그에 비해서 재현·공간·시간·경험·외부·차이·분열·역사·타자·물질·글 등을 이차적 파생물로 폄하하여 배제한다.[1]

따라서 형이상학이란 플라톤 철학에서 이데아, 아리스토텔레스는 제1 실체, 데카르트는 정신과 물질이라는 실체, 칸트는 물자체와 현상계라는 개념들을 만들어 낸다. 또한 루소의 자연적 말씀, 헤겔의 절대적 관념론, 후설 현상학의 의식 주체와 직관, 하이데거의 존재자, 영미 언어철학에서 고유 의미 내지 의식적 의도 등을 가리킨다.[2] 이런 점들 때문에, 데리다는 서양의 형이상학을 동일성의 철학 혹은 영속의 철학이라고 하며, 이를 해체하고자 한다.[3]

더불어 서양 형이상학의 이러한 특징은 자신이 말하는 것을 듣고 싶어 한다는 것이다. 이는 A =A로 보고자 하는 것이다. 이것은 서양철학에서 형이상학이 동일성의 원리를 탐구하는 것임을 보여 준다. 여기서 동일성이란 다음과 같다. "그것은 언제나 타자 없는 자기 관계 속에서 자기를 확장시키고 전개해 왔다. 바로 이처럼 자기 관계적이라는 의미에서 서양 정신은 자기 동일적이다."[4]

화이트헤드가 사변철학을 시도한다고 해서 그 역시 동일성이나 정태적인 완전성을 염두에 둔 철학을 고수하고자 하는 것은 아니다. 화이트헤드에 따르면 사물의 본성이나, 사회학적 이론을 통해서 볼 때, "완전성의 정태적 유지가 불가능하다"(AI 274)고 한다. 그는 "전진이냐 쇠퇴냐 하는 것은 인류에게 제공된 유일한 선택이다. 순수하게 보수적인 것은 우주의 본

---

1) 윤효녕 외, 『주체 개념의 비판: 데리다, 라캉, 알튀세, 푸코』, 서울대학교출판부, 1999, 16~17쪽.
2) 같은 책, 16쪽.
3) 자크 데리다, 미셸 푸코, 리처드 로티와 같은 철학자들은 철학의 죽음에 관해서 다양한 논의를 전개하였다. 이들이 말하는 철학의 죽음은 이성 중심의 근대 인식론적 체계에 관한 것이다.(George Lucas, *The Rehabilitation of Whitehead: an Analytic and Historical Assessment*, Albany: SUNY Press, 1989, p.1.)
4) 김상봉, 『나르시스의 꿈』, 한길사, 2002, 27쪽.

질에 역행하고 있는 것"(AI 274)이다. 크리크에 따르면 완전성을 추구하는 형이상학은 수학적 패러다임으로 구성되어 있는 것으로 보며, 대표적인 저서들이 플라톤의 『국가』와 칸트의 『순수이성비판』이라고 한다.[5] 수학을 통한 동일성의 형이상학을 시도하는 것은 '시간'을 배제하도록 한다.

그러나 화이트헤드가 수학에 근거한 시간론을 거부하는 것은 아니다.[6] 다만 화이트헤드는 존재론적으로 '미적 경험'을 가장 원초적인 것으로 보며, 이는 시간을 실재의 한 요소로서 부가하자마자 구체적으로 드러나는 사건으로 본다.

따라서 그의 형이상학은 수학적 패러다임에 근거한 형이상학이 아니라, 시간과 밀접한 관련성이 있는 미적인 형이상학으로의 전환을 시도한다.[7] 더욱이 화이트헤드는 자신이 초기에 연구한 기호논리학에서도 역시 미학의 기초를 볼 수 있다고 한다.

먼 미래에 기호논리학은 공간, 수, 양과는 다른 결합들에 의존하는 패턴들을 탐구하기 위해서 팽창될 때, 이것이 발생될 때, 나는 기호논리학이 즉, 실변수의 사용으로 패턴의 상징적 조사를 하는 것이 미학의 기초가 될 것이라고 생각한다.(MT 99)

나는 [기호논리학이] 미학과 논리학 사이의 유사성이 전개되지 않는 철학의 주제 중의 하나가 될 것이라고 제시한다.(MT 88)

---

5) Kreek, "Whitehead, Von Weizsacker and the Problems of Time and Experience in Contemporary Cosmology", p.89.
6) 『과정과 실재』의 4부는 실재에 대한 추상적인 분석에 해당하며, 그 분석의 결과는 위상학과 유사성이 있는 것으로 알려져 있다. 이 책의 III부 5장을 참조하라.
7) Kreek, "Whitehead, Von Weizsacker and the Problems of Time and Experience in Contemporary Cosmology", p.89.

한편 화이트헤드의 형이상학은 또한 '유기체철학'(PR 18)이라고 한다. 유기체라는 의미는 플라톤에서 헤겔에 이르기까지 미리 유기적으로 질서 잡혀 있는 것을 의미하여, 각각의 기능이 미리 설정된 계획에 따라서 조화를 이루는 것으로 되어 있다.

가령 플라톤의 형이상학은 각각의 부분들로 구성되어 전체를 이루는 유기체를 지향한다. 이때 각각의 부분에서 출발해서 하나의 통일적인 이데아의 질서 속으로 종속시킨다. 이것은 동일성의 철학의 전형이라고 할 수 있다. 또한 헤겔의 형이상학은 개체에서 출발하지만, 그 개체의 부정을 통해 보다 상위의 이념들을 향해 나아간다. 이런 과정을 통해 개체들은 전체 유기체의 한 부분으로 질서를 이룬다. 그 과정은 언제나 유기적인 전체와 완전을 향해 나아가는 직선적인 운동이다.[8]

그러나 화이트헤드의 유기체철학은 그런 의미로 규정지을 수 없다. 그는 유기체철학의 목적을 다음과 같이 기술한다.

유기체철학의 목적은 '완고한 사실의 궁극적인 작인들로서 개별자'(참된 실재), '한정의 형식으로서 보편자', '목적', '재창조로서 존속', '영속적 소멸로서 시간·느낌', '경험의 개별적 통일', '완고한 사실', '(데카르트적 의미에서) 참된 실재', '새로움에로의 창조적 전진', '과정', '체계'의 개념들에 근거한 정합적인 우주론을 표현하는 것이다.(PR 128)

화이트헤드는 "상식에 폭력을 가하지 않고는"(PR 128) 이것들 중의 어떤 개념도 생략해서는 안 된다고 한다. 즉 '새로움으로 창조적 전진'과 '과

---

8) 서동욱, 『차이와 타자: 현대철학과 비표상적 사유의 모험』, 문학과지성사, 2000, 310쪽.

정'과 같은 표현은 이미 결정된 어떤 목적을 향하는 유기체의 의미를 상정하고 있는 것이 아니다. 그에 따르면 근대의 철학자들은 이들 개념들 중의 어떤 것에 편향해서 '체계'를 구성하였으며, 그 결과 가운데 하나는 극단적인 흄의 감각주의의 학설에 빠지고 만다.(PR 128) 이미 설정된 유기적인 질서로 개체들을 동일화하는 체계론이나, 어떤 체계도 거부하는 회의론이라는 두 이론을 거부하기 위해서, 화이트헤드는 '유기체' 개념에 두 가지의 의미를 부여한다. 그것은 각각 미시적microscopic 의미와 거시적macroscopic 의미로 나누어진다.

미시적 의미는 경험의 개별적인 통일을 실현하는 과정으로서 고려된, 현실적 계기의 형상적 구성에 관계된다. 거시적 의미는 현실적 계기를 위해서 동시에 기회를 제한하고 제공하는 완고한 사실로서 고려된, 현실 세계의 소여성과 관계된다.(PR 128~129)

뒤에서 보다 자세하게 설명하겠지만, 미시적인 의미의 유기체는 '합생' 과정이라고 하며, 거시적인 의미의 유기체는 '이행' 과정이라고 한다. 합생 과정은 "모든 사물은 흐른다"는 헤라클레이토스의 명제(PR 208)와 근대철학자 가운데 로크의 "영속적 소멸"(PR 210)이라는 관념을 재구성한 것이다. 이는 "어떠한 두 현실적 계기도 동일한 현실적 세계를 경험할 수 없다"(PR 210)는 것이다. 화이트헤드에 따르면 이 과정은 칸트와 헤겔 학파에서는 오용되거나, 제외된 것으로 본다.(PR 210) 이행 과정은 개별적 존재자와 존재자들 사이의 관계를 의미한다. 이는 합생 과정을 종결한 개별적 존재자들이 다른 개별자의 대상으로 주어지는 과정이다. 이 과정은 초월자에 의해서 규정되는 것이 아니라, 끊임없는 제거 과정을 통해서 "상호 조정된 추상화"(PR 210)의 활동이라고 할 수 있다.[9] 따라서 화이트헤드는 이러한 과정을 이해하기 위해 세 개의 잠정적인 형이상학적 원리를 설정한다. 우리는 이 절에서 화이트헤드의 세 개의 원리를 통해서 그의 현실태이론에 대한 예비적인 이해에 접해 보고자 한다. 그것은 각각 과정process의 원리, 유한성finite의 원리, 개체성individuality의 원리이다.[10]

화이트헤드는 이 세 가지의 형이상학적 원리를 자신의 현실태이론의 본질적인 성격으로 규정한다. 각각의 원리가 갖는 특성은 아리스토텔레스의 철학과 밀접한 관련이 있다. 그의 철학이 가능태와 현실태 사이의 연관성을 통해서 우주의 본성을 탐구한다는 점에서, 아리스토텔레스의 철학과 유사성을 보여 준다. 하지만 화이트헤드의 유기체철학은 근본적으로는 아리스토텔레스의 철학을 역전시키는 작업으로 구성되어 있다. 우리는 이 점을 중심으로 화이트헤드의 형이상학의 원리를 검토해 볼 것이다.

1. 과정의 원리

앞서 철학에서 진정한 실재는 변화가 없는, 영원한 것으로 이해되었다. 그리고 변화는 이와는 다른 상이한 영역, 불충분한 실재, 현상의 세계로 간주되었다. 진정한 실재는 불변이고 영원히 있는 것이며, 변화는 그것과 대립되는 위치에 있으며 하위의 지위에 있다. 그 대표적인 사상이 플라톤 철학

---

9) 이것은 하나의 체계와 그 체계에 포섭될 수 없는 현실적 계기의 미시적인 활동의 상호 작용을 함축한다. 거시적 과정인 체계는 현실적 계기가 나아갈 때, 한계와 방향으로 주어지며, 또한 미시적 과정인 현실적 계기는 자신의 욕망이나 목적을 통해서 그 체계를 넘어서는 '새로움'을 향해 간다.
10) 화이트헤드는 『관념의 모험』의 '모험'의 장에서 세 가지 원리에 대한 상세한 논의를 전개한다.

이다. 이 현실태는 성질과 관계의 변화들을 겪으면서도 그 본질적인 본성에서 불변으로 남아 있는 것으로 이해된다. 불변과 변화, 있는 것과 생성의 조화는 본질적인 특성과 우유적인 특성 사이의 구분으로 보인다. 현실태는 개체성과 자기 동일성을 유지하기 위해서, 본질적인 본성을 불변으로 유지한다. 변화가 있다면 그것은 존재자에게 본질적이지 않은 특성이다. 이 존재자는 우유적인 변화의 계승 전체에 걸쳐 자기 동일성으로 존속한다. 화이트헤드는 이와 같은 특징을 다음과 같이 표현한다.

첫째, 실체의 가장 뚜렷한 표시는 수적으로 분명히 동일한 것이 있으면서도 반대되는 성질을 허용할 수 있다는 것이다. 이것은 우리가 일상 경험에서 사물들의 존속을 일반적으로 표현하는 방식이다. 예컨대 철수는 태어나서 죽는 그날까지 언제나 철수로 남아 있으면서, 다양한 인생 경험을 한다. 이때 우리는 '경험했다'라는 사건 속에서 철수는 언제나 동일한 것으로 남겨 둔다. 이를 통해 우리는 다양한 사건들을 경험하고 모험하는 철수라는 실체는 동일한 철수라는 상상적 일반화의 개념에 도달하게 된다.

둘째, 일상적인 삶에서 존속하는 사물들의 일반화로 이루어진 것이 형이상학적 사실이다. 많은 철학자들이 그들의 분명한 진술로 실체 관념을 비판한다. 그러나 명제의 주어-술어 형식은 현실 세계에 관한 진술의 궁극적인 완전한 양식을 구현하고 있다는 것이 암암리에 그들의 논의 전반에 걸쳐 전제되고 있다.(PR 41, 192, 220)

화이트헤드는 불변과 변화를 조정하기 위해 기존의 형이상학자들이 형이상학을 설명하기 위해 시도해 왔던 지적 전통에 있기를 거부한다. 왜냐하면 그들 모두는 현실태를 본질적으로 불변으로 간주하기 때문이다. 화이트헤드는 "변화의 불변하는 주체로서의 현실적 존재자라는 개념이 완전히 폐기되어야 한다는 것이 유기체철학의 형이상학적 학설에서는 근본적인 것이다".(PR 39) 그에게 있는 것과 생성의 조화를 위해서는 과정을 현실태의 본성에 본질적인 것으로 인정하는 것이 중요하다. 과정 그 자체는 현실적 존재자의 내적 구조이다. 화이트헤드는 이를 과정의 원리라고 한다. 이러한 과정의 원리 혹은 유기적 생성은 '미학적 패러다임'으로의 전환을 가져온다.[11]

화이트헤드는 일상의 목적들 때문에 사물들이 자기 동일하게 존속하는 존재로 보는 것은 정당하다고 본다. "본질적으로든, 우연적으로든, 영속적인 성질들을 유지하면서 존속하는 실체라는 단순 개념은 삶의 많은 목적들 때문에 유용한 추상을 표현하고 있다."(PR 109) 그는 존속하는 실체라는 단순 개념이 추상의 개념이지 현실태의 개념은 아니라고 본다. 그것은 현실적 존재자에서 파생된 종류의 존재이다. "우리가 존속하는 존재자의 개념을 사물들의 본성에 관한 근본적인 진술로서 사용하려고 할 때마다, 그것은 자신의 잘못을 증명하고 있다. ······ 형이상학 안에서 그 개념은 완전한 잘못이다. 그 잘못은 '실체'라는 단어의 사용에 있는 것이 아니라, 본질적인 속성들에 의해 특징지어진, 그리고 우유적 관련들과 우유적 속성들의 변화의 한가운데에서 숫자상 하나로 남아 있는 현실적 존재자의 관념의 사용에 있다."(PR 109~110)

이와는 달리 화이트헤드 형이상학의 첫번째 원리는 과정의 원리이다. 이것은 서양 형이상학의 근본적인 사유에 대한 절대적인 부정이다. 화이트헤드에 따르면 형이상학에서 정태적인 현실태의 관념이 파생하게 된 경로

---

11) Eisendrath, *The Unifying Moment: The Psychological Philosophy of William James and Alfred North Whitehead*, pp.43~44. 그는 윌리엄 제임스의 심리학이 근대철학을 거부하는 점에서 화이트헤드의 철학과 유사점은 있으나, 화이트헤드는 제임스와는 달리 미를 유기적 삶의 근본 요소로 삼는다는 점에서 다르다고 주장한다.

를 그리스철학의 두 거두인 플라톤과 아리스토텔레스의 사상에 기인하는 것으로 본다. 그는 플라톤의 후기 철학의 대화편의 내용들에 대해서는 다르게 평가하지만[12] 초기와 중기의 대화편에서 지속적으로 논의되는 불변하는 완전성으로서의 수학의 아름다움에 관한 평가나, 영구히 완전하게 직조된 이데아의 초월세계에 관한 기술은 정태적인 현실태의 관념을 창안하는 데 가장 근본적인 역할을 한 것으로 본다.

화이트헤드에 따르면 실체와 속성이라는 관념을 통해서 정태적인 현실태의 관념을 주조하는 데 플라톤보다는 아리스토텔레스의 철학이 정태적인 실체 관념을 가져오는 데 더욱 큰 역할을 한다. 그의 제1실체 개념은 성질이 각인되는 정태적 기초이며, 이는 인간의 경험에서 정신을 '텅 빈 방'으로 표현하는 근대 경험론에게도 결정적인 역할을 한다. 따라서 로크에게도 "실재는 과정에 있는 것이 아니라 과정의 정태적 수용자 속에 있게 된다"(AI 276)는 것이다. 이것은 근대의 경험론뿐만 아니라 데카르트의 철학에도 근본적인 전제이다.

데카르트 철학의 난점은 유동성을 하위의 종속물로 보는 데서 오는 관념들을 예시해 주고 있다. 이러한 종속화는 분석의 손길이 미치지 못하고 있는 저 찬송가의 동경 속에서, 천국의 완전성에 대한 플라톤의 통찰 속에서, 아리스토텔레스의 개념들 속에서, 그리고 데카르트의 정신성 속에서 발견된다.(PR 209)

---

12) 화이트헤드는 플라톤의 만년의 대화편에 언급되는 일곱 개의 관념들인 이데아·물리적 요소·프시케·에로스·조화·수학적 관계·수용자들은 과정철학에서 충분히 수용될 수 있는 것으로 본다.(AI 275)

따라서 서구 형이상학의 역사는 "유동성을 무시하고 세계를 정적 범주로서 분석하려는 경향이 있다".(PR 209) 그리고 과정의 원리는 실재를 일원론으로 볼 것인지, 다원론으로 볼 것인지와도 밀접한 관련이 있다. 화이트헤드는 일원론을 거부한다. 그 이유는 유일하게 현실적으로 존재하는 존재자는 변함없는 유일한 자기 충족적인 존재자로서 어떻게 다양한 변화를 도출할 수 있는지를 설명할 수 없기 때문이다. 이것은 정합성을 만족시키지 못한다. 화이트헤드는 아리스토텔레스 논리학의 형식이 현실태들 사이의 관련성을 이해할 수 없는 것으로 만드는 데 주요한 역할을 한 것으로 본다. 화이트헤드는 아리스토텔레스의 논리학의 영향으로 인해서 형이상학적 사고는 실체-속성 범주 속에 놓인다(PR 41)고 본다.

> 근대의 시각은 이천 년 동안에 걸쳐 아리스토텔레스 논리학이 서서히 끼친 영향에서 생긴 것이다. 그리고 아리스토텔레스의 논리학은 가장 단순한 문장 형식의 분석에 그 기초를 두고 있다. 예를 들면 '이 물은 뜨겁다'라는 문장은 고온이라는 특성을 특정한 욕조 속의 특정한 물에 귀속시키고 있다.(AI 132)

이것은 현실태와 현실태의 관계를 완전히 무시하는 형태이다. 각각의 실체는 상호 관련이 없이 그 자체로 충족적인 것이 된다. 이는 "궁극의 원자, 궁극의 모나드, 궁극의 주체"(AI 133)를 통해서 상호 연관된 세계를 이해 불가능한 것으로 만든다. 따라서 아리스토텔레스의 술어설과 제1실체설은 결과적으로 "속성들의 연접과 제1실체들의 이접"(AI 133)에 관한 설을 낳는다. 이것은 근대철학에도 결정적인 역할을 한다. 예컨대 데카르트의 현실태는 동일한 유적 원리를 거부하며, 세 가지로 실체를 나눈다. 즉 사유하는 정신, 연장하는 사물, 이들을 통합하는 신이다. 데카르트에게 정신과 연장은 전혀 관계가 없는 유적 특성을 갖는다. 이것은 근대철학의 인식론에 큰 문제를 제기한다.

결국 흄의 회의론과 스피노자의 사유와 연장이라는 속성을 극단적으로 분리하는 것 등이 모두 데카르트의 문제제기에서 시작되었다고 보는 것이다. 화이트헤드는 이를 '잘못 놓여진 구체성의 오류'의 대표적인 사례라고 본다.[13)]

> 오늘날 어떤 의미에서 그 누구도 신체와 정신이 있다는 것을 의심하지 않는다. 다만 쟁점은 사물들의 조직 속에서 그러한 신체와 정신들에 관한 지위의 문제이다. 데카르트는 그것들이 개별적 실체들이고, 그래서 물질의 조각 각각은 하나의 실체이며, 각각의 정신도 실체임을 단언했다.(RM 92) 근대철학에서 데카르트의 실체 두 종류, 즉 물질적 실체와 정신적 실체는 부정합성을 예증하고 있다. 데카르트 철학에서는 오로지 물질적인 하나의 실체 세계나 아니면 오로지 정신적인 하나의 실체 세계가 존재해서는 왜 안 되는지에 대한 어떤 이유도 없다. 데카르트에 따르면 하나의 실체적 개체는 오로지 존재하기 위해서 자기 자신 이외의 아무것도 필요로 하지 않는다. 따라서 이 체계는 부정합한 일을 기꺼이 행하고 있다. 그러나 다른 한편으로 사실들은 연합된 것처럼 보이는 반면에, 데카르트의 체계는 그렇지 않다. 예를 들면 몸-마음이라는 문제를 다룰 때에 그러하다.
>
> (RM 76~77)

---

13) 근대철학의 인식론은 실체론적 존재론을 따르기 때문에 주체와 대상, 몸과 정신, 자연과 인간 등에 관한 관계를 이해하기가 매우 어렵다.

이러한 데카르트의 논리로 보자면 각각의 현실태는 상호 무관한 존재가 되는 것이다. 이것은 고대의 아리스토텔레스와 근대의 로크에 의해 규정된 현실태도 마찬가지로 다른 현실태의 구성 요소가 될 수 없다. 왜냐하면 그 현실태는 정태적이어서 다른 현실태와는 어떤 관계도 가질 수 없기 때문이다. 따라서 "제1실체의 상호 결합은 제1실체 그 자체의 실체적 실재성을 결여하고 있어야 한다"(AI 276)는 결과가 나온다. 이는 현실태들 간의 상호 결합에 커다란 어려움을 가져온다. "서구 철학의 역사는 영속과 유동이라는 두 개념에 균형을 부여하고자 하나, 결국 영속에서 착수하는 실체의 형이상학을 보여 줄 뿐이다".(PR 209) 그러나 화이트헤드는 과정의 원리에 따라서 모든 현실태가 '동일한 지평'에 있는 것으로 본다. 즉 현실태는 다른 현실태와 직접적인 관계를 맺을 수 있어야만 한다.

> 현실적 존재자들——또한 현실적 계기들이라고도 하는——은 세계를 구성하는 궁극적인 실재적 사물이다. 보다 더 실재적인 어떤 것을 찾기 위해서 현실적 존재자들의 배후로 나아갈 수 없다. 현실적 존재자들 사이에는 차이가 있다. 신은 하나의 현실적 존재자이며, 아득히 멀리 떨어진 텅 빈 공간에서의 지극히 하찮은 한 가닥 먼지의 존재도 현실적 존재자이다. 그러나 비록 그 중요성에서 등급이 있고 그 기능에서 차이가 있다 하더라도, 여전히 현실태가 예증하는 원리들 안에서 모든 것들은 동일한 수준상에 있다. 궁극적 사실은 이들이 모두 한결같이 현실적 존재자들이라는 것이다.(PR 18)

이것은 현실적 존재자들의 복수성을 받아들이는 다원론의 입장에 서 있을 뿐만 아니라, 그들이 서로 간에 다르다는 것을 받아들인다. 중요성의 등급과 기능, 다양성에 차이가 있을 뿐, 모든 현실적 존재자는 동일한 유적 특성을 부여받으며, 상호 관련성을 가진다는 것이다. 그리고 아리스토텔레스의 논리학은 '실재는 무엇인가?'라는 질문의 형식으로 제기하는 데 결정적인 역할을 했다. 그는 본질이나 존재를 묻는 것이 형이상학의 근본적인 탐구라고 한다. 이것은 아리스토텔레스가 플라톤의 이데아와 같은 추상적 존재가 아니라, 개별적인 실체들, 철수, 영희 등을 실재로 본다고 하여도 마찬가지이다. 그것은 무엇을 묻는 것이지, 무엇'과' 무엇의 '관계'를 묻는 것은 아니다. 화이트헤드는 이것을 아리스토텔레스의 논리학이 실재를 오용한 대표적인 경우라고 본다.

> 아리스토텔레스 논리학의 결함은 전치사와 접속사를 무시하고 형이상학적 사고를 명사와 형용사에 집중시키고 있다는 데 있다.(AI 276)

'전치사'와 '접속사'를 중요하게 생각하는 것은 현대 논리학의 주된 특징 가운데 하나이다. 우리는 아리스토텔레스 논리학이 근대철학에 미친 영향에 대해서 데카르트 철학을 통해서 접근할 수 있다. 데카르트의 주된 명제인, '나는 생각한다. 그러므로 나는 존재한다'는 근대철학의 시작을 알리는 중요한 진술이다. 이 진술은 '나'라는 주체의 존재는 사유를 통해서 증명된다는 것을 명석 판명하게 보여 준다는 사실이다. 이때 '나'라는 주체는 존재와 사유 속에서 동일성을 증명받는다. 이 동일성을 증명하는 '나'라는 주체가 절대적으로 불변하고 영속하는 실재의 역할을 부여받는다. 여기서 우리는 '사유하는', '존재하는', '나'와 같은 명사나 형용사에 집중한다. 그러나 우리는 결코 '그러므로'라는 접속사를 깊이 고려하지 않는다. 화이트헤드는 생각하는 '나'와 존재하는 '나'를 연결하는 '그러므로'가 더 의미가 있다는 것이다. 앞서 언급했듯이, 전치사와 접속사는 '사이성'을 드러내는 것이다.

'나는 생각한다. 그러므로 나는 존재한다'라는 명제는 내가 그것을 언표할 때마다, 그리고 마음속으로 생각할 때마다 참이다. 데카르트는 그의 철학에서 사고 주체가 계기적 사고를 만들어 내고 있는 것으로 보고 있다. 유기체의 철학은 이런 순서를 역전시켜, 사고가 계기적인 생각하는 주체를 만들어 내는 데 있어 구성 요소로 작용하는 것으로 본다. 생각하는 주체는 최종적이며, 이에 의해 사유가 존재한다. 이 역전을 통해서 우리는 실체철학과 유기체철학의 최종적인 대비를 본다. 유기체의 조작들은 유기체가 '주체'로 향해 가는 것이 아니라, 유기체가 '자기초월체'로 향해 가는 것이다.(PR 150~151)

그러므로 이것은 정태적인 현실태가 아니라, 과정을 원리로 하는 현실태이론을 구성하려는 작업으로 볼 수 있다. 따라서 화이트헤드의 형이상학의 제1원리는 정적 범주를 거부하고, 동적 범주를 통해 구성하기 위해서, 생성 소멸하는 과정을 근본으로 삼는다.

각각의 현실적 사물은 그 생성과 소멸에 의해서만 이해될 수 있다. 환경의 변화에서 도출된 제한 규정에 의해 우연적으로 작동되는 정태적 존재가 바로 현실태가 되는 그러한 정지 같은 것은 어디에도 존재하지 않는다. 사실은 그 반대가 진리인 것이다.(AI 274~275)

요약하자면 화이트헤드의 과정의 원리가 기존의 형이상학의 실재론을 총체적으로 거부한다는 것을 알 수 있다. 그에 따르면 "과정은 그 자체가 현실태이며, 선행하는 어떠한 정적인 실체 혹은 주체의 자리가 필요 없다". 과거의 과정은 소멸하는 데 있어 그 자신이 각각 새로운 계기의 복합적 기원으로 활성화되고 있다. 과거는 각각의 새로운 현실태의 기저에 있는 실재이다. 과정이란 창조적 에로스의 활동에 의해 과거를 이상과 예견을 동반한 새로운 통일성으로 흡수하는 것을 말한다"(AI 276)는 것이다. 따라서 화이트헤드의 과정의 원리는 우주의 완고한 사실을 표현한 것이다. 이것은 현실태의 한 양상인 '작용인'의 측면을 강력하게 드러내는 원리이다.

2. 유한성의 원리

우리는 첫번째 원리를 통해서 현실태의 본성은 과정이라는 사실을 살펴보았다. 그런데 과정만을 염두에 둔다면, 우주 속에 실재하는 질서는 어떻게 설명할 것인가? 즉 발산하는 과정만을 통해서는 우리의 삶과 자연 속에 주어지는 다양한 질서에 대한 설명은 배제된다. 화이트헤드는 두번째 형이상학의 원리인 유한성의 원리를 통해서 질서에 관한 논의에 착수한다. 이 질서는 '소여성'giveness과는 다르다. 소여성의 기반 위에 '질서'를 성취해 나가는 것이 형이상학의 두번째 원리이다. 따라서 유한성의 원리는 각각의 현실태가 실현하는 목적이나 이상과 관련된 것이다.

그런데 현실태의 본성에 목적이나 가치가 있다는 것은 아리스토텔레스의 철학이나 혹은 중세의 형이상학에서는 근본적인 것으로 간주되었으나, 근대에 와서는 가치나 목적을 자연 속에는 존재하지 않고, 인간의 도덕이나 예술 등에만 존재하는 것으로 보는 경향이 있었다. 이러한 우주론을 화이트헤드는 과학적 유물론이라고 하며, 이는 17세기 우주론의 가장 큰 특징이라 한다. 즉 그 우주론은 가치·조화·목적을 자연에 관한 설명에서 완전히 배제하였다는 것이다. 다시 말해서 동적 원인이나 기계인만을 통해서 자연을 바라보는 것이다.

이것은 끊임없이 변화하고 있는 배치 구조 속에 들어 있으면서 공간 전체에 널려 있는, 원리에로 환원시키기 어려운 단순한 물질 또는 물질적 요소를 궁극적인 존재로 전제하고 있다. 그러한 물질 그 자체로는 아무런 감각도, 가치도, 목적도 지니지 않는 것이다. 그것은 다만 그 자신의 본질에서 나오지 않는 외적인 관계에 의해서 부과된 일정한 궤도를 따라 움직이고 있을 뿐이다.(SMW 25)

이러한 과학적 유물론은 특정 사실을 완벽하게 표현해 주기 때문에, 근대를 열어 주는 방법론으로 각광을 받았다. 이것은 그런 점에서 매우 성공적인 방법론이라고 할 수 있다. 화이트헤드 역시 한정된 설명의 방법으로서 목적인을 묵과한 과학적 방법론의 가치를 인정한다. "방법론적 조작으로서 그것은, 우리가 어떤 제한된 분야들에 관심을 한정할 때, 의심할 바 없는 성공이라는 것"(FR 26)이다.

또한 목적인에 대한 과도한 강조나 설명은 증명 불가능한 어떤 전제를 암묵적으로 가정하기 때문에, 상호 대화나 소통을 불가능하게 한다. 아리스토텔레스 철학에서 비롯된 목적인에 대한 과도한 강조가 중세 동안 지속적으로 전개된 것도 이에 대한 하나의 원인이라 볼 수 있다.(PR 84)

다른 한편 근대철학은 근대 과학의 자연관을 대체적으로 그대로 계승하기 때문에, 인간에게 주어지는 도덕·자유·미의 개념을 설명하기 위해 서둘러 이분화의 길에 접어든다. 우리는 근대철학의 완성자라고 할 수 있는 칸트를 통해서 그것을 알 수 있다. 그러나 이러한 이분법적인 태도는 일차적으로 원자나 분자에 대한 기계적인 사유방식으로 문제가 있다. 그것들은 무작위로 움직이는 것이 아니라, 유기체 전체의 환경에 따라서 다른 방식으로 활동한다.

동물의 경우에 그 정신 상태는 그 유기체 전체의 계획 속에 들어가며, 그리하여 종속적 유기체들의 계획을 변경시키고 있는데, 이러한 변경은 순차적으로 하위의 유기체로 계속 이어지면서 궁극적으로는 전자와 같은 극미한 유기체까지 변경한다. 그러므로 생명체 내부에 있는 전자는 신체가 갖는 계획 때문에 생명체 외부에 있는 전자와 다르다. 전자는 신체의 내외를 가리지 않고 맹목적으로 달린다. 그러나 신체 속에서는 그것이 갖게 되는 특성에 따라 달라진다. 즉 신체의 계획에 따라 달라지는 것이다.(SMW 116)

이 인용에서 '계획'이라는 말에 주목하자. 계획은 어떤 의지나 목적을 갖고, 일을 실행하고자 하는 것이다. 첫번째 형이상학적 원리가 현실태의 생성 혹은 되기의 차원에서 설명되는 것으로, '사이성'을 중심으로 현실태의 본성을 말하는 것이라면,[14] 두번째 형이상학적 원리는 이 사이성에 어떤 의지나 목적을 설명하기 위함이다.

한약에서 사용하는 부자附子는 계획에 따라서 사람을 죽일 수도 있고, 살릴 수도 있다. 몸이 냉한 사람에게는 좋은 약이지만, 몸이 뜨거운 사람에게는 독이 된다. 즉 한정된 가치에 의해 다르게 사용될 수 있는 것이다. 부자를 구성하는 원자 혹은 분자는 동일하나, 그것을 둘러싸고 있는 유기체의 환경과의 관계 혹은 계획에 따라서 전혀 다른 방식으로 사용되는 것이다. 따라서 유기체는 어떤 목적 달성을 위하여 각각의 고유한 질서를 필요로 한다.

다른 한편 우리는 아리스토텔레스의 분류학인 유類·종種·아종亞種의

---

14) 이것은 이웃한 것이 무엇이냐에 따라서 달라지는 스피노자의 양태와 유사하다. 화이트헤드는 자신의 현실태를 스피노자의 양태와 동일한 것으로 설명하기도 한다.

분류를 통해서는, 각각의 원자·분자·동물·식물·인간이 갖는 목적이나 가치의 차이를 설명할 수 없다. 예컨대 인간을 이성적 동물 혹은 사유하는 존재로 나누는 것은 매우 추상적인 것이다. 즉 우리는 인간이 경험하는 어떤 것들을 배제해서는, 인간의 특성을 제대로 설명할 수 없다.

이와는 달리 각각의 유기체가 그 자신만의 이상을 추구하는 목적을 가진다는 것은 강도intensity와의 관련을 갖는다. '강도'가 없다면, 사이성을 통해서 구성된 다수의 사물들의 관련성은 어떤 이상이나 목적을 지속적으로 추구할 수 없다.[15] 따라서 어떤 것이 되고자 하는 목적의 유기체는 그와 동시에 강도를 가져야 한다.

> 술 취한 경험과 맑은 정신의 경험, 잠자는 경험과 깨어나는 경험, 꾸벅꾸벅 조는 경험과 눈을 크게 뜨고 있는 경험, 자기 의식적인 경험과 자기 망각적인 경험, 지성적인 경험과 신체적인 경험, 종교적인 경험과 회의적인 경험, 근심스러운 경험과 근심 없는 경험, 예기의 경험과 회상의 경험, 행복한 경험과 비통한 경험, 감정에 의해 지배되고 있는 경험과 자기 억제하에 있는 경험, 빛 속의 경험과 어둠 속의 경험, 정상적인 경험과 비정상적인 경험, 이들 가운데 그 어느 하나도 간과되어서는 안 된다.(AI 290~291)

이러한 경험이 인간을 구성하는 요소들이며, 이들이 추구하는 이상에도 어떤 차이가 있다. 차이 나는 경험은 자신의 목적과 이상에 따라서 달라

---

15) 화이트헤드가 고려하는 현실태는 로크의 힘의 원리를 변용하고 있다. 즉 그것은 다수의 단순 관념을 하나의 복합 관념으로 구성하는 합성적 본성을 갖는다는 것이다 다수를 하나로 구성하기 위해서는 힘이 있어야 한다. 화이트헤드는 이를 자연철학에서 '인내'(patience)라고도 표현한다.(PR 19)

진다. 또한 그것은 인간의 삶의 '강도'에 따라서 달라진다고 볼 수 있다. 똑같이 잠을 자는 경험을 해도 상황에 따라서 전혀 달라진다. 야영장에서 자는 경험, 군대에서 자는 경험, 집에서 자는 경험, 외국에서 자는 경험, 술을 먹고 자는 경험, 밤에 폭식을 취하고 자는 경험에 따라서 그 잠의 강도는 전혀 다르다고 할 수 있다.

마찬가지로 『이성의 기능』에서 화이트헤드는 '산다는 것이 무엇인가'라는 질문에서, 그냥 '사는 것'to live, '잘 사는 것'to live well, '더 잘 사는 것'to live better으로 구분해서, 인간의 경험을 나눈다.

이제 나는 인간의 환경에 대한 능동적 공격을 설명하는 데 세 가지 주름의 충동three-fold urge이 자리 잡고 있다고 하는 논의를 진술한다. (i)사는 것, (ii)잘 사는 것, (iii)더 잘 사는 것이다. 사실상 삶의 예술art은, 첫째 생존하는 것이며, 둘째 만족스러운 방식으로 생존하는 것이며, 셋째 만족의 증가를 획득하는 것이다. …… 이성의 기능은 삶의 예술을 증진시키는 것이다.(FR 8)

이것은 각자가 관계하는 것과의 가치에 따라서 어떤 강도를 성취하느냐에 의해서 구분된다고 볼 수 있다. 따라서 각각의 현실태의 목적의 성취는 강도를 구성하는 것에 따라서 달라진다고 할 수 있다. 그리고 화이트헤드는 『과정과 실재』에서 보다 전문적인 개념들로 현실적 계기가 자신의 강도를 성취하는 과정을 다음과 같이 표현한다.

질서의 네 가지 근거가 즉시 나타난다.
①현실 세계의 질서는 어떤 목적 달성을 위한 적응을 도입하고 있다는 점에서 단순한 소여성과 구별된다는 것.

②이 목적은 현실적 존재자들(결합체의 구성원)의 만족에서 강도의 단계적 변화와 관계되며, 그 현실적 존재자들의 형상적 구조 속에서 문제의 결합체(즉 그 결합체에 선행하는 구성원들)가 대상화된다는 것.

③강도의 상승은, 그 결합체의 다수의 구성 요소들이 대비로서 명백한 느낌 속에 들어갈 수 있게 되는 그런 질서, 그리고 그것들이 양립 불가능한 것으로서 부정적 파악으로 추방되지 않게 되는 그런 질서에서 생겨 난다는 것.

④자기초월적 주체의 형상적 구조에 있어서의 강도는, 자기초월체로서의 그 대상적인 기능에 있어서의 욕구를 내포하고 있다는 것.(PR 83)

이와 같이 강도는 대립되는 혹은 양립 불가능한 것을 '대비'를 통해서 구성하는 것이다. 그리고 '자기초월적 주체'는 그것을 다른 현실태의 구성 과정에 동일한 욕구를 계승받도록 강도를 유지한다. 따라서 화이트헤드에 게 있어서 이성은 물리적으로 부패하는 우주의 맥락에서 복잡성과 새로움 에로 나아가는 방향을 제시하는 반-작인이다. 그러므로 그는 현실 세계와 의 관계에 있어서 목적을 지향하는 이성과 목적인의 관념을 거부한다면, 이는 우주가 기계인 혹은 작용인에 의해서 반복과 쇠퇴만 되풀이할 뿐이라 고 한다. 이는 우주가 복잡성과 새로움이 나타나는 실재의 한 양상을 도저 히 설명할 수 없게 만든다.

우리는 고대와 중세에는 아리스토텔레스 철학의 영향으로 목적인의 중요성을 현실태의 주된 본성으로 간주하였음을 알고 있다. 화이트헤드가 목적이나 이상, 가치를 중요하게 여긴다는 점에서 고대철학으로 회귀하자 는 것은 아니다. 그는 고대철학을 대표하는 플라톤이나 아리스토텔레스와 의 차이점을 분명히 밝히고 있다. 즉 화이트헤드는 모든 현실태가 성취해 야 하는 "단 하나의 이상적인 '질서'는 존재하지 않는다"(PR 84)고 주장한다. 각각의 현실태는 자신에게만 독특하게 주어지는 '특별한 이상'(PR 84)을 갖고 있다고 한다. 즉 각 개체만의 고유한 '자기 실현'이 있다는 것이다.

하나의 이상이라는 개념은 광신적이거나 현학적인 태도를 견지하는 가운데 불행히도 사상을 과도하게 도덕화하는 데서 비롯된다.(PR 84)

17세기 우주론의 공허한 현실태에는 어떤 목적도 가치도 존재하지 않는다. 화이트헤드에 따르면 "현실태는 그 여건에 대한 맥락에서 자기 실현에 의한 가치의 향유"(RM 98)이다. 화이트헤드에게서 현실태는 가치·관계·강도를 서로 함축한다. 이것들을 분리하거나 배제하는 철학은 실체철학이거나 과학적 유물론에 해당하는 17세기 우주론이다. 따라서 과정 혹은 사건에는 '가치'가 본질적인 요소로 자리 잡는다.

우리는 구체적인 경험에 대한 시적인 변형을 기억해 볼 때, 즉각적으로 가치의 요소, 가치를 부여할 수 있는 요소, 그 자체가 목적인 요소, 그 자신을 위한 것이 되는 요소들을 가장 실재적인 사건에 대한 설명에서 생략해서는 안 된다. '가치'는 사건이라는 본질적인 실재를 위한 단어이다. 가치는 자연의 시적인 전경을 통해서 충만해 있는 요소이다.(SMW 136)

즉 각각의 현실태는 본성상 자신이 원하는 유한한 목적만을 성취한다. 그러므로 하나의 이상을 추구하는 절대자는 없으며, 이것은 라이프니츠가 꿈꾼 완전히 조화로운 세상을 제공하는 신과 같은 현실태를 거부하는 것이다. 화이트헤드가 현실태의 본성에다 완전성을 부가하는 것은 구체적인 현실을 떠나서 추상적인 초월적인 수학적 대상을 실재로 보는 관점이다.

3. 개체성의 원리

세번째의 형이상학적 원리는 개체성의 원리이다. 화이트헤드의 유기체철학에서 현실태는 생성 속에 있을 뿐이다. 그런데 과정을 형이상학의 근본 원리로 간주하면서, 일관성 있게 불변성의 요인을 설명할 수 있는가? 즉 지속적인 생성만 있다면, 어떻게 개별성이 있을 수 있는가? 이것은 서양철학에서 지속적으로 제기된 문제이며, 그것으로 인해서 영속성과 유동성을 분리하거나 결합한 다양한 존재론이 전개된다. 우리는 근대철학에서 이 문제가 어떻게 모색되었는지에 관해서도 간단히 살펴볼 것이다.

화이트헤드에게 개체성의 원리는 과정의 원리와 유한성의 원리가 통합되는 원리이다. 과정의 원리가 완고한 사실로 드러나는 현실태의 작용인의 측면을 보여 준다면, 유한성의 원리는 과정 속에서 자신의 이상을 실현하는 현실태의 목적인의 측면을 제시한다. 따라서 개체성의 원리는 이 양자의 원리가 하나의 현실태 내부에서 어떻게 조화되는가를 보여 주는 원리이다. 그리고 이 원리는 현실태가 다른 존재에 의존하지 않고, 그 내부의 힘에 의해서 스스로 결정을 한다는 점에서, 현실태가 '자기 원인'이라는 사실도 보여 준다. 그에게는 과거의 사실이 현재 속에 어떻게 통일되고, 그 속에서 자신의 목적에 따라 어떤 새로움을 기존의 사실과 조화시켜 가는지를 보여 주는 것이 개체화의 원리이다. 하지만 자기 동일성에 근거한 형이상학은 이와 같은 점을 간과한 것으로 본다. 화이트헤드는 여기서도 아리스토텔레스 철학이 미친 영향력을 다음과 같이 기술한다.

아리스토텔레스의 제1실체설이 최악의 해독을 끼친 것은 바로 이 때문이다. 왜냐하면 이 학설에 따른다면, 개개의 제1실체는 어떠한 경험의 계기에서도, 인지되는 대상들의 복합에도 개입할 수 없기 때문이다. 그래서 영혼을 특징짓는 것은 보편적인 것에 한정된다. 내가 이 책에서 시사하고 있는 형이상학 체계에 의한다면 이러한 아리스토텔레스의 학설은 완전히 잘못된 것이다. 개체적이며 실재적인 과거의 사실들은 현재의 직접 경험의 기저에 있다. 그것들은 현재의 계기가 유래하는 실재이고, 그 목적을 계승하는 실재이며, 그 정념을 지시하는 실재이다.(AI 280)

한편 개체성의 원리는 자연과학에서 다루는 네 가지 요소와 밀접한 관련이 있다. 존속, 반복, 사건, 법칙이다. 여기서 존속은 우리가 일상적인 삶에서 매일 접하는 사실이다. 산·컵·의자·책 등은 존속하는 사물들이다. 특히 존속하는 개체에 대한 사유는 근대철학에서 매우 중요한 개념이다. 그것은 전체에 속하지 않는 개별성을 통해서 자유·소유·평등과 같은 근대 민주주의와 자본주의의 토대가 되는 관념들을 만들어 낸다. 하지만 근대철학에서 원자적 개체론은 다른 개체와의 관계를 설명할 수 없는 까닭에, 헤겔이나 맑스의 공동체주의가 대안으로 제시된다.[16]

다른 한편 정치철학에 대한 다양한 논의에 앞서 존재론적으로 원자론적 개인주의를 대표하는 흄과 데카르트의 시간에 관한 학설을 통해서 그 문제점을 들추어 볼 수 있다. 이것은 존속에 관한 개별성의 정의에 절대적인 영향을 미친다. 데카르트의 학설(제3성찰)에서 존속하는 현실태는 시간

---

16) 윤평중은 자유주의와 공동체주의 논쟁은 현대 정치철학의 최대의 쟁점이라고 한다. 원자론적 개인 개념의 반인륜성을 끄집어 내는 데 공동체주의자들의 강력한 호소력이 있었다. 하지만 아리스토텔레스적-헤겔주의적 공동체주의는 계약론적 자유주의와 시장제도를 대치할 구체적인 대안을 제시하지 못하고 있다.(윤평중 외, 『주체 개념의 비판: 데리다, 라캉, 알튀세, 푸코』, 서울대학교출판부, 1999, 159~160쪽.)

적 관점에서 볼 때, 그것은 순간적이다. 따라서 그것은 이행이나 지속에 관련되어 있지 않다. 그것은 불변이다. "그에게 있어 사태는 순간 안에서 보이는 것이지, 존속 가운데에서 보이는 것은 아니다. 그에게 있어 존속은 순간적인 사실들의 단순한 계기였다."(MT 199)

> [시간 내지 사물의 지속의 본성은] 그 한 부분이 다른 부분에 의존해 있다거나 그 부분들이 공존하고 있는 그런 종류의 것이 아니다. 그러므로 지금 우리가 있다는 사실로부터는 바로 뒤에 이어지는 순간에도 우리가 있을 것이라는 것이 귀결되지 않는다. 우리가 다음의 시간에도 존재하기 위해서는 어떤 원인, 즉 시초에 우리를 산출했던 원인이 있어서 이것이 끊임없이 우리를 산출해 내고 있어야 한다. 다시 말해 그 원인이 우리를 계속 보존하고 있어야 한다는 것이다.[17]

그런데 화이트헤드에 있어서, 하나의 존속하는 현실태를 이해한다는 것은 하나의 존재자로서 계기의 경로 전체로 이해하는 것이다. 그러므로 존속하는 존재자는 창조된 실체들로부터 파생된 추상이고, 그 자체로는 현실태가 아니다. 따라서 데카르트의 분석 속에서 개체적으로 존속하는 현실태는 '잘못 놓여진 구체성의 오류'를 범하고 있다. 데카르트의 분석의 또 다른 문제점은 과정이나 활동성이 없는 순간적인 실체들이 이행에 있어서 과정의 원인이나 근거가 될 수 없다는 것이다.

그러므로 존속을 구성하는 그 과정은 어떤 다른 존재자의 창조의 힘과 행위의 활동성으로 나온다. 따라서 존속하기 위해서 다른 원인을 상정해

---

17) René Descartes, *Principia philosophiae*, 1644, p.21.

야 한다. 그러나 화이트헤드에 있어서 현실태는 순간적이거나 불변의 존속일 수 없다고 주장한다. 즉 현실적 존재자가 과정이 없다면, 과정은 그때의 현실태와는 무관한 것이 된다. 데카르트의 철학은 하나의 불변하는 개체적 현실태의 관념과 변화의 과정의 관념을 단순히 결합하고 있다. 또한 흄도 실체의 개념보다는 변화를 강조한다. 하지만 그는 시간과 존속하는 대상과의 관계를 연관시키지 못한다. 그는 시간과 존속하는 대상을 별개로 간주한다.

[시간과 존속하는 대상들은] 공존하지 않는 부분들로 구성되어 있다. 그런데 변치 않는 대상은 공존하는 인상을 낳을 뿐이다. 그러므로 불변의 대상은 시간 관념을 제공할 수 있는 그 어떤 것도 낳지 않는다. 따라서 시간 관념은 가변적인 대상들의 계기에서 오는 것임이 틀림없다. 또 시간이 처음부터 이러한 계기와 무관하게 출현한다는 것은 전적으로 불가능하다.(T 36)

흄과 데카르트는 존속하는 개별성 속에 변화의 관념을 상정하지 못한다. 이들의 철학은 경험론과 합리론으로 구별되고 있으나, 이들은 동일한 시공간 개념에서 작업을 한 것이다. 즉 "계기하는 시간적 계기들이 개체적으로 독립해 있다는 것"(PR 137)이다. 예컨대 데카르트는 시간의 부분들이 상호 간에 무관하다고 진술하고 있으며, 흄도 인상은 자기 충족적인 것으로 연속적 순서 이외에 어떤 시간 관계도 찾지 못한다고 진술한다. 화이트헤드는 이를 '단순정위의 오류'를 범한 것으로 보았다. 따라서 근대철학에서 논의하는 개별성의 관념에는 과정이 없는 것이라고 할 수 있다. 그러나 이것은 앞서서 설명한 '과정의 원리'를 현실태의 본성에서 제외한 것이라고 볼 수 있다.

개체들 없는 과정이라는 잘못된 관념과 과정 없는 개체들이라는 잘못된 관념은 결코 서로 조정될 수 없으며, 만약에 이러한 잘못들 중의 하나로부터 출발한다면, 우리들은 다른 하나를 무의미한 것으로 축출해 버려야만 한다.(MT 132)

변화는 하나의 상태 혹은 하나의 조건으로부터 다른 상태로 이행하는 것이다. 그러나 현실태의 생성의 활동은 자기 스스로 구성해 가는 과정이다. 즉 과정과 개별성은 서로를 요구한다.(MT 133) 화이트헤드는 존속하는 개별성과 과정의 원리를 결합하는 것과 마찬가지로, 개별성 속에는 어떤 목적의 성취가 있어야 하는 것으로 본다. 이것은 유한성의 원리이다. 그러나 그 개별성의 목적이나 강도의 성취는 오직 한정적으로만 구성되는 것이다. 또한 그 목적은 동일한 이상으로 향하는 것이 아니다.

위대한 조화라는 것은 배경의 통일성에 있어서 결합된, 온갖 존속하는 개체의 조화이다. …… 경험적 계기의 현존재를 구성하고 있는 과정을 고찰함에 있어, 존속하는 개체의 지각은 이 계기가 귀속되는 최종적 현상에 속해 있지 않으면 안 된다. 왜냐하면 과거는 여러 개체적 계기들로 인해 이미 활성화되어 있기에, 그 과정의 출발점으로서 원초적 위상을 가지기 때문이다. 이는 새로운 계기를 파생시키는 실재이다. 과정은 실재와 종합되기 위하여 개념적 주제를 제공하는 정신적 극의 작용에 의하여 강력히 추진된다. 여기에 최종적으로 현상이 나타나게 된다. 이 현상은 개념적 평가와 종합 후에 변형되어 나타난 실재이다. 현상은 강조와 결합 과정에 의한 단순화이다. ……일반적인 의미에서 현상은 원초적인 실재로부터 이끌려 나오는 예술의 작품이다.(AI 281)

모든 완전성의 조화라는 총체성 같은 것은 존재하지 않는다. 임의의 한 경험의 계기에서 실현되는 것은 무엇이건 간에 무제한의 혼란된 대립 가능태를 반드시 배제한다.(AI 276)

이처럼 화이트헤드는 유한성에 근거한 목적의 성취는 악이나 불완전성의 결과는 아니라고 본다. 그것은 결합의 방식에 따라서 악을 낳을 수도 있고, 조화를 낳을 수도 있다.[18) 화이트헤드는 서양철학사에서 '양립 불가능성의 원리'는 제대로 이해되지 못한 것으로 본다. 그는 "신 자신도 극복할 수 없는 불가능성이라는 개념"(AI 277)을 이해하는 것이 매우 중요하다고 본다. 화이트헤드는 이를 "각자 시기적절한 때에 한정된 실현화를 향한 충동"the urge to their finite realization, each in its due season(AI 277)이라고 한다. 화이트헤드는 여기서 어떤 목적이나 이상을 추구해 가는 현실태의 특성을 보여준다. 따라서 화이트헤드의 입장은 부분적인 질서와 부분적인 혼돈이 양립하는 입장에서 유한적 질서를 추구하는 것을 현실태의 유한성의 원리로 간주한다.

성취는 부분적이며, 그러기에 '무질서'가 존재한다. 어떤 성취가 있으며, 그래서 어떤 '질서'도 있게 되는 것이다. 모든 현실적 존재자들이 성취해야만 함에도 불구하고 성취하는 데 실패하고 마는 단 하나의 이상적인 '질서'는 존재하지 않는다. 사례에 따라 각각 특수한 현실적 존재자에 독특한 이상이 있으며, 이것은 각 현실적 존재의 '소여성'의 양상에 있어서 지배적인 구성 요소로부터 발생한다.(PR 83~84)

---

18) 화이트헤드는 이것은 미술이나 정치·철학·역사에서 항상 일어나는 것으로 본다.(AI 277)

이처럼 질서의 성취는 '어떤 한정된 특수한 질서'를 의미한다. 즉 질서는 어떤 목적을 달성하는 것을 의미한다. 그는 새로운 문명의 출현은 이와 같은 이상을 시의적절하게 실현할 때 발생한다고 본다.

> 세계는 도래할 사물을 꿈꾸며, 그 뒤 시기적절한 때에 자기 자신을 실현한다. …… 민족은 줄곧 있었던 것과 이제부터 있게 되는 것과의 진정한 대비를 간직하고 있는 한, 그리고 안일한 과거를 뛰어넘어 모험하는 혈기를 지니고 있는 한, 그 활력을 유지한다. 모험이 없으면 문명은 완전히 쇠퇴한다.(AI 279)

따라서 최종적인 형이상학적 원리는 과정과 유한성의 원리가 개체성의 원리로 통합되는 과정이다. 화이트헤드에게 완고한 사실은 과정이며, 이는 작용인의 역할을 한다. 그리고 유한한 실현은 현실태의 목적인의 역할을 한다고 볼 수 있다. 화이트헤드는 과정의 원리에 해당하는 작용인과 유한성의 원리에 해당하는 목적인을 새로운 개별성의 원리를 통해서 구성해 보고자 한다.

화이트헤드의 유기체철학에서 궁극적인 실재는 창조적인 과정 혹은 벡터라고 할 수 있다. 그것은 공공성publicity에서 사사성privacy으로 진행하는 과정이다. 혹은 사사성에서 공공성으로 나아가는 과정이다. 공공성에서 사적으로 나아가는 과정을 현실태의 목적인이라고 할 수 있고, 사사성에서 공공성으로 나아가는 과정을 현실태의 작용인이라고 할 수 있다.(PR 151) 화이트헤드는 이와 같은 현실태를 현실적 존재자 혹은 현실적 계기로 명명한다. 화이트헤드는 그것을 '존재론적 원리'를 통해서 명시적으로 설명한다. 이것은 현실태의 기본적인 원리이며, 또한 그의 인과론적 설명의 근거가 된다고 할 수 있다. 『과정과 실재』에서 화이트헤드는 27개의 설명 범주가 있다고 한다. 그 중 18번째 설명 범주(존재론적 원리)를 보자.

> (xviii) 생성 과정이 임의의 특정 순간에 순응하고 있는 모든 조건은 그 근거를 그 합생의 현실 세계 속에 있는 어떤 현실적 존재자의 성격에 두고 있거나 아니면 합생의 과정에 있는 그 주체의 성격 속에 두고 있다. 이러한 설명의 범주는 존재론적 원리라 불린다. 그것은 또한 작용인 및 목적인의 원리라고 할 수도 있다. 이 존재론적 원리가 의미하는 바는 현실적 존재자만이 근거가 된다는 것이다. 따라서 근거를 탐색한다는 것은 하나 내지 그이상의 현실적 존재자를 탐색하는 것을 말한다.(PR 24)

이것은 현실태와 관계없는 것은 어떤 근거도 찾을 수 없다는 것을 말한다. 이러한 존재론적 원리는 영속보다, 과정의 세계를 우위에 둔다는 것을 설명한다. 물론 현실태 안에는 과정과 영속은 동시에 들어온다. 그러나 플라톤, 아리스토텔레스, 데카르트 등의 실체철학은 영속하는 것을 존재론적 우위에 두고 과정을 열등한 것으로 본다. 화이트헤드는 존재론적 원리는 이와 같은 실체철학의 거부를 염두에 둔 원리라고 할 수 있다. 따라서 화이트헤드의 철학은 플라톤 철학의 전복일 뿐만 아니라, 17세기 우주론을 염두에 둔 철학에 대한 비판이라고 할 수 있다.

그러므로 화이트헤드는 보다 높이 진화해 간 피조물의 활동뿐만 아니라 행성의 진화 과정과 우주의 진행에 있어서 작용인뿐만 아니라 목적인의 인식을 포함해야만 참된 우주론의 설명이 가능하다고 주장한다. 더욱이 실재에 있어서 하나의 요소로서의 목적인의 인식은 가치가 없고, '공허한 존재 개념'을 폐지하는 데 기여한다.(FR 30) 이러한 근거로 인해서 그는 "종래

의 철학적 사고로부터 다소 벗어나는 특성을 내포하고 있는"(PR 72) 새로
운 우주론을 제시하고자 한다. 이러한 우주론에서 실재는 작용인과 목적인
을 함께 실현할 수 있는 것이어야 한다.

> 만족스러운 우주론은 작용인과 목적인의 상호 짜임을 설명해야 한다.
> (FR 28)

그러나 그는 이러한 두 가지 실재의 양상을 자의적으로 결합하고자 하
는 것은 아니다. 그것은 논리적으로 일관성이 있어야 하고, 경험적으로 적
용 가능한 것이어야 한다.

> 우리가 여기서 고려하는 점은, 작용인이 결정할 수 있는 모든 것은 작용인
> 이 결정할 수 있다는 것이다. 목적인에 의해 결정될 수 있는 모든 것은 목
> 적인에 의해 결정되는 것이다. 두 가지 작용의 영역은 상호 짜여지고 서로
> 요구해야만 한다.(FR 28)

다음 장에서 작용인과 목적인이 상호 결합된 화이트헤드의 새로운 실
재론을 구체적으로 검토해 보고자 한다. 그는 이것을 '현실적 계기' 혹은
'현실적 존재자'라고 한다. 이 개념 속에 작용인과 목적인이 결부되어 있다.

2장 유기체의 현실태로서 현실적 존재자

앞서 우리는 형이상학의 원리라는 관점에서 화이트헤드의 현실태이론의 예비적인 특성을 살펴보았다. 그의 현실태이론은 과정의 원리, 유한성의 원리, 개체성의 원리를 통해서 구성된 것이다. 우리는 이러한 원리들을 통해서 그가 말하고자 하는 바는 관계·가치·강도가 통합된 새로운 주체 혹은 개별자이론을 구성하는 것임을 대략적으로 알 수 있었다. 우리는 그의 개별자를 지칭하는 현실태가 철학적 이론으로는 '작용인'과 '목적인'의 결합이라는 것을 보았다.

이 장에서는 작용인과 목적인에 관해서 보다 세부적으로 검토해 보고자 한다. 물론 작용인과 목적인은 화이트헤드의 '존재론적 원리'에 의해서 명시적으로 드러난다. 그리고 이것은 과정과 목적이 어떻게 통합되는가를 보여 주는 형태라고 할 수 있다. 기존의 형이상학의 개념으로는 과정과 목적을 통합한 형태의 개별자이론 혹은 현실태이론을 구성할 수 없기 때문에 그는 새로운 개념들을 주조하는데, 이것이 화이트헤드의 유기체철학을 난해하게 만드는 이유 중의 하나이다. 따라서 이제부터는 화이트헤드의 개념에 대한 예비적인 검토에 착수할 것이다.

화이트헤드는 자신의 철학에서 종래의 철학적 사고에서 벗어나는 네 가지 개념들을 상정한다. 이 네 가지 개념은 각각 '현실적 존재자', '파악', '결합체', '존재론적 원리'이다. 이것들은 화이트헤드의 형이상학적 원리를 구체화시킨 개념들이라고 할 수 있다. 결합체의 개념은 지각이론에서 이미 살펴보았다. 여기서는 나머지 세 개념에 관해서 보다 자세하게 살펴볼 것이다. 특히 존재론적 원리는 현실적 존재자를 설명하는 하나의 원리이므로 별도로 설명을 할 것이다. 만약 화이트헤드의 유기체철학의 독특성은 이 개념들의 특성에 달려 있다고 할 수 있다.

1. 유기체와 생명

화이트헤드의 철학에서 현실태는 '현실적 존재자'이다. 이것은 미시우주를 구성하는 근본적 존재로서 죽은 물질이 아니라 자라고, 생성하고, 소멸하는 '유기적인' 형태를 갖는다. 따라서 화이트헤드가 구성하는 현실태는 원자적인 형태로 생성 소멸하는 유기체라고 할 수 있다. 그는 자연과학의 연구를 통해서 자연에서 가장 미시적인 존재들이 '역동적인 상호 관계'를 갖는다는 사실을 알게 되었다. 즉 현대 물리과학은 자연을 활동으로 환원시키고, 이와 같은 활동 속에 예시되는 추상적인 수학적 정식들을 발견해 왔다.[1] 그러나 근본적인 물음, 즉 어떻게 활동의 관념에다 내용을 덧붙일 것인가 하는 물음은 여전히 남아 있다. 이 물음은 자연을 유기체라 본다는 것에서 역동적 관계뿐 아니라 생명 개념의 도입과 밀접한 관련이 있다.

하지만 20세기에 지배적인 철학적 사조 중의 하나인 실증주의 철학은

---

1) 이것은 양자역학의 수학 방정식을 염두에 둔 것이라고 할 수 있다.(MT 166)

사실만을 탐구한다. 오직 우리의 감관을 통해서 관찰되는 사실만을 과학적 진리로 인정하고자 한다.[2] 이러한 실증주의에서는 "사람들은 물리적·화학적 정식으로 기술되는 일정한 사건 경로가 있으며, 그 밖의 아무것도 자연의 과정 속에 들어 있지 않다고 한다".(MT 149) 또한 실증주의에 근거한 직접적인 관찰은 "의식적인 경험에서 가장 돋보이는 유의 관찰이 감각 지각이라는 데에는 의심의 여지가 없다".(MT 153) 시각·청각·미각·후각·촉각은 감관을 통한 우리의 주요 지각 양태의 대체적인 항목들이다. 예컨대 도로 포장에 사용된 돌은 딱딱하고 견고하며 정태적이고 제거 불가능한 하나의 사실이다. 이것은 감각 지각이 그 선명한 측면을 통해 보여 주는 돌의 성질들이다.

한편 이 실증주의 학설의 원천은 유럽 사상에서 주어진 이원론에서 비롯되었다. 데카르트는 실재를 공간적 관계를 수반하는 물질적인 실체와 사유 능력을 수반하는 정신적 실체로 나누었다. 물질적인 실체와 정신적인 실체는 단지 외적인 관계만을 갖는 것으로, 어떠한 상호 관계도 갖지 않는다. 이후의 사상에도 이것은 결정적인 영향을 미친다. 예컨대 자연을 단순한 현상으로 보고 정신을 유일한 실재로 간주하는 것과, 물리적인 자연을 유일한 실재로 보고 정신을 부수 현상으로 보는 경우이다.

따라서 실증주의 철학은 자연이라는 사실 속에서 '가치'나 '생명'이라는 관념을 배제한다. 다시 말해서 이성이나 정신성을 갖고 있는 것만을 생

---

2) 볼프강 스테그뮐러(Wolfgang Stegmüller)에 따르면, 현대 경험주의는 실증주의의 철학적 신조를 받아들이며, 모든 종류의 형이상학을 거부한다. 또한 모든 철학적 주장들에 대해서 정확한 검증의 기준을 세우고자 한다. 특히 과학적 개념들을 제외하고, 경험적 개념들은 오직 '관찰의 도움'을 통해서 적용 가능성을 결정하고자 한다. 여기서 관찰이라는 것은 오감을 통해서 지각되는 경우를 말한다.(볼프강 스테그뮐러, 『현대 경험주의와 분석철학』, 이초식 외 옮김, 고려대학교 출판부, 1995, 25~37쪽.)

명의 존재로 간주하고 그 외의 나머지 존재는 생명이 없는 것으로 보았다. 그러나 화이트헤드에 따르면 "생명과 정신성을 구별해야 한다. 정신성은 개념적인 경험을 포함하는 것으로, 생명 속에 들어 있는 하나의 가변적인 요소에 지나지 않는다".(MT 166) 이렇게 하지 않으면 식물과 같은 열등한 형태의 생명과 열등한 유형의 동물들을 간과해 버린다. 다시 말해서 이러한 형태의 생명들은 그 최고의 단계에 있어 인간의 정신과 만나고 있으며, 그 최저의 단계에 있어 무기적 자연과 만나고 있음에도 불구하고, 실재의 설명에서 배제되어 버리는 것이다.(MT 148)

그렇다면 생명의 의미는 무엇인가? 화이트헤드에 따르면 그것은 자연 속에서 활동activity, 응집성coherence, 인과관계causation를 갖는 것이다.(MT 148) 이 경우에 실증주의에서 감각 지각을 통한 자연의 관찰과 과학이 수행하는 '활동'에는 심각한 문제가 발생한다. "그 하나는 감각 지각이 자연 내의 근본적인 활동들을 식별해 내지 못한다는 것이다. 물리학자들에 의해 기술되는 돌은 딱딱하고 정태적인 성질을 가진 것이 아니라, 그 돌의 분자 활동을 동반한다. 그리고 다른 하나는 자연에 관한 관찰은 이미 어떤 믿음이나 활동 계획을 통해서 수행되고 있다는 사실이다."[3] 과학은 자연에서 어떠한 개체적인 향유도, 목적도, 창조성도 발견하지 못한다. 그것은 단지 계기succession의 규칙들을 찾아낼 뿐이다. 이것은 자연과학의 방법에 내재한다.[4]

이런 과학은 인간의 경험에 의해 제공되는 증거 가운데 오직 일부만을

---

3) 인간이 감각 지각을 통해서만 관찰하며, 어떤 목적도 없다는 것은 잘못이다. 형사재판에서는 동기의 증명이 구형의 주요 근거가 된다. 신체의 움직임은 나의 힘이 아니라, 태양에 의해서 좌우되었다고 한다면, 누가 믿을 것인가? 화이트헤드에 따르면 우리는 우리의 행위를 통제하는 목적을 직접적으로 의식한다고 주장한다.(MT 179)

드러낼 뿐이다. 화이트헤드에 따르면 "그 과학은 겉에 있는 외투만을 검토하고, 그 속에서 외투를 받치고 있는 신체는 도외시하고 있는 것이다". (MT 154) 화이트헤드에 따르면 자연 속의 구체적으로 실재하는 사건들은 대략적으로 여섯 가지 유형으로 나누어질 수 있다고 한다.

첫째 유형은 신체와 정신을 갖는 인간의 존재이다. 둘째 유형에는 곤충이나 척추동물 등과 같은 온갖 종류의 동물 생명체가 속한다. 셋째 유형에는 모든 식물 생명체가 속한다. 넷째 유형은 생명을 지닌 단세포들이다. 다섯째 유형은 규모에 있어 동물 신체의 크기에 비견되거나 아니면 이보다 더 큰 그런 모든 무기적 집합체들로 구성된다. 여섯째 유형은 현대 물리학의 미세한 분석에서 드러나고 있는 미소한 규모의 사건들로 이루어진다. (MT 156~157)

자연의 이와 같은 모든 작용들은 서로에게 영향을 미치며 서로를 필요로 하고 또 서로에게 이어진다. 가장 저차원의 사건에서 고차원의 사건에 이르기까지 상호 간에 어떤 작용을 하고 있음이 분명하다. 우리의 신체는 존재하기 위해 환경을 필요로 하며, 환경 역시 우리의 신체를 필요로 한다.

세포들의 사회에 대한 중추적인 관리 능력을 지닌 동물 생명체가 있고, 세포들의 유기적인 평등사회를 수반하는 식물 생명체가 있으며, 분자들의

---

4) 과학적 추론은 전적으로, 정신적인 작용들이 자연의 본질적인 부분이 아니라는 전제 위에서 이루어진다. 따라서 과학적 추론은 우리가 우주론적 작용들을 제어하는 데 영향력을 행사하는 것으로 보통 가정하는 모든 정신적인 선행 사건들을 무시해 버린다. 하나의 방법으로서의 이러한 절차는 우리가 그에 수반되는 한계를 인정하는 한 완전히 정당화될 수 있다.(MT 156)

유기적인 평등 사회를 수반하는 세포 생명체가 있다. 또 공간적인 관계로부터 파생되는 필연성을 수동적으로 수용하는 큰 규모의 비유기적인 세포들의 사회가 있으며, 보다 큰 규모의 비유기적 자연이 지니는 수동성의 흔적을 조금도 지니고 있지 않은 아분자적submolecular 활동이 있다.(MT 157)

이처럼 자연과 생명은 진정으로 실재하는 사물들의 본질적인 구성 요소이다. 즉 이들의 상호 결합과 개체적인 특성들이 우주를 구성하는 것이다.(MT 150) 이를 위해서 기존의 관념에서 벗어나서 생명과 자연을 통합하는 새로운 요소가 필요하다. 화이트헤드는 생명의 특성을 세 가지 요소로 나눈다. '절대적인 자기 향유self-enjoyment, 창조적 활동creative-activity, 목적aim'이다. 이러한 요소는 강도에 있어서 차이가 있기는 하나, 모든 자연의 요소들이 함축하고 있는 것으로 본다. 각 요소를 보다 구체적으로 살펴보도록 하자.

첫째, 생명이란 "사유화 과정의 절대적이고 개체적인 자기 향유를 함축하고 있는 것"이다(MT 150). 자기 향유는 자연의 여러 물리적인 과정에 의해 관련된 것으로 제시되는 다수의 여건들을 하나의 통일된 존재 속으로 사유화하는 복잡한 과정으로서의 직접적인 개체성을 의미한다.[5] 이때 사유화되는 여건은 선행하는 우주의 작용에 의해 제공된다.[6]

둘째, 자기 향유라는 개념은 생명이라고 부르는 과정의 양상을 남김없이 설명하지 못한다. 각각의 과정에는 각 계기의 본질 자체에 속하는 창조

---

5) 『과정과 실재』에서 사유화의 과정을 표현하기 위해, '파악'이라는 단어를 사용하며, 직접적인 자기 향유의 개체적인 활동 하나하나를 경험의 계기(occasion of experience)라고 한다.
6) 구체적인 물리적인 여건들을 파악하는 과정을 '물리적 파악'(physical prehension)이라고 한다. 이 장 3절에서 자세히 언급할 것이다.

적인 활동의 관념이 포함되어 있다. 그것은 현실적 존재자 속으로, 그 과정이 시작되기 이전에는 단지 실현되어 있지 않은 가능태의 양태로 존재하고 있었을 뿐인 우주의 요소들을 끌어들이는 과정이다. 자기 창조는 가능한 것을 현실적인 것으로 변형시켜 가는 과정이다. 그리고 이와 같이 진행되는 '변형'에 자기 향유의 직접태가 들어 있다.(MT 151)

그러므로 경험의 계기에서 생명의 기능을 이해하기 위해서는 '선행하는 세계에 의해 제공되는 실현된 여건'과 '새로운 경험의 통일 속으로 혼입될 준비가 되어 있는 미실현의 가능태'와 그들 여건과 이 가능태들을 '창조적으로 결합시키는 데 들어 있는 자기 향유의 직접태'를 구별하지 않으면 안 된다. 따라서 자연의 이해를 위해서는 '시간적인 지속'과 '변이'를 포함해야 한다.(MT 151)

셋째 자연에서 생명의 관념을 포함하기 위해서는 '목적'이라는 특성을 부가해야 한다. '목적'이란 "무수히 많은 선택지적 가능태를 배제하고, 그 통일화의 과정 속에 여건들을 영입하는 특정한 방식을 구성하는 새로움의 한정 요소를 포섭한다는 의미가 내포되어 있다. 목적은 여건들에 대한 이와 같은 방식의 향유인 복잡한 느낌을 목표로 한다. 이 향유의 방식은 무수히 많은 선택지들로부터 선택된다. 그것은 그 과정에서 현실화되기 위해 줄곧 지향되어 온 것이다".(MT 152) 따라서 자연에서 생명은 자기 향유, 창조적 활동, 목적이라는 세 요소를 가지는 것을 의미한다. 이것은 자연 속에서 발생하는 모든 사건들에서 일어나는 것으로 본다. 화이트헤드는 이를 '정서'emotion라는 개념으로도 진술한다.

정서는 두 가지 방향에서 현재를 초월한다. 정서는 과거로부터 생겨나서는 미래를 향해 나아간다. 정서는 순간에서 순간으로 수용되고, 향유되고,

전달된다. ……정서는 초월transcendence과 내재immanence의 결합이다. 계기는 느낌과 지향을 통해 자신의 밖에 있는 사물들과 관계한다. 그러므로 각 계기는 비록 그 자신의 직접적인 자기 실현에 종사하고 있기 하지만, 우주와 관계하고 있는 것이다.(MT 167)

정서는 '초월'과 '내재'라는 두 가지 성질을 공유하고 있다. 이것은 『과정과 실재』에서 '느낌'이론으로 대체된다. 정리해 보자면, 화이트헤드의 유기체철학에서 생명 개념은 자기 향유, 목적, 창조적 활동이라는 세 가지 요소를 갖추고 있는 한, 그것을 유기체로 보아야 하고, 또한 생명을 향유하고 있는 것으로 보아야 한다.

이는 17세기의 자연이론에 대한 완전한 거부에 해당한다고 볼 수 있다. 왜냐하면 17세기의 자연에서 자기 향유, 자기 목적, 자기 창조는 있을 수 없기 때문이다. 다음으로 그러한 유기체 가운데서 가장 미시적 존재로 규정되는 현실적 존재자에 관해서 검토해 보기로 하자.

2. 미시적 존재로서 현실적 존재자

느낌은 현실적 존재자를 구성하는 가장 구체적인 요소들이다. 이것은 물리적 느낌과 개념적 느낌으로 나뉘는데, 물리적 느낌은 관계를 의미하며, 개념적 느낌은 새로움의 유입을 설명하는 것이다. 물리적 느낌의 향유와 개념적 느낌의 창조적 과정이 현실적 존재자의 목적을 통해서 구성되는 것을 유기체라고 한다. 이를 통해서 화이트헤드는 유기체로서 가장 미시적이고, 실재하는 현실적 존재자를 규정한다.

그의 대표적인 철학 저서인 『과정과 실재』는 현실적 존재자들 사이의 관계 및 특징에 관한 기술이라고 할 수 있다. 그는 이 책의 서문에서 "이 강의의 긍정적 학설은 현실적 존재자들의 생성, 존재, 관계성에 관한 것이다"(PR xiii)라고 밝히고 있다. 이런 점에서 그의 철학이 아리스토텔레스 및 데카르트의 철학과 근본적으로 다른 점은 속성이나 성질보다는 관계성을 현실태의 특성으로 본다는 점이다. 이것은 주체와 술어, 실체와 속성에서의 관계를 말하는 것이 아니라, 주체와 주체, 실체와 실체 사이의 '관계'를 염두에 둔 것이다. 따라서 그의 유기체철학은 다르게 표현하면 '관계의 철학'이라고도 할 수 있다. 현실적 존재자가 원자성과 관계성을 함께 함축한다는 것은 철학사 내에서의 문제와 깊은 관련이 있다.[7] 화이트헤드는 이 문제를 해결하기 위해서, 현실태이론에 두 가지 대비되는 측면을 제시한다. 즉 관계성과 직접성을 공유한 현실태이론을 구성한다.[8]

이 강의에서 '관계성'은 '성질'보다 지배적이다. 모든 관계성은 현실태의 관계성에서 그 기초를 얻는다. 그리고 이 관계성은 살아 있는 자에 의해 죽은 자 혹은 '대상적 불멸성'의 전유와 관계된다. 다시 말해서 '대상적 불멸성'을 통해서, 그 자신의 살아 있는 직접성을 잃어버린 것은 다른 살아 있

---

7) 맥헨리에 따르면, 흄과 러셀은 근본적인 다원론을 주장하며, 스피노자와 브래들리는 급진적인 일원론을 주장한다. 즉 절대적으로 독립적인 존재론과 절대적으로 상호 의존하는 존재론이 철학사 내에서 병존하고 있다. 화이트헤드는 존재가 그 자신의 본성을 유지하면서도, 다른 존재와 어떤 관계를 가질 수 있는가가 20세기 형이상학에서 핵심적인 문제 중의 하나라고 본다.(McHenry, *Whitehead and Bradley: A Comparative Analysis*, p.80.)

8) 우리는 II부에서 '리듬'에 관한 설명을 통해 사건과 대상이 대비되는 것을 설명하였다. 화이트헤드는 자연철학의 시기에 '리듬'이라는 개념을 통해서 자연에도 생명이 포함되어야 한다는 사실을 역설하였다. 마찬가지로 화이트헤드의 현실적 존재자는 관계와 새로움을 대비를 통해서 조화시키는 존재이다. 그것은 생명이론을 모든 사건 및 현실적 존재자에 적용하기 위함이다. 이러한 특성은 헤겔의 유기체이론과 비교해 볼 필요성이 있다.

는 생성의 직접성에 실질적인 구성 요소가 된다. 이것이 세계의 창조적 전진과 더불어 완고한 사실을 구성하는 그런 사물들의 생성·소멸·대상적 불멸성이라는 학설이다.(PR xiv)

이처럼 현실 세계는 과정이며, 과정은 현실적 존재자의 생성이다.(PR 22) 이 현실적 존재자는 불변하는 것이 아니라, 생성과 소멸하는 것이다. 현실태의 생성과 존재, 그것들 사이의 관계를 자신의 현실적 존재자의 특성으로 간주한다. 그는 현실적 존재자의 이런 특성을 '주체-자기초월체'suject-superject로 규정한다.

현실적 존재자는 경험하는 주체인 동시에 그 경험의 자기초월체이다. 그것은 자기초월적 주체이며, 이 두 측면의 기술은 어느 한순간도 간과되어서는 안 된다.(PR 29)

한편 유기체철학에서 현실적 존재자의 개념은 불변하는 주체의 개념이 완전히 폐기된다는 사실이다. 현실적 존재자는 경험하는 주체이며, 그 경험의 자기초월체이다. 현실적 존재자는 주체-자기초월체이다. 따라서 주체라는 용어를 사용할 때도, 그것은 자기초월체라는 것이 생략되어 있다는 사실을 염두에 두어야 한다. 주체라는 단어를 사용한다고 해서, 실체철학과 혼동해서는 안 된다. 실체철학은 여건과 만나는 주체, 그 여건에 반응하는 주체를 전제한다.

하지만 유기체철학은 여건은 느낌과 만나는 것을 전제로 하며, 점진적으로 주체의 통일성을 획득한다. 이 학설에서 '자기초월체'는 주체라는 용어보다 더 나은 것이다. 주체-자기초월체는 그 느낌을 창시하는 과정의 목적이다.[9] 느낌들은 주체-자기초월체가 지향하는 목적과 분리될 수 없다. 이 목적은 느끼는 자이다. 느낌들은 느끼는 자를 지향한다.

만약 진술의 주어-술어 형식이 형이상학적으로 궁극적이라면, 느낌의 학설과 주체-자기초월체의 학설은 불가능하다. 느낌들이 그들의 주체에로 지향된다기보다는, 느낌들이 주체를 지향한다고 말하는 것이 더 낫다.[10] 전자의 표현은 주체를 느낌에서 배제하며, 주체를 외적인 작인에 할당한다. 따라서 느낌은 그 목적인에서 배제된다. 이 목적인은 그 느낌의 본질적인 요소이다. 현실적 존재자는 그 자신이 되기 위해서 느껴져야 한다. 이런 방식에서 스피노자의 실체 개념인 '자기 원인'을 만족시킨다.(PR 222)

따라서 현실적 존재자는 두 측면의 양태를 갖는다고 할 수 있다. "그 자신의 생성의 직접성을 관장하는 주체"로서의 현실적 존재자와 "대상적 불멸성의 기능을 행사하는 원자적 피조물인 자기초월체"(PR 45)로서의 현실적 존재자가 그것이다. 그리하여 주체란 현실적 존재자가 생성의 과정 속에 있으며, 자기초월체란 생성의 결과라고 말할 수 있다.(PR 45) 즉 주체는 성취 중인 현실태이며, 자기초월체는 성취된 현실태이다.(PR 214) 그러므로 주체와 자기초월체의 관계는 두 개의 다른 존재로 상정되어서는 안 된다.

---

9) 데이빗 홀은 파악의 유형을 물리적 느낌·개념적 느낌·비교적 느낌으로 나누며, 이 모든 유형을 '미적 사건'의 구성으로 본다.(Hall, *The Civilization of Exprience: A Whiteheadian Theory of Culture*, p.39.)
10) 여기에 화이트헤드의 철학과 현상학과의 관계를 검토해 볼 수 있는 측면이 있다. 현상학은 대상과 주체의 관계에서, 의식의 지향적인 활동을 통해서 대상을 포착해 낸다. 이때 의식이나 주체는 이미 전제된 것으로, 대상과의 관계를 가진다. 하지만 유기체철학에서는 주체나 의식은 아직 존재하지 않는다. 대상과 느낌과의 관계를 통해서 이후에 주체가 파생되어 나온다.

다시 말해서 "현실적 존재자는 동시에 자기 실현의 주체이면서 자기 실현된 자기초월체이다".(PR 222) 자기 실현 과정을 겪는 주체는 불완전한 현실태의 양태이며, 자기 실현이 완성된 자기초월체는 완전한 현실태이다. 따라서 현실태의 개념은 실현 중인 존재와 실현된 존재가 결부된 것이다. 한순간도 그것을 분리해서는 화이트헤드의 현실태이론을 제대로 이해할 수 없다. 그는 이러한 형태의 현실태를 자신의 설명 범주를 통해서 명시적으로 드러낸다.

> (viii) 두 가지 기술이 현실적 존재자에 요구된다는 것. (a)하나는 다른 현실적 존재자들의 생성 속에 '대상화'를 위한 가능태로 분석되는 것이며, (b) 다른 하나는 현실적 존재자 자신의 생성을 구성하는 과정으로 분석하는 것이다.
>
> (ix) 현실적 존재자가 생성하는 방식은 그 현실적 존재자가 무엇인가를 구성한다. 따라서 한 현실적 존재자에 대한 두 가지 기술이 독립적이지 않다. 그 '존재'는 그 '생성'에 의해 구성된다. 이것이 '과정의 원리'이다.(PR 23)

이 두 설명 범주는 현실적 존재자가 '주체'이며, '자기초월체'라는 체계적인 표현이다. 현실적이 된다는 것은 자기 실현 과정과 자기 실현된 과정을 함께 겪는 것이다. 주체로서 현실적 계기가 지향하는 것이 자기초월체로서 그 자신의 실현이다. 이상적인 자기초월체가 그 주체가 지향하는 최종적인 결단이다. 그러므로 자기초월체는 과정이 행위하는 방식을 결정하는 조건으로 현재한다.(PR 222) 화이트헤드는 전문적인 용어를 사용하기에 앞서서 나온 『과학과 근대 세계』에서도 일상적인 문장으로 동일한 표현을 사용하고 있다.

사물은 자신이 속해 있는 전체를 제한된 자신 속으로 끌어들임으로써 비로소 그 자신이 되고 있는 것이다. 또한 역으로 사물은 자신이 속해 있는 바로 그 환경에 자신의 여러 양상을 넘겨줌으로써 비로소 그 자신이 되고 있기도 하다.(SMW 137)

이러한 자기초월체는 현실적 존재자가 완전히 구성된 것을 의미한다. 다른 말로 '만족'에 이른 것이다. 만족은 "완고하며 피할 수 없는 결과로 한정되고, 결정된 정착된 사실로서 현실적 존재자이다".(PR 219~220) 자기초월체는 만족에 도달한 존재이기 때문에서 성취 중인 다른 현실태에 '작용인'의 역할을 한다. 세계가 누적적이고 재생산될 수 있는 것은 이와 같은 작용이 있기 때문이다. 다시 말해서 "각각의 현실적 존재자의 만족은 우주에서의 소여성에서의 요소이다".(PR 22) 이것은 앞서 살펴본 비시간적인 추상적 가능태들, 창조성, 영원한 대상, 신의 원초적 본성들이 성취 중인 현실태에 대한 어떤 제한을 가하는 역할을 제공한다. 이것이 없다면 규정하는 역할을 하는 가능태와 규정을 받는 현실태를 현실 세계에서 제약하는 것이 없어진다. 이는 구체적인 세계의 역할, 즉 과거의 시간의 누적적인 성격을 상실하게 만들 것이다. 화이트헤드는 이것을 다음과 같이 설명한다.

[각 현실적 존재자의] 만족은 우주의 소여성에 있어서의 한 요소이다. 그것은 무한한 추상적 가능성을, 하나하나의 새로운 합생을 낳는 특정한 실재적 가능태로 제한한다. 무한한 추상적 가능성이란, 임의의 한정된 현실 세계에 속하는 현실적 존재자들의 대상적 개입을 사상해 버리고——사상된 현실태에는 신도 포함되어 있다——오로지 영원한 대상들의 개입의 가능성과 관련해서만 고찰된 창조성을 의미한다.(PR 220)

따라서 현실적 존재자의 '결과'는 만족의 관점에서 모두 기술된다. 한 현실적 존재자의 '결과'는 그 자신과는 다른 현실적 존재자에 개입하는 것이다. 자기를 넘어서서 다른 현실적 존재자의 과정에 개입하는 것은 '대상'으로 기능하는 것이다. 화이트헤드는 설명 범주에서 대상으로 기여하는 모든 존재들을 '가능태'의 역할을 하는 것으로 본다.

(iv) 많은 존재들이 한 현실태로의 실재적 합생에서 하나의 요소가 되기 위한 가능태가 된다는 것은, 모든 현실적 존재와 비현실적 존재가 지니고 있는 하나의 일반적인 형이상학적 성격이며, 우주에서 모든 항목은 각각의 합생에 관련된다는 것. 달리 말해서 '존재'의 본성에는 모든 '생성'을 위한 가능태가 속해 있다는 것. 이것이 '상대성의 원리'이다.(PR 22)

그리고 모든 영원한 대상과 이미 성취된 현실태는 생성 중인 현실적 계기의 결정을 위한 가능태의 역할이 부여된다. 성취된 현실태는 물리적 파악이나 느낌을 통해서 구성되고, 영원한 대상은 '한정의 형식'으로 개념적 파악이나 개념적 느낌을 통해서 구성되는데, 이 양자는 모두 생성을 위한 가능태의 역할을 한다는 것이다. 다른 현실적 존재자의 생성에서 한 현실적 계기의 기능은 일차적으로 '대상화'의 역할을 한다는 것이며, 한 현실적 존재자의 생성 속에 영원한 대상의 기능은 '진입'한다는 것이다.

현실적 계기 혹은 존재는 자신이 선별한 영원한 대상의 진입에서 분리될 수 없으며, 우주에서 이미 완성된 현실태에서 주어지는 '인과적 대상화'에서 분리될 수 없다. 즉 모든 존재들이 대상적 기능을 갖는다는 것이 '상대성 원리'이다. 화이트헤드는 현실태가 대상적 기능을 갖는 것은 '실재적 가능태'라 하며, 영원한 대상이 대상적 기능을 갖는 것은 '순수 가능태'라 한다.

(vi) 실재적인 합생에서 결정되도록 되어 있는 이 미결정성이 곧 가능태의 의미이다. 그것은 조건화된 미결정이며, 그렇기 때문에 실재적 가능태라 불린다.

(vii) 영원한 대상은 현실적 존재자의 생성으로 진입하기 위한 그 가능태로 만 기술될 수 있다는 것. 그리고 그것의 분석은 다만 다른 영원한 대상만을 드러낼 뿐이라는 것. 그것은 순수한 가능태이다. 진입이라는 술어는, 어떤 영원한 대상의 가능태가 특수한 현실적 존재자의 한정성에 기여하면서 거 기서 실현되는 특수한 방식을 가리킨다.(PR 23)

이런 점에서 모든 현실적 존재자는 자기초월체의 관점에서 상대성의 원리를 가정하고 있다. 현실적 존재자의 이런 특성은 자기 기능과 타자 기 능을 동시에 갖고 있다는 것이다.

한쪽에 있는 관계항으로서의 경험의 계기와 다른 한쪽에 있는 관계항으로 서의 경험된 세계 사이의 관계에는 이중적인 측면이 있다. 어떤 의미에서 세계는 그 계기 속에 포함되어 있으며, 또 다른 어떤 의미에서는 그 계기가 세계 속에 포함되어 있다. 예컨대 나는 방 안에 있으며, 방은 현재의 내 경 험 속에 들어 있는 하나의 항목이다.(MT 163)

따라서 현실적 계기 혹은 존재가 된다는 것은 대상의 특성과 형상적 특성을 공유하는 것이다. 그러므로 현실적 존재자는 만족의 성취와 함께 주체적 기능은 멈추나, 대상적 기능을 향유하는 자기초월체로 존재하게 되 는 것이다.[11]

3. 구체적 관계로서 파악

현실적 존재자는 다양한 방식으로 분석될 수 있다. 현실적 존재자를 가장 구체적인 요소로 분석하는 방식을 '파악'이라고 한다.

> 현실적 존재자를 가장 구체적인 요소들로 분석하는 것은 파악의 합생들을 드러낸다. …… 그 이상의 분석은 파악의 분석이다. 파악의 관점에서의 분석은 '분할'이라고 부른다.(PR 23)

파악이란 현실태에 적용 가능한 구체적인 분석을 표현하기 위해 데카르트의 정신적 사유 및 로크의 관념을 일반화시킨 것이며, 또한 라이프니츠의 모나드의 정신 활동인 파악을 일반화시킨 것이다.(PR 19) 따라서 '파악'은 지금까지 우리가 경험이라는 일반적인 술어로 지칭한 현실적 존재자의 자기 구성 활동을 분석적으로 대치하는 범주 용어이다.

그런데 '파악'이라는 용어는 매우 낯선 개념이다.[12] 이것은 의식의 단계보다 낮은 곳에서 사물들 혹은 여건들datum을 받아들이는 행위를 총칭해

---

11) 우리는 뒤에서 화이트헤드의 합생이론과 존재론적 원리에 관한 논의를 통해서 생명이 갖는 '자기 향유·목적·창조성'이 어떻게 철학적으로 개념화되는가를 살펴볼 것이다.

12) 파악(Prehension)이라는 용어는 라틴어 'prehendere'에서 나왔으며, '사로잡다' 혹은 '잡아채다'는 의미를 갖고 있다. 동물원에서 동물을 사로잡는 전문 용어로 사용되고 있으며, 형용사의 형태로 더 자주 사용된다. 즉 'prehensile'이다. 원숭이가 자신의 꼬리를 가지고 어떤 것을 파악한다고 할 때, 이는 그 원숭이가 자신의 꼬리로 어떤 물건을 자기 것으로 만든다는 것을 말한다. 특히 이 단어는 이해 혹은 파악이라고 번역되는 'apprehension'이라는 단어와 밀접한 관련이 있다. 이 용어는 라이프니츠에 의해 사용되었으며, 정신이나 오성으로 이해하는 것을 의미한다.(Thomas E. Hosinski, *Stubborn Fact and Creative Advance: An Introduction to the Metaphysics of Alfred North Whitehead*, Lanham: Rowman & Littlefield, 1993, pp.59~60.)

서 사용되는 것이다. 화이트헤드는 파악이라는 용어의 이해를 위해서 근대 철학자들이 사용하는 문장들 속에서 그것와 관련된 것을 추출해 낸다. 일단 우리는 그가 언급하는 철학자들과의 대조를 통해서 파악이라는 용어가 갖는 의미를 이해해 볼 것이다. 이 용어는 라이프니츠의 철학에서 말하는 모나드의 '파악'과 유사성이 있고, 또한 그 의미에 있어서는 '데카르트의 정신적 사유' 및 로크의 '관념'을 일반화시킨 것(PR 19)이며, 베이컨이나 버클리의 지각 작용을 변용한 개념(SMW 101)이다. 우선 화이트헤드에게 파악은 인식적 파악만을 고려하지 않는다는 사실에 주목해야 한다.

> 라이프니츠는 한 모나드가 다른 모나드를 고려하는 보다 열등한 방식과 보다 고등한 방식, 즉 앎의 방식을 지칭하기 위해 '지각'이라는 말과 '통각'이라는 말을 사용하였다. 그러나 이들 술어는 내 학설에서 볼 때 필연적인 수반물이 아닌 의식의 관념과 너무 밀접하게 연관되어 있다. 또한 이들 술어는 내가 거부하는 표상적 지각이라는 관념과도 얽혀 있다. 하지만 [우리가 라이프니츠를 수용할 측면이 있다면] '철저한 이해'라는 의미의 파악이라는 말이 있다. 따라서 라이프니츠의 모델에 따라, 나는 경험의 계기가 그 자신의 본질의 한 부분으로서 다른 존재 ──경험의 다른 계기이건 다른 유형의 존재이건 간에── 들을 포섭하는 일반적인 방식을 '파악'이라 부를 것이다.(AI 300)

화이트헤드에게 모든 파악은 대상에서 주체로 이행하는 것이다.[13) 그러나 이 '파악'이 의식을 통해서 여건을 수용하는 과정이 아니라는 점에서 라이프니츠와는 다르다.[14) 라이프니츠의 용어에서 파악이 어떤 대상을 포착한다는 점에서는 화이트헤드의 용어와 관련이 있으나, 의식적인 파악만을 염두에 두고 있지 않다는 점에서 차이가 있다고 할 수 있다. 또한 그는 비인식적 이해의 가능성을 설명하기 위해 베이컨이 구별한 지각과 감각의 논의를 진행한다. 화이트헤드의 저술 속에 실린 베이컨의 말을 살펴보자.

모든 물체들이 감각을 갖고 있지는 않다 하더라도, 지각을 가지고 있다는 것은 확실하다. 왜냐하면 한 물체가 다른 물체에 가까이 다가갈 때, 마음에 드는 것은 끌어당기고 마음에 들지 않는 것은 배제하거나 배척하는 일종의 선택 작용이 일어나기 때문이다. …… 그렇지 않다면 모든 물체는 서로 유사한 것이 되고 말 것이기 때문이다. …… 예를 들어 청우계는 우리가 감각적으로 발견해 내지 못하는 지극히 미소한 온도의 차이까지 감지해 낸다. 또 이러한 지각은 접촉하고 있는 것에 대해서 뿐만 아니라 떨어져 있는 것에 대해서도 이따금 일어날 때가 있다.(SMW 60~61)

이처럼 베이컨은 지각을 영향의 수용으로 보고, 인식적 경험에 해당하는 감각과 구분하고 있다. 지각이란 현재 뚜렷하게 인식하지 못하는 사물들의 영향을 수용하고 있으며, 심지어 그때 뚜렷한 인식을 갖지 못했다

---

13) 후설 현상학에서 '지향성'의 개념은 주체가 대상과 분리되기 이전에 어떤 관계를 맺고 있는 것을 보여 준다면, 파악의 개념 역시 대상의 힘이 주체에게 어떤 영향을 미치는가를 보여 준다. 후설과 화이트헤드는 '벡터'에 해당하는 지향성과 파악의 개념을 유사하게 사용하고 있다. 다만 한쪽은 주체에서 대상으로, 다른 한쪽은 대상에서 주체로 힘의 방향을 다르게 보고 있다는 점이 차이가 난다.

14) 라이프니츠에게 있어서 모나드는 내적인 원리에 따르는 순수한 능동적 존재이다. 그것은 어떤 측면에서 다른 모나드의 활동에 의해 영향을 받지 않는다는 의미에서 전적으로 능동적인 것이다. 따라서 지각의 경우에서조차도 모나드들 사이에 인과적 관계성은 존재하지 않는다. 다른 모나드들에 대한 지각은, 그 자신의 내적이고 자율적인 지각 활동에 의해서만 지각하는 모나드에서 발생할 수 있는 것이다. 그 결과 다른 모나드에 대한 지각은 지각자에게 있어 순수하게 주관적인 것이며, 따라서 필연적으로 현상적인 것이다.

하더라도, '기억'을 통해 그러한 영향의 수용을 인지할 수 있는 것이다. 화이트헤드에 따르면 "그 영향을 수용하는 것은 그 사물의 본질적 특성을 구성하는 어떤 요소, 즉 사물 간의 차이, 단순한 논리적 차이가 아닌 차이를 가능하게 하는 어떤 것"임에 틀림없다. 이를 화이트헤드는 '비인식적·직관적 이해'라고 하며, 하나의 용어로 '파악'이라고 표현한다. 다음으로 파악은 가장 구체적인 주체와 대상의 관계를 설정하는 것이다. 그는 그 구체적인 관계가 파악이라는 사실을 제시하기 위해, 버클리의 『알시프론』*Alciphron*을 들고 있다.

> 유프라노: 알시프론, 자네는 저기 보이는 저 성城의 문이나 창, 총안이 있는 흉벽 등을 하나하나 식별할 수 있겠는가?
> 알시프론: 전혀 식별할 수 없네. 멀리 떨어진 이곳에서 보니까 저것은 마치 조그마한 둥근 탑처럼 보일 뿐이네.
> 유프라노: 하지만 나는 그곳에 가 본 적이 있기 때문에, 저것이 조그마한 둥근 탑이 아니라 흉벽과 작은 탑들이 있는 네모난 커다란 건물임을 알고 있다네. 자네에게만 그것들이 안 보이는 모양이네만. ……
> 유프라노: 그러니 자네가 여기서 보고 있는 성이나 유성, 구름 따위의 것들은, 자네가 멀리 떨어진 곳에 존재하고 있다고 생각하고 있는 실재의 것들이 아님에 분명하지 않은가?(SMW 99~100)

그런데 주관적 관념론자인 버클리는 이 논의를 통해서 정신이 유일한 절대적 실재이며, 자연의 통일은 곧 신의 정신 속에 있어서의 여러 관념들의 통일이라고 본다. 하지만 버클리가 여기서 보는 성이 실재의 것들이 아니라고 주장하는 점에 대해서, 화이트헤드는 저 다른 장소에 관계하고 있는 사물에 대한, 현재의 장소인 이곳에서 '파악'이 성립하고 있다고 주장한다. 즉 이것은 정신 내부를 통해서 실현을 이루는 것이 아니다. 실현은 사물들이 모여 파악에 의한 통일체를 이루는 것이고, 또 이때 실현되는 것은 사물들이 아니라 파악이라고 하는 주장으로 대치시킨다. 이 파악에 의한 통일체는 하나의 이곳과 지금으로 규정되고, 모여서 파악적 통일체를 이루는 사물들은 다른 여러 장소 및 여러 시간과 본질적인 관계를 맺는다.

화이트헤드는 버클리의 정신 대신에 파악적 통일화의 과정으로 성을 보는 주체의 행동을 설명한다.

지금 이곳에서 파악됨으로써 실현된 통일체를 이루는 사물은 단순히 그 자체로서의 성·구름·유성이 아니라, 파악적 통일의 공간 및 시간에 있어서의 입각점에서 본 성·구름·유성이다. 바꾸어 말해 그것은 이곳에서의 통일의 입각점에서 본 저편의 성의 배치상이다. 라이프니츠의 모나드를 공간과 시간에 있어서의 통일된 사건으로 변형한 것이다. 오히려 스피노자의 양태와 더 유사하다.[15] 스피노자와의 유사성을 염두에 둔다면, 그의 유일한 실체는 나에게 있어, 서로 연결되는 다수의 양태로 자신을 개별화시켜 가고 있는 하나의 기체적基體的 실현 활동력이다. 따라서 구체적 사실은 과정이다. 그것은 먼저 파악의 기체적 활동력과 실현된 여러 파악적 사건들로 분석된다. 각 사건은 기체적 활동력의 개체화에서 생겨나는 각각의 사실이다. 그러나 개체화된다는 것이 곧 실체로서 독립한다는 것을 의미하지는 않는다.(SMW 102~103)

---

15) 스피노자는 이처럼 이웃한 것이 무엇인가에 따라 달라지는 사물을 '양태'라고 불렀다. 이는 무엇인가조차 이웃한 것들과의 관계에 따라, 어떤 이웃과 접속하는가에 따라 다르게 되는 것으로 파악한다.

따라서 화이트헤드는 자연을 여러 파악적 통일로 이루어진 하나의 복합체로 간주한다. 그 어느 파악태도 복합체의 전체적 연관으로부터 떼어낼 수 없다. 파악이란 통일의 과정이다. 그러므로 자연은 파악에서 파악으로의 필연적인 전이를 통한 팽창적 발전의 과정이다. 완성된 것은 그 완성과 더불어 그 운명을 다하게 되지만, 바로 뒤따라 나타나는 여러 파악태에 제공되는 자신의 여러 양상들을 통해 계속 보존된다. 이처럼 자연은 발전하는 여러 과정의 조직체이다. 실재는 과정이다. 따라서 붉은색은 실현 과정에 있는 하나의 요소임이 분명하다.

생명은 자연의 여러 물리적인 과정에 의해 관련된 것으로 제시되는 다수의 여건들을, 하나의 통일된 존재 속으로 사유화하는appropriate 복잡한 과정으로서의 직접적인 개체성을 의미하는 것이어야 한다. 생명은 이러한 사유화의 과정으로부터 발생하는 절대적이고 개체적인 자기 향유를 내포하고 있다. 이와 같은 사유화의 과정을 표현하기 위해 파악이라는 용어를 사용하였다.(MT 150)

한편 모든 파악을 구성하는 요소는 세 가지로 되어 있다고 한다. 즉 파악하는 주체, 파악된 여건, 그 주체가 그 여건을 파악하는 방식인 주체적 형식이다.(PR 23) 여건과 주체의 관계는 앞에서 간단히 살펴보았다. 여기서 주체적 형식은 다양한 종류들이 있는데, 정서, 가치 평가, 목적, 역전, 혐오, 의식 등이 속한다. 그리고 이때 파악은 두 종류로 나누어지는데, 긍정적 파악과 부정적 파악이다. 긍정적 파악은 느낌이라고 부르며, 부정적 파악은 느낌에서 제거된 것으로 말한다. 부정적 파악 역시 주체적 형식을 갖고 있다.(PR 23)

그런데 부정적 파악과 긍정적 파악은 현실적 존재자가 만족에 이르기 위해서는 필수적으로 겪어야 하는 과정이다. 그 경우에 보다 세부적인 분석이 요구된다. "느끼는 주체, 느껴지는 최초의 여건, 부정적 파악에 의한 제거, 느껴진 대상적 여건, 그 주체가 그 대상적 여건을 느끼는 방식인 주체적 형식이 있다."(PR 221)

느낌은 느낌을 향유하는 현실적 존재자와 분리될 수 없다. 느낌의 최초의 여건은 다수성으로 구성되어 있다. 이것은 부정적 파악을 통해서 제거가 되어서 대상적 여건이 된다. 대상적 여건은 최초의 여건의 전망이다.

느낌이란 우주의 일부 요소들을, 그 느낌의 주체의 실재적인 내적 구조를 이루는 구성 요소로 만들기 위해 사유화하는 것을 말한다. 이때의 요소들은 최초의 여건이고, 그것들은 느낌이 느끼는 것이다. 그러나 그것들은 어떤 추상 아래에서 느껴진다. 느낌의 과정은 제거를 낳는 부정적 파악을 수반하고 있다. 따라서 최초의 여건은 느낌의 대상적 여건인 전망 아래에서 느껴지게 된다. 이 제거에 의해 복합적인 대상적 여건의 구성 요소들은, 느낌의 주체의 구조에 개입하는 대상이 된 것이다. 수리물리학의 용어로 말하자면, 느낌은 벡터의 성격을 갖는다.(PR 232)

대상적 내용으로 들어오는 여건은 주체적 형식과의 대비를 통해서 새로움을 제공한다. 이것은 여건을 순응적으로만 느낀다면, 우리는 새로운 가치나 형식을 생각할 수 없고, 새로운 질서도 생각할 수 없다. 우리는 주어진 여건에 관한 비순응적인 대비를 통해서 이전과는 다른 방식으로 대상을 구성할 수 있는 것이다. 따라서 미적 경험 혹은 사건은 '대비의 실현'에서 발생하는 느낌에서 발생한다.[16]

4. 존재론적 원리(ontological principle)

유기체철학에서 작용인과 목적인의 관계를 가장 명확하게 설명하는 원리는 존재론적 원리이다. 존재론적 원리는 다음과 같다.

> (xviii) 생성 과정이 임의의 특정 순간에 순응하고 있는 모든 조건은 그 근거를 그 합생의 현실 세계 속에 있는 어떤 현실적 존재자의 성격에 두고 있거나 아니면 합생의 과정에 있는 그 주체의 성격 속에 두고 있다. 이러한 설명의 범주는 존재론적 원리라 불린다. 그것은 또한 작용인 및 목적인의 원리라고 할 수도 있다. 이 존재론적 원리가 의미하는 바는 현실적 존재자만이 근거가 된다는 것이다. 따라서 근거를 탐색한다는 것은 하나 내지 그 이상의 현실적 존재자를 탐색하는 것을 말한다. 결론적으로 그 과정에서 한 현실적 존재자에 의해서 만족된 임의의 조건은 일부의 다른 현실적 존재자들의 '실재적 내적 구성'에 관한 사실을 표현하거나, 그 과정을 조건 짓는 '주체적 지향'에 사실을 표현한다.(PR 24)

여기서 가장 흥미로운 사실은 존재론적 원리를 '작용인'과 '목적인'의 결합으로 본다는 것이다. 화이트헤드는 도처에서 한정된 현실적 존재자에 상응해서 현실 세계 속에 있는 현실적 존재자들의 '대상화'는 그 현실적 존재자가 발생하는 작용인을 구성하며, 만족에 도달하는 주체적 지향은 목적인을 구성하며, 이에 의해서 결정된 합생에 이른다고 한다.(PR 134) 존재론적 원리는 특수한 종류의 원인들을 설정하는 원리이다. 모든 근거, 혹은 원

---

16) Hall, *The Civilization of Exprience: a Whiteheadian Theory of Culture*, p.47.

인은 과거의 현실적 존재자들이 대상화로서 미치는 성격에 있거나, 주체적으로 기능하는 작용에 있다고 볼 수 있다. 따라서 "존재론적 원리에 따르면, 아무것도 없는 곳에서 세계로 유동하는 것은 없다".(PR 244)

그런데 존재론적 원리에 대한 해석은 자기 실현하는 과정으로서만 현실적 존재자를 해석해서는 안 된다는 사실이다. 현실적 존재자를 그렇게만 본다면, 더 이상 실현할 수 없는 현실적 계기는 현실적이지 않다는 것이 된다. 이러한 해석은 존재론적 원리에서 현실적 계기의 작용인으로서의 역할을 무시하는 것이다. 과거의 계기가 더 이상 존재하지 않는다면, 동시적인 계기들은 상호 작용하지 않는다. 이러한 해석에서는 모든 계기가 자기 원인적인 역할만을 하는 것으로 보인다. 이는 한 계기의 결정성이 다른 계기를 포함하지 않고 자기만의 실현 과정을 통해서 설명하는 실체적 사고 방식으로 귀결되고 만다. 만약 합생 과정 중인 계기를 제외하고는 어떤 계기도 없다면, 존재론적 원리는 반쪽 진리가 되고 말 것이다. 이는 현실적 계기의 작용인으로서의 역할을 무시하는 것이다. 한편 유기체철학은 현실적 계기를 작용인과 목적인의 결과로서 본다. 작용인으로서의 현실적 계기는 완성된 과거의 계기로서 존재하며, 대상화되거나 반복되는 계기들이다.

과거의 여러 가지 특수한 계기들은 현존하며, 현재에 대한 파악을 위한 대상으로서 여러 가지로 기능한다. 각각 현재하는 현실적 계기에서는 과거의 현실적 계기들이 개별적이고 대상적으로 존재함으로써 작용인의 역할을 하며, 이것이 인과적 관계를 구성한다.(AI 250~251)

이처럼 과거의 계기들에 대한 대상적 기능은 새로운 계기를 위한 추상적인 재생산이다. 과거의 계기의 대상화는 새로운 계기를 구성한다. 그러므로 새로운 계기는 그것의 결과이다. "새로운 현실적 존재자는 결과물로서 과거의 많은 현실적 존재자들의 재생산이다."(PR 364) 이러한 대상화의 양태를 '인과적 대상화'라고 부른다. 다시 말해서 현실적 계기는 작용인과 목적인이 결부된 것이다. 작용인이라는 것은 타자에 의해서 원인을 부여받는 것이다. 현실적 계기는 타자에 의해서 작용할 뿐만 아니라 자기에 의해서 작용하는 것이다.

또한 현실적 계기는 타자에게 원인으로 작용하기도 한다. 현실적 계기가 미래의 계기에서 대상화되는 한에 있어서 타자에게 원인으로 작용한다. 그리고 과거의 계기가 현실적 계기에게 대상화되는 한에 있어서 타자에 의해서 작용을 받는다. 타자에 의한 원인, 자기 원인, 타자에게 원인을 제공하는 것으로 현실적 계기를 분석할 수 있다.

현실적 존재는 다음과 같은 삼중의 성격을 갖는다. ①현실적 계기는 과거에 의해서 그것에 주어진 성격을 가지고, ②그것은 합생 과정에서 지향된 바의 주체적 성격을 가지며, ③그것은 초월적인 창조성을 규정하는, 특수한 만족의 실용적 가치인 자기초월적 성격을 갖는다.(PR 87)

이 두번째 성격에서 현실적 계기는 '자기 원인'으로서 말해질 수 있다.(PR 88) 다른 두 가지 성격에서 그 계기는 작용인의 과정에 의존하는 것이다. 첫번째와 세번째의 성격은 이행 과정에 근거한다. 이행은 다른 말로 작용인이다. 즉 이행 과정은 합생 과정을 위한 타자-원인자이다.

이 설명에 따르면 작용인은 현실적 존재자에서 현실적 존재자로의 이행을 표현한다. 그리고 목적인은 내적 과정을 표현하며, 이에 의해서 현실적 존재자는 그 자체가 된다. …… 현실적 존재자는 동시적으로 작용하는 과거의 산물이며, 또한 스피노자의 말대로 자기 원인이다.(PR 150)

합생은 그것의 주체적 지향인 어떤 목적인을 향해서 나아가고, 이행은 불멸하는 과거인 작용인의 매개체이다.(PR 210)

한정하는 현실적 존재자에 대응해서 현실 세계에서 현실적 존재자들의 '대상화'는 그 현실적 존재자가 발생하는 작용인을 구성하고, 만족 중인 주체적 지향은 목적인 혹은 유혹을 구성하며, 이에 의해서 결정된 합생이 존재한다.(PR 87)

그 계기의 첫번째와 세번째 성격은 이행 과정에 근거한다. 타자에 의한 계기와 타자를 위한 계기 사이에서 모든 현실적 계기는 자기 원인이 있다. 절대적으로 자기 원인으로만 구성되는 존재는 없다. 현실적 계기는 작용인과 자기 원인의 결합물이다. 자기 원인은 언제나 작용인으로부터 시작되는 것이다. 절대적인 자기 원인은 없다. "자기 원인이라는 것은 합생 과정이 느낌의 질적인 옷을 입고서 결단을 위한 그 자신의 근거가 된다는 것을 의미한다."(PR 88)

3장 과정과 미적 범주

1. 이행 과정과 합생 과정

우리는 앞 절에서 화이트헤드의 현실태 개념을 감싸고 있는 몇 가지 개념들을 살펴보았다. 이 개념들은 앞에서도 언급했듯이, 현실적 존재자의 생성과 소멸, 그리고 현실적 계기들 사이의 관계를 보여 주는 것들이다. 특히 파악이라는 개념은 구체적인 관계성을 보여 주는 개념이다. 이러한 파악적 활동을 통해서 현실적 존재자 및 현실적 계기는 최종적인 통일 과정인 만족에 이르게 된다.

한편 서구 철학에서 '자기 생산' 혹은 '자기 산출'의 원인을 외부에 두거나 그것을 배제하는 철학적 양태들이 있었다. 이것은 앞에서 다룬 '플라톤의 우주론'이나 '17세기 우주론'의 경우에는 자기 산출의 원인을 외부에 두거나 무시하였다. 플라톤의 경우에는 신에 의한 이데아의 한정으로 현실태의 자기 산출을 규정하였으며, 근대의 과학적 유물론은 자기 산출의 원인을 배제하였다.[1] 근대철학에서는 실체나 주체 속에서 어떤 새로움을 산출하는 작인이 없다. 그것은 단지 시간의 흐름 속에서 자신의 동일성을 유지하였다. 예를 들어 데카르트의 실체, 칸트의 실체, 헤겔의 실체론은 어떤 외부의 제약이나 조건 속에서도 변화 없이 자신을 유지하는 것이다.[2] 그리고 실체철학에서 '관계'에 관한 설명은 자의적이다. 예컨대 데카르트의 경우에도 물질적 실체와 정신의 실체의 매개는 신을 통해서 구성된다. 이것은 정합성을 확보하지 못한다. 왜냐하면 실체의 기본적인 정의는 '다른 존재의 도움 없이 그 자체로 존립할 수 있다는 것'이다.

따라서 화이트헤드는 한 존재가 다른 존재와의 '관계'를 맺는 문제와 한 존재의 '자기 산출' 문제를 해결하기 위해서 새로운 방식으로 그 문제에 관한 대안이 필요하다고 본다. 이를 위해서 그는 과정에 대한 보다 세부적인 검토가 필요하다고 본다.

이 두 가지 유동에 대한 함축적 개념은 흄에게서 무의식적으로 예시되고 있음이 발견된다. 칸트에게 그런 것이 명시적으로 드러나고 있으나, 내 생각으로는 잘못 기술되고 있다. 최종적으로 헤겔과 그의 학파가 내세운 진화론적 일원론은 그것을 갖고 있지 않다.(PR 210)

그런데 화이트헤드는 두 가지 과정을 말한다. 하나는 이행이며, 다른 하나는 합생이다. 이행 과정이란 성취된 현실태에서 성취 중인 현실태로 나아가는 과정이다. 그런 점에서 역설적으로 이행은 "과거의 '힘'의 순응

---

1) 뉴턴의 우주론은 '자기 산출', '발생', '퓌시스', '능산적 자연'에 관한 측면을 제공하지 않는다. 즉 정태적인 자연관을 제시한다.(PR 93)

2) 칸트에 따르면 "실체의 도식은 시간 속에서 실제의 영속이다".(Immanuel Kant, *Kritik der reinen Vernunft*, 1787, p.B183.) 그리고 헤겔에 따르면 "현실태의 이 절대적인 동일성과 필연성이 실체이다".(Hegel, *Enzyklopädie der philosophischen Wissenschaften*, 1817, p.126.)

에서 기인하는 현재의 창시"(PR 210)이다. 다시 말해서 이행은 새로운 현실적 계기를 창출하고, 그 과정 속에서 이미 현존하는 자기초월체를 대상화한다. 이것이 각각의 현실적 계기가 우주 속에 자신의 흔적을 남기는 방식이다. 따라서 우주는 새롭게 형성 중인 현실태가 발생하기 전에 이미 대상화된 현실태에서 발생하는 것이다. 이런 점에서 이행 과정은 거시적 과정이라고도 한다. 한편 이행 과정은 새로우나 불완전한 계기이다. 이는 현실태가 대상화된 국면을 함축하고 있을 뿐이다. 두번째 종류의 과정은 이미 현존하는 계기를 넘어서는 과정으로서, 그 자신을 완성해 가는 활동의 과정이다. 다시 말해서 현실적 계기는 그 자신에서 주어진 성격을 넘어서서, 그 계기를 완성하는 곳으로 나아간다.

따라서 두번째 종류의 과정은 현실적 계기가 주체적 형식을 창시하는 과정으로 나아간다. 이는 대상화된 우주가 주체적 직접성을 향유하는 과정으로 나아가는 것이다. 이 과정은 대상적 내용과 주체적 반응이 종합하는 것이다. 다양한 요소가 종합하는 이 과정을 '합생'이라고 부른다. 이 과정은 미시적 과정이라고도 한다.[3] 이행 과정을 작용인으로 간주할 수도 있다. 왜냐하면 새로운 계기는 성취된 현실태에 상응하는 우주에 의해 부분적으로 결정되기 때문이다. 그리고 합생은 목적론적인 자기 결정 과정이기도 하다.

합생은 목적인을 향해 나아가는 것이며, 이것은 주체적 지향이다. 그리고 이행은 작용인의 전달이며, 이것은 불멸의 과거이다.(PR 210)

---

3) 콥에 따르면, 이행 과정과 합생 과정은 근대 인식론과 형이상학에서 주된 가설인 '주체'와 '대상'의 이원론을 거부하기 위한 것이라고 한다. 화이트헤드에게 모든 대상은 주체가 되며, 모든 주체는 대상이 된다고 한다.(John B. Cobb Jr., "Alfred North Whitehead", *Founders of Constructive Postmodern Philosophy*, ed. D. R. Griffin, Albany: SUNY Press, 1993, p.174.)

그러므로 이행과 합생은 현실태의 과정을 기술하기 위한 두 가지 과정의 양태이다. 즉 이행과 합생은 창조적 과정이라고 할 수 있다. 이행은 인과적 대상화와 결부된 개별자의 반복, 순응적 물리적 느낌과 순응적 개념적 재생산과 결부된 반복 과정이다.(PR 210) 우리는 이를 작용인의 과정이라고 한다. 합생은 주어진 것을 새롭게 변모시키는 생생한 미적 과정이다.[4] 이를 목적인의 과정이라 한다.

보다 세부적으로 이행 과정이 의미하는 것이 무엇인지를 살펴보기로 하자. 이행의 학설은 '힘' 개념과 밀접한 관련이 있다. 로크의 힘에 관한 학설이 유기체철학의 '대상화'이론에서 새롭게 재생된다. "유기체철학에서 힘 개념을 이해하기 위해서, 각각의 개별적인 현실적 존재자가 그 후속자들이 발생하고 그것들이 순응해야만 하는 여건에 어떻게 기여하는가에 대한 정확한 개념을 가져야한 한다."(PR 56) 대상화란 "느껴진 현실적 존재자가 그 주체를 위해서 '대상화'되는 것을 말한다".(PR 41) 생성 중인 현실적 존재자에게 순응하는 여건은 내재적 여건, 혹은 대상적 내용이다. 그러므로 완성된 현실태는 인과적 대상화가 되어서 후기의 계기의 여건에 기여한다.

인과적 대상화에서 대상화된 현실적 존재자에 의해서 주체적으로 느껴진 것은 그것을 대신하는 합생적 현실태에게 대상적으로 전달된다. 로크의 용법대로 대상화된 현실적 존재자는 '힘'을 행사하고 있다.(PR 58)

대상화된 현실태가 후기의 현실태의 최초의 주체성에 순응하는 방식

---

4) 합생 과정은 호응적 국면, 보완적 국면, 만족이라는 세 단계를 거치는데, 이때 그 여건들을 종합하는 과정이나, 평가하는 방식은 모두 미적으로 구성된다.(PR 212)

을 볼 때(AI 327), 우리는 한 현실적 존재자에 대한 다른 현실적 존재자의 힘은 단지 한 현실적 존재자가 다른 현실적 존재자의 구성 속에 대상화되는 방식에 있다고 할 수 있다.(PR 58)

합생이 시작될 때, 여건은 이미 존재한다.(PR 233) 여건은 어떻게 창조되는가? 이 문제에 대한 해답은 분명하다. 상대적으로 완성된 현실적 세계가 새로운 합생을 위한 여건이 되며, 이 과정을 '이행'이라고 한다. 따라서 이행에 의해서 '현실적 세계'는 언제나 상대적 용어가 되며, 새로운 합생을 위한 여건이 된다.(PR 211) 그러므로 합생은 이행이 제공하는 여건에서 발생한다. 즉 과거의 계기들은 합생을 위해서 대상화된다.(PR 211)

그러므로 이행 과정의 기능은 모든 새로운 계기를 위하여 이미 존재하는 완성된 계기들을 대상화하는 것이다. 그 계기들의 대상화는 그 현실적 존재자의 물리적 느낌을 위한 대상적 여건의 완전한 통일성을 구성한다.(PR 210~211)

느낌을 위한 여건이 새로운 존재 속에 내재한다는 것, 혹은 구성물이 된다는 것은 이행에서 현실적 계기의 성격이 합생을 위한 대상적 여건이 될 뿐만 아니라, 이미 존재했던 과거의 현실적 계기의 특성을 갖는다는 것이다.(PR 203~204) 이러한 대상적 국면은 새로운 존재를 위한 대상적 내용이 된다.(PR 152~159) 즉 합생의 주체가 대상적으로 주어진 것이 된다.

따라서 시간의 영속적 소멸은 거시적 이행의 최초 국면에 속하며, 이 최초 국면은 현실 세계가 새로운 계기를 위한 내재적 여건이 된다는 것을 의미한다.(PR 211) 이것은 새로운 계기의 대상적 내용이 창시되는 과정을 의미한다. 과거에 대한 순응이라는 시간의 양상은 거시적 이행의 두번째 국면에 해당한다. 그 국면이란 새로운 계기의 주체적 직접성이 과거의 대상화 혹은 힘에 순응해서 창시된다.(PR 211) 이것은 단순 물리적 느낌이 발생하는 방식을 의미한다.

이행의 또 다른 기능은 대상적 내용에 있는 현실태들의 한정성에 물리적으로 개념적으로 순응하는 반면에 주체적 직접성을 얻는다는 것이다. 즉 이행 과정에는 두 가지 측면이 있다. 이행은 새로운 계기의 최초의 대상이 되며, 이것은 그 현실 세계의 성취된 현실태들의 대상화를 구성한다. 다른 측면에서 이행이 새로운 계기의 최초의 주체가 되고, 이때 그것은 대상으로 물리적으로 향유하는 최초의 한정성을 가지며, 물리적 향유로부터 순응적으로 도출된 개념적 욕구의 그 최초의 한정성을 갖는다는 것이다.

이행의 세번째 국면은 개념적 재생산의 국면이다. 우리는 이 국면을 합생 과정으로 간주하기가 쉽다. 그러나 화이트헤드에 의하면 현실적 계기의 합생은 경험의 통일성으로 그 계기의 물리적 극과 정신적 극을 통합하는 자기 형성 과정이라고 한다.(PR 108) 따라서 합생 과정은 물리적 극과 정신적 극의 통합을 전제로 한다.(PR 244) 그러나 개념적 재생산의 느낌들은 정신적 극의 최초 국면을 구성한다.(PR 249~250) 이것은 합생 과정이 개념적 재생산이 이루어진 후부터 발생한다는 것이다.

따라서 이행 과정은 인과적 대상화의 국면과 물리적 순응과 개념적 재생산의 국면을 포함한다. 이행의 창조적 과정이 그 계기의 최초의 세 가지 국면을 조건 짓는 것이다. 현실적 계기의 세번째 국면인 개념적 재생산의 느낌은 그 계기의 최초의 정신적 느낌이다.

반면에 네번째 역전된 개념적 느낌들은 이차적인 정신적 느낌이다.(PR 278) 그 계기의 주된 물리적 느낌들과 마찬가지로, 그 주된 정신적 느낌도 순응적이다.(PR 108) 최초의 정신적 물리적 느낌들은 그 계기를 위해 인내하는 것으로, 순응적이라고 할 수 있다. 이행 과정에 의해서 발생한 세 가지 국면은 합생 과정을 위한 복잡한 여건을 형성한다. 자발적인 합생적 주체는 이행 과정에 의해서 산출된 삼중의 결정을 받아들여서 태어난다. 이 삼중의 결정은 합생적 주체를 위해서 가능한 모든 성취를 조건 짓는다. 이러한 이유로 화이트헤드는 "이행 과정은 실제적으로 성취를 지배하는 조건을 제공하며, 반면에 합생 과정은 실제적으로 성취된 목적을 제공한다"(PR 214)고 말한다. 이행 과정은 대상과 주체가 관계를 맺으며, '반복'하는 과정이다.

그렇다면 새로움이나 직접성 혹은 이전의 대상과의 차이는 어떻게 구성되는가? 그리고 이행 과정과 합생 과정은 어떤 관련을 맺게 되는가? 우리는 이것을 합생 과정에 대한 설명을 통해서 구성해 보아야 한다.

합생은 자발적인 자기 실현의 과정이다. 이것은 이행 과정을 통해서 주어진 여건을 새로운 주체적 형식을 얻고, 그것을 통합과 재통합이라는 느낌의 과정을 통해서 얻는 과정이다.(PR 153~155) 따라서 합생 과정은 반복을 통해서 주어지는 삼중의 여건을 받아들여서 생성되는 것이다. 즉 모든 생성은 새로운 직접성으로 들어오는 반복과 관련이 있다. 따라서 이행은 그 현실적 계기라는 주체가 수용하고 인내하는 성격을 가지는 것을 말하며, 합생은 그 주체가 작인이라는 성격을 갖는 과정을 말한다. 이 과정은 누적적인 과정이므로, 합생하는 주체는 "수용하고, 인내하며, 작용하는 이 세 가지 성격을 결코 잃지 않는다".(PR 316)

다른 한편 화이트헤드는 작용인을 현실태의 제약 조건으로 받아들인다. 그러나 그것이 자기 원인Self-causation으로서 새로운 산출을 하는 현실태를 막지는 못한다. 다시 말해서 이행 과정 이후에 현실적 계기는 어떻게 그 자기 원인으로서 작용할지를 결정하며, 어떻게 관련된 미래에 영향을 미칠지를 결정해야 한다.(PR 244) 이 주체적 작인은 이행 과정에 의해서 산출된 것은 아니다.

'작인'은 자발적이고 목적론적인 자기 원인, 즉 합생 과정이다. 유기체 철학에서 현실태는 자기 동일성과 다양성을 하나로 묶는 힘이다. 여기서 동일성이란 여건에 주체가 순응하는 관계를 말하며, 다양성이란 여건에 주체가 역전하거나 변형되는 과정을 말한다. 이것은 헤겔과 같이 타자를 통해서 차이성을 묻는 것이 아니다. 그것은 현실태 내부에서 차이성을 가지는 것이다. 화이트헤드는 이러한 과정을 합생 과정이라고 한다.

> 합생의 과정이 느낌들로 이루어진 질적인 옷을 입기 위해서 결단을 내릴 때, 그 결단의 근거가 자기 자신이 되는 경우에 자기 원인이라고 말한다. 합생의 과정은 어떠한 느낌에의 유혹이건 이를 유효하게 만드는 저 결단에 대하여 궁극적으로 책임이 있는 것이다. 우주에 내재하는 자유는 이러한 자기 원인의 요소로 구성되어 있다.(PR 190)

그래서 합생은 현실적 계기가 자신의 주체적 직접성을 성취하는 과정이다. 이 합생 과정은 계기가 자기 실현하는 과정이다. 바이젠베크에 따르면 이것은 "변화 속에서 영속하는 주체의 관점이 아니라, 주체가 생성되는 경험의 관점에서 실재를 보는 것"[5]이라고 한다. 즉 경험 과정이 먼저 오며, 이후의 과정에서부터 개별적 주체가 발생하는 것이 합생 과정의 의미인 것이다. 그러므로 유기체철학에서 합생 과정은 미시적 과정, 직접성, 주체적 직접성과 거의 동의어에 해당한다.

현실적 계기의 합생은 명백히 화이트헤드에 의하면 자발적인 목적론적 과정으로서 기술된다. 그 계기의 최초의 자발성은 개념적 역전의 국면

---

5) Weisenbeck, *Alfred North Whitehead's Philosophy of Value*, p.25.

에서 발생하는 최초의 주체적 지향의 변경이다.(PR 255) 개념적 재생산의 국면이 이행의 과정이므로, 합생 과정은 개념적 역전의 발생과 함께 시작된다. 현실적 계기의 합생은 현실적 계기의 정신적 극의 두번째 국면과 함께 시작된다. 두번째 정신적 국면만이 자발적이며, 그것이 그 주체를 자체의 합생의 결정자로서 기여한다.(PR 249)

이행 과정과 합생 과정에 대한 분석을 통해서 재생산(반복)과 새로움(차이)이라는 유기체의 근본적 특성이 드러난다. 화이트헤드는 반복과 차이를 실재의 기본적인 특성으로서 간주한다. 근대철학은 반복과 차이를 한 존재 속에서 설명하지 못한다. 근대철학에서 실체는 그 자신의 불변하는 성격을 반복하는 것으로 간주되는데, 이것으로는 타자와의 반복되는 관계를 설명하지 못한다. 차이 역시 동일성을 근거로 한 물질이나 실체 개념 때문에 충분히 밝히지 못한다. 그러므로 화이트헤드에 따르면 관계(반복)와 직접성(차이)에 관한 설명은 두 종류의 과정을 통해서만 구성된다.

> 요약하자면 두 종류의 과정이 있다. 미시적 과정과 거시적 과정이다. 거시적 과정은 성취된 현실태에서 성취 중인 현실태로의 이행이며, 반면에 미시적 과정은 단지 실재적인 것에서 결정된 현실태로 나아가는 조건들의 전환이다. 전자의 과정은 '현실적'인 것에서 '단지 실재적인 것'으로 이행을 촉발하며, 후자의 과정은 실재적인 것에서 현실적인 것으로 성장을 촉발한다.(PR 214)

그런데 이 과정은 몇 가지 국면으로 나누어진다. 그것은 어떤 복잡한 느낌의 통일인 만족에 이르기까지 여러 국면을 거친다. 이것은 현실태에 대한 발생적 분석이다. 이러한 분석을 통해서 여러 국면들이 드러난다. 즉 과정에서는 선행하는 국면들에 대한 파악과, 파악들의 파악들이 발생한다. 화이트헤드는 잇따라 일어나는 이러한 파악들의 국면을 크게 두 가지로 나눈다. 하나의 국면은 순응적 국면이고, 다른 하나는 보완적 국면이라고 한다. 지금부터 우리는 보다 구체적으로 과정의 국면을 나누고, 그 국면에서 과정이 어떻게 범주적 제약을 받고 있는가를 검토해 볼 것이다.

2. 순응적 국면과 범주적 제약

근대의 철학은 주어-술어 논리구조와 실체-속성이론 및 지각의 표상이론에 기반을 두고 있기 때문에, 현실태 사이의 관계를 자의적으로 설명을 한다. 이것은 아리스토텔레스의 공리인 '실체는 어떤 주체에도 내재하지 않는다'는 것을 반영하는 것이다. 화이트헤드의 보편적 상대성원리는 "한 현실적 존재자는 다른 현실적 존재자에 내재한다"(PR 50)는 것이다. 이 점에서 "유기체철학은 주로 다른 존재에 '내재하는' 개념을 명백히 하려는 임무에 헌신하고자 한다".(PR 50) 이것은 합생의 순응적 국면을 통해서 자세히 드러나며, 화이트헤드는 이를 현실태의 '작용인'의 양상으로 본다.

그런데 어떻게 과거의 계기가 새로운 현실적 계기에 작용인으로서 역할을 하는가? 이는 과거의 계기가 새로운 계기에 어떻게 내재하는가 하는 문제이다. 화이트헤드에 의하면 대상화된 과거의 계기들은 새로운 합생을 위해 창시된 느낌을 위한 여건이 된다. 그러나 이 여건은 주체에게 외적인 것이 아니다.

> 그것들은 그 존재 속에 고유한 우주에 대한 전시를 구성한다. 따라서 여건은…… 그 자체가 주체의 성격을 조건 지우는 구성 요소이다.(PR 203)

한편 현실적 존재자는 현실적 세계를 위한 장소이어야만 한다.(PR 80) 과거가 현재에 영향을 미치는 과정은 '순응적 국면'으로 본다. 우선적으로 '여건'을 받아들이는 행위이다. 끊임없이 '추이'하는 것은 '계승'inheritance이 라고 할 수 있다. 화이트헤드는 가장 생경한 지각도 그 처음의 성격은 계승 이라고 본다. "계승이라는 것은 그 최초의 증거를 갖는 느낌의 색조이다. 달 리 말해서, 벡터-느낌 색조이다."(PR 119) 마지막으로 화이트헤드는 물리 적 느낌 혹은 물리적 파악을 '벡터 성격'이라고 말한다. 물리적 느낌은 어떤 방향성을 가진다는 것이다.

> 느낌은 벡터이다. 왜냐하면 느낌은 저기 있는 것을 느껴서 그것을 여기 있
> 는 것으로 이행시키기 때문이다.(PR 87)

이것은 직접적인 과거에서 받아들이는 행위이다. 즉 대상적 여건을 받 아들이는 것이다. 받아들이는 이 행위를 계승, 물리적 파악 혹은 물리적 느 낌이라고 한다. 받아들이는 행위는 합생하는 주체가 대상적 여건을 느끼는 방식인 주체적 형식이 있다. 주체적 형식 역시 "부정적 파악과 대상적 여건 과 주체의 개념적 창시로부터 그 자신의 결정성을 받아들인다".(PR 221) 이 러한 합생의 최초의 국면을 '순응적 국면'이라고 한다. 물리적 느낌의 주체 적 형식은 여건의 주체적 형식과 동일하다.

이처럼 작용인은 모든 현실적 존재자가 그 현실 세계에 거주해야 한다 는 결과에 지나지 않는다.(PR 80) 새로운 계기는 세계에 영향을 미친다. 왜 냐하면 그것은 자신 안에 그 세계의 대상화를 포함하기 때문이다. 생성 중 인 주체는 외적 세계에 의한 유효성에 의해 제공되는 개별적인 여건에 순 응해야 한다. 주체의 주체적 형식의 최초의 한정성은 그것이 과거의 계기

의 내재성에 의해서 주어진다. 단순 물리적 느낌의 주체적 형식은 내재적 여건에 의해서 기술된다. 최초의 주체적 지향을 포함해서 주체의 최초의 개념적 재생산은 단순 물리적 느낌으로부터 순응적으로 파생된다. 내재적 여건에 관한 순응성은 물리적일 뿐만 아니라 정신적이다. 한 계기에 영향을 미치는 작용인은 그 합생의 초기 국면에 해당하는 그 대상적 내용, 최초의 물리적·정신적인 순응적 느낌에 있다.

따라서 주체의 경험을 위한 내재적 여건 그 자체 속에 우주가 들어 있다고 볼 수 있다. 그러나 우리가 주체의 경험 속의 내재적 여건이 우주 그 자체라고 한다면, 유기체철학의 다원론은 붕괴되며 일원론이 된다. 그러나 이러한 결론은 회피되어야 한다. 경험하는 주체는 다른 주체를 동시적으로 포함할 수 없다. 그러나 두 가지 상호 동시적인 계기들도 인과적 대상화로 관련은 없으나, 상호 내재한다.(AI 278, 254; PR 91) 왜냐하면 동시적 계기도 그들의 공동의 과거를 갖기 때문이다.

존재론적 원리에서 작용인의 원리는 유기체철학에서 일원론적 체계를 설정하는 듯하다. 비록 그 계기가 다른 계기 속에 되풀이된다고 하더라도 말이다. 이것에 대한 약점을 극복하기 위해서 상대성원리가 필요하다.

존재론적 원리에 따르면, '공동 세계'의 개념은 분석을 위해서 그 자체에 의해서 취해진, 각각의 현실적 존재자의 구성에서 그 예증을 발견해야만 한다. 왜냐하면 현실적 존재자는 '공동 세계'가 그 자신의 구성물 가운데서 구성물이라는 의미를 제외하고는 공동 세계의 구성원일 수는 없기 때문이다. 결론적으로 다른 모든 현실적 존재자들을 포함하는 우주의 모든 항목은 임의의 하나의 현실적 존재자의 구성에서 구성물이다. 이러한 결론은 이미 '상대성의 원리'라는 명칭으로 사용된다. 이러한 상대성의 원리는 존재론적 원리가 극단적인 일원론으로 나오는 것을 구해 주는 공리이다. 흄은 이러한 원리를 '반복'이라는 개념으로 윤곽을 지운다. 일부의 원리는 지금 단지 수적인 다양성을 갖고 무차별적인 반복으로부터 현실적 존재자들을 구원하는 것이 요구된다.(PR 148)

이를 통해서 각각의 현실적 존재자는 공동 세계를 예증한다. 세계는 모든 현실적 존재자 속에 되풀이되기 때문이다. 따라서 임의의 계기에는 두 가지 세계가 있다. 그 계기를 포함하는 세계와 그 계기 속에 포함된 세계가 있다. 후자의 세계는 전자의 반복이다. 따라서 상대성원리는 극단적인 일원론에서 나오는 존재론적 원리를 구할 뿐만 아니라, 안의 세계와 밖의 세계를 설명할 수 있는 방법을 보여 준다.(A1 293) 안의 세계에 대해서, 그것은 외적 세계의 반복이며 수적으로 다른 것이다.

그런데 상대성의 원리와 존재론적 원리는 개별자와 보편자의 구별을 모호하게 한다. 존재론적 원리에서 전자의 계기는 후자의 계기 속에 작용인으로 되풀이하며, 상대성의 원리에서 한 계기는 다른 계기 속에 단순히 그 자체로서 존재하는 것이 아니라, 재생산된 것으로 존재한다. 즉 대상화된 것으로 존재한다.

한편 현실적 계기의 생성에 있어서, 그 주어진 대상화의 영향은 순응적 단계의 결정을 넘어서 나아간다. 왜냐하면 그 이후의 통합적 국면에서 자기 결정하는 주체에 의해 실현된 새로운 주체적 형식은 단순 물리적 느낌의 순응적인 주체적 형식들과 양립되어야 한다. 따라서 새로운 주체적 형식은 비록 결정된 것은 없다고 하더라도 주어진 대상화에 의해서 조건화되어야 한다. 화이트헤드에 의하면 "대상화는 외적 세계가 문제의 현실적 계기를 양식화하는 인과성을 표현한다".(PR 321) 물론 최종적인 현실적 계기는 작용인에 의해서 결정되는 것은 아니다. 그러나 그 계기의 외적인 세계는 그것의 순응적 국면과 그 계기 내의 재생산되는 내재성에 의해서만 새로운 직접성의 통합적 국면의 조건을 만들어 낸다.

　현실 세계는 그 계기 내의 대상화에 의해서만 인과적으로 유효하다. 그러므로 작용인은 모든 현실적 존재자가 그 우주를 위한 장소이어야만 한다는 원리의 결과이다. 존재론적 원리의 전반부인 작용인의 원리는 현실적 계기들의 연결성을 구성 짓는 중요한 원리로서 작용한다. 하지만 최초의 느낌에서 이러한 결정은 무질서하게 이루어지는 것이 아니다. 그것 역시 어떤 질서의 제약에서 이루어진다. 화이트헤드는 이를 범주적 제약 혹은 조건이라고 한다. 그러나 이러한 과정들의 국면은 무작위로 일어나는 것이 아니다. 그것은 '범주적 제약' 속에서 발생한다. 범주는 '존재의 형식'을 제공하는 것으로, 이미 아리스토텔레스와 칸트에 의해서 구성된 적이 있었다.[6] 우리는 화이트헤드의 범주를 칸트의 범주와 비교해 볼 수 있다.

　또한 칸트에게 현상 세계가 어떻게 지각자의 경험에 의해 구성되며, 그러한 구성이 어떻게 발생하는가를 알아야 한다. 칸트에게 현상 세계의 지

---

6) 범주(category, kategorie)는 '긍정하다', '서술하다'라는 단어에서 유래된 것이며, 아리스토텔레스는 '존재하는 것에 대한 설명을 드러내기 위하여' 이 범주론을 구성한다. 아리스토텔레스는 10가지 범주를 통해서 우리가 한 대상에 대해 생각해 볼 수 있는 모든 속성들을 분류하였다. 그것은 실체·성질·양·관계·능동·수동·장소·시간·상황·상태이다. 그리고 칸트에 따르면 감성의 형식을 통해서 우리에게 책 모양으로 나타난 현상을 개념으로 만들어 일정한 질서를 갖추는 것이 오성이다. 이 오성의 작용은 범주를 통해서 이루어지므로, 칸트는 12가지의 범주를 제시하며, 인간은 범주에 의해서만 사유할 수 있다고 본다. 양(단일성·다수성·전체성), 질(실재성·부정성·제한성), 관계(실체와 속성·원인성과 의존성·상호성), 양상(가능성/불가능성·존재성/비존재성·필연성/우연성)이다. 이 범주들을 통해서 경험한 내용에 대한 객관적 타당성을 확보하게 된다. 예컨대 눈앞의 꽃이 감성적 형식인 시간과 공간, 즉 여기 눈앞의 공간과 지금의 시간과 같은 형식 속에서 하나의 경험으로 우리에게 지각되고 그 꽃이 장미라는 개념에 적용되어야 하는데, 이 장미 개념이 사용되기 위해서는, 칸트가 제시하는 범주표에 의한 판단으로 규정되어야 한다.(박해용·심옥숙, 『철학 용어 용례 사전』, 돌기둥출판사, 2004, 268~275쪽.)

식을 제공하는 주된 요소는 '직관의 형식'과 '오성의 범주'이다. 그는 이 세계를 '사유'를 통해서 구성하며, 따라서 경험의 구성은 주관성에서 현상적인 대상성으로 진행된다.

> 칸트와 헤겔 학파에 근거한 형이상학적 도식에서 경험은 보다 높은 인간 기능의 양태들 가운데서 작용하는 산물이다. 그런 도식들에서 질서 정연한 경험은 인과작용·실체·성질·양에 관련된 사유 양태의 도식화에 대한 결과이다. 그러므로 경험적 통일이 성취되는 과정은 사유의 양태를 통해서 인식된다. …… 그 여건은 자신의 상호 연결을 포함하며, 느낌의 최초의 단계는 단순 가능태인 여건이 실현의 복합적인 통일을 위해서 개별화된 기초가 되는 느낌의 호응적 순응으로의 유입이다.(PR 113)

그러나 화이트헤드는 오성의 범주를 통해서 대상에 대한 규정을 설명하지 않는다. 화이트헤드에 있어서 대상은 이미 어떤 구성을 이룬 것이고, 주체는 그 대상이 제공하는 "반복의 힘에서 발생하는 강도"(PR 253)를 획득한다. 화이트헤드는 이를 '범주적 제약'categoreal obligation이라고 한다. 따라서 칸트와 화이트헤드에 있어서 경험을 구성하는 방식은 차이가 있다고 볼 수 있다.

다른 한편 아리스토텔레스나 칸트의 범주 체계는 기본적으로 실체와 속성이라는 개념에서 대상을 판단한다. 그러나 화이트헤드의 과정철학에서는 주체와 대상이 고정된 것이 없다. 이미 설명했던 것처럼 화이트헤드 철학에서의 주체는 자신을 생성하기 위하여 대상과 언제나 관계를 맺어야 한다. 그리고 주체는 그 성취 과정이 끝나면, 다시 대상이 된다는 의미에서 실체적인 주체가 아니다.

이 주체와 이 대상의 내적 관계를 통해서 우주가 구성된다고 보는 유기체철학의 관점에서는 범주적 제약 역시 과정을 설명하는 원리로 구성되어야 한다. 다시 말해서 유기체의 생성과 소멸의 관계, 주체와 대상의 변화하는 관계를 함께 설명할 수 있는 원리가 필요한 것이다.

유기체철학에서 과정이 구성될 때, 제약하는 범주는 여덟 가지가 있다. 이 여덟 가지의 범주적 제약은 모든 현실적 계기들이나 존재자들이 이행 과정과 합생 과정을 통해서 만족에 이르게 될 때까지 반드시 지켜야 하는 조건이라고 볼 수 있다. 다만 현실적 계기가 만족에 이르는 정도에 따라서 그 조건을 모두 충족시킬 필요는 없다. 하지만 기본적으로 그러한 조건 속에서 과정을 수행한다고 볼 수 있다. 우선적으로 세 가지 범주적 조건을 호응적 국면에서 알아보자. 이 세 가지 조건은 첫째 주체적 통일성의 범주the category of subjective unity, 둘째 대상적 동일성의 범주the category of objective identity, 셋째 대상적 다양성의 범주the category of objective diversity이다. 화이트헤드는 이 세 가지 조건을 "사물의 궁극적 본성"(PR 222)에 근거한 것으로 본다. 이 세 가지 조건의 정의는 다음과 같다.

먼저 주체적 통일성의 범주의 정의에 따르면, "현실적 존재자의 과정에 있어서 미완의 위상에 속하는 많은 느낌들은 그 위상의 미완결성 때문에 통합되어 있지는 않지만, 그 주체의 통일성 때문에 앞으로의 통합에 있어 서로 모순되지 않는다"(PR 26)는 것이다. 이것은 '궁극자의 범주'에서 '다자'가 '일자'로 통합되는 과정을 명시적으로 드러내는 것이다.

다시 말해서 영원한 대상과 신, 창조성이라는 순수한 가능태와 성취된 현실태라는 세계의 실재적 가능태의 결합을 통해서 구성되는 현실적 계기의 일차적인 특성을 보여 주는 범주적 제약이다. 그러므로 이 '주체적 통일성의 범주'는 '자기 실현' 과정을 의미한다.

이 범주는 자기 실현과 관계된다. 자기 실현이란 사실 속의 궁극적 사실을 말한다. 현실태는 자기를 실현하고 있으며, 자기를 실현하고 있는 것은 무엇이든지 현실태이다. 현실적 존재자는 자기 실현의 주체인 동시에, 자기 실현된 자기초월체이다.(PR 222)

이 범주는 가능태로 주어진 다수의 여건들을 하나의 현실태로 통합해 가는 과정을 설명하는 원리이다. 이러한 원리가 없다면, 미적 형이상학의 원리 중의 하나인 '유한성의 원리'를 설명할 수 없을 것이다. 화이트헤드에 따르면 "하나의 주체가 구성 요소로서의 각 느낌들을 조건 짓는 최종 목표라고 하는 일반 원리의 한 표현이다. 따라서 자기초월체는 각 느낌이 그 자신의 과정을 어떻게 처리하는가를 결정하는 조건으로서 이미 현재하고 있다. 모든 미완의 위상에는 많은 미종합의 느낌들이 있기는 하지만, 이러한 느낌들은 저마다 다른 느낌에 의해 조건 지어져 있다. 각 느낌의 과정은 그 느낌을 다른 느낌들과 통합되도록 해가는 과정이다".(PR 223) 따라서 주체적 통일성의 범주는 창발적인 과정에서 자기 실현을 드러내는 것이라고 할 수 있다.

다음으로는 대상적 동일성의 범주이다. 이 범주적 제약의 정의에 따르면 "현실적 존재자의 만족의 대상적 여건에 있어서 어떠한 요소도, 만족에 따르는 요소의 기능에 관한 한 중복될 수 없다. 언제나 그러하듯이 여기서도 만족이라는 술어는 과정에 있어서의 완결된 위상인, 완전히 결정된 하나의 복합적 느낌을 의미한다. 이 범주가 표현하고 있는 바는 각 요소가 아무리 복합적이라 하더라도 하나의 일관된 기능을 갖는다는 것이다. 논리학은 자기 일관성에 대한 일반적 분석이다".(PR 26)

이것은 현실적 존재자가 대상이 되었을 때, 하나의 기능만을 수행할 수 있다는 것이다. 만족에 이른 현실적 존재자는 다른 어떤 존재로도 대체될 수 없는 그 자신만의 기능과 역할을 갖는다. 이것은 근대철학에서 '존재하기 위해 다른 존재를 필요로 하지 않는다'는 점에서 실체와 같은 의미로 사용된다. 화이트헤드는 이를 다음과 같이 표현한다.

이 범주가 주장하는 것은 우주의 각 대상화에 있어서 임의의 존재가 지니는 지위와 관련된, 그 존재의 본질적인 자기 동일성이다. 그와 같은 합생에 있어 하나의 사물은 하나의 역할을 수행하며, 중복된 역할을 수행할 수 없다. 이것이 바로 자기 동일성의 의미이다. 즉 사물과 사물이 현실적으로 만나는 데 있어 하나의 사물은, 상이한 여러 역할들 속에서 자신과 만날 수는 없다. 모든 사물들은 제각기 일관된 통일성을 지니고서 어떤 역할을 연출하면서 완고하게 자신으로 남아 있다. 이 범주는 양립 불가능성의 한 근거이다.(PR 225)

우리는 이 기술을 통해서 주체적 통일성의 범주와 대상적 동일성의 범주가 대비되는 입장에 서 있음을 알 수 있다. 즉 주체적 통일성의 범주가 다수의 여건들을 양립 가능하게 만드는 조건이라면, 대상적 동일성의 범주는 여건들이 양립 불가능하게 되는 조건이다.

세번째로는 대상적 다양성의 범주이다. 이 범주의 정의에 따르면, "현실적 존재자의 대상적 여건에 있어서의 가지각색의 요소에는 그 만족에 따르는 요소들의 기능에 관한 한 어떠한 합체도 있을 수 없다. 여기서 말하는 합체란 여러 요소가 그 상이성에 속하는 대비를 갖지 않으면서 절대적으로 동일한 기능을 행사하는 가지각색의 요소를 의미하는 개념"(PR 26)으로 본다는 것이다.

달리 말한다면 실재적인 복합적 통일성에 있어서 각각의 개별적인 구성 요소는, 그 자신의 개별성을 자신의 지위에 부과한다. 어떠한 존재도 실재적인 통일성에 있어서 추상적 지위를 가질 수 없다. 그것의 지위는 그 자신만이 충족시킬 수 있으며 그 현실태만이 제공할 수 있는 그런 것이어야 한다. 이 범주를 무시하는 것은 형이상학적 추론에 널리 퍼져 있는 오류를 범하는 것이 된다. 이 범주는 양립 불가능성의 또 다른 근거이다.(PR 225)

양립 가능성과 양립 불가능성이라는 이 세 개의 범주적 제약들은 동일성으로 모든 것을 회귀시키는 일원론과 모든 것을 원자와 같이 쪼개는 다원론에 관한 해결 방안이라고 볼 수 있다. 일원론 철학에서 차이와 다양성이 사라진다. 특히 시간을 통해서 새로움을 발생시키는 과정을 설명할 수 없다. 다원론 철학에서는 존재와 존재 사이의 관계를 제대로 설명할 수 없게 된다.

그런데 화이트헤드는 시공간과 대상에 대한 관계를 탐구할 때 이와 같은 범주적 제약 조건들의 실마리를 제공받았다. 그는 시공간과 대상의 관계에 대해서 세 가지 공리를 제시한다.

대상들 사이에 공간적 관계들과 이 관계들에서 변화를 지배하는 법칙들에 관한 관념들에 대한 세심한 분석의 필요성을 명백하게 하기 위해서, 함축적이든 명백하든 간에 종종 이 주제에 대한 사유를 지배하는 세 가지 주된 공리들을 고려해 보자.

공리① 대상은 전적으로 이 두 가지 장소의 각각에 있다는 방식으로 동일한 시간에 두 가지 장소에 결코 있을 수 없다.

공리② 두 가지 대상들은 동일한 시간에 동일한 장소에 있을 수 없다.

공리③ 멀리 떨어진 두 가지 대상들은 서로 간에 작용할 수 없다.[7](RTS 7)

이 공리들은 어떤 관계가 동일한 시간에 물리적 대상들 사이에 지배적인지를 보여 주는 법칙들이다. 공리①은 한 점이 두 점일 수 없다는 것이다. 공리②는 두 점이 한 점일 수 없다는 것이며, 공리③은 별개의 두 점이 연결될 수 없다는 것이다. 이 세 개의 공리는 "연결성connected에 주로 관계된 것"[8]이다. 키튼에 따르면, 이 세 개의 공리는 '위상적 변환'으로 볼 수 있다고 한다.[9]

공리①은 우리가 부분들로 어떤 요소를 찢어 버리지 못한다는 위상적 변환의 조건에 대응하며, 공리②는 동일성이 유지되어야 한다는 위상적 변환의 조건에 대응하며, 공리③은 우리 탐구의 핵심을 형성한다. 우리가 점들의 관점에서 말한다면, 별개의 두 점들은 연결되지 않는다. 그런데 그것들이 연결되면, 그것들은 별개의 것이 아니라 동일한 것이다. 우리가 점-복합성 직관을 생각해 보면, 별개의 두 체적들(『과정과 실재』에서의 영역)은 연결되지 않는다. 그러나 연결된 두 영역들이 반드시 동일한 것은 아니다![10]

공리①은 한 점이 두 점일 수 없으며, 통일된 요소를 부분들로 찢어 버려서는 안 된다는 것이다. 근대철학에서 전체는 부분으로 환원할 수 있으

---

7) 화이트헤드의 「공간의 관계성이론」(The Relational Theory of Space)은 1914년에 불어로 제출되었다. 자네 피츠제럴드에 의해서 다시 영어로 번역되었다. 여기서는 이 번역문을 재인용하였다.(Whitehead, A. N., "The Relational Theory of Space", *Alfred North Whitehead's Early Philosophy of Space and Time*, trans., Janet A. Fitzgerald, Washington, D. C.: University Press of America, 1979, p.171.)

8) Keeton, "The Topology of Feeling: Extensive Connection in the Thought of A. N. Whitehead, Its Development and Implications", p.311.

9) Ibid., p.311.

10) Ibid., p.311.

며, 그 결과는 동일한 값이 산출된다고 믿었다. 그러나 유기체철학에서 통일된 전체를 부분으로 환원하는 것은 여러 가지 요소를 사상시킨 결과라고 본다. 따라서 화이트헤드는 현실적 존재자가 다수의 여건을 하나로 실현시킨 과정을 부분으로 쪼개서는 안 된다는 것을 보여 주기 위해서 주체적 통일성의 범주를 첫번째 범주적 조건으로 제시한다. 왜냐하면 '주체적 통일성'의 범주는 다수의 여건을 하나로 실현화시킨 과정이라고 할 수 있기 때문이다. 우리는 이 공리가 '주체적 통일성의 범주'로 전개된 것으로 본다.

연속되는 여러 위상에 있어서의 주체적 형식들의 결정은, 여러 파악에 상호 감수성을 부여하는 주체의 통일성에 의해 좌우된다. 따라서 발생적으로 고찰된 파악은, 그것이 속해 있는 현실적 존재자의 절대적인 원자성으로부터 결코 풀려날 수 없는 것이다.(PR 235)

공리②는 두 점이 한 점일 수 없으며, '동일성'이 유지되어야 한다는 것이다. 만약 각 요소들이 "자기 일관된 기능"(PR 26)을 유지하지 못한다면, 우리는 어떤 질서도 갖지 못할 것이다.

현실적 존재자의 성격은 최종적으로 그 여건에 의해 지배받는다. 합생에서 발생하는 느낌의 자유가 무엇인든지 간에, 그 여건에 고유한 역량의 한계를 넘어갈 수 없다. 여건은 제한하고 동시에 제공한다. 결론적으로 이 학설에 따르면 유기체의 성격은 그 환경의 성격에 달려 있다.(PR 110)
처음에는 견실하고 체계적인 제일성을 제공하는 관련된 배경이 존재한다. 이 배경은 모든 일상적인 명제가 관련되는 것으로 우리에게 전제된 세계이다.(PR 112)

그러므로 "과정은 여건에 대한 노예"(PR 115)이다. 여기에 대한 구체적인 실례로 기억을 들 수 있다. 기억을 통한 지각은 과거에 대한 현재의 순응이라고 볼 수 있다. 현재의 지각이 과거의 여건에 대한 '동일성'을 유지하지 못한다면, 자연이나 인간의 차원에서 질서는 고려할 수 없다. 과거에서 현재로 전달되는 순응적인 '벡터적 성격'은 대상화이론 혹은 '반복'의 핵심적인 근거이다.

> 그 사회들에서 획득된 반복이 없다면, 환경은 대립되는 여러 요소들을 부정적 파악을 통해서 폐기해 버리는 강조의 견실성massiveness을 제공받지 못한다.(PR 110)

따라서 대상적 동일성의 범주는 '호응적 국면'의 범주적 제약 원리라고 볼 수 있다.(PR 113)

공리③은 별개의 두 점이 연결되지 않는다는 것이며, 다양성이 여건 속에 있어야 한다는 것이다. 대상적 다양성의 범주를 보면, "한 현실적 존재자의 대상적 여건 속에 다양한 요소들의 '합체'는 있을 수 없다"(PR 26)고 한다.[11] 화이트헤드에 따르면 '합체'의 의미는 "그 다양성 속에 고유한 대비들을 결여하고, 기능의 절대적 동일성을 행사하는 다양한 요소들의 개념들"(PR 26)이라고 한다. 대비라는 것은 "영원한 대상의 한정성에서 발생하는, 이 개별적인 한정성을 갖는 복합적인 존재"(PR 228)이다. 이러한 대비의 가장 구체적인 예는 빨강과 파랑 사이의 대비이다. 이 색깔 '사이'의 대비는 다른 어떤 대비로 대체할 수 없다. 화이트헤드에 따르면 "'결합체'는

---

11) 이 책의 IV부 2장을 참조하라.

'대비'라는 용어의 의미로 사용된다"(PR 228)고 한다. 이 결합체는 영원한 대상들의 대비를 통해서 구성되나, 그 이상의 요소를 포함한다. 우리는 고대 로마 제국에 대한 설명에서 전적으로 "보편자의 관점에서 표현할 수 없다."(PR 229) 즉 문명화되고, 야만화되고, 그리스도화되고, 상업화되고, 산업화되고, 바다와 대륙에 대한 묘사 등을 통해서만 표현될 수 없다는 것이다. 로마에 대한 결합체는 "그that 유럽에 대한 그that 유럽의 결합체"(PR 229)이다. 로마를 구체적인 관계로 이해한다는 것은 "직접적으로 지각된 사물들 사이의 특수한 시공간적 관계들을 의식하는 형태"(PR 229)를 취하는 것이다.

그러나 흄의 집합이론은 "단순한 논리적 이접" 혹은 "단순한 다수성"(PR 228)으로 대상의 다양성을 설명하고자 하였다.[12] "왜냐하면 클래스의 본질은 그것이 그 외연 내의 성원들에게 기능의 다양성을 인정하지 않는다는 데에 있기 때문이다."(PR 228) 즉 클래스의 성원들의 "논리적 이접성"(PR 228)에만 호소한다는 것이다. 브래들리도 "단순성" 혹은 "단순한 현상"(PR 229)으로 관계를 이해하였다. 이것은 모두 '보편자'의 관점에서 관계를 이해하는 방식이다.

화이트헤드에 따르면 브래들리가 이해하는 관계는 사랑한다는 것, 믿는다는 것, 보다 큰 것의 관계이다.(AI 230) 이것은 보편자의 관계이다. 이러한 관계로는 현실적 존재자들의 구체적인 연결을 설명할 수 없다. 화이트헤드에게 관계는 구체적인 것이다. 예를 들어 보자.

---

12) 흄은 『인성론』 1부 6절에서 '단순 관념들의 집합은 상상력에 의해 합일되는 것'으로 본다. 예컨대 황금에 대한 관념을 묶는 노란색·무게·전성(展性)·융합성 등은 상상이나 허구에 의해 결합되었다. 왜냐하면 양태에 대한 분석을 통해서 인접이나 인과, 집합에 관한 어떤 성질도 제공되지 않기 때문이다.

뉴욕은 보스턴과 필라델피아 사이에 있다. 그러나 이 세 도시의 결합성은 미합중국 동해안의 특수한 부분을 포함하는, 지구상의 실재적인 특수한 사실이다. 그것은 보편적 '사이'가 아니다. 그것은 여러 사물들 가운데서 추상적인 보편적 '사이성'을 예증하는 복합적이고 현실적인 사실이다.(AI 230)

뉴욕에 대한 이해는 보스턴과 필라델피아 사이의 연결성을 배제한다면 알 수가 없는 것이다. 즉 뉴욕이라는 일자는 뉴욕이 보스턴과 필라델피아 사이라는 다자 속에 놓여 있다는 것을 필요로 한다. 그러므로 "경험이란 경험하는 자와 그 밖에 있는 어떤 것과의 관계가 아니라 그것 자체가 '다자와 일자'"(AI 233)의 연결성이다. 즉 "사물들의 공재성"(AI 233)이다.[13]

대비를 통한 결합체에 대한 화이트헤드의 이러한 설명은 위상학과 사영기하학의 순서 공리와 밀접한 관련이 있다. 예컨대 a와 c 사이에 b가 있다는 사실은 동일하게 유지되어야 하며, 만약 그 요소들의 순서를 찢어서 a와 c 사이에 d라는 요소를 집어넣는다면, 대상적 다양성은 유지될 수 없다. 화이트헤드가 '합체'라는 의미를 통해서 말하고자 하는 바는, 양립 가능한 요소들의 "실현은 사실에서 생겨나는 것이 아니라, 대비들의 진입에서 이상적으로 구별될 수 있다"(PR 115)는 것이다. '대비들의 진입'이란, 이미 여건들이 어떤 질서를 구축하고 있다는 사실을 보여 준다. 화이트헤드에 따르면 "현실적 계기들 가운데서 가장 낮은 등급의 계기들도 최소한 패턴화된 대비를 통해서 몇 가지 감각 여건을 경험하는 것"(PR 115)으로 본다. 이것은 독창적인 개념적 느낌이나 보완적 느낌의 국면으로 가기에 앞서서,

---

13) 화이트헤드에 따르면 흄이나 브래들래의 집합 혹은 관계 이론은 실재하는 쥐를 죽이도록 상상 속의 사냥개에게 호소하는 것과 같다고 한다.(PR 228)

이미 여건 속의 대비에 순응하는 호응적 느낌의 대비를 보여 주는 것이다.

따라서 범주적 제약에서 주체적 통일성의 범주, 대상적 동일성의 범주와 대상적 다양성의 범주는 현재의 우주 시대가 갖는 다자 속의 일자로 드러나는 것을 보여 준다.[14]

합생의 바로 핵심을 이루고 있는 통합의 과정은 주체적 통일성, 대상적 동일성, 대상적 다양성이라는 세 범주에 의해 우주의 합생적 통일성에 부과되는 충동이다. 우주의 일자성, 그리고 우주 내의 각 요소의 일자성은 피조물로부터 피조물로의 창조적 전진에 있어 세상이 끝날 때까지 되풀이된다. 그리고 이들 각 피조물은 저마다 역사 전체를 자신 속에 포함하고 있으며, 사물들의 자기 동일성 및 그들 상호 간의 다양성을 예증하고 있다.(PR 228)

화이트헤드가 「공간의 관계성이론」에서 제기한 대상과 시공간 관계를 『과정과 실재』의 범주적 제약 1, 2, 3에 적용을 해보았다. 이를 통해서 자연의 질서에 대한 과학적 성찰이 화이트헤드의 사변철학에서 일반화된 것으로 볼 수 있었다.

3. 보완적 단계와 범주적 제약

화이트헤드에 있어서 경험의 모든 계기의 최초의 수용적 국면에서 순응적 느낌은 연결성에 대한 경험의 근거이다. 이는 어떻게 사물이 과거에서 현

---

14) 화이트헤드는 자연철학에서 '주기'이론과 수리논리학에서 '교점'이론을 통해서 자연의 질서를 보여 주었다. 이 책의 II부를 참조하라.

재로 존속하는가를 보여 주는 국면이다. 하지만 이것이 전부라면, 새로움이 세계에서 발생되는 것은 어떻게 설명해야 할 것인가? 과거가 전적으로 현재를 결정한다면, 새로움이나 다양성, 혹은 차이를 전혀 설명할 수 없을 것이다. 우리는 시간적 세계와 관계된 물리적 느낌에서 개념적 느낌이 파생되는 측면을 살펴보아야 한다. 주체적 통일성의 범주에 따라서, 물리적 느낌들에서 최초의 위상은 현실 세계를 하나의 느낌으로 통합하기 위해 양립 가능한 느낌들의 명제적 통일성을 가지고 있다.

그러나 이 최초의 만족의 주체적 형식의 완결된 결정은 개념적 느낌이 성립해야 이루어지는 것이다. 즉 보완적 국면이 최초의 순수한 물리적 위상의 뒤를 이어야 한다. 여기서 문제는 일부의 영원한 대상은 긍정적으로 파악하고, 그 밖의 다른 영원한 대상들을 부정적으로 파악하는 기준이 무엇인가라는 것이다. 이것을 설명하기 위해서 4개의 범주적 제약이 추가적으로 설명되어야 한다.

한편 과정의 순응적 국면이 작용인의 측면을 강조한다면, 호응적 국면은 현실적 존재의 목적인의 측면에 집중한다. 앞에서 살펴보았듯이 플라톤과 화이트헤드의 우주론은 작용인과 목적인의 조화를 추구한다는 점에서는 매우 유사한 측면을 갖는다. 하지만 그것들의 구성 방식은 다르다고 할 수 있다.

플라톤에 있어서 시간적 요소들이 그들의 존재 이유를 위해 영원한 실재들인 이데아를 요구하며, 이데아는 생성의 세계와는 별개로 존재한다. 하지만 화이트헤드에 있어서 시간적 요소들이 영원한 요소들의 규정을 통해서 존재함에도 불구하고 영원한 요소들은 시간적 계기들과 관계를 하지 않고는 전혀 의미가 없다.

또한 플라톤의 작용인과 목적인을 설명하는 인과론이 수직적인 질서를 표방하는 측면이 강한 반면,[15] 화이트헤드의 인과론은 수평적인 질서를 강조하는 측면이 강하다. 왜냐하면 화이트헤드에게 신뿐만 아니라 먼지와 같은 존재도 동일한 현실적 계기 혹은 현실적 존재자이기 때문이다. 다른 한편 플라톤에게 목적인은 신적 이성의 활동에 의해 생성 세계에 주어지는 것으로 본다. 목적인을 외재적 원인에서 주어지는 것이지, 생성하는 존재의 '결단'에서 선택되는 것은 아니다.

이에 반해 화이트헤드의 목적인은 모든 현실적 계기의 내부에서 최종적으로 결정된다. 개별자로서 현실적 계기들의 진정한 차이의 산출은 외부에서 주어지는 힘이나 신을 통해서 결정되는 것이 아니라, 현실적 계기의 내적 차이의 구성 혹은 조화를 통해서 주어진다. 화이트헤드의 목적인이 갖는 이 점을 명확히 구분하지 않는다면, 모든 결정은 외적 작인, 즉 신에 의해서만 구성되는 것으로 볼 수 있다.

하지만 에드워드 폴은 화이트헤드의 자기 원인의 개념은 그의 형이상학적 체계와 양립할 수 없다고 주장한다. 즉 화이트헤드의 체계 내에서 비정합적으로 작용한다는 것이다. 이런 경우에 합생 과정의 '자기 원인'은 주어진 요소들에 대해서 외재적으로 작용하고, 그 구성 요소의 합산에 지나지 않게 된다.[16] 그러나 이것은 "과거에 놓여 있던 생성의 분석"[17]에 해당할 뿐이다. 합생은 과거나 미래, 혹은 현재라는 상태가 아니라 과거와 현재,

---

15) 플라톤은 데미우르고스의 설득을 통해서 질료가 형상을 부여받는 것으로 설명한다. 플라톤의 존재론은 선의 이데아로부터 차원이 낮은 이데아들, 최종적으로 생성의 세계로까지 나아간다. 그의 정치론 역시 피라미드식의 형태를 가진다. 하지만 화이트헤드에게 모든 존재는 동일한 수평적 지평에 놓여 있다. 다만 그 차이가 있다면, 강도의 차이가 있을 뿐이다.

16) Edward Pols, *Whitehead's Metaphysics: A Critical Examination of Process and Reality*, Arbondale & Edwardsville: Southern Illinois University Press, 1967, p.157.

17) Lucas, *The Rehabilitation of Whitehead: An Analytic and Historical Assessment of Process Philosophy*, p.153.

미래 사이를 오가는 생성이다. 루이스 포드가 말하듯이 이것은 "물리적 느낌과 개념적 느낌의 상호 작용에 관한 주체적 경험"[18]이다. 따라서 화이트헤드가 17세기 우주론보다 고대 우주론을 더 나은 설명 원리로 보는 이유는 그것이 작용인과 목적인의 조화를 모색하기 때문이다.

한편 유기체철학에서는 현실적 존재자의 최초의 위상이 물리적이라는 학설을 제시한다. 여기서 물리적 느낌은 다른 현실태에 대한 느낌으로 정의된다. 이것은 현실태와 현실태의 상호 관계를 설명하는 것이다. 그런데 물리적 느낌에서 개념적 느낌이 파생된다고 할 때, 몇 가지 문제점이 발생한다. 우선적으로 개념적 느낌에서 파악하는 것은 영원한 대상이다. 그리고 이 영원한 대상은 신에 의한 무제약적인 개념적 가치 평가를 받고 있다.

그런데 물리적 느낌에서 개념적 느낌으로의 파생은 '개념적 가치 평가'conceptual valuation라는 네번째 범주적 제약을 통해서 설명된다. 그 정의에 따르면 다음과 같다.

> 각 물리적 느낌에서 순수한 개념적 느낌이 파생된다. 이 개념적 느낌의 여건은 물리적으로 느껴진 현실적 존재자나 결합체의 한정성을 결정하는 영원한 대상이다.(PR 26)

다시 말해서 이 범주는 "각각의 물리적 느낌으로부터, 물리적으로 느껴진 현실적 존재자의 한정성 내지 결합체의 한정성에 있어 예증된 영원한 대상을 여건으로 하는 하나의 순수한 개념적 느낌의 파생"(PR 248)에서 발생하는 것이다.[19] 우리는 이 범주적 제약에서 '가치 평가'라는 단어에 좀더

---

18) Ford, "Whitehead's Categoreal Derivation of Divine Existence", p.221.

주목을 해야 할 필요가 있다. 화이트헤드에 따르면 모든 현실태에는 반드시 가치가 결부되어 있다. 그는 근대철학에서 지속적으로 전개되어 온 사실과 가치의 이분화를 매우 추상화된 '공허한 현실태'vacuous actuality이론으로 거부한다. 그의 저서들 곳곳에서 사실과 가치는 이분화될 수 없는 엄연한 사실로 간주한다.

> '가치'는 사건의 본질적인 실재를 위해서 내가 사용하는 용어이다.
> (SMW 136)
> 유기체는 가치의 한정된 형태의 실현이다. 사건은 그 한정에 의해서 스스로 가치로 존재하는 사태이다.(SMW 278)
> 유기체는 발생하는 가치의 단위이다.(SMW 158)
> 자기 가치는…… 존재 그 자체이다.(RM 101)
> 각각의 계기는 소멸되는 피조물이라는 성격 속에서 어떤 특수한 종류의 가치이다.(RM 109)

로런스에 따르면 이 가치는 "현실적 계기가 그 자신의 만족이나 완성을 위해 과거의 현실적 계기들을 수용하는 방식으로 정의될 수 있다."[20] 다시 말해서 외재적으로 존재하는 현실적 계기들이 새로운 계기를 위해 내재

---

19) 하지만 이 원리가 두 가지 입장에서 감각적 경험이 정신 작용을 일으킨다는 근대철학의 논의를 그대로 받아들이는 것은 아니다. 이것은 정신 작용인 '의식을 수반하고 있다는 것을 의미하지도 않으며', '원초적인 정신 작용에서 파생되는 별개의 정신 작용이 없다는 것'을 의미하지도 않는다. 의식의 파생은 아주 후기 국면에서 파생되는 것이며, 원초적인 정신 작용의 대비는 새로운 정신 작용을 산출한다는 것이 근대철학에서는 간과되어 있다.
20) Nathaniel Lawrence, "The Vision of Beauty and the Temporality of Deity in Whitehead's Philosophy", *Journal of Philosophy* 5, 1961, p.158.

적으로 '의미관련'되는 것이다. 또한 "내재적으로 완성된 계기들은 미래의 계기를 위해서 외재적으로 남아 있다."[21] 화이트헤드는 이것을 '대상적 불멸성'objective immortality이라고 부른다. 따라서 자기 구성적인 활동을 하는 현실적 계기가 내적으로 구체적인 조직화의 과정을 수행하는 것을 '가치'라고 규정한다.[22]

그리고 개념적 가치 평가에 대한 이해는 반드시 신과 영원한 대상, 그리고 현실적 계기의 정신적 극의 상호 관계를 고려해야 하며, 현실적 존재자의 '주체적 목적'에 대한 이해가 필요하다. 왜냐하면 시간적인 현실태가 물리적 극뿐만 아니라 정신적 극에서도 발생하므로 신으로부터 자신의 독특한 개념적 지향을 이끌어 낸다고 볼 수 있기 때문이다. 현실적 계기의 주체적 지향subjective aim은 개념적 느낌과 물리적 느낌 간의 상호 작용의 계속되는 위상들을 지배하는 통일화의 요인이다.

이 범주적 제약을 통해서 볼 때, 다른 현실태가 자신의 개념적 느낌에 의해 대상화되고 있다면, 문제되는 주체의 물리적 느낌은 '혼성적'hybrid이라고 부른다. 따라서 최초의 위상은 그 합생에 대하여 주어진 우주에 직접 관련되는 신의 개념적 느낌을 통한, 신에 대한 혼성적인 물리적 느낌이다. 현실적 계기가 이러한 여건을 받아들일 수 있다는 원리는 '개념적 가치 평가'의 제약 범주에서 비롯되며, 이를 통해 그 현실적 계기 속에는 신의 개념적 느낌의 여건과 평가를 파악하는 개념적 느낌이 있게 된다. 이것이 최초의 개념적 지향이라고 볼 수 있다. 이런 의미에서 신은 각각의 시간적인 현

---

21) Ibid., p.158.
22) Ibid., p.158. 로런스에 따르면, 화이트헤드는 인간학적 관점의 가치이론을 모든 존재에게 확장된 방식으로 사용하고 있음을 지적하고 있다.

실적 존재자의 창조자라고 할 수 있다. 그러나 이것은 고대나 중세적인 의미에서 우주의 궁극적 창조가 신의 의지에 돌려져야 한다는 것을 암시하지 않는다.(PR 225)

진정한 형이상학적 견해는 신이 이 창조성의 원생적 사례이며, 따라서 신은 이 창조성의 활동을 제약하는 원생적 조건이라는 것이다. 창조성을 특징짓는 것은 현실태의 기능이며, 신은 영원한 원초적 특성이다.(PR 225)

하지만 그 최초의 주체적 지향이 신의 본성에 뿌리를 내리고 있으나, 그 지향의 완결은 "자기초월적 주체의 자기 원인 작용에 의존한다".(PR 244) 그리하여 주체적 지향이란 그 과정에서 자기초월체로 진행해 갈 때 개념적으로 파악된 주체의 이상이다. 다시 말해서 "그 자체로 느껴진 이상은 자아가 여건으로부터 발생하는 것을 정의하며, 그 이상은 또한 이와 같이 발생하는 자아 속의 요소이다".(PR 150) 이러한 이상에 의해서 주체적 합생은 자기 창조의 목적론적 과정이며, 자기 완성의 과정이다. 주체적 지향은 현실적 계기의 자기초월체에서 발생하는 자기 실현의 주체이다.(PR 85)

신과 현실 세계는 공동으로, 새로운 합생의 최초의 위상을 위한 창조성의 성격을 구성한다고 말할 수 있다. 이렇게 구성된 주체는 그 자신을 직접 합생하여 자기초월체로 나아가는 자율적autonomous 주인이다. 그것은 합생에 있어서의 주체적 지향에서 대상적 불멸성을 지니는 자기초월체로 이행해 간다. …… 이 설명에 따른다면 자기 결정은 그 기원에 있어 항상 상상력에 의해 이루어진다. 결정론적인 작용인은 현실 세계가 그 자신의 느낌들에서 새로운 합생 주체에 의해 느껴지고 재연되는 그들 자신의 강도를 수반하고 있는 그런 느낌들로 오는 그 자신의 고유한 성격에 있어 유입되는 것을 말한다. 그러나 이 재현은 패턴에의 순응이라는 단순한 성격을 가지고 있다. 주체적 가치 평가는 새로운 개념적 느낌의 작용이다. 그리고 통합과 재통합의 복잡한 여러 과정에서 획득되는 그 중요성에 따라, 이 자율적인 개념적 요소는 그 합생에 있어서 느낌의 범위 전체에 걸쳐 주체적 형식들을 수정하며, 이를 통해서 통합을 이끌어 간다.(PR 245)

이것은 한 계기의 주체적 합생이 목적론적 과정일 뿐만 아니라 자기 결정 과정이라는 것이다. 그 주체적 지향은 고정되거나 이미 결정된 이상은 아니다. 주체적 지향은 직접적인 주체나 그 주체와 관련된 미래에 느낌의 강도를 제공할 수 있는 주체적 한정성의 실현을 향한 유혹으로서 기능한다.(PR 27) 그러나 그 주체를 유혹하는 주체적 지향은 다소 모호하다. 그 주체적 지향의 현실화는 주체적 결단의 연속을 요구한다.

달리 말해서 주체는 그 주체적 지향의 한정과 특수화를 위해서 어떤 결단을 내리는 것이 필요하다. 어떤 특수한 결단도 주체적 지향 그 자체에 의해서 필연적으로 주어지지 않는다. 따라서 모든 주체적 지향은 그 주체에 의해 자유롭게 내려진다. 달리 말해서 그 결단은 신의 원초적 본성에서 계승되는 최초의 주체적 지향에 고유한 것은 아니다. 결국 그 결단은 현실태의 신의 이상에 대한 유혹에 의해서 조건화된다고 하더라도, 그 주체의 자발성이 절대적으로 요구된다.

그런데 주체적 지향의 최초의 단계는 신으로부터 부여되며, 연속적인 계승 속에서 그 만족을 향하는 합생을 안내하는 목적으로서 기여한다. 폴에 따르면 신의 원초적 본성에서 최초의 주체적 지향이 주어지는 것은 결국에 가서 '급진적인 목적론'을 도출하며, 이는 오직 신만이 모든 과정에 선

행된 결과를 결정하는 것이라는 결과가 도출된다고 한다.[23]

그러나 폴의 이러한 주장은 현실적 계기의 '발생적 분할'과 '등위적 분할'에 대한 오해에서 기인한다. 발생적 분할에 해당하는 합생 과정은 '물리적 시간에는 존재하지 않는 국면에서 국면으로 발생적 추이'와 관련된 내적인 성장 과정이다. 따라서 주체적 지향에 대한 끊임없는 변경은 지속적으로 전개된다. 보다 구체적으로 살펴보자면 처음에는 주체가 그 자신으로는 어떻게 할 수 없는 작용인의 과정에 의해서 창출된다. 화이트헤드에 의해 거시적 과정으로 알려진 작용인은 그 주체에게 그 대상적 적용, 단순 물리적 느낌들, 최초의 주체적 지향, 다른 개념적 재생산을 제공한다. 그러나 이러한 방식으로 창조된 주체는 그 자신의 합생의 자발적인 주인이다.(PR 245)

자기 결단이라는 그 내적인 자유는 어떤 외적인 요소에 의해서도 제한되거나 강요받지 않는 절대적인 결단이다. 물론 그 결단이 그 현실 세계에 받아들이는 대상적 내용과 주된 느낌들을 회피할 수는 없다. 비록 피할 수 없는 형이상학적 조건이 있다고 하더라도, 주체가 작용인의 요소를 사적인 느낌의 최종적인 통일로 흡수하는 방식은 전적으로 그 주체의 자발적인 자기 결단의 결과이다.

그 주체의 자발적인 결단이 없다면, 최초의 주체적 지향이 느낌의 통합과 재통합이 수행하는 새로운 주체적 형식의 발생을 안내할 수 없다. 직접적으로 신으로부터 계승하는 최초의 주체적 지향은 그 계기의 계승된 한정성과 종합을 위해 양립 가능한 복잡한 한정성의 패턴의 실현을 위한 욕구이다. 최초의 주체적 지향이 보다 복잡한 패턴이 실현될 수 있는 것을 규정

---

23) Pols, *Whitehead's Metaphysics: A Critical Examination of Process and Reality*, pp.159~163.

388 Ⅳ부 유기체철학의 현실태이론

하지는 않는다. 최초의 주체적 지향은 그 계기의 생성의 통합적 국면을 안내하기에는 너무나 모호하다. 유혹으로서의 최초의 주체적 지향의 기능은 자유로운 결단이 최종적으로 그 패턴이 실현되도록 하는 자발적인 주체를 전제한다. 이 자유로운 결단이 통합과 재통합의 단계를 거치면서 최초의 주체적 지향을 점진적으로 보다 구체화된 지향을 형성한다.(PR 223)

그 주체는 신으로부터 그 현실 세계와 관련해서 그 개념적 지향을 도출한다. 하지만 그 주체의 결단을 기다리는 비결정성이 있다. 연속적으로 변경하는 그 주체적 지향은 물리적 느낌과 개념적 느낌 사이의 연속적인 상호 작용의 국면들을 지배하는 통합적 요소이다.(PR 224) 이러한 주체의 결단과 관련된 범주적 제약의 범주는 '개념적 역전의 범주'the category of conceptual reversion이다. 이것은 개념적인 역전의 위상이다.[24] 이 제2의 위상에서 근사적인 새로움이 개념적으로 느껴진다. 바로 이러한 과정을 거치면서 후속하는 주체적 형식들은 질적 패턴에 있어서, 그리고 대비를 통한 강도에 있어서, 관련된 선택지들에 대한 긍정적인 개념적 파악에 의해 계속해서 풍부해질 수 있게 된다. 거기에는 물리적으로 양립 불가능한 것들의 개념적 대비가 있다. 그 범주의 내용은 다음과 같다.

개념적 역전의 범주. 정신적인 극의 최초 위상에 있어서 여건을 형성하고 있는 영원한 대상들과 부분적으로는 동일하고 부분적으로는 상이한 여건

---

24) 모든 개념적 기원은 경험의 요소들 사이의 대비에 있다. 이 대비는 관계이다. 이 관계는 과정에 의해 수행되는 창조적 작업이다. 만족에 이를 때까지 연접·이접·거절이라는 여러 파악의 통합을 통해서 이루어진다. 이것은 변증법에서 궁극적인 대립 사이의 관계로 우주를 설명하는 것과는 다르다고 할 수 있다.(Johannes M. Burgers, *Experience and Conceptual Activity: A Philosophical Essay Based upon the Writings of A. N. Whitehead*, Cambrige: MIT Press, 1965, p.15.)

들을 갖는 개념적 느낌의 2차적인 발생이 있다. 이때의 동일성과 다양성은 대비에 근거하여 강도의 깊이를 달성하려는 주체적 지향에 의해서 결정된다.(PR 249)

이 범주적 제약을 통해서, 현실적 존재자는 세계 속에서 새로움을 획득하게 된다. 그리고 이 범주는 개념적 느낌의 역전이 앞선 요소들을 반드시 포함해야만 한다는 전제를 갖는다. 종합에 있어서는 항상 동일성의 근거와 대비에의 지향이 있지 않으면 안 된다. 따라서 화이트헤드는 새로움의 요소가 발생하기 위해서는 균형 혹은 조화가 현실적 계기의 내부 속에 반드시 있어야 한다고 주장한다. 즉 동일성과 다양성이 조화되기 위해서는 균형이 도입되어야 한다는 것이다.

역전된 개념적 느낌은 저마다 그것과 상관적인 동일한 극의 최초 느낌과 대체로 동일한 여건을 가지고 있다. 이렇게 해서 종합을 위한 준비 작업이 촉진된다. 그러나 대비의 도입은 복합적 여건의 일부 요소에 있어서의 상이함 내지 역전에 의해서 달성된다. 이 범주는 동일한 것과 역전되는 것은 바람직한 균형에로의 지향에 의해 결정된다는 규칙을 표현하고 있다. 역전은 강도를 위한 하나의 조건으로서의 복잡성에의 지향에 기인한다.(PR 278)

한편 우리는 아홉 개의 범주적 제약에서 제7범주인 '주체적 조화의 범주'와 제8범주인 '주체적 강도의 범주'를 주체의 결단에 포함시켜야 한다. 이 범주들의 특성은 현실적 존재자들이 합생 과정을 통해서 도달하는 형태가 미적인 유형을 띠고 있다는 사실이다. 화이트헤드는 모든 현실태의 최종적인 합생 과정이 미적이라는 사실을 강조한다. 제1범주인 주체적 통일성의 범주는 '논리적이라고 불리는 본질적인 모순들이 예정조화에서의 형성되는 조건'과 관련된다면, 제7범주인 주체적 조화의 범주는 '미적 적응'의 조건이다. 이 범주에 대한 정의는 다음과 같다.

> vii) 주체적 조화의 범주. 개념적 느낌들에 대한 가치 평가들은, 그 느낌들이 그 주체가 지향과 조화되어서 대비되는 요소가 되도록 적응시켜 가는 과정에서 상호적으로 결정된다.(PR 27)

이처럼 주체가 자기초월체가 되는 과정에서 자신의 최종적인 목적인을 한정하는 것은 이러한 범주적 제약을 통해서 구성된다. 개념적 가치 평가에서 개념적 역전의 범주를 구성하기 위해서 반드시 주체적 조화의 범주, 즉 미적 조화의 범주와의 관련성에서 고찰해 보아야 한다. "왜냐하면 역전이 만들어 내는 대비들contrasts은 미적 이상aesthetic ideal을 달성하는 데 있어 필수적인 대비들이기 때문이다."(PR 255) 만일 복합성이 없는 경우라면 이상적인 다양성은 결국 물리적으로 불가능하게 되고 말 것이며, 그래서 궁핍화로 이어지게 될 것이다. 다양성을 일관된 대비로 연출하기 위해서는 복합적인 구조가 필요하다. 그런데 대비를 통해서 조화된 현실적 계기들의 요소들은 어떤 강도를 추구한다. 그것은 대상적 동일성의 범주와 대상적 다양성의 범주, 그리고 주체적 통일성의 범주를 통해서 하나의 질서를 구축한 현실적 계기들 사이의 차이는 강도를 통해서 이루어진다.

> viii) 주체적 강도의 범주. 개념적 느낌을 발생시키는 주체적 지향은 ①직접적 주체에 있어서, 그리고 ②관련된 미래에 있어서 느낌의 강도를 목표로 하고 있다.(PR 27)

이 범주적 제약을 통해서 "균형이 잡힌 복합성은 주체적 지향의 범주의 산물"이라는 것을 보여 주는 것이다. 여기서 복합성complexity이란, "대비들의 실현the realization of contrasts, 대비들의 대비들의 실현the realization of contrasts of contrasts 등을 의미한다".(PR 278)

또한 균형이란, "실현된 어떠한 영원한 대상도 다른 실현된 영원한 대상들 간의 잠재적 대비를 배제해서는 안 된다는 것을 의미하고 있기 때문이다. 그러한 배제는 그 패턴의 여러 요소들의 진입에서 파생될 수 있는 느낌의 강도를 약화시킨다".(PR 278)

화이트헤드는 이와 같은 강도 있는 경험을 '미적 사실'로 보며, 이 범주적 조건은 예술의 여러 특수 분야에서 통용되고 있는 미적 법칙들을 일반화시킴으로써 추출될 수가 있다고 본다. 이는 목적인을 구성하는 세 가지 범주들에 특히 근거해 있다. 개념적 역전의 범주, 주체적 조화의 범주, 주체적 강도의 범주이다.

①새로운 결과는 그 성격에 있어 기반과 어떤 통일성을 유지하도록 관련성에 있어서 등급화되어 있어야 한다.
②새로운 결과는 그 성격과의 똑같은 동일성의 관점에서, 그 기반과 어떤 대비를 유지하도록 관련성에서 등급화되어 있어야 한다.(PR 279)

따라서 이 "두 원리는 현실적 사실은 미적 경험의 사실이라는 학설에서 도출된 것이다. 모든 미적 경험은 동일성 아래에서의 대비의 실현으로부터 생겨나는 느낌이다".(PR 280) 그러나 주체의 자유로운 결단에는 제한이 있다. 그 자유는 경험적 환경에서 부과된 자유이다.

4. 결정과 자유

합생이론에서 마지막 제약의 범주는 아홉번째 범주적 제약인 '자유와 결정'의 범주이다. 이것은 화이트헤드의 우주론의 근본적인 주제를 잘 드러내는 범주적 제약이다. 이것은 그동안 살펴본 이행 과정과 합생 과정, 작용인과 목적인이 결합된 존재론적 원리, 반복과 직접성에 대한 문제를 가장 명확하게 드러낸다. 이 범주는 '존재론적 원리'와 함께 현실적 존재자의 합생 과정이 작용인과 목적인이라는 사실을 드러낸다.

> ix) 자유와 결정성의 범주. 개개의 개체적인 현실적 존재자의 합생은 내적으로 결정되어 있으며, 외적으로는 자유롭다. 이 범주는 다음의 정식으로 압축될 수 있다. 즉 개개의 합생에 있어 결정 가능한 것은 무엇이든지 결정되지만, 거기에는 그 합생의 자기초월적 주체의 결단에 맡겨지는 것이 언제나 남아 있다는 것이다. 이 자기초월적 주체는 그 종합에 있어서의 우주이며, 그것 너머에는 아무것도 존재하지 않는다. 여기서 최종적으로 내려지는 결단은, 그 전체의 통일체가 그 자신의 내적 결정에 대하여 나타내는 반작용이다. 이 반작용은 정서·이해·목적의 최종적인 수정이다. 그러나 전체의 결단은 부분들의 결단에 엄밀하게 관련되도록 그 부분들의 결단에서 생겨나는 것이다.(PR 27)

우선적으로 '결정'에 관한 의미를 검토해 보자. 도대체 무엇이 결정된다는 것인가? 현실적 계기는 물리적 극과 개념적 극이 있다. 각각 물리적 느낌과 개념적 느낌으로 어떤 파악적 활동을 한다. 이때 물리적 느낌은 대상화된 현실적 존재자를 파악하며, 개념적 느낌은 영원한 대상을 선별적으로 파악한다. 이때 대상화된 현실태나 선별적으로 주어진 영원한 대상은 '기능의 역할'을 한다고 볼 수 있다. 이 기능이 바로 결정의 형태를 보여 준다고 할 수 있다.

> 기능한다는 것to funtion은 어떤 현실 세계의 결합체 속에서 현실적 존재자의 결정에 기여하는 것을 말한다는 것. 따라서 한 존재의 결정성과 자기 동일성은, 모든 존재들이 다양하게 기능하고 있는 공동체로부터 추상될 수 없는 것이다. 결정성은 한정성과 위치로 분석될 수 있다. 여기서 한정성이란 선택된 영원한 대상이 예시된 것을 말하며, 위치란 현실적 존재자들의 결합체에 있어서의 상대적인 지위를 말한다.(PR 25)

위치란 위상학적 개념을 통해서 볼 때, 시공간적 지위가 정해진다는 것이다. 그리고 한정성은 영원한 대상을 통해서 제한된 것을 의미한다. 화이트헤드는 이와 같이 과거에 의해 이미 결정된 여건 속에서 현실적 계기의 합생 과정이 있음을 말한다. 화이트헤드는 형성 중인 현실적 존재자에 기능하는 여건을 대상화와 진입을 통해서 설명한다.

> 하나의 현실적 존재자가 다른 현실적 존재자의 자기 창조에 있어서 기능한다는 것은, 전자가 후자의 현실적 존재자에 대하여 '대상화'된다는 것을 말한다. 현실적 존재자의 자기 창조에 있어서 영원한 대상의 활동은 현실적 존재자에로 영원한 대상의 '진입'이다.(PR 25)

하지만 현실적 존재자는 결정된 측면만을 갖는 것은 아니다. 그것은 결정되지 않은 어떤 측면도 갖고 있다. 즉 결정된 측면을 유지하면서, 다양한 양상을 수용하는 측면이 있다는 것이다. 화이트헤드는 이를 현실태의 동일성과 다양성이 대비된 형태라고 보며, 이러한 기능을 창조적 기능이라고 한다. 이런 의미를 현실적 존재자의 '자유'의 측면이라고 할 수 있다.

> 유기체철학의 학설은, 작용인의 영역이 합생의 구성 요소들——그 여건, 정서, 평가, 목표, 주체적 지향——의 여러 위상을 결정함에 있어 아무리 광범하게 그 영향력을 행사한다고 해도, 이러한 구성 요소들의 결정 너머에는 언제나 우주의 자기 창조적인 통일의 최종적 반작용reaction이 있다. 이 최종적 반작용은 작용인의 여러 결정에다 창조적 강조creative emphasis의 결정적인 날인decisive stamp을 함으로써 자기 창조적 활동을 완성한다. ……우리의 학설에 따르면 각 합생은 일정한 자유로운 시발 및 일정한 자유로운 종결과 연관되어야 한다.(PR 47)

따라서 화이트헤드의 우주론의 근본적인 방식은 작용인과 목적인에 대한 합리적인 도식을 구축하는 것이라고 볼 수 있다. 그는 작용인에 해당하는 현실 세계 및 가능태의 유형을 세부적으로 묘사하며, 또한 그것을 넘어가는 목적인에 해당하는 주체적 지향의 유형도 범주적 제약에 근거해서 세부적으로 기술하고 있다. 그러나 모든 현실적 존재자가 절대적으로 자유로운 것이 아니다. "절대적인 자유와 같은 사실은 없다. 모든 현실적 존재자는 현실적 우주에 대한 그 상대성의 관점에서 주어진 주요한 국면에 고유한 그러한 자유만을 소유한다."(PR 133) 이것이 주체가 대상적 내용이나 그 주요한 느낌을 회피할 수 없는 이유이다. 그리고 그 자유는 형이상학적으로 제한이 있는 자유이다. 자유는 결단과 관련이 있다.[25] 자유는 바로 결단을 함축한다. 우선 결단이라는 전문적 용어는 '의식적 선택' 혹은 의식적 판단을 의미하지는 않는다. 그 용어는 '자른다'는 의미를 함축한다.(PR 43) 자른다는 것은 존재의 결정성을 위한 가능태이다. 신을 제외한 현실적 존재자는 유한자이며, 유한자는 배제를 포함한다. 따라서 결단을 자르는 것, 배제를 의미한다. 즉 "현실태는 '가능태' 가운데 결단이다".(PR 43)

이와 같이 결단은 '존재론적 원리'와 밀접한 관련이 있다. "존재론적 원리는 결단의 상대성을 주장한다. 이에 의해서 모든 결단은 현실적 사물의 관계를 표현하며, 그것을 위해서 결단이 내려지고, 현실적 사물에 의해서 그 결단이 내려진다."(PR 43) 이와 같은 원리를 작용인 혹은 목적인의 원리라고 부른다. 새로운 계기의 창시에 관계하는 성취된 현실태들은 합생에 관한 새로운 계기를 위한 여건을 '결정한다'.(PR 150) 새로운 합생은 또한 그 여건 속에 각각의 대상화의 느낌들에 옷을 입히는 주체적 형식을 결정한다.(PR 88, 164~165)

화이트헤드에 따르면 여건은 이미 현존하는 과거로부터 새로운 계기로 전달되는 결단이다. 그 여건은 새로운 계기가 그 현실 세계를 받아들이는 결단이다.(PR 150) 그 여건 속의 대상화는 받아들여진 여건이다. 왜냐하면 그것은 새로운 계기에 내재하는 구성물이며, 그 계기를 결정한다. 그것은 '그것'보다는 '이것'이라는 계기에 기여한다. 그러나 여건 속의 대상화는 두번째 근거로부터 받아들여진 결단이다. 인과적 대상화는 대상화된 그 계기의 한정성의 충분한 내용에서 추상된 것이다. 따라서 현실적 계기의 인과적 대상화는 그 계기의 한정성의 요소가 재생산된 결단을 표현한다. 그

---

25) 일반적으로 우리는 직장이나 학교를 선택할 때, 결정이나 결단을 내린다. 화이트헤드는 모든 현실적 계기들이 원자적 사건에서 주체적인 양상을 이해하는 측면에서 결단이라는 단어를 선택한다. 그러나 이 결단은 의식의 측면보다는 무의식의 측면에서 내려지는 것을 의미한다.(Cobb, "Alfred North Whitehead", p.177.)

러나 이러한 결단은 이행의 창조성에 귀속시킬 수는 없다. 존재론적 원리에 따르면 모든 결단은 현실적 존재자들에 귀속된다. 문제의 결단은 정착되고 대상화된 현실태에 귀속되어야 한다.[26] 화이트헤드의 물리적 목적에 대한 학설은 성취된 현실태의 구성이 어떻게 후기 계기를 위해서 대상화되는가에 관한 결단을 나타내는 것을 설명한다. 물리적 목적은 단순 물리적 느낌과 거기에서 파생된 개념적 느낌과의 통합에서 발생하는 비교적 느낌이다. 그것의 주체적 형식은 역전 내지 혐오이다. 즉 그것은 복잡한 여건에 대한 긍정적 가치 평가 혹은 부정적 가치 평가이다.(PR 254) 물리적 느낌과 파생된 개념적 느낌과의 통합에 대해 화이트헤드는 이렇게 말한다.

> 물리적 느낌과 일치하는 가치 평가는 호감 혹은 반감의 성격과 함께 초월적 창조성을 제공한다. 역전의 성격은 그 자신을 넘어서서 주체의 대상화 속에 하나의 요소로서 물리적 느낌의 재생산을 확보한다.(PR 276)

> 물리적 목적의 주체적 형식이 혐오일 때 "초월적 창조성transcendent creativity은 그 느낌의 주체 속에 있는 대상화를 억제하거나 경감시키는 성격을 가정한다. 혐오는 그 주체가 미래에 그 스스로 대상화되는 가능태를 제거하는 경향이 있다."(PR 276)

---

26) 콥에 따르면 대상이라는 관념은 그 자신이 아닌 다른 주체를 위한 대상이라는 것이다. 주체가 없다면, 대상은 있을 수 없다. 근대 인식론에서 주체로 인식되는 것은 인간 존재뿐이었다. 따라서 대상이 되는 것은 인간의 감각 경험의 대상이라는 것이다. 감각 경험의 대상은 언어로 표현될 수 있어야 한다. 하지만 현대 물리학은 언어를 통해서 대상화되지 않는다. 즉 지시 대상을 넘어서는 것이다. 또한 진화론적으로 인간의 감각 경험이 있기 전에 주어진 것도 존재한 것이 사실이다. 따라서 인간 경험이 있기 전에 주체로서 존재한 것이, 지금에 와서 대상으로 존재하게 된다. 이런 점에서 대상과 주체는 상호 결단을 통해서 주어진다.(Ibid., p.178.)

화이트헤드가 이 구절에서 언급하는 초월적 창조성은 우주의 창조성이다. 이는 거시적인 이행 과정에서 명시되는 것이다. 이 창조성은 주체적 합생에서 주체적 합생으로 나아가는 이행이다.(PR 280) 이러한 창조성은 각 계기의 삼중의 여건을 얻지만, 그 피조물 각각의 내재적 창조성을 넘어선다. 따라서 초월적 창조성이라는 구절은 합생하는 모든 계기에 의해서 보이는 내재적 창조성을 넘어서는 이행의 창조성을 의미하는 것이다. 이러한 선험성의 의미는 한 주체의 내재적 창조성이 다른 모든 주체들의 내재적 창조성을 넘어서는 것으로 이해되는 것과 혼동되어서는 안 된다.

따라서 물리적 목적은 이행의 초월적 창조성이 후기의 계기들을 위한 대상적 여건으로 그 계기를 대상화하는 방식을 결정하는 한 현실적 계기의 구성 속의 요소이다. 각각의 계기는 그것이 후기의 계기 속에 어떻게 대상화되는가를 결정한다. 그런 결단이 그것을 구성하는 계기를 넘어서서 관련된다는 점에서, 화이트헤드는 그것을 '초월적 결단'이라고 부른다.(PR 164~165) 한 계기의 물리적 목적에 대한 효과는 완성된 계기를 설명하는 초월적 창조성에 달려 있다. 초월적 창조성이 이행이고, 이행은 작용인의 매개이며, 그것은 불멸의 과거이다.(PR 210) 이 점에서 물리적 목적과 초월적 창조성의 결부된 기능은 목적인과 작용인 사이의 연결을 제공한다. 화이트헤드에 따르면 다음과 같다.

가치 평가에 의해서 한 주체의 물리적 목적들은 그 자신을 넘어서 창조적 전진으로 그 주체의 대상화로 들어가도록, 여러 가지 느낌들의 상대적 유효성을 결정한다. 이 기능에서 정신적 작용은 작용인의 성격으로 그 주체를 결정한다. 따라서 정신적 극은 창조성에 목적인과 작용인이라는 두 가지 성격을 부가하는 연결끈link이다.(PR 277)

달리 말해서 한 계기의 물리적 목적들은 그 계기의 목적론적 자기 인과의 결과이다. 그러나 그 계기가 완성될 때, 그 물리적 목적들은 그 계기가 그 자신을 넘어서 계기들 속에 대상화되는 방식을 결정한다.(PR 43) 따라서 목적인을 통해서 발생하는 것은 작용인을 결정하는 주된 요소가 되며, 작용인과 목적인을 매개하는 것은 이행의 초월적 창조성이다. 이 창조성은 모든 정착된 상황들을 직시하며, 새로운 계기와의 관계에서 모든 작용인의 매개로서 기능한다.(PR 210) 이러한 결단 혹은 소여적 국면은 이행 과정에 의해서 산출된 것이다. 이 결단은 과거의 현실태에 의한 새로운 현실태를 위해서 내려진다. 이행 과정은 이 결단을 유효하게 만든다. 따라서 비록 앞선 계기의 초월적 결단이 거시적인 이행 과정을 통해서 효과적이라고 하더라도, 여전히 그것들은 나중의 현실적 사물을 위한 앞선 현실적 사물들에 의해서 내려진 결단이다. 따라서 초월적 결단은 존재론적 원리가 요구하는 모든 결단의 성격을 가진다.

각각의 계기가 결정되는 데에는 초월적 결단 외에도 다른 결단이 하나 더 있다. 이행의 계기를 위한 여건이 과거의 현실태들의 정착된 세계에 의해 효과적으로 결정된 것이라면, 합생은 그 계기가 그 자신의 한정성을 결정하는 과정이다. 합생은 현실적 사물을 위해서, 현실적 사물에 의해서 결단이 내려지는 것이다. 이 결단은 물론 그 여건에 대한 주체의 반응 방식과 관계가 있다. 그 주체는 여건의 구성 요소의 느낌에 옷을 입히는 주체적 형식을 결정한다. 그것은 또한 그 초기의 느낌이 후기의 느낌들에 의해서 통합되는 방식도 결정한다. 각각의 결단은 그 계기의 한정성을 위한 어떤 가능태를 자르는 것을 나타낸다. 왜냐하면 만약 주체적 형식이 '이것'으로 실현된다면, 결코 '저것'일 수는 없다. 따라서 각각의 주체적 반응, 각각의 주체적 통합은 사실상 실현된 것으로부터 어떤 실현된 가능태를 배제한다.

그러나 요점은 그 주체가 작인이며, 그 창시적 결단을 인내한다는 것이다. 그 주체가 실현하는 주체적 형식은 그 자신을 발생시키는 한정성을 결정한다. 이것이 합생 과정이 그 자체 과정의 자기초월체라는 성격 속에서 그 스스로 통합하는 것을 결정하는 이유이다.(PR 241)

그러므로 합생과 관련된 결단은 '내재적'이라고 부른다.(PR 164~165) 따라서 초월적 결단이 타자의 원인을 통해서 이루어진다면, 내재적 결단은 목적론적인 자기 원인이다. 두 가지 유형의 결단은 한 계기의 생성에 관련이 되며, 이 양자는 그 계기의 결정적 성격을 산출한다. 초월적 결단에서 과거로부터 현재의 직접성으로의 이행이 있다면, 내재적 결단에서 주체적 형식의 획득과 느낌의 통합 과정이 있다.(PR 164~165) 그러나 초월적 결단의 산출이 합생을 위한 여건이기 때문에, 그리고 이 여건이 존재의 가장 초기 국면에서 계기 자체이기 때문에, 내재적 결단의 결과들은 그 계기를 완성하는 것으로 구성된다.

자기 원인이라는 유기체학설은 자기 완성이라는 의미를 갖는다. 그 계기의 원초적 성격은 그 자신의 생성에서 주어지는 것이 아니라, 현실적 과거에 의해서 주어진다. 따라서 그 계기의 자기 실현된 성격은 창시적 성격을 보완하고 통합하는 것으로 이해되어야 한다. "이러한 방식에서 작용인이라는 현실적 세계에서 도출된 결단은 목적인이라는 주체적 지향에서 구성된 결단에 의해서 완성된다."(PR 277) 그러므로 초월적 결단의 결과는 불완전한 계기이고, 그 계기의 성격은 오직 부분적으로 결정되며, 내재적 결단의 결과가 완성되고 결정된 계기를 구성한다. 합생 과정이라는 내재적 결단의 과정은 창조적 국면의 연속이다. 이로부터 한 계기는 부분적 결정의 최초의 단계에서부터 완성된 결정의 최종적인 단계로 나아간다.(PR 86) 또한 화이트헤드는 다음과 같이 말한다.

현실적 존재자가 대체해 나가는 내재적 결단은 언제나 통합 과정의 결정이며, 이에 의해서 완성은 최소한 단 하나의 존재에 적절한 '형상적' 완성에 도달한다. 이 결정은 여건과 주체적 형식의 변경을 통해서 물리적 파악과 개념적 파악을 통합한 후에 발생한다.(PR 163~164)

주체는 그 자신의 불완전한 국면에 대한 자기 기준에 의해서 합생 과정 동안에 자신을 완성한다. 이와 같이 현실태의 이중적 의미는 결단의 이중적 의미와 관련이 있다. 결단은 현실태의 의미이다. 두 가지 종류의 결단이 있다. 초월적 결단과 내재적 결단이 있다. 초월적 결단은 자기초월체의 성취된 현실태와 관련이 되며, 내재적 결단은 그 주체의 성취 중인 현실태와 관련이 된다. 자기 실현된 자기초월체는 그것들이 초월적 결단을 초래하는 거시적 과정을 결정하기 때문에 현실적이며, 자기 실현하는 주체는 내재적 결단을 초래하는 미시적 과정이기 때문에 현실적이다.(PR 43~44)

현실적 존재자를 구성하는 네 가지 단계들은 여건, 과정, 만족, 결단이라고 부를 수 있다. 여기서 처음과 끝의 두 단계는 정착된 현실 세계로부터 그 정착이 상대적으로 한정되는 새로운 현실적 존재자로 이행해 간다는 의미에서의 '생성'과 관계가 있다. 그러나 이러한 '한정'은 관계된 현실적 존재자들 속에 들어 있는 한 요소로서 찾아져야 한다. 현실적 존재자가 '찾아내는' 이 '정착'이 그 존재의 여건이다. …… 여건은 경험의 대상적 내용이다. 이 여건을 제공하는 결단은 자제된 욕구의 양도이다. 정착된 세계는 그 속의 많은 현실태들이 양립 가능성으로 느껴질 수 있는 실재적 가능태를 제공한다. 그리고 새로운 합생은 이 여건으로부터 출발한다. 전망은 양립 불가능한 것들을 제거함으로써 마련된다. 최종 단계인 '결단'은 현실적 존재자가 그 개체적 '만족'을 달성함으로써 자신을 넘어서는 미래의 개척지에다 결정적인 조건을 부가하는 방법이다. 따라서 '여건'은 '수용된 결단'이며, '결단'은 '전달된 결단'이다. 수용되고 전달된 이 두 결단 사이에서 두 가지 단계들이 있다. '과정'과 '만족'이다.(PR 149~150)

유기체철학에서 실재적 존재는 현실적일 필요가 없으나, 모든 현실적 존재자는 현실적이어야 한다. 존재의 최초의 세 가지 국면에서 그 계기는 단지 실재적이다. 이행 과정은 실재적 계기를 창조하는 것이며, 합생 과정은 실재적 계기가 성취된 현실태가 되는 것이다. "합생이 주어진 국면에서 발생하기 때문에, 실재적 계기는 현실적 계기를 위한 실재적 가능태이다."(PR 150~152) 현실태는 실재적 가능태를 포함할 뿐만 아니라 그로부터 발생한다. 따라서 세 가지 주어진 국면들은 자기 형성의 역사를 통해서 현실적 계기의 특징을 남긴다.(PR 309) 완성된 계기는 자기 원인일 뿐만 아니라 작용하는 과거의 산물이다.(PR 150) 따라서 화이트헤드의 유기체철학에서 가능태와 현실태는 각각 주체와 자기초월체의 역할을 하는 '현실태'의 두 가지 양태에서 비롯된다고 할 수 있다. 앞에서 순응적 국면과 보완적 국면으로 나눈 합생 과정을 살펴보았다. 그리고 우리는 합생 과정을 제약하는 범주적 조건이 미적 범주라는 사실을 알아보았다. 지금까지 살펴본 합생 과정에서 미적 범주적 제약의 특성을 다음과 같은 진술로 요약해 볼 수 있다.

첫번째 위상은 현실 세계를, 미적 종합을 위한 대상적 여건이라는 형태로 순수하게 수용하는 국면이다. 이 위상에서는 현실 세계가, 상호 전제의 결합체에 연루되어 있는 느낌의 다수의 사적 중심으로서 단순히 수용되고 있을 뿐이다. 이때 느낌들은 외부의 여러 중심들에 속하는 것으로 느껴지며, 사적인 직접성으로 흡수되지 않는다. 두번째 단계는 과정 그 자체 속에서 점차적으로 형성되는 사적인 이상에 의해 지배되고 있다. 이에 따라 외래적인 것으로서 파생적으로 느껴지는 다수의 느낌들은, 사적인 것으로 직접 느껴지는 미적 평가의 통일성으로 전환된다. 이는 '욕구'의 도래를 의미하며, 욕구가 더욱 고도로 예증되고 있을 때 우리는 이를 '비전'이라고 부른다. …… 이 단계에서는 스칼라scalar 형식이 시원적인 벡터 형식을 압도한다. 시원적인 것들은 개체적 경험에 종속되기에 이른다. 벡터 형식은 상실되지는 않지만 '스칼라적' 상부 구조의 기초로서 매몰된다.(PR 212)

따라서 유기체철학에서 합생 과정을 통해서 다수의 현실적 계기들 및 형성적 요소들을 종합해서 새로운 일자로 통합된 현실적 계기의 최종적인 만족의 단계는 미적인 가치로 구성된다는 것을 알 수 있다. 다시 말해서 화이트헤드에게 "'존재'란 미적 종합"(SMW 235)을 이루는 것이고, 이러한 "'미적 종합'aesthetic synthesis은 다른 모든 현실적 계기들에 대한 내적 관계 internal relatedness에 의해서 받게 되는 여러 한정 속에서 자기 창조로서 간주되는 '경험적 종합'experient synthesis"(SMW 235)을 만들어 가는 것이다. 그 종합은 '대비' 혹은 '대비들의 대비'를 통해서 구성하는 복합성에 따라서 강도의 차이가 발생하는 것이다.

결론 21세기의 미적 모험을 향해서

1. 사변철학의 부활: 과정철학을 향한 모험

철학의 역사에서 인간 지성은 우주를 공간화해서 보았다는 점에서 베르그
손의 비난에서 벗어날 수 없다. 다시 말해서 지성은 유동성을 무시하고 세
계를 정적 범주로 분석하려는 경향이 있다는 것이다.(PR 209)[1]

영미철학에서 분석철학은 사변철학의 종결을 이끌었다. 그러나 분석철학
에서 분석한 사변명제는 근대 과학에 기초한 근대 사변철학이었다. 어쩌면
그것은 근대 문화를 이끌었던 철학 개념들이 더 이상 무용지물이라는 사실
을 보여 준 철학 운동인지도 모른다. 근대 과학을 넘어서는 과학이론들은
우리에게 새로운 문제 및 대안을 제시하기를 원한다. 이런 상황을 보다 포

---

1) 베르그손은 지성에 의한 세계의 공간화를 비난하지만, 화이트헤드의 체계에서 모든 현실적 계
기들의 물질적 구성에서 가장 실질적인 요인이 이 공간화이다. 주체가 '자기초월체'가 될 때,
그것은 공간화의 영역으로 들어가는 것이다. 이 점에 대해서는 뒤에서 조금 더 살펴볼 것이
다.(PR 220, 321)

괄적으로 보는 시선, 즉 새로운 형이상학의 출현은 필연적이다. 물론 이런 작업이 영원하고 불변하는 범주 체계를 구성하려는 작업은 아니다. 화이트헤드는 동적인 범주 체계를 구성하는 작업을 행한다. 우리는 앞에서 '가능태'와 '현실태'라는 일반적인 관념이 화이트헤드의 동적 사변체계에서 어떻게 구성되었는지를 살펴보았다.

아마도 화이트헤드에 앞서 사변철학에 대한 이러한 물결을 이끈 20세기의 대표적인 철학자는 베르그손이다. 그는 러셀에 의해 반주지주의자反主知主義者로 낙인이 찍힌 과정철학자이다. 그는 '지식'을 왜곡된 진리로 보며, 우리는 지식을 통해서는 결코 참된 인식에 이를 수 없다고 했다. 영미철학에서 '과정'을 말한다는 것, 그것은 인식론의 성립을 거부한다는 의미와 같은 맥락이다.

화이트헤드 역시 자신의 철학을 과정철학 혹은 유기체철학이라고 한다. 특히 화이트헤드는 '과정'을 범주화하는 일이 가능하다는 입장을 취한다. 다만 그가 말하는 범주는 과정 범주 혹은 동적 범주를 구성하는 일이다. 우리는 20세기의 과정철학자 베르그손, 들뢰즈, 화이트헤드를 통해 간단히 그 차이를 일별해 보자.

베르그손 · 화이트헤드 · 들뢰즈: 과학과 철학은 양립 가능한가?

21세기에 사변철학의 부활을 이끈 들뢰즈가 화이트헤드의 철학을 어떻게 평가하는지를 검토해 보자. 들뢰즈는 『차이와 반복』에서 기술하는 개념들——강도·짝짓기·공명·강요된 운동——은 "재현의 세계에 속하지 않는다"(DR 364/595)[2]고 한다. 재현의 세계에서 범주들은 "존재자들 사이에서 존재가 어떤 정착적 비율 규칙에 따라 할당되는 어떤 분배의 형식들을 구성"(DR 364/595)하기 때문이다. 철학에서 범주와 재현 개념에 대립되는 "경험론적이고 다원론적인"인 것과 "본질적인 것에 맞서는 실존적인 것" (DR 364/595)을 제시한 사상가들이 있다. 들뢰즈는 그 대표적인 인물로 화이트헤드를 들고 있다.

> 화이트헤드에게서 엿볼 수 있고, 그의 『과정과 실재』가 현대의 가장 위대한 철학 책들 중의 하나로 평가받는 이유인, 그 경험-이념적인 기초 개념들의 목록을 들 수 있다. 이와 같은 기초 개념들은 환영이나 허상들에 적용되는 한에서 '환상적'이라 불러야 하지만, 그 밖의 여러 관점에서도 재현의 범주들과 구별된다. 우선 이 기초 개념들은 실재적 경험의 조건이지, 결코 가능한 경험의 조건으로 그치는 것이 아니다.(DR 364/595)

이처럼 들뢰즈는 화이트헤드의 존재론을 서구의 대표적인 동일성철학 혹은 재현의 철학에 맞서는 사상으로 본다. 또한 들뢰즈는 자신의 저서들에서 직접적으로 화이트헤드를 언급한다. 그는 『주름: 라이프니츠와 바로크』[3]와 『철학이란 무엇인가』*Qu'est-ce que la philosophie?*, 『차이와 반복』 등에서 화이트헤드의 철학적 사상이 자신의 철학과 밀접한 연관이 있다는 사실을 드러내고 있다.

예컨대 『주름: 라이프니츠와 바로크』 6장에서는 '사건'에 관한 논의에서 사건의 철학자로 화이트헤드를 들고 있으며, 또한 화이트헤드를 라이프

---

2) Gilles Deleuze, *Différence et Répétition*, Paris: PUF, 1968.(질 들뢰즈, 『차이와 반복』, 김상환 옮김 민음사, 2004.) 이하 DR로 표기한다. 괄호 안의 앞의 숫자는 프랑스어판본의 쪽수이고, 뒤의 숫자는 국역본의 쪽수이다. 번역된 들뢰즈의 책은 이후에 동일한 방식으로 기술할 것이다.

3) Deleuze, *Le Pli: Leibniz et le baroque*, Paris: Minuit, 1988.(들뢰즈, 『주름: 라이프니츠와 바로크』, 이찬웅 옮김, 문학과 지성사, 2004.) 이하 P로 표기한다. 괄호 안의 앞의 숫자는 프랑스어판본의 쪽수이고, 뒤의 숫자는 국역본 쪽수이다.

니츠의 계승자로서 20세기의 새로운 신 바로크 철학을 구성한 철학자라고 본다.[4] 그리고 화이트헤드를 비트겐슈타인 이전까지의 영미철학자들 가운데 가장 위대한 철학자라고 한다.

> 그는 속성의 도식에 대한 근본적인 비판, 원리들의 거대한 놀이, 범주들의 다양화, 보편과 경우의 일치, 개념에서 주어로의 변형에 다시 착수한다. 엄청난 욕심, 비트겐슈타인의 제자들이 자신들의 난해한 문제들, 자만, 공포에 도달하기 전까지, 이것은 임시적으로 앵글로-아메리카의 최후의 위대한 철학이다.(P 103/140)

이와 같이 들뢰즈는 영미철학자들 가운데 화이트헤드에 관해서 매우 좋은 평가를 내린다. 그 이유 가운데 하나는 화이트헤드가 베르그손 이후에 생성 혹은 과정을 통해서 플라톤의 동일성의 철학 혹은 재현의 철학을 극복하기 때문이다.[5] 한편 서구 철학의 역사는 주지하는 바와 같이, 실체 혹은 공간 중심의 철학을 전개하였으며, 이는 플라톤, 아리스토텔레스, 데카르트, 뉴턴에게 동일하게 적용된다. 설사 그들이 시간이나 과정에 대해서 언급을 하고 있더라도, 그것은 존재론적으로 열등한 지위를 갖는다.(PR 385) 이와는 달리 서구 철학을 과정의 철학 혹은 시간의 철학으로 사유한

---

4) 들뢰즈는 화이트헤드의 사건을 4가지 요소로 구별한다. 전체와 부분들의 결합인 연결(connexion), 극한들 사이의 관계비는 하나의 연접(conjonction), 개체(합생·파악·느낌), 영원한 대상이다. 들뢰즈는 라이프니츠의 '공존 가능한 세계'로는 현대를 충분히 설명할 수 없다고 보며, '공존 불가능성', '불협화음'을 설명할 수 있는 사건철학자로 화이트헤드를 들고 있다.

5) 화이트헤드와 들뢰즈 철학이 카오스와 코스모스의 결합에서 생겨난 '카오스모스' 철학에 해당하는 점을 기술한 바가 있다.(김영진, 「21세기 조직화의 새로운 패러다임: 화이트헤드와 들뢰즈의 과정철학과 카오스모스」, 『철학논총』 제65집, 새한철학회, 2011.)

대표적 인물들이 베르그손, 화이트헤드, 그리고 들뢰즈이다.

베르그손, 화이트헤드, 들뢰즈는 공히 '창조적 전진'creative advance을 핵심적인 주제로 삼고 있다는 점에서 매우 유사하다고 할 수 있다. 하지만 베르그손은 '고체의 논리'la logique des solides를 부정하고 오직 이질적으로 연속하는 방식으로 창조적 전진을 설명한다.[6] 베르그손은 우리가 경험하는 모든 것은 상호 긴밀하게 조직화되어 있어 한 상태에서 다른 상태를 분리해서 보는 것은 불가능하다고 본다. 그리고 실재는 시작과 끝을 알 수 없는 것이라고 한다.[7] 이것은 우리가 경험하는 것이 상호 관련되어 있음을 설명하는 것이다.

화이트헤드와 들뢰즈 또한, 베르그손과 동일한 입장에서 그런 논의를 제시하고 있다. 즉 주체의 속성이나 성질보다는 관계를 더 중시하며, 이러한 관계를 통해서 창조적 전진이 가능하다고 밝힌다.

> 이 강의에서 '관계성'은 '성질'보다 지배적이다. 모든 관계성은 현실태의 관계성에서 그 기초를 얻는다. 그리고 이 관계성은 살아 있는 자에 의해 죽은 자 혹은 '대상적 불멸성'의 전유와 관계된다. 다시 말해서 '대상적 불멸성'을 통해서 그 자신의 살아 있는 직접성을 잃어버린 것은 다른 살아 있는 생성의 직접성에 실질적인 구성 요소가 된다. 이것이 세계의 창조적 전진과 더불어 완고한 사실을 구성하는 그런 사물들의 생성, 소멸, 대상적 불멸성이라는 학설이다.(PR xiv)

리좀은 시작도 하지 않고 끝나지도 않는다. 리좀은 언제나 중간에 있으며

---

6) Henri Bergson, *L'Évolution Créatrice*, Paris: PUF, 1999, p.v, pp.151~156.
7) Bergson, *La Pensée et le Mouvant*, Paris: PUF, 2009, p.183.

사물들 사이에 있고, 사이-존재이며 간주곡이다. 나무는 혈통 관계이지만, 리좀은 결연 관계이며 오직 결연 관계일 뿐이다. …… 나무는 "~ 이다"라는 동사를 부과하지만, 리좀은 "그리고……그리고……그리고……"라는 접속사를 조직으로 갖는다. 이 접속사 안에는 '이다'라는 동사를 뒤흔들고 뿌리 뽑기에 충분한 힘이 있다.(MP 36/54~55)[8]

그러나 들뢰즈와 화이트헤드는 베르그손이 거부하는 공간 혹은 고체에 해당하는 '양자'quantum를 받아들인다. 그들은 흐름을 일정하게 품고 있는 양자가 있다는 사실을 인정한다. 다시 말해서 '모든 사물은 흐른다'는 헤라클레이토스의 격언을 수용하면서도 '에너지의 흐름은 양자 조건'이라는 데모크리토스의 원자론도 받아들이는 것이다.(PR 309)

물리과학은 자연적 계기를 에너지의 장소locus of energy로 보고 있다. 그 계기가 다른 무엇이건 간에 그것은 에너지를 품고 있는 개체적 사실인 것이다. 전자, 양성자, 광자, 파동, 속도, 투과성이 강한 방사선과 약한 방사선, 화학원소, 물질, 공허한 공간, 온도, 에너지의 전화 등등의 낱말들은 모두 다음과 같은 사실을 나타내고 있다. 물리학은 각 계기가 그 에너지를 품고 있는 방식에 관해서 계기들 간에 질적 구별을 인정하고 있는 것이다. ……
에너지 흐름의 양자라는 것이 있다.(AI 185)
문제는 그램분자gram molecule적인 것과 분자적인 것은 크기, 단계, 자원뿐만 아니라 고려되는 좌표계의 본성에 의해서도 구분되느냐 하는 것이다.

---

8) Deleuze · Félix Guattari, *Mille Plateaux: Capitalisme et schizophrénie* 2, Paris: Minuit, 1980.(질 들뢰즈·펠릭스 가타리, 『천 개의 고원』, 김재인 옮김, 새물결, 2001.) 이하 MP로 표기한다. 괄호 안의 앞의 숫자는 프랑스어판본의 쪽수이고, 뒤의 숫자는 국역본 쪽수이다.

……실제로 우리가 잘 규정된 절편들로 이루어진 선을 정할 수 있을 때면 항상 우리는 그 선이 다른 형식하에서 양자들로 이루어진 흐름으로 연장된다는 것을 보아 왔다.(MP 264/413)

이것은 베르그손과는 달리 현대 과학과 철학을 대립적인 구도로 놓는 것이 아니라, 과학을 포괄하는 형이상학을 구축하겠다는 것이다. 그것이 들뢰즈와 화이트헤드의 의도이다. 이 점이 들뢰즈와 화이트헤드의 철학과 베르그손 철학의 차이이다.

물론 베르그손이 지성이나 개념을 거부한다는 입장에서 볼 때도 이들과는 차이가 있다.[9] 왜냐하면 들뢰즈와 화이트헤드는 합리적 사유 및 개념 구축을 옹호하기 때문이다. 다시 말해서 화이트헤드는 자신의 사변철학의 목표는 우리가 경험하는 모든 영역, 즉 과학·종교·예술 등의 경험들을 포괄하는 체계를 구성하는 것이며(PR 3~4), 들뢰즈도 철학이란 "개념들을 형성하고, 창안하고, 만드는 예술"(WP 2)[10]이라고 한다. 따라서 들뢰즈와 화이트헤드는 과정철학에서도 개념을 구축해야 하는 것은 철학자의 필연적인 운명이라고 본다.

2. 카오스모스: 실재적 가능태와 현실태

존재한다는 것의 핵심적 의미는 '작인에 있어서의 요인이라는 것', 즉 '차이를 낳는 것'이라는 플라톤의 금언도 받아들인다.(AI 197)

---

9) 문창옥, 「창조적 전진: 베르그송과 화이트헤드」, 『철학연구』, 제61집, 철학연구회, 2003.
10) Deleuze · Félix Guattari, *What is Philosophy?*, trans., H. Tomlinson and G. Burchell, New York: Columbia University Press, 1994. 이하 WP로 약칭한다.

화이트헤드 역시 '차이'를 낳는 것이 존재의 이유라고 한다. 즉, 현실태는 '경험의 과정'이며, 이는 새로운 것을 실현하는 과정이다. 이와 마찬가지로 들뢰즈도 자신의 철학을 차이의 철학이라고 하며, 자신의 존재론을 '일의적'이라고 한다. 일의적 존재라는 것은 "개체화하는 차이들에 관계한다"(DR 53/102)는 것이다. 즉 존재는 "차이 자체를 통해 언명된다".(DR 53/103) 들뢰즈에 따르면 "사물은 결코 동일자일 수 없다. 오히려 보고 있는 주체의 동일성과 마찬가지로 보이고 있는 대상의 동일성이 모두 소멸해 버리는 어떤 차이 안에서 사분오열되어야 한다".(DR 79/144) 따라서 지젝에 의하면 "들뢰즈의 중심 문제, 새로운 것의 출현"[11]이다.

그러나 들뢰즈에게 서양 사상은 존재와 동일성에 기초해 왔다.[12] 들뢰즈는 이러한 철학을 '초월성'에 빠진 철학이라고 보며, 초월성은 유럽의 고유한 질병(MP 28/42)이라고 한다. 즉 초월성의 철학은 모든 것의 원인을 찾아 거슬러 올라가는 사유이며, 그 첫번째 원인을 통해 모든 것을 설명하려는 사유이다. 또한 그는 근대철학에서 주체나 대상을 통해서 그러한 근거를 찾는 것 역시 초월 철학의 일종으로 본다.

우선 서양 철학에서 동일성을 탐구하는 방식은 플라톤의 '형상'이론

---

11) 슬라보예 지젝, 『신체 없는 기관: 들뢰즈와 결과들』, 김지훈·박제철·이성민 옮김, 도서출판b, 2006, 213쪽.
12) 들뢰즈는 헤겔보다는 베르그손을 통해서 존재가 아니라 생성을 통해서 형이상학을 탐구한다. 그는 초월성의 철학을 비판하고, 내재성의 철학을 고찰한다. 즉 존재가 아니라 존재 사이에서 벌어지는 변화의 내재성에 주목한다. 그것을 통해 끊임없이 탈영토화되고 변이하는 삶을 촉발하는 생성을 사유한다. 이때의 생성은 자기 동일적인 상태에서 벗어나 다른 것이 되는 것이고, 어떤 확고한 것에 뿌리를 찾는 것이 아니라, 그것에서 끊임없이 탈주하는 것(관성이나 중력에서 벗어나서 클리나멘이 되는 것)이다. 따라서 내재성이란, 어떤 사람에게 있고 다른 사람에게 없다는 것을 비교해서 만들어 내는 초월적 개념이 아니라, 어떤 사람이 다른 것이나 사람의 접속을 통해서 그 자신이 변화하는 것을 내재적 변화라고 한다.

방식과 아리스토텔레스의 '유기체'이론 혹은 '유형'이론의 방식이 있다. 유기체철학의 시조인 아리스토텔레스의 '유형' 철학에서 종은 이미 유에 의해서 결정된 존재이다. 결코 새로운 존재가 탄생할 수 없는 것이다. 모든 것이 정돈되고, 유기적으로 조직되는 통일적인 계열을 형성하는 것도 재현철학의 특징이다. 재현의 철학은 다음과 같은 법칙이 있다.

> 이 형식은 때로는 재현되는 것의 즉자 존재(A는 A이다)를 구성하고, 때로는 재현하는 것의 대자 존재(자아=자아)를 구성한다. 재현이라는 말에서 접두사 '재'RE~는 차이들을 종속시키는subordonné[13] 이 동일자의 개념적 형식을 뜻한다.(DR 79/144)

재현의 방식을 통해서 차이를 볼 때, "차이는 '매개'médiatisée된다".(DR 45/89) 매개한다는 것은 선별하는 것이요, 그 선별은 기준을 정해 놓고 보는 것이다. '인간은 이성적 동물이다'라는 명제는 차이를 개념 일반에 묶어두는 가장 대표적인 것이다. 동물이라는 유에 인간과 다른 동물의 종 사이의 차이는 종차에 의해서 구별된다. 이때의 차이는 "개념의 내포 안에 있는 하나의 술어에 지나지 않는다. 아리스토텔레스는 끊임없이 종차의 이런 술어적 성격을 환기시킨다".(DR 48/94) 이것은 차이를 무화시키는 전략이라고 본다. 화이트헤드 역시 아리스토텔레스의 생물학에서 구분하는 방식으

---

13) 김상환은 subordonné를 '잡아먹는 것'으로 번역하였다. 우리는 본래의 의미를 살려서 '종속시키다' 혹은 '아래에 두다'로 번역할 것이다. 그 이유는 재현이나 동일자는 영속하는 성질을 가진 것으로 차이를 종속시키고자 하며, 이것은 실체철학과 과정철학에서 영속과 과정 가운데서 무엇을 존재론적으로 우위에 두느냐에 따라서 철학의 전개가 달라진다는 화이트헤드의 사유와 들뢰즈의 사유의 관련성을 보다 쉽게 찾기 위한 방편이다.

로는 "혼합에 대한 분석"(AI 235)이 나올 수 없다고 한다. 다시 말해서 유, 종, 종차로 구분한 수직적 질서의 자연 생태계 구분 방법으로는 실로 살아 있는 동물들을 이해할 수 없다고 한다.

어떠한 유도 그 본질상, 그것과 양립 가능한 다른 유를 보여 주지 않는다. 예를 들면 등뼈의 관념은 포유한다든지, 물속을 헤엄친다는 관념을 보여 주지 않는다. 따라서 그 자체로 고찰되는 척추동물이라는 유에 대한 성찰은 포유동물이나 어류를 추상적 가능성으로조차도 시사할 수 없다. 종도 사례도 유에 의해서는 '주어지지' 않는 형태를 포함하고 있기 때문에 유만으로는 발견할 수 없다. 종은 여러 유의 잠재적 혼합이며, 개개의 사례는 많은 현실적 혼합을 다른 사실들과 함께 포함하고 있다.(AI 235)

화이트헤드는 '나무'와 같은 방식으로 분류하는 것은 여러 측면을 사상하는 것이며, 무엇보다도 "새로운 결합 가능성"(AI 235)을 차단하는 것으로 본다.

화이트헤드에게 이러한 논의가 가능한 이유는, 생물학적 발견도 있겠지만 수학에서 물리적 세계에 적용하는 기하학에서 '임의적인 선택의 요소'가 가능해졌기 때문이다. 우리는 '유클리드 계량기하학', '타원형의 계량기하학', '포물선의 계량기하학'이 모두 타당하다는 사실을 익히 알고 있다. 이보다 더 중요한 것은 기하학이 '계량', '거리', '좌표'와는 상관없는 '비계량기하학'에 해당하는 사영기하학이 있다는 것이다. 화이트헤드는 이를 '교차 분류학'the science of cross-classification이라고 부른다. 이것은 '점'과 '직선'이 일방적인 관계가 아니라, 점과 직선이 서로 상대방을 포함할 수 있다는 것이다.

그런데 아리스토텔레스의 분류학은 "유, 종, 아종으로 분류하는데, 이 것은 서로 배제시키는 분류법"(AI 138)이다. 이것은 유클리드의 계량기하학의 영향이라고 볼 수 있다. 화이트헤드는 '교차 분류학'인 사영기하학을 통해서 유와 종의 관계는 그 역도 성립 가능하다는 사실을 말하는 것이다. 즉 종이 유를 포함할 수 있다는 것이다.

다음으로 본질철학 혹은 형상철학의 문제점을 간단히 살펴보자. 들뢰즈에 따르면 "플라톤주의의 전복, 이것이 현대철학의 과제를 정의한다".(DR 82/149) 그 전복이란 "모사에 대한 원본의 우위를 부인한다는 것" (DR 92/162)이다. 또한 플라톤 철학에서는 올바름이 있고, 이 근거를 통해서 참된 철학자, 혹은 참된 존재를 탐구한다.[14]

하지만 들뢰즈에 따르면 그 선별의 근거는 '신화'이며, 따라서 신화는 결코 참된 선별의 기준이 될 수 없다고 한다.(DR 85/153) 화이트헤드 또한 형상의 독립을 주장하는 플라톤의 인식론이 세계에 대한 확실성을 갖기를 바라는 서구 역사의 뿌리 깊은 전통이라고 한다. 이것은 과정이 실재라는 것을 거부하게 되는 결정적인 동인이라고 한다.(MT 92~93; ESP 80, 96, 121) 화이트헤드에 의하면 이러한 믿음은 "독단론적자들이 총애하는 미망"이라고 하며, 그 확실성은 "역사의 변천 속에서 더 이상 생존하지 못함을 보았다"(MT 58)고 한다. 즉 "수학 역시 플라톤이 그것을 인식했던 의미에서 참은 아니다".(MT 58) 화이트헤드는 이를 '잘못 놓여진 구체성의 오류'를 범한 사유 형태라고 본다.

---

14) 이때 올바름이 올바르다는 것은 단순한 분석명제가 아니라, 그 근거를 기준인 이데아가 있음을 의미한다. 이 이데아의 본성을 통해서 분유(分有)가 발생하며, 그 분유의 정도 차이에 따라서 이데아의 멀고 가까움이 발생한다.(DR 156)

그러므로 들뢰즈와 화이트헤드는 플라톤 철학에서 시작되었다고 할 수 있는 영속의 철학과 행위와 지식의 기준인 선의 이데아를 거부한다는 점에서, 플라톤의 전복이라는 선상에서 철학적 작업을 수행하였다고 볼 수 있다. 보다 구체적으로 살펴보면, 서구 철학이 항구적인 정초와 근거를 통해서 코스모스의 세계를 구성하고자 하는 것이었다면, 들뢰즈의 철학은 코스모스의 시작과 목적지는 카오스이며, 이는 질서를 무바탕으로 만드는 것이다. 이에 따라서 코스모스와 카오스는 서로 이어지며, 이것은 '카오스모스'chaosmos라고 한다. 카오스와 코스모스는 잠재적인 것과 현실적인 것의 관계라고 할 수 있다.

여기서도 플라톤의 형상의 재현에서 벗어나기 위해서는 '가능성'과 '잠재성'을 구분해야 한다. 중요한 것은 시공간을 '실존'과 분리 불가능한 요인으로 인정하느냐에 달려 있다. 플라톤 철학에서는 오직 시공간을 배제하고 가능성과 실존의 관계만을 보았다.

이 모든 것에서 피해야 할 유일한 위험은 잠재적인 것과 가능한 것을 혼동하는 데에 있다. 왜냐하면 가능한 것은 실재적인 것에 대립하기 때문이다. 따라서 가능한 것의 절차는 '실재화'이다. 반면 잠재적인 것과 실재적인 것은 서로 대립하지 않는다. 잠재적인 것은 그 자체로 어떤 충만한 실재성을 소유한다. 잠재적인 것의 절차는 현실화이다. …… 만일 실존하지 않는 것이 이미 가능하고 개념 속에 자리한다면, 또 개념이 가능성으로서 부여한 모든 특성들을 지니고 있다면, 실존하는 것과 실존하지 않는 것 사이에 어떤 차이가 있을 수 있단 말인가? 실존은 개념과 똑같은 것이지만 그 개념의 바깥에서 성립한다. 그러므로 실존은 시간과 공간 속에서 설정되기는 하지만 이 시간과 공간은 무관심하거나 무차별한 환경에 해당한다. 여기서 실존은 아직 어떤 특성을 띤 시간과 공간 속에서 산출되지 않고 있다. 차이는 개념을 통해 규정된 부정성 이상의 어떤 것이 될 수 없다. …… 실존은 잠재적인 것의 실재성으로부터 산출되고, 이 산출은 이념에 내재하는 어떤 시간과 공간에 따라 이루어진다.(DR 272~273/455)

가능성 속에 모든 것이 자리를 잡고 있다면, 어떤 차이도 이 세상에는 존재하지 않는다. 실존이 잠재적으로 우발적이고 역동적인 시공간 속에서 있을 때 새로움이 산출될 수 있는 것이다. 즉 "현실화, 분화는 언제나 진정한 창조"(DR 273/456)라는 들뢰즈의 입장을 받아들이기 위해서는 가능성과 잠재성을 반드시 구분해야 한다. 왜냐하면 "가능한 것은 개념 안의 동일성 형식에 의존하는 반면, 잠재적인 것은 이념 안의 순수한 다양성을 지칭하기"(DR 273/456) 때문이다. 이념은 합리주의자가 의미하는 "추상적이고 죽어 있는 본질"이 아니며 '사건·변용·우연'(DR 243/408) 쪽에 있는 것이다. 우연을 긍정하며, 발산하는 계열들을 공명하게 만드는"(DR 256~257/430) 것이다. 들뢰즈는 "신들 자체도 아낭케^{ἀνάγκη}, 다시 말해서 하늘-우연에 종속되어 있는"(DR 257/431) 것으로 본다.

존재론, 그것은 주사위 놀이— 코스모스가 발생하는 카오스모스—다. 만일 존재의 명법들이 '나'와 어떤 관계를 맺는다면, 그것은 균열된 나와 맺는 관계이고, 이 균열된 나의 틈바구니는 그 존재의 명법들을 통해 매번 시간의 순서에 따라 자리를 바꾸고 재구성된다.(DR 257/431)

김상환에 따르면 이러한 카오스모스는 "모든 사물은 잠재적 상태에서 현실적 상태로 그리고 다시 잠재적 상태로 변화해 간다"(DR 669)[15]는 것을 의미한다. 한편 화이트헤드는 "한정성은 현실태의 생명"(PR 406)이라고 주장한다. 현실태에 한정성의 역할을 하는 것은 화이트헤드의 용어로 보면, '영원한 대상'이며, 가능태이다. 화이트헤드는 "현실적 존재와 영원한 대상은 어떤 극도의 궁극성을 띠고서 두드러진 위치에 놓여 있다"(PR 22)고 말한다. 그러므로 화이트헤드는 『티마이오스』에서 "사물들의 행위를 사물들의 형상적 본질과 결합시키려는 플라톤의 노력"(PR 94)을 탁월한 통찰이며, 올바른 인식 방법이라고 한다.

이런 관점에서 본다면 화이트헤드의 가능태는 들뢰즈가 비판하는 플라톤의 입장과 거의 유사한 면이 있다. 물론 앞에서 말했듯 화이트헤드는 형상의 존재론적 우위를 주장하고 있지는 않다. 그러나 화이트헤드 역시 들뢰즈에게 잠재태에 해당하는 '실재적 가능태'가 있다. 그것은 '수동적 가능태'에 의해서 현실태가 되지 않는다는 점을 분명히 보여 준다. 그 이유는 현실태가 자신이 원하는 '만족'에 도달한 후에 "새로운 객체적 조건으로서의 그 객체적 불멸성으로 이행"(PR 223)하기 때문이다. 화이트헤드에게 이것은 '창조의 작업'에 기여하는 최초의 활동 조건이라고 볼 수 있으며, 시공간적인 역동성을 함축하고 있는 것이다.

최초의 상황은 활동성이라는 요인을 포함하고 있는데, 그 요인이야말로 저 경험의 계기가 발생한 최초 상태의 근거가 된다. 이 활동성의 요인을 나는 '창조성'이라고 불렀다. 이 창조성을 동반하고 있는 최초의 상황을 새로운 계기의 원초상이라고 부를 수 있을 것이다. 최초의 상황은 그 계기와 관계되는 현실 세계라고 부를 수도 있다. 그것은 그 자신의 일정한 통일성을 지

---

15) 이 글은 김상환의 「옮긴이 해제」에서 참고한 것으로, 국역본 쪽수만을 명기하였다.

니고 있으며, 이 통일성은 새로운 계기에게 필수적인 객체를 공급하기 위한 잠재력을 표현하고 있다. 그리고 최초의 상황은 그 연대적 활동성을 표현하고 있고, 이 활동성에 의해서 그것은 본질적으로 새로운 계기의 원초상이 된다. 그래서 그것은 '실재적 가능태'로 불릴 수 있다. '가능태'는 수동적 능력과 관계되며, '실재적'이라는 용어는 창조적 활동성과 관계된다. 이러한 기본적인 상황, 이러한 현실세계, 이러한 원초상, 이러한 실재적 가능태는 전체적으로 그것에 내속해 있는 창조성과 더불어 작용한다.(AI 286)

새로운 현실태가 만들어지는 이러한 과정은 합생 과정이라고 부르고, 그 과정이 종결되고 객체로 이해되는 과정을 이행 과정이라고 부르며, 이것이 실재적 가능태가 된다. "전자의 과정은 '현실적'인 것에서 '단지 실재적인 것'으로 이행을 촉발하며, 후자의 과정은 실재적인 것에서 현실적인 것으로 성장을 촉발한다"(PR 214)는 것이다. 즉 화이트헤드도 실재적 가능태에서 현실태로, 현실태에서 실재적 가능태로 끊임없이 변화하는 것이 현실태 혹은 실존을 창조하는 것으로 본다.

따라서 화이트헤드와 마찬가지로 들뢰즈도 "잠재적인 것에 대하여 현실화된다는 것은 언제나 발산하는 선들을 창조한다는 것"(DR 273/456)이다. 들뢰즈는 화이트헤드에게 '합생'과 '이행'에 해당하는 것을 '차이'와 '반복'을 통해서 해명한다. 그러므로 들뢰즈는 자신의 『주름: 라이프니츠와 바로크』이라는 저서에서 화이트헤드의 사건철학이 '카오스모스'라고 한다. 그는 화이트헤드의 신 개념 역시 "공존한 것을 선택하는 존재이기를 멈춘다. 그것은 과정, 즉 단번에 공존 불가능성을 긍정하고 이것들을 관통하는 과정이 된다"(P 111/150)고 한다.

이런 점에서 들뢰즈와 화이트헤드는 질서와 무질서, 조화와 부조화가

"시의"(PR 223)에 맞다면 새로운 창조로 연결될 것으로 보며, 현대는 '부조화의 조화'라는 신 바로크 철학을 위한 모험을 시도해야 한다고 보고 있다. 따라서 화이트헤드와 들뢰즈의 철학은 잠재태 혹은 실재적 가능태에서 현실태로, 현실태에서 잠재태 혹은 실재적 가능태로의 창조적 과정을 설명하는 철학이라고 할 수 있다.

3. 유기체 개념의 배경과 방법론

지금까지 유기체철학에서 '가능태'와 '현실태'의 개념들과 그것들이 과학적 지식과 어떤 연관을 맺고 있는지를 살펴보았으며, 특히 유기체철학의 인과론은 '작용인'과 '목적인'을 어떻게 결합시키고 있는가를 집중적으로 다루어 보았다. 본론에서 다룬 내용을 각 장별로 요약하면 다음과 같다.

우리는 화이트헤드의 유기체 개념과 유기체 개념에서 파생되는 가능태와 현실태 관념이 근대의 과학 및 철학에 대한 비판적 탐구에서 나왔음을 밝히기 위해서, 이 책의 I부 1장에서 과학문명이 지배하는 우리의 시대적 상황에서 과학과 철학의 긴밀한 관계성을 의식하면서 최종적으로 형이상학에 착수한 그의 학문적 여정을 시기적 구분에 따라 간략하게 살펴보았다. 그 결과 우리는 이 장의 논의를 통해 화이트헤드의 철학적 작업이 이미 수학적 시기에서부터 시작되었음을 알 수 있었다.

화이트헤드는 수학의 연구에서 수와 양의 과학으로서 고전 수학 개념을 비판하며, '관계'의 연구로 수학을 다시 정의하였다. 이를 위해서 그는 유클리드기하학에서 다루는 점의 정의에서 벗어나서 사영기하학의 점에 관한 정의를 받아들였다. 특히 『수학 원리』에서 다룬 새로운 논리학에 대한 전개를 통해서, 이천 년간 존속된 아리스토텔레스 논리학의 한계를 극복하였음을 살펴보았다.

다음으로 자연철학 연구 시기에서는, 화이트헤드는 자신의 자연철학의 3부작을 통해서 물리학에 대한 특별한 적용성을 갖는 자연철학을 새롭게 구성하였다. 화이트헤드는 자연을 구성하는 개념으로 '사건'과 '대상'을 설정하고, 이를 통해서 자연 속에서 관계성과 영속성을 설명하고자 하였다. 특히 물리학에서 사용된 여러 가지 기하학적 개념들이 자연의 구체적인 모습에서 어떻게 파생되었는가를 다루고 있음을 지적하였다.

최종적으로 사변철학 연구 시기에서는 그가 왜 형이상학을 탐구하게 되었는가에 대한 이유를 살펴보았다. 그것은 자연철학에서 생략한 '가치' 개념을 포함한 보다 폭넓은 실재의 이해에 있었다. 이때 그는 진리나 선의 가치보다는 '미'의 가치를 가장 중요하게 보았다. 이것은 고대와 중세에서 실재와 가치에 대한 관계가 진과 선에 집중되어 있는 것과는 차이가 있다고 볼 수 있다. 화이트헤드는 지금까지 철학의 출발점으로 가장 무시된 것이 미학이라고 부르는 가치론이라고 하며, 그는 모든 실재가 미적인 가치를 함의하고 있다고 보았다. 우리는 화이트헤드의 학문적 여정을 시기적으로 구분하면서, 화이트헤드 철학의 주된 관심이 '관계'와 '미적 가치'에 있음을 알 수 있었다.

자연과 질서

이 책의 I부 2장에서는 근대 물리학이 현대 물리학의 전개에 의해서 어떤 한계에 봉착했다는 사실과, 유기체 개념이 현대 물리학의 개념들과 밀접한 관련이 있다는 사실을 제시하였으며, 그리고 현대 양자역학의 이론과 자신의 유기체이론을 결합해서 보다 확장된 개념으로 전개된 그의 '소원체'이론을 검토하였다. 그는 현대철학의 구조주의자들처럼 단순히 상호 관계성의 체계만을 갖는 유기체이론을 주장하지는 않는다. 그것은 세계의 역동적 양상들을 잃을 수 있기 때문이다.

그의 유기체이론에서 과정은 역동적 체계로 구성되어 있다. 그는 이를 위해 자연과학에서 사용하는 '주기' 개념에 대한 이해를 통해서 역동적인 과정 속에도 일정한 체계가 형성될 수 있다는 사실을 제시하였다. 그리고 영속한다는 것이 전 생애에 걸쳐 무차별적인 동일을 의미하는 것이 아니라, 패턴의 존속이라는 의미로 설명하였다. 이 패턴의 존속이 시간의 경과를 통해서 일종의 '미적 대조물'의 형태를 갖는 것으로 본 것이다. 화이트헤드는 이런 형태들 갖는 가장 미시적인 물질을 '소원체'로 보았다.

그는 소원체이론을 통해서 양자역학에 대한 철학적 지위를 제공할 뿐만 아니라 유기체철학의 근본 원리인 창조적 전진을 설명하였다. 이것은 지식의 발전과 철학의 전개는 결코 이원적으로 볼 수 없다는 사실을 보여주었다. I부 2장에서 우리가 현대과학과 화이트헤드의 철학과의 관련성을 검토하는 것은 그의 새로운 우주론, 즉 새로운 사변적 도식을 구축하려는 그의 철학적 전략이 과연 적절한 것인지 아닌지를 사변철학의 구성에 들어가기에 앞서서 미리 확인해 보기 위한 전략이었다. 이 논의를 통해 화이트헤드의 유기체철학이 '관념적인' 사변철학을 확인할 수 있었다.

I부 3장에서는 화이트헤드의 방법론을 귀추법의 유형으로 보고, 그 내용들을 살펴보았으며, 이를 통해서 귀추법은 화이트헤드 자신이 탐구한 자연과학과 인문과학에서 동일하게 사용되었음을 보여 주고자 시도하였다. 물론 학문의 영역에 따라서 귀추법의 형식도 다르게 이용되었음은 주지의 사실이다. 우리는 화이트헤드가 수학·과학·철학에서 새로운 이론을 구성할 때마다, 귀추법을 사용한 것으로 주장하였다. 이 방법론은 확실성에서는 연역법이나 귀납법에 비해서는 떨어지나, 생산성은 가장 높다고 볼 수 있

다. 우리는 확실성과 형식적인 합리성을 위해서 '수학주의'를 고수하였다.

그러나 일반적으로 알려진 수학의 확실성에 근거한 연역주의나 경험적 사실에 근거한 귀납주의는 철학 및 과학의 탐구에서 새로운 도식의 구성에 한계가 있다는 점을 지적하였다. 우리는 확실성을 지식의 합리성을 보장하는 근거로 삼아서는 안 된다고 본다. 확실성보다는 '생산성'에 더 주목을 할 필요가 있다는 것이다. 왜냐하면 절대 불변하는 실체나 이론은 없다는 것이 현대 학문의 전개로 밝혀졌기 때문이다. 따라서 이전의 도식에 매여서, 다양한 지적 영역들의 전개를 이해하지 못하기보다는, 새로운 도식의 구성을 통해서 그 전개 과정을 밝혀 보는 것이 더 중요하다고 보았다.

이런 점에서 필자는 생산성을 우위에 둔 방법론의 일종을 '귀추법'이라고 보며, 화이트헤드의 방법론 역시 그것과 동일한 것으로 보았다. 필자는 메타 귀추법 혹은 창조적 귀추법을 형이상학이나 철학에서 사용된 귀추법의 유형으로 보고, 화이트헤드가 자신의 철학적 구성을 '상상적 합리화'의 방법론이라고 부르는 것과 맥을 같이하는 것으로 이해하였다. 우리는 이것이 기존의 분석적 방법론과 비분석적 방법론이 갖는 적용성의 한계를 메꾸어 주는 방법론이 될 수 있다고 주장하였다. 이러한 논의에 근거하여 화이트헤드의 지식의 탐구는 독단적이고 연역적인 체계를 구성하고자 한 것이 아니라, 어떤 체계를 구성하려는 하나의 '실험적 모험'이라고 규정할 수 있었다. 그것은 수학·수리논리학·자연과학뿐만 아니라 철학, 특히 사변철학에도 동일하게 적용될 수 있다는 사실을 그의 방법론에 관한 탐구를 통해서 알아보았다.

이 책의 II부 1장에서는 고대와 중세를 대표하는 플라톤의 우주론과 근대를 대표하는 뉴턴의 우주론의 근본적인 지향점이 무엇인지를 검토하였고, 근대 과학의 시공간이론은 무엇이며, 그것이 흄의 인과론에 어떤 영향을 미쳤는지, 그리고 주어-술어로 이루어지는 언어적 진술이 경험의 내용을 어떻게 왜곡하거나 추상화시켰는지를 화이트헤드의 유기체이론을 중심으로 알아보았다.

화이트헤드에 따르면 플라톤의 우주론은 과학적인 세부사항에 비추어 본다면 뉴턴의 우주론에 비해서 턱없이 어리석은 시도로 보이나, 철학적 의미로 본다면 우리에게 심오한 진리를 제공한다고 주장하였다고 볼 수 있다. 플라톤의 우주론은 세계의 질서를 운동인과 목적인, 즉 작용인과 가치의 결합을 시도하였다. 목적인에 대한 과도한 주장이 자연과학의 전개에 좋지 못한 영향을 미쳤다고 하나, 그렇다고 해서 목적인이나 가치를 자연에서 제거하는 것은 실재의 어떤 측면을 간과하는 것이다. 따라서 화이트헤드는 자신의 저서 『과정과 실재』에서 일관성과 지식의 진보에 맞추어서 두 우주론을 융화시킨 새로운 우주론을 전개하고자 하였다.

다음으로 주어-술어 일항 논리에 근거한 아리스토텔레스의 논리학이 추상적 분석의 도구로서 유용하나, 직접 경험을 기술하는 가장 적절한 도구로는 사용될 수 없다는 사실을 살펴보았다. 주어-술어 논리 구조가 실체-속성 형이상학에 지대한 영향을 미쳤다는 사실 속에서, 새로운 형이상학을 기술하기 위해서는 경험 내용을 다르게 분석하는 논리 구조, 즉 다항 논리 구조로 변경할 필요가 있음을 확인하였다.

그리고 17세기의 근대과학의 시공간이론을 화이트헤드는 '단순정위' 이론이라고 하며, 진정으로 과거와 현재의 관계를 설명하지 못하는 '순간'에 초점을 맞춘 시공간이론이라 한다. 화이트헤드를 통해 17세기의 근대과학의 시공간이론이 자연의 참된 운동인, 혹은 작용인을 제대로 설명할 수 없는 매우 추상적인 이론임을 알 수 있었다. 시공간이 추상화될 수 있는 것은 수학의 영향이며, 특히 유클리드기하학의 '점'에 관한 정의가 '단순정위'

이론에 지대한 영향을 미쳤다고 보는 것이 화이트헤드의 핵심적인 주장임을 살펴보았다. 기존에 부여되었던 점의 궁극적 본성에 관한 화이트헤드의 불만은 그의 논문 「물질세계에 관한 수학적 개념들에 대하여」에서 줄곧 제기되었고, 그는 점에 관한 새로운 본성을 탐구하려고 시도했다. 여기서 그는 점의 존재를 가정하지 않고도 선을 정의하는 방식을 찾고자 하였음을 볼 수 있었다. 이것은 점-대상들, 사물들의 존재를 가정하지 않고 실재를 정의하려는 것과 맞물려 있는데, 점이나 사물을 통해서 실재를 규정하는 방식은 정태적이고, 이것들 간에는 상호 무관하기 때문이다.

화이트헤드는 변화를 설명하기 위해 유클리드기하학보다는 사영기하학의 관점으로 자신의 사유를 전환하였고, 이를 통해서 점보다는 점과 점을 연결하는 직선을 보다 근본적인 것으로 보았으며, 이것은 그의 시공간이론을 체계화하는 데 결정적인 역할을 하였음을 확인할 수 있었다. 다시 말해서 점은 어떤 식으로든 다른 점들과 관계되는 경우에만 그 의미를 찾을 수 있다고 보았으며, 그 결과 그는 존재들 사이의 관계를 나타내는 직선을 점보다 우선적인 존재로 보고자 시도하였음을 볼 수 있었다. 그 결과 뉴턴을 대표하는 근대의 시공간이론에 관한 비판과 함께 그 대안을 제시할 수 있게 되었다.

II부 2장에서는 화이트헤드의 자연철학의 이념은 무엇으로 구성되어 있는가를 알아보았다. 그의 과학철학의 기초가 되는 학설은 의미관련 학설이었으며, 이것은 사물들의 관계성을 드러내는 이론이었다. 의미관련은 관계성이 동시적인지, 비동시적인지에 따라서 공액과 연장으로 나누어졌으며, 각각의 연장과 공액이라는 관계에는 '사건'과 '대상'이라는 요인이 있다. 그 사건은 일정 기간 동안 발생하는 것을 가리키며, 대상은 그 일정 기간 동안 영속하는 감각 대상들을 가리킨다.

화이트헤드에게 시공간은 사건과 사건 사이의 관계를 통해서 파생되는 것이며, 이를 통해서 화이트헤드는 17세기 우주론의 대표적인 시공간이론인 단순정위를 거부하였다. 특히 이 장에서의 필자의 작업은 화이트헤드의 자연철학이 어떤 구조와 성격을 지니고 있는 것인지를 분명히 밝혀 두려는 목적을 가진 것이었다. 왜냐하면 이 장에서 필자가 의도하는 단순정위의 시공간이론을 비판적으로 검토하기 위해서는, 화이트헤드의 자연철학과의 대비가 반드시 필요하기 때문이다.

Ⅱ부 3장에서는 단순정위에 근거한 흄의 인과론을 비판적으로 검토하였다. 철학에서는 칸트가 어떻게 흄의 인과론을 극복했는가에 대체적으로 초점이 맞추어져 있다. 그런데 한 시대의 철학을 비판할 때는 그 시대 철학이 명백히 옹호하는 지적인 논조에만 주의를 집중해서는 안 되며, 다양한 학설의 지지자들이 공통으로 무의식적으로 받아들이는 전제를 검토해 보아야 하는데, 화이트헤드가 보기에 그것은 뉴턴의 물리학의 전제와 주술 논리학의 구조였다. 이런 전제들은 지극히 명백한 것처럼 보이고, 또 달리 생각할 방도가 떠오르지 않기 때문에, 그들은 자신들이 무엇을 전제하고 있는지조차 모를 수 있다.

우리는 흄의 인과론에 관한 논의가 뉴턴의 물리학에 근거해 있다는 사실 속에서 뉴턴물리학의 전제를 확인할 수 있다면, 그의 인과론의 출발점을 알 수 있고, 그것에 대한 적극적인 대응이 가능하다는 사실을 검토해 볼 수 있었다. 화이트헤드는 뉴턴물리학의 시공간이론과 유클리드기하학에서 점의 본성에 근거한 흄의 지각론을 한계를 확인하고, 그보다 원초적인 지각의 형태로 '인과적 유효성'이라는 지각을 제시하였다. 이것은 선형적 대상 혹은 관계, 그리고 사건을 원초적 존재로 간주하는 화이트헤드의 입장을 지각론적으로 재구성한 것이라고 할 수 있다.

따라서 화이트헤드의 흄의 인과론에 대한 비판은 정당성이 있다는 사실을 확인할 수 있었다. 다시 말해서 화이트헤드의 시공간이론이 내적 관계로 구성된 것이라면, 뉴턴의 시공간이론은 외적 관계로 구성된 것이기 때문에, 그것과 관련된 인과론은 전혀 다른 방식으로 전개된다는 사실을 확인할 수 있었다. 그리고 우리가 이 장에서 시도한 논의는 화이트헤드의 형이상학의 난해함을 어느 정도 해소하고, 그의 형이상학의 길잡이의 역할을 하기 위해 형성되었다고 말할 수 있을 것이다.

생성을 위한 조건들

III부 전체에서는 화이트헤드가 실체철학에서 궁극자의 범주나 현실태로 간주한 것을 가능태로 전환한 새로운 개념들을 확인할 수 있었다. 유기체철학은 과정-존재론을 주장하기는 하나, 그 과정에 어떤 한정성, 질서, 가치를 부여받기 위해서는 가능태로 주어지는 개념들과의 일관된 논리성과 긴밀한 정합성이 있어야 한다는 사실을 찾아보았다. 각각의 가능태 개념은 신, 창조성, 영원한 대상, 시공간 등이며, 그 각각의 구성 요소들이 유기체철학 내에서 어떤 역할을 하고 있는지를 검토해 보았다.

III부 2장에서는 유기체의 궁극자의 범주는 과정이라는 사실을 살펴보았다. 화이트헤드에게 궁극자의 범주는 일자, 다자, 창조성이다. 서양철학에서는 사물의 근거를 묻는 질문에, 동일성이나 영속을 제1범주에 두는 반면에, 유기체철학에서는 창조성을 세계의 궁극자의 범주로 간주하였다. 창조성이란 끊임없이 자기 창조하는 활동이다. 전자의 범주가 실체철학의 궁극자의 범주라면, 후자는 과정철학의 궁극자의 범주라는 점을 확인하였다.

이런 점에서 화이트헤드의 철학은 플라톤 및 아리스토텔레스 철학과 근대의 실체 형이상학과는 상반된 형이상학을 제시하였다고 볼 수 있었다.

이런 점에서 화이트헤드 자신이 밝히고 있듯이, 그의 철학은 서아시아나 유럽의 사상보다는 인도나 중국의 사상에 더 가깝다고 할 수 있었다.

Ⅲ부 3장에서는 모든 경험에 근거한 제일성을 탐구하는 방법은 물리적 사건의 우연성 속에서 패턴화된 규칙성을 찾는 것인데, 유기체철학에서는 영원한 대상의 이론이 그 역할을 한다는 사실을 검토하였다. 이를 위해 화이트헤드는 자연철학에서 대상이론을 제시하였다면, 형이상학에서는 영원한 대상이론을 전개하였다. 또한 이것은 생성 소멸하는 현실태와 대비되어 비시간적이고 필연적인 성격을 지닌 영원한 대상의 존재론적 지위를 검토하는 작업이었다.

여기에서 필자는 영원한 대상의 존재론적 지위와 관련하여 플라톤의 형상이론과 비교하였는데, 플라톤의 형상이 현실태인 반면에 화이트헤드의 영원한 대상은 가능태의 역할을 한다는 측면에서 존재론적 지위가 전혀 다르다는 사실을 알아보았다. 플라톤의 형상이론이 지식의 완전성을 전제로 하는 반면에, 화이트헤드의 영원한 대상은 인식이나 지식의 불완전함을 전제하고 있다는 사실에서 결코 동일할 수 없는 입장이라는 것을 확인할 수 있었다.

Ⅲ부 4장에서 화이트헤드는 인간 경험의 모든 요소들을 해석하는 일반 관념들의 논리적이고 정합적이며 필연적인 체계를 구성하려는 그의 도식 속에 종교적 경험도 포함하기 위해서 시도된 신 개념을 검토했다. 화이트헤드의 우주론의 일관된 논리성과 명확한 정합성의 확보라는 측면에서 본다면, 그의 신 개념은 구체적인 경험과 자연과학의 전개와 상호 관련성에서 나왔다는 사실을 알 수 있었다. 화이트헤드의 철학에서도 신은 가치와 질서의 원리의 역할을 한다. 하지만 기존의 신 개념과는 다른 방식으로 신의 본성과 역할을 설정하였다는 사실을 알 수 있었다.

예컨대 우리는 유기체철학의 신 개념이 초월적이고 정태적인 것이 아니라, 내재적이고 동태적인 역할을 하는 새로운 신 개념을 구성하였다는 사실을 알 수 있었다. 우리는 화이트헤드가 자연의 법칙을 부과의 학설과 내재의 학설로 나누었음을 보았다. 부과의 학설이 신 개념에 있어서도 강제적이고 전지전능하며 존재하기 위해 다른 것과 관계를 필요로 하지 않는 엄숙하게 초연한 영원부동의 신 개념을 상정한다면, 내재의 학설은 사물들의 상호 관계를 받아들이듯이, 신도 작용인의 주체인 동시에 작용의 수용자로 보았다. 신은 초월적 존재가 아니라, 세계와 본질적으로 내재하는 존재로 간주하였다는 사실을 확인할 수 있었다.

그리고 화이트헤드가 신 개념을 라이프니츠처럼 가장 완벽하고 가장 훌륭한 세계를 창조한 질서의 원리로 보는 것이 아니라 불완전성이나 양립 불가능성을 용인하는 신의 본성을 인정하고 있다는 사실을 확인할 수 있었다. 유기체철학에서 신은 그 자신도 극복할 수 없는 불가능성을 인정한다는 점에서 기존의 신 개념과는 확연하게 다르다는 점을 살펴볼 수 있었다.

이것은 기존의 질서의 원리에 모든 현실태를 수렴하는 역할을 하는 것으로 신 개념을 구성한 것이 아니라, 새로운 질서를 받아들이고, 불협화음을 시의적절한 상황에서 새로운 조화로 이끌어 가는 방식으로 신 개념을 구성하였다는 사실을 확인할 수 있었다.

III부 5장에서 유기체의 시공간이 실재적 가능태라는 사실을 드러내었고, 그의 시공간이론이 위상학의 기본 관념과 관련이 있다는 사실을 검토해 보았다. 그의 시공간이론을 동시성과 비동시성으로 측면으로 구별해서 살펴보아야 한다는 사실을 확인해 보았다. 물리적 세계를 하나의 공동체로 기술하기 위해서는 유기적 관계성이 있어야 하며, 화이트헤드는 연장적 결합으로 보았다.

만약 이러한 성격이 우주 속에 존재하지 않는다면, 어떤 사물도 고립해서 존재할 것이라고 보았으며, 이런 의미에서 모든 실재는 관계망 속에 놓여 있다는 사실을 검토하였다. 그리고 연장적 결합 개념은 실재적 가능태로서 순수 가능태들, 즉 창조성, 영원한 대상, 신이 현실태에 진입할 때, 그것을 제약하는 역할도 하고 있음을 알 수 있었다. 그리고 화이트헤드 철학에서 가장 난해한 부분 중의 하나인 시공간이론을 키튼의 해석에 힘입어 분석을 시도하였다. 우리는 화이트헤드의 시공간이 위상적 특징을 갖고 있다는 사실을 드러내려고 시도하였으며, 그의 이론이 근본적으로 '연결' 혹은 '사이'로 세계의 작용인을 이해하고 있음을 확인할 수 있었다.

과정과 미적 가치

IV부에서는 그의 유기체철학의 현실태이론을 검토하였다. 그는 형이상학의 원리를 유한성의 원리, 과정의 원리, 개체성의 원리로 보았으며, 이 원리들을 중심으로 그의 현실태이론을 구성하였다는 사실을 알아보았다.

그의 현실태이론이 기존의 이론의 비판과 극복을 위해서 나왔다는 점에서, 여러 가지 새로운 개념들이 파생되어 나온다. 대표적인 것이 현실적 존재자, 파악, 결합체이다. 이 개념들은 화이트헤드가 기존의 관념에서 벗어나서 구체적인 관계와 가치를 설명하기 위해서 만들어졌다는 사실을 확인할 수 있었다. 그리고 그는 현실태가 구성되는 과정을 합생 과정으로 보았으며, 이 과정은 어떤 범주의 제약을 통해서 구성되는 것으로 보았다. 특히 이 범주들은 이성이나 윤리적인 범주라기보다는 미적인 범주로 주어진다는 사실을 확인할 수 있었다. 이것은 결정과 자유라는 두 관념을 명시적으로 보여 주는 범주적 제약이라고 할 수 있었다.

최종적으로 유기체철학에서 가장 중요한 원리는 작용인과 목적인을 결합한 존재론적 원리이었다. 존재론적 원리를 통해서 화이트헤드가 의도하는 바는 '자기 원인' 혹은 '결단'이라는 것이 각각의 현실태 속에 내재한다는 것이다. 이것은 초월적인, 외재적인 자기 원인을 통해서 현실태를 설명하는 플라톤의 형이상학과는 다른 지점에 있다는 사실을 확인할 수 있었다. 그가 작용인이나 운동인에 해당하는 원인을 근본적으로 '연결' 혹은 '사이'로 이해하고 있다면, 목적인에 해당하는 이론을 미적 가치의 창조로 보고 있음을 확인할 수 있었다.

지금까지 이 책에서 시도한 화이트헤드의 유기체철학에 대한 가능태와 현실태와 관련된 전체적인 내용들을 요약하고 정리해 보았다. 이미 앞에서 살펴보았듯이, 화이트헤드의 유기체철학은 수학적 시기, 자연과학의 시기를 거쳐서 형이상학을 구성한 것이기 때문에, 현대 과학의 성과물과 다양한 경험의 내용들을 보다 일반적으로 추상화시킨 사변적 도식이라고 할 수 있다. 그러나 화이트헤드의 유기체철학이 현대과학의 여러 성과물들, 사영기하학, 위상학, 상대성이론, 양자역학 등을 확장한 일반 관념들을 포괄할 수 있는 우주론이라고 할지라도, 그 자신은 유기체철학의 범주적 도식이 우리가 경험하는 세계에 대한 하나의 '가설'에 지나지 않는다는 사실을 빈번히 강조하였다.

철학적 논의에서 진술의 궁극성에 관하여 독단적 확실성을 주장하는 가장 작은 암시조차도 어리석음을 드러내는 것이다.(PR xiv)

다시 말해서 그는 자신이 구성한 유기체 우주론이 현대 과학·미학·종교 등의 일반 관념들까지 철저하게 검토하고 비판하고 수정하였다고 하더라도, 그의 범주 도식을 완전한 진리라고 말하지 않는다. 그는 이 시대의 지식의 전개와 함께 갖게 된 여러 과학의 성과물과 다른 제반의 관념들을 과감하게 적용해 봄으로써, 유기체 우주론의 성공 여부는 이후에 평가받고자 한다. 이것은 전통적인 형이상학적 체계들이 독단적인 연역적 방식으로 구성된 것에 반해서, 화이트헤드의 형이상학을 탐구하는 이러한 태도는 현대 학문의 성격과 맞물려 있는 참된 학문적 방식이라고 할 수 있겠다.

사실 우리가 모든 경험의 내용들을 해석하는 일반 관념들의 체계적이고 포괄적인 사변적 도식을 구성하려는 화이트헤드의 철학적 활동은 지난 20세기의 지적 풍토와는 전혀 다르다고 할 수 있다. 20세기의 사상의 전반적인 경향은 자연이나 세계, 인간을 종합적이고 포괄적으로 이해하려고 하지 않고, 한정되고 고립된 분과학문의 영역에서 분석적이고 협소한 설명에만 전념하는 전 문화의 경향을 보여 주고 있었다. 이것은 17세기 우주론의 영향으로 생겨난 전 세계의 지배적인 패러다임이라고 할 수 있다.

그러나 화이트헤드는 전문적인 수학자, 수리논리학자, 물리학자로 자신의 학문적 여정들을 거치면서, 그것에서 공통적으로 나오는 사유의 결과물을 시대적 상황에 맞게 우주론으로 구축하려고 시도하였다. 이런 점에서 화이트헤드의 유기체철학은 분석철학의 경향이 강한 영미철학에서는 비주류적인 것으로 외면당하고 있는 실정이다. 오히려 독일과 프랑스, 인도와 아시아 같은 지역에서 더 활발하게 그의 철학이 연구되는 상황이다.[16]

---

16) 1981년 독일 본에서 화이트헤드 국제학술대회가 처음 개최되었다. 제2차 학술대회는 일본 나고야에서 열렸고, 제3차 학술대회는 미국 클레어몬트에서 개최되었다. 1998년 8월 4일부터 8월 9일까지 미국 클레어몬트에서 열린 제3차 화이트헤드 국제학술대회의 주제는 '과정사상과 공동선'(process thought and common good)으로, 이 대회에서 250여 개의 논문이 발표되었고, 각국에서 400여 명이 참석했다. 한국에서는 당시에 강성도, 김경일, 김상일, 김용옥, 박성호, 신은희, 오영운, 이영지, 장왕식, 장원석, 홍순혜, 김병준 등이 참석했다. 이 당시 발표 중에서 캐더린 켈러(Catherine Keller)가 '카오스의 경계들'이라는 제목의 발표에서 해체주의 사상을 극복하기 위해서 '카오스모스' 이론을 가진 과정사상이 필요하다는 점을 역설했다.

이 책에서는 화이트헤드의 유기체철학에서 전개된 가능태와 현실태의 개념들을 이해하기 위해서, 그의 자연과학적 배경을 검토하는 데 많은 지면을 할애하였다. 전문적으로 수학과 물리학을 연구하지 않고는 화이트헤드의 초기 및 중기 사상을 깊이 파헤치는 것은 쉬운 일이 아니다. 그러나 필자는 난해하기로 정평이 난 화이트헤드의 형이상학을 이해 가능한 방식으로 구성하기 위해서는 선행되어야 할 작업이라고 생각한다. 따라서 가능태와 현실태라는 주제와 그것에서 파생된 인과론의 문제를 다룬 이 책은 그러한 점에서 의의가 있다고 본다. 결론적으로 우리는 서양철학사에서 화이트헤드의 철학이 갖는 위상 및 의미를 살펴보고자 한다.

서구 형이상학에서 일반적으로 현실태는 불변하고, 영속하는 '실체'로 간주하였다. 실체란 존재 자체가 다른 존재와의 '관계'에 앞서서 먼저 존재한다고 주장하는 것이다. 이미 20세기 사상들 가운데 현상학·구조주의·비판이론 등은 기존의 실체 관념에 반대해서 새로운 이론적 체계를 제시한다. 이 사상들을 한마디로 묶는다면, 그것들은 '관계의 철학'이라고 부를 수 있다.[17] 그러나 이것들은 형이상학 혹은 사변철학의 관점에서 기존의 이론을 비판하거나 극복하는 것이 아니라, 대체적으로 인식론이나 언어철학 혹은 역사철학의 관점에서 재조명한 것이다.

그런데 화이트헤드는 새로운 형이상학의 구성을 통해서 기존의 형이상학을 비판하고 있다는 점에서 다른 위치에 서 있다. 여기서 보다 주목해야 할 점은 화이트헤드가 다른 사상가들과는 달리 수학과 물리학의 전제들에 대한 비판에서 그의 철학적 작업을 착수하였다는 것이다. 화이트헤드는 서양 문명을 두 우주론으로 나눈다. 즉 고대와 중세를 대표하는 플라톤의

---

17) 리처드 커니, 「서문」, 『현대 유럽철학의 흐름』, 임헌규 외 옮김, 한울, 1992.

우주론과 갈릴레이, 데카르트, 뉴턴을 대표하는 17세기 우주론이다. 이 우주론들은 모두 유클리드기하학을 진리의 초석으로 간주하였다. 화이트헤드는 서양 형이상학이 실체철학을 구성하게 된 가장 결정적인 배경은 유클리드기하학의 '점의 정의'에 있다고 보며, 그것을 가장 체계적으로 비판하는 작업을 시도하였다.

화이트헤드는 고대와 중세는 플라톤의 『티마이오스』, 즉 '우주론'에 근거해서 '목적인'을 과도하게 강조하는 경향으로 나아가며, 17세기 우주론은 그것에 대한 반발로 '작용인'을 과도하게 강조하는 경향이 있다고 주장하였다. 화이트헤드는 이 작용인과 목적인이라는 인과론을 자신의 '유기체 우주론'에서 조화시키고자 한다. 그런데 그가 탐구한 작용인이나 목적인이 결코 플라톤이나 17세기 우주론과 동일한 결론에 이른 것은 아니라는 사실이다.

17세기 우주론에서 유동이나 과정을 설명하기 위해서 시공간이론이 핵심적인 논제로 주장되고 있으나, 그들의 시공간이론은 실체론적 사유가 깔려 있어서 다른 존재와의 관계를 충분히 설명하지 못한다는 것이다. 이러한 까닭에 화이트헤드의 작용인에 대한 설명은 순간적인 시공간이 아니라, 사이성 혹은 연결의 방식으로 이해된 시공간으로 구축되어 있다는 점에서 과학과 철학에서 핵심적인 주제 중의 하나라고 할 수 있는 시공간 문제에 새로운 대안으로 제기될 수 있다는 것이다.

그리고 화이트헤드 역시 플라톤처럼 가치나 목적인을 현실태의 한 양상으로 주장하나, 목적인에 대한 내용에 있어서는 큰 차이가 있다. 일단은 서구 철학에서 자기 산출(생산)의 원인을 외부에 두거나 그것을 배제하는 철학적 양태들이 있었다. 플라톤은 신에 의한 이데아의 한정으로 현실태의 자기 산출을 규정하였으며, 근대의 기계론(작용인) ── 뉴턴의 우주론——은 아예 자기 산출을 무시하고서 목적이 없는 현실태를 구성하였다. 그리고 근대철학에서 주어진 원인의 역할이라는 것은 시간을 흐름 속에서도 자신의 동일성을 유지시키는 일을 하였다. 예를 들어 데카르트의 실체나, 칸트의 실체가 그러하며, 헤겔의 변증법 역시 자기 동일성을 유지하기 위한 방편에 지나지 않는다.

화이트헤드는 외부의 원인들, 가능태들을 어떤 현실태의 제약 조건으로 받아들이기는 하나, 그것을 유일한 자기 원인으로 규정하지는 않는다. 화이트헤드의 현실태는 내부에 자기 산출의 힘을 갖고 있다. 그것은 자기 동일성을 유지하는 힘이 아니라, 자기 동일성과 다양성을 하나로 묶는 힘이다. 한마디로 자기 변형의 과정을 겪는 것이다. 이것은 그 자신 내에 차이성을 가지고 있다. 관계성을 설명하는 과정이 '이행' 과정이라면, 자기 변형을 통해서 내적 차이를 구성하는 과정은 '합생' 과정이라고 할 수 있다.

한편 플라톤에서 근대철학까지 가치 개념의 우선 순위는 진 혹은 선의 가치였다. 플라톤은 감각 세계와 이데아 세계를 이분화하고, 이데아 가운데 선의 이데아에 최고의 가치를 부여하였다. 이것은 중세까지 지배적이었으나, 갈릴레이, 베이컨, 데카르트 이후부터 진리의 가치에 해당하는 수학적 패러다임에 우선 순위를 부가하였다. 그런데 진리와 선의 가치는 매우 인간중심주의이며, 그것은 플라톤 이래로 자연과 인간을 이분법적인 구도로 형성하여, 인간과 인간을 이성과 선을 통해서 구별하는 방식으로 이끌 수밖에 없다고 본다.

예컨대 파르메니데스에 의하면 존재는 생각하는 것과 동일하고, 아리스토텔레스에 의하면 인간은 이성적 동물이다. 데카르트에 의하면 인간은 생각함으로서 존재하고, 하이데거에게 있어서도 참된 존재는 현존재이며, 죽음과 시간 속에 던져진 존재라는 것을 자각하는 인간만이 현존재라고 한다. 이들의 존재론 혹은 형이상학에서 참된 존재는 사유하는 존재라는 것이 깔려 있다.

다시 말해서 이것은 이성적 사유에 의해서 규정된 것을 우선시하고 나머지 가치 개념을 부차적인 것으로 보는 것이다. 그리하여 이성적 도구라는 입장에서 이분적 사유들이 발생한다. 정신/육체, 이성/감성, 인간/자연, 남성/여성, 개발/미개발 등의 구도가 근대적 사유의 핵심을 이룬다. "이러한 이분법적 사유 체계에 수반된 잘못된 부산물로는 도구적 이성의 팽배로 인한 의미와 목적의 상실, 인간 중심주의로 인한 자연의 남획과 환경파괴, 개별적 감성과 구체성에 대한 이성 중심주의적 억압, 여성에 대한 남성 중심주의적 차별, 그리고 서구 중심적 문화제국주의 등을 들 수 있다."[18]

그것에 대한 반발로 후기 철학은 근대적 사유의 이분법을 해체하고, 자연·감성·여성·육체에게 인간·이성·남성·정신과 동등한 존재론적, 가치론적 지위를 부여하고자 노력한다. 그러나 그것은 억압된 개념들을 너무나 강조한 나머지 '거꾸로 선 이분법'을 주장한다. 감성이 이성의 우위에 있고, 육체가 정신의 지배자로 군림하는 것이다. 이는 후기 근대철학이 목표로 삼는 도구적 이성의 해체에 이른 것이 아니라, 또 다른 이분법적 구조를 갖는 것이라 할 수 있다.[19]

하지만 화이트헤드에게 있어서 현실적 존재자는 미적 가치를 실현하는 모든 존재를 가리킨다. 이런 점에서 그의 존재론은 자연과 인간을 구별하지 않으며, 남성/여성, 육체/이성을 구별하지 않는다. 이미 화이트헤드의 현실태의 구성 요소 중의 하나인 목적인이 미적 가치에 근거해 있다는 것

---

18) 이승환·김용석 대담, 『서양과 동양이 127일간 e-mail을 주고받다』, 휴머니스트, 2002, 25쪽.
19) 같은 책, 25~26쪽.

을 설명하였다. 이런 점들이 화이트헤드의 철학이 서양철학사에서 특별한 위치를 차지하는 시금석이 될 것이라고 본다.

또한 화이트헤드의 가능태와 현실태이론은 수학에 기반을 둔 이성의 형이상학에 대한 비판일 뿐만 아니라, 형이상학을 거부하면서도 여전히 근대 인식론의 테두리에 머물려 있는 포스트모더니즘의 편향성[20]을 극복할 수 있는 모험적, 실험적, 미적 형이상학의 구성이라고 할 수 있다.

이 시대는 철학의 종결을 말해야 하는 시대가 아닌가? 도대체 철학이 할 수 있는 역할이 이 시대에 있을까? 화이트헤드는 진정으로 사변철학을 하는 것이 이 시대를 사는 사람들의 과제이자 의무라고 본다. 물론 화이트헤드의 사변철학의 과제는 궁극적인 완전성을 보장하지 않는다. 그는 "현대의 상황은 위기이자, 기회"의 시대라고 한다.

화이트헤드는 우리가 이것을 기회로 삼기 위해서는 무엇보다 철학적 통찰이 필요하다고 본다. "철학은 이제 그 마지막 봉사를 해야 한다. 그것은 단순한 동물적 향유 이상의 가치에 예민한 한 생물계의 종족이 광범위한 붕괴를 모면하기 위한 통찰을, 비록 그것이 희미한 것이라 하더라도, 탐구해야 한다."(AI 159) 그에 따르면 "전통에 의한 단순한 강요는 그 힘을 잃

---

20) 장 프랑수아 리오타르(Jean-François Lyotard)는 포스트-모던(post-modern) 세계의 특성은 '인식의 외재화 혹은 형식화'(externalization of knowledge)라고 부른다. 이것은 표면이나 피상적인 것에 인식을 한정하겠다는 것이다. 제임스 키르크에 따르면 사물의 표면에만 관심을 두는 것은 17세기 과학혁명 이후의 유럽 지성사의 유형이라고 한다. 따라서 20세기 철학에서 발생한 자유주의에 따른 상대주의 혹은 세상에는 어떤 가치도 없다는 회의주의는 모두 17세기 과학혁명에서 비롯된 인식론적 전환의 극단적인 적용의 결과라고 볼 수 있다. 데카르트의 명석 판명한 관념과 뉴턴의 확실성에 대한 관념이 그 대표적인 경우라고 한다. 명석 판명한 관념은 외재적 관계와 기계적 메타포를 만들어 내며, 이것은 실증주의에도 동일한 영향을 미쳤다. 키르크는 화이트헤드, 일리야 프리고진, 롤랑 바르트는 철학·과학·문학에서 각각 그러한 인식론에서 벗어난 새로운 학문을 전개한 것으로 본다.(James Kirk, *Organicism as Reenchantment*, New York: Peter Lang Pubilisher Inc., 1993, pp.1~10.)

었다"고 하며, "사회를 혼란에 빠지지 않도록 하는 위엄과 질서의 요소들을 포함하고 있을 뿐만 아니라 불굴의 합리성이 철저하게 깃들어 있는 하나의 세계관을 재창조하고 재가동시키는 것"(AI 99)을 철학의 과제로 보았다.

그런 점에서 영혼과 정신이라는 개념을 재창조하는 것, 그것과 밀접하게 관련이 있는 세계와 신 개념을 현대 과학의 조류에 맞추어서 새롭게 만들어 내는 것은 이 시대를 살아가는 합생하는 '주체-자기초월체'에게는 필연적인 책무라고 할 수 있다. 화이트헤드가 서양철학은 플라톤 철학의 각주라고 할 때, 그가 하고 싶은 말은 '모험'이라고 본다. 철학사란 결국 '관념의 모험'이다. 관념의 모험은 인류가 살아갈 수 있는 아름다운 길이다.

화이트헤드는 우리 인간이 '삼중의 충동으로 접혀 있다'고 한다. "(i)사는 것, (ii)잘 사는 것, (iii)더 잘 사는 것이다. 사실상 삶의 예술은, 첫째 생존하는 것이며, 둘째 만족스러운 방식으로 생존하는 것이며, 셋째 만족의 증가를 획득하는 것이다."(FR 8) 생존하는 것도 하나의 미적 모험이다. 우리는 하루 일상을 통해 삶의 예술을 실천한다. 그런데 가끔 우리는 신들린다. 이때 우리는 잘 사는 길, 더 잘 사는 길이 어떤 길인지를 물어보고, 찾는 경우가 있다. 이것이 이성의 기능이며, 삶의 예술을 증진시키는 방법이다.

참고문헌

1차문헌

Whitehead, A. N., *Principia Mathematica with Russell*, Cambridge: Cambridge University Press, 1910~1913.

_____, *An Enquiry Concerning the Principles of Natural Knowledge*, Cambridge: Cambridge University Press, 1919.[전병기 옮김, 『자연 인식의 원리』, 이문출판사, 1998.]

_____, *Science and The Modern World*, New York: The Macmillan Company, 1925.[오영환 옮김, 『과학과 근대 세계』, 서광사, 1989.]

_____, *Religion in the Making*, Cambridge: Cambridge University Press, 1926.[류기종 옮김, 『A. N. 화이트헤드 종교론』, 종로서적, 1986.]

_____, *Symbolism: Its Meaning and Effect*, New York: Macmillan, 1927.[문창옥 옮김, 『상징 활동: 그 의미와 효과』, 동과서, 2003.]

_____, *The Aims of Education and Other Essays*, New York: Macmillan, 1929.[오영환 옮김, 『교육의 목적』, 궁리, 2004.]

_____, *Modes of Thought*, New York: The Free Press, 1938.[오영환·문창옥 옮김, 『열린 사고와 철학』, 고려원, 1992.]

_____, "Mathematics", *Essays in Science and Philosophy*, New York: Philosophical Library, 1948.

_____, *The Concept of Nature*, Michigan: The University of Michigan Press, 1957.[김영진·안형관·이태호·전병기 옮김, 『자연의 개념』, 이문출판사, 1998.]

_____, *The Function of Reason*, Boston: Beacon Press, 1958.[김용옥 옮김, 『이성의 기능』, 통나무, 1998.]

_____, *Adventure of Ideas*, New York: The Free Press, 1967.[오영환 옮김, 『관념의

모험』, 한길사, 1996.]

_____, *Process and Reality*, eds., David Ray Griffin · Donald W. Sherburne, New York: The Free Press, 1978.[오영환 옮김,『과정과 실재』, 민음사, 1991.]

_____, "The Relational Theory of Space", *Alfred North Whitehead's Early Philosophy of Space and Time*, trans., Janet A. Fitzgerald, Washington, D. C.: University Press of America, 1979.

2차문헌

Ayer, Alfred J., *Language, Truth and Logic*, London: Gollancz, 1946.

Barbour, Iann, *Religion in an Age of Science*, San Francisco: Harper & Row, 1990.

Beck, Lewis W., *Essays on Kant and Hume*, New Haven: Yale University Press, 1978.

Bergson, Henri, *L'Évolution Créatrice*, Paris: PUF, 1999.[황수영 옮김, 『창조적 진화』, 아카넷, 2005.]

_____, *La Pensée et le Mouvant*, Paris: PUF, 2009.

Bertram, Morris, "The art-process and the aesthetic fact in Whitehead's philosophy", *The philosophy of Alfred North Whitehead*, ed., Paul A. Schilpp, New York: Tudor Pub Co., 1951.

Bradley, Francis H., *The Principle of Logic*, 1883.

Brown, Harold I., *Perception, Theory and Commitment: The New Philosophy of Science*, Chicago: University of Chicago Press, 1977.[신중섭 옮김, 『논리 실증주의의 과학철학과 새로운 과학철학』, 1990, 서광사.]

Burgers, Johannes M., *Experience and Conceptual Activity: A Philosophical Essay Based upon the Writings of A. N. Whitehead*, Cambrige: MIT Press, 1965.

Capaldi, Nicholas, *David Hume: the Newtonian philosopher*, Boston: Twayne, 1975.

Čapek, Milič, *Philosophical Impact of Contemporary Physics*, Princeton: Van Nostrand, 1961.

Chalmers, Alan F., *What is this thing called Science?: An Assessment of the Nature and Status of Science and its Method*, Queensland: University of Queensland Press, 1976.[신일철 · 신중성 옮김, 『현대의 과학철학』, 서광사, 1989.]

Chiaraviglio, Lucio, "Whitehead's Theory of Prehensions", *Alfred North Whitehead: Essays on His Philosophy*, ed., George L. Kline., New Jersey: Prentice-Hall, 1963.

Christian, William. A., *An Interpretation of Whitehead's Metaphysics*, New Haven: Yale University Press, 1967.

Cobb, John B., "Alfred North Whitehead", *Founders of Constructive Postmodern Philosophy*, ed., David R. Griffin, Albany: SUNY Press, 1933.

Code, Murray, *Order and Organism: Steps to A Whiteheadian Philosophy of Mathematics and the Natural Science*, Albany: SUNY Press, 1985.

Comte, Auguste, *Discours Préliminaire sur l'Ensemble du Positivisme*, 1851.[김점석 옮김, 『실증주의 서설』, 한길사, 2001.]

Descartes, René, *Principia philosophiae*, 1644.

Deleuze, Gilles, *Différence et Répétition*, Paris: PUF, 1968.[김상환 옮김, 『차이와 반복』, 민음사, 2004.]

_____, *Le Pli: Leibniz et le baroque*, Paris: Minuit, 1988.[이찬웅 옮김, 『주름: 라이프니츠와 바로크』, 2004.]

_____ · Félix Guattari, *Mille Plateaux: Capitalisme et schizophrénie* 2, Paris: Minuit, 1980.[김재인 옮김, 『천 개의 고원』, 새물결, 2001.]

_____ · Félix Guattari, *What is Philosophy?*, trans., H. Tomlinson · G. Burchell, New York: Columbia University Press, 1994.

Eco, Umberto, *The Sign of Three: Dupin, Holmes, Peirce*, Bloomington: Indiana University PressIndiana University Press, 1983.[김주환 · 한은경 옮김, 『논리와 추리의 기호학』, 인간사랑, 1994.]

Eisendrath. Craig. R., *The Unifying Moment: The Psychological Philosophy of William James and Alfred North Whitehead*, Cambridge: Harvard University Press, 1999.

Emmet, Dorothy M., *Whitehead's Philosophy of Organism*, New York: St Martin's Press, 1966.

Epperly, Bruce G., "Is Whitehead a Platonist?: Creation and Causation in Plato's Timaeus and Whitehead's Philosophy of Organism", Claremont: Claremont Graduate School, 1980.[Ph. D. Dissertation.]

Fitzgerald, Janet. A., *Alfred North Whitehead's Early Philosophy of Space and Time*. Washington D. C.: University of America, 1979.

Ford, Lewis S., The Emergence of Whitehead's Metaphysics 1925-1929. Albany: SUNY Press, 1984.

_____, · Kline, George L., eds. *Explorations in Whitehead's Philosophy*, New York: Fordham University Press, 1983.

Galileo, Galilei, "Saggiatore", *Opere* VI, 1623.

Garber, Newton · Seung-Chong Lee, *Derrida and Wittgenstein*, Philadelphia: Temple University Press, 1994.[이승종·조성우 옮김, 『데리다와 비트겐슈타인』, 민음사, 1988.]

Geertz, Clifford, *Islam Observed: Religious Development in Morocco and Indonesia*, New Haven: Yale University Press, 1968.

Gilson, Etienne, *The Unity of Philosophical Experience*, New York: Charles Scribner Sons, 1952.

Griffin. David R. ed., "Introduction: Constructive Postmodern Thought." *Founders of Constructive Postmodern Philosophy*, Albany: SUNY Press, 1933.

Hacking, Ian, *The Emergence of Probability*, Cambridge: Cambridge University Press, 1984.

Hall, David L., *The Civilization of Experience: A Whiteheadian Theory of Culture*, New York: Fordham University Press, 1973.

Hanson, Norwood R., *Pattern of Discovery*, Cambridge: Cambridge University Press, 1958.[송진웅·조숙경 옮김, 『과학적 발견의 패턴: 과학의 개념적 기초에 대한 탐구』, 사이언스북스, 1995.]

Hegel, Georg W. F., *Enzyklopädie der philosophischen Wissenschaften*, 1817.

Heidegger, Martin, *Identität und Differenz*, Pfullingen: Neske, 1957.[신상희 옮김, 『동일성과 차이』, 민음사, 2000.]

Hirschberger, Johannes, *Geschichte der Philosophie: Altertum und Mittelalter* Bd. I, *Geschichte der Philosophie:: Neuzeit und Gegenwart* Bd. II, Freiburg: Herder, 1949~1952.[강성위 옮김, 『서양철학사』 I, II, 이문출판사, 1988.]

Hosinski, Thomas, *Stubborn Fact and Creative Advance: An Introduction to the Metaphysics of Alfred North Whitehead*, Lanham: Rowman & Littlefield, 1993.

Hume, David, *A treatise of Human Nature*, Analytic Index by L. A. Selby Bigge, 2nd ed., text revised and notes by N. H. Nidditch, Oxford: Clarendon Press, 1978.

Johnson. Allison H. ed., *The Wit and Wisdom of A. N. Whitehead*, Boston: The Beacon Press, 1947.

_____, *Whitehead's Theory of Reality*, Boston: The Boston Press, 1952.

Kirk, James, *Organicism as Reenchantment*, New York: Peter Lang Pubilisher Inc., 1993.

Kreek, Michael, "Whitehead, Von Weizsacker and the Problems of Time and Experience in Contemporary Cosmology", Tennessee: Vanderbilt University, 1983.[M. A. Thesis.]

Kaplan, Abraham, *The New World of Philosophy*, New York: Vintage Books, 1961.

Keeton, Henry C. S. Jr., "The Topology of Feeling: Extensive Connection in the Thought of A. N. Whitehead, Its Development and Implications", Berkeley: Graduate Theological Union, 1984.[Ph. D. Dissertation.]

Kearney, Richard, *Modern Movements in European Philosophy: Phenomenology, Critical Theory, Structuralism*, Manchester: Manchester University Press, 1987.[임헌규 외 옮김, 『현대 유럽 철학의 흐름』, 한울, 1992.]

Kline, George L. ed., *A. N. Whitehead: Essays on His Philosophy*, New Jersey: Prentice-Hall, 1963.

Kraus, Elizabeth M., *The Metaphysics of Experience: A Companion to Whitehead's Process and Reality*, New York: Fordham University Press, 1979.

Lakatos, Imre, *Mathematics, Science and Epistemology*, eds., John Worrall · Gregory Currie, Cambridge: Cambridge University Press, 1978.

Lango, John W., *Whitehead's Ontology*, Albany: SUNY Press, 1972.

Laudan, Larry, "Thomas Reid and the Newtonian Turn of British Methodological Thought," ed., R. E. Butts · J. W. Davis, *The Methodological Heritage of Newton*, Toronto: University of Toronto Press, 1970.

Lawrence, Nathaniel, "The Vision of Beauty and the Temporality of Deity in Whitehead's Philosophy", *Journal of Philosophy* 5, 1961.

_____, *Whitehead's Philosophical Development: A Critical History of the*

Background of Process and Reality, Berkeley & Los Angeles: University of California Press, 1956.

Leclerc, Ivor, *Whitehead's Metaphysics An Introductory Exposition*, London, New York: Allen & Unwin, Macmillan, 1958.[안형관·이태호 옮김,『화이트헤드의 형이상학 이해의 길잡이』, 이문출판사, 2003.]

_____, *The Relevance of Whitehead*, New York: Macmillan, 1961.

Listing, Johann B., *Vorstudien zur Topologie*, Göttingen: Vandenhoeck und Ruprecht, 1848.

Lowe, Victor, "Whitehead's Philosophical Development", ed. Paul A. Schilpp, *The Philosophy of A. N. Whitehead*, La Salle: Open Court Publishing Co., 1951.

_____, *Understanding Whitehead*, Baltimore: Johns Hopkins Press, 1966.

_____, *Whitehead: The Man and His Work* I, Baltimore: Johns Hopkins Press, 1985.

_____, *Whitehead: The Man and His Work* II, Baltimore: Johns Hopkins Press, 1990.

Lucas George R. Jr. ed., *Hegel and Whitehead:: Contemporary Perspective on Systematic Philosophy*, Albany: SUNY Press, 1986.

_____, *The Rehabilitation of Whitehead: an Analytic and Historical Assessment*, Albany: SUNY Press, 1989.

Martin, Richard M., *Whitehead's Categoreal Scheme and Other Papers*, Hague: Martinus Nijhoff, 1974.

Mays, Wolfe, *The Philosophy of Whitehead*, New York: Collier Books, 1962.

_____, *Whitehead's Philosophy of Science and Metaphysics: An Introduction to his Thought*, Hague: Martinus Nijhoff, 1977.

McHenry, Leeman B., *Whitehead and Bradley: A Comparative Analysis*, Albany: SUNY Press, 1992.

Newton, Issac, *Philosophiæ Naturalis Principia Mathematica*, Cambridge: Harvard University Press, 1972.

Neville, Robert C., "Whitehead on the One and the Many", eds., Lewis S. Ford · Geoge L. Kline, *Explorations in Whitehead's Philosophy*, New York: Fordham University Press, 1983.

Nobo, Jorge L., *Whitehead's Metaphysics of Extension and Solidarity*, Albany: SUNY Press, 1986.

Northrop, Filmer S., "foreword", *A Whiteheadian Aesthetic: Some Implications of Whitehead's Metaphysical Speculation*, Hamden: Archon, 1970.

Odin, Steve, *Process Metaphysics and Hua-yen Budhism*, Albany: SUNY Press, 1982.[안형관 옮김, 『과정형이상학과 화엄불교』, 이문출판사, 1999.]

Peters, Eugene H., *The Creative Advance: An Introduction to Process Philosophy as a Context for Christian Faith*, Missouri: Bethany Press, 1966.

Palter, Robert, *Whitehead's Philsophy of Science*, Chicago: University of Chicago Press, 1960.

Pols, Edward, *Whitehead's Metaphysics: A Critical Examination of Process and Reality*, Arbondale & Edwardsville: Southern Illinois University Press, 1967.

Rapp, Friedrich, "Whitehead's Concept of Creativity and Modern Science," eds., Friedrich Rapp · Reiner Wiehl, *Whitehead's Metaphysics of Creativity*, Albany: SUNY Press, 1990.

Schilpp. Paul A. ed., *The Philosophy of A. N. Whitehead*, La Salle: The Open Court Publishing Co, 1941.

Schmidt. Paul F., *Perception and Cosmology In Whitehead's Philosophy*, New Brunswick: Rutgers University Press, 1967.

Seibt, Johanna, *Towards Process Ontology: A Critical Study in Substance-Ontological Premises*, Michigan: UMI Dissertation Publishing, 1990.

Seiffert, Helmut, *Handlexikon der Wissenschaftstheorie* I, München: Ehrenwirth, 1989.[전영삼 옮김, 『學의 방법론 입문 I』, 교보문고, 1992.]

Sherburne. Donald W., *A Whiteheadian Aesthetic: Some Implications of Whitehead's Metaphysics Speculation*, New Heaven: Yale University Press, 1961.

_____, "Whitehead Without God", eds., Delwin Brown et al., *Process Philosophy and Christian Thought*, Indianapolis: Bobbs-Merrill, 1971.

Quine, Willard V. O., *The Ways of Paradox*, Cambridge: Harvard University Press, 1976.

Taylor, Alfred, *A commentry on Plato's Timaeus*, Oxford: Clarendon Press, 1928.

Vlastos, Gregory, "Organic Categories in Whitehead", *A. N. Whitehead: Essays on His Philosophy*, New Jersey: Prentice-Hall, 1963.

Voskuil, Duane M. "Whitehead's metaphysical aesthetic", Columbia: University of Missouri, 1969.[Ph.D. Dissertation.]

Warnock, Geoffrey J., "Analysis and Imagination", eds., Alfred E. Ayer et al., *The Revolution in Philosophy*, New York: St. Martin's, 1956.

Weisenbeck, Jude D., *Alfred North Whitehead's Philosophy of Value*, Waukesha: Mount St. Paul College, 1969.

Wild, John, *The Challenge of Existentialism*, Bloomington: Indian University Press, 1955.

Žižek, Slavoj, *Organs without Bodies: Deleuze and Consequences*, New York: Routledge, 2004.[김지훈·박제철·이성민 옮김, 『신체 없는 기관: 들뢰즈와 결과들』, 도서출판b, 2006.]

김상봉, 『나르시스의 꿈』, 한길사, 2002.

김성도, 「기호와 추론」, 『삶과 기호』 기호학 연구 3집 1997.

김영식 편저, 『근대사회와 과학』, 창작과비평사, 1989.

김영진, 「화이트헤드의 유기체철학에 있어서 『티마이오스』의 지위」, 영남대학교, 1996.

_____, 「화이트헤드의 방법론」, 『화이트헤드연구』 8집, 한국화이트헤드학회, 2004.

_____, 「21세기 조직화의 새로운 패러다임: 화이트헤드와 들뢰즈의 과정철학과 카오스모스」, 『철학논총』 제65집, 새한철학회, 2011.

김용석·이승환, 『서양과 동양이 127일간 e-mail을 주고받다』, 휴머니스트, 2002.

김용운·김용국, 『토폴로지 入門: 기초에서 호몰로지까지』, 우성문화사, 1988.

문창옥, 「화이트헤드의 과정철학과 명제이론」, 연세대학교, 1994.

_____, 「창조성과 궁극자의 범주」, 『화이트헤드연구』 창간호, 한국화이트헤드학회, 1998.

_____, 「창조적 전진: 베르그송과 화이트헤드」, 『철학연구』, 제61집, 철학연구회, 2003.

박상태, 「화이트헤드 형이상학의 자연주의적 해석」, 연세대학교, 2003.

박정하, 「칸트의 인과 이론에 대한 연구: 『순수이성비판』의 '제2유추의 원칙'을 중심으로」, 서울대학교, 1998.

서동욱, 『차이와 타자: 현대철학과 비표상적 사유의 모험』, 문학과지성사, 2000.

소홍렬, 「귀추법의 논리」, 『과학과 철학』, 과학사상연구회, 1991.

오형환, 『화이트헤드와 인간의 시간경험』, 통나무, 1977.

윤효녕 외, 『주체 개념의 비판: 데리다, 라캉, 알튀세, 푸코』, 서울대학교출판부, 1999.

이태호, 「A. N. Whitehead의 상대성원리와 범주 도식」, 대구가톨릭대학교, 2001.

임병갑, 「탐구패턴으로서 가설 설정법」, 『귀납 논리와 과학철학』, 철학과 현실사, 2000.

_____, 「과학탐구와 윤리탐구의 통합을 위한 기초」, 고려대학교, 2000.

최상균, 「화이트헤드의 형이상학에 있어서 창조성」, 충남대학교, 1999.

찾아보기